本书获得科技基础资源调查专项课题"中国人类遗传资源基础数据库建设"
（2019FY100103）支持

Governance and Management of Medical Scientific Data Sharing and Application

医学科学数据共享应用
治理管理

关 健 ◎ 著

科学技术文献出版社
SCIENTIFIC AND TECHNICAL DOCUMENTATION PRESS
·北京·

图书在版编目（CIP）数据

医学科学数据共享应用治理管理 = Governance and Management of Medical Scientific Data Sharing and Application / 关健著. —北京：科学技术文献出版社，2023.1（2025.10重印）

ISBN 978-7-5189-9755-8

Ⅰ.①医… Ⅱ.①关… Ⅲ.①医学—科学研究—数据共享—研究 Ⅳ.① G203

中国版本图书馆 CIP 数据核字（2022）第 204557 号

医学科学数据共享应用治理管理
Governance and Management of Medical Scientific Data Sharing and Application

策划编辑：丁芳宇　胡　群　责任编辑：赵　斌　责任校对：王瑞瑞　责任出版：张志平

出　版　者	科学技术文献出版社
地　　　址	北京市复兴路15号　邮编　100038
编　务　部	（010）58882938，58882087（传真）
发　行　部	（010）58882868，58882870（传真）
邮　购　部	（010）58882873
官方网址	www.stdp.com.cn
发　行　者	科学技术文献出版社发行　全国各地新华书店经销
印　刷　者	北京厚诚则铭印刷科技有限公司
版　　　次	2023年1月第1版　2025年10月第2次印刷
开　　　本	787×1092　1/16
字　　　数	553千
印　　　张	29　彩插2面
书　　　号	ISBN 978-7-5189-9755-8
定　　　价	138.00元

版权所有　违法必究

购买本社图书，凡字迹不清、缺页、倒页、脱页者，本社发行部负责调换

作者简介

关健，满族，籍贯黑龙江绥化，1970年2月出生于辽宁省鞍山市。现为北京协和医学院&中国医学科学院北京协和医院卫生管理学研究员，教授，中华医学会医学科学研究管理学分会候任主任委员。

1993年、1996年在中国医科大学分别获得儿科学医学学士和儿科学（血液学与肿瘤学方向）硕士学位，2001年在中国协和医科大学（现北京协和医学院）获得病理学与病理生理学专业医学博士学位。2010—2012年完成中国社会科学院法学研究所"美国基因专利进展"知识产权方向博士后研究，撰写的报告获教研室出站优秀研究报告。1996—1998年在中国医科大学第二临床学院（现中国医科大学附属盛京医院）工作。2001年8月至今在北京协和医院工作，2005—2008年任科研处副处长，2008—2010年为科研处唯一负责人，2010—2014年先后担任相关处室正处级职务，包括科研处、教育处常务副处长和医务处副处长兼病人安全办主任。2007—2018年兼北京协和医院公职律师。

为跨学科的医学科研管理专家，专长领域涵盖研究管理、大数据治理与管理、科技伦理与数据伦理、知识产权与民法，以及分子病理学，发表文章90余篇。参与了10余项涉及伦理治理与研究管理的法规和办法的制定或讨论工作。2017年获"中华医学会医学科学研究管理学分会成立30周年杰出贡献奖"。2018年11月当选中华医学会医学科学研究管理学分会副主任委员，2023年6月当选该分会候任主任委员。现兼《中华医学科研管理杂志》副总编，《中国医学伦理学》副主编，*Contemporary Education and Teaching Research*（中国香港）和 *Journal of Bio-X Research* 编委，为中国人类遗传资源审批项目评审和法律、伦理咨询专家。为国际科学理事会（International Science Council, ISC）下属国际数据委员会数据伦理工作组（CODATA Data Ethics Task Group, CODATA-

DETG）委员，参加该工作组组织制定国际政策 4 项，并担任该工作组主办的全球数据伦理和治理研讨会（2025）国际科学审查委员会第一副主席。

近 5 年负责和参与完成国家重大科技基础资源调查专项课题、重点研发专项课题和国家科技基础条件平台中心委托任务课题等，发表文章 30 余篇，组织执笔完成团体标准草案 4 项，已发布 2 项；作为副主编参编著作 2 部，作为编委参编人民卫生出版社和高等教育出版社教材 4 部；独著医学大数据和人工智能治理管理学术著作 2 部；撰写的"医学科学数据共享与使用的伦理要求和管理规范"主题系列连载文章 12 篇和完成的"医学科学数据共享应用的治理管理的系统研究"分别获得 2022 年度北京医学科技奖卫生管理奖和 2025 年度华夏医学科技奖卫生事业管理奖。代表作品包括 *Governance and Management of Medical Scientific Data Sharing and Application-Evidence and Solutions from China*（Springer Nature，2025）。

序

互联网和大数据分析时代，医学数据的共享应用从国际倡议到各国政府推进实践。医学科学数据共享对于促进健康、提高临床诊疗水平具有重要意义。国际医学杂志编辑委员会（ICMJE）对于临床试验结果共享的要求是对科学数据共享的一个重大推动。《涉及人的健康相关研究国际伦理准则》（2016年修订）明确提出数据共享是医学研究者的公共责任，并增加了生物样本及其数据的收集、储存和使用条款。精准医学需要临床表型数据和基因组及其表达数据的整合和分析。

2018年2月，科技部、财政部印发《国家科技资源共享服务平台管理办法》，明确把科学数据作为科技资源促进共享。同年3月，国务院办公厅发布了《科学数据管理办法》，要求在保证安全的前提下促进科学数据共享。人口与健康科学数据共享服务平台是最早参加国家科学数据共享实践的国家科学数据中心之一，从2003年至今坚持探索与实践，2019年被认定为国家人口健康科学数据中心，是人口健康领域国家重大科技专项等实行科技计划科学数据共享和汇交计划验收的平台。

医学科学数据要在确保安全的前提下依法合规共享与应用，须遵照《中华人民共和国数据安全法》《中华人民共和国网络安全法》等相关法律法规的规定，同时需要符合伦理原则和要求。中共中央办公厅、国务院办公厅印发的《关于加强科技伦理治理的意见》为医学科学数据共享应用提供了我国的科技伦理原则依据。人基因或基因组数据为重要人类遗传资源信息，其共享需要遵照《中华人民共和国生物安全法》《中华人民共和国人类遗传资源管理条例》有关审批或备案的要求。需要特别指出，医学数据作为敏感信息，其共享应用需要履行知情同意和隐私保护，这一点既是《中华人民共和国民法典》《中华人民共和国个人信息保护法》的要求，也是符合伦理的具体要求。

本书对于医学科学数据共享应用治理管理系统的理论与学术探讨，形成了一定的学术思想体系，兼顾系统的实务指南性阐述；既具有对机构管理和审查规范指南，也有对科研人员数据共享计划和数据准备的实务性指导。相信本书对于医学科学数据共享应用实践具有很好的指导作用。

　　作为相对独立部分，对大数据的共性问题分析，并对三种典型医学大数据共享应用的问题和规范方面分别讨论。大数据和数字化经济成为当前我国的重要发展战略，大数据是科学数据的重要来源，医学科学数据共享和应用也是大数据建设的可行方案之一。大数据产权、隐私分类分级等内容对其他领域也具有一定的借鉴意义。

中国工程院院士
国家人口健康科学数据中心主任
刘德培
2023 年 1 月

前 言

数据共享呈全球趋势，由基金资助、期刊协会、国际组织倡导不断转向国家政府推进。一些基金资助机构率先要求资助的项目须拟定数据汇交或共享计划，促进开放科学政策和战略。2004年，经济合作与发展组织（OECD）制定《公共基金资助的研究数据获取OECD原则与指南》被成员国和中国等非成员国同意，促进公共资助的研究过程管理和成果共享。2000年，国际数据委员会（CODATA）制定了《网络时代的科学原则》，重点概括了科学数据共享的意义、共享方式和共享过程中亟待解决的问题。2003年，《关于自然科学与人文科学资源的开放获取的柏林宣言》明确将科研数据作为学术知识的一部分。2014年，联合国教科文组织（UNESCO）将科学数据界定为科学出版物、教育资源、科学数据3种开放获取信息资源之一。国际医学杂志编辑委员会（ICMJE）提出，"2018年7月1日起，涉及临床试验结果的投稿必须包含数据共享声明等"，是医学科学数据共享的一个重大推动。数据共享和大数据战略促使更多国家政府制定数据共享政策并向法律推进。

2018年，我国发布了《国家科技资源共享服务平台管理办法》和《科学数据管理办法》把科学数据列为重要科技资源，并要求在保证安全的前提下促进科学数据共享。2019年，国家认定包括人口健康领域在内共计20个科学数据中心，要求重点专项等国家科技计划数据汇交和共享。大数据战略和数字化经济是《中华人民共和国国民经济和社会发展第十四个五年规划和2035年远景目标纲要》（简称"十四五"规划）重要战略发展规划的内容之一。著者认为，医学领域是其中重要战略规划中快速发展的领域之一。

数据共享是医学大数据建设和再利用的潜在方案。反之，医学大数据是科学数据的重要来源，更将促进医学科技创新。信息技术和互联网的发展、应用为医学数据的共享应用提供了广阔的前景。随着互联网应用和大数据分析技术的快速发展，数据不仅是信息和研究结果，更是科技和经济资源。数据共享和应用是创新的重要手段，也是数据经济的重要基础。科学数据库和大数据正迅速成为全球各学科领域科学系统基础设施的重要组成部分，是数据驱动和数字科技与经济的战略资源。

我国具有医学科学数据和大数据共享应用的绝对优势。我国人口基数大，具有发达国家和发展中国家的疾病谱，疾病数据资源和遗传资源丰富。随着电子病历的普及推广，数字化临床医学病历和研究资料的储存，已积累了海量临床医学数据。这些数据不仅是促进服务提升的基础，也可为真实世界研究提供丰富的数据资源。在生命科学快速发展应用的组学大数据时代的背景下，我国基因组、转录组、表观组、蛋白质组等多层次组学数据已累计达 PB 量级，成为世界最大的生物学数据输出国之一。临床表型数据和分子组学数据的整合分析将快速推进转化研究和精准医学，为探索疾病机制和个性化诊疗、疾病预测预防提供新的基础，将加快我国生物医药的原始创新。公众包括个人信息主体，以及研究资助者、研究者和使用者（无论个人或机构）作为利益相关者将获得不同程度的受益，有利于最大限度地发挥数据资源的社会价值和科学价值，有效促进临床诊疗和研究研发。新型冠状病毒引起的疫情中，公共卫生大数据和大数据分析在我国疫情防控和诊治预防的研究研发中发挥了重要作用。医学大数据也是大健康产业和医学人工智能的重要基础。

医学科学数据共享优势与风险并存。医学科学数据为科技发展、医疗服务、卫生经济管理、政策等带来新的创新机遇，共享实践面临各方挑战。数据共享使作为数据个人信息主体的公民的隐私保护和知情同意的权益保障面临严峻挑战，须平衡个人权益与社会公益之间的矛盾关系。数据共享过程中利益相关者的权益分配和责任归属需要法律法规进一步明确。对机构来说，在数据共享过程中除了需要处理好共享与商业秘密和知识产权的关系，还需要考虑国家安全，特别是国际合作与数据安全诸多需要考虑和平衡的矛盾关系。医学科学数据与人类自身健康和福祉的密切关系，与其他领域的科学数据相比，其共享面临更多风险和伦理挑战。此外，目前数据共享实践中面临的数据储存、系统不兼容等技术问题影响共享数据的整合再利用，也缺乏统一的数据汇交（包括科技计划）和发布标准与管理规范问题。

从"十四五"规划可以看出，我国从大数据建设积累向应用转变。在此期间，相关法律法规得到不断完善和发展。近年来，国家加强个人权益保护和数据安全，施行了我国首部《中华人民共和国民法典》，出台有关数据共享的重要法律法规，如《中华人民共和国数据安全法》《中华人民共和国个人信息保护法》，要求保障数据安全、保障公民或个人信息主体权益；涉及人类遗传资源信息的医学数据的共享应用还须遵照《中华人民共和国生物安全法》《中华人民共和国人类遗传资源管理条例》。前述法律法规还在法律层面提出了医学数据处理（包括共享应用）须符合伦理原则和/或进行伦理审查的要求。此外，《关于加强科技伦理治理的意见》提出了我国科技伦理原则和伦理治理总体要求，且科技活动的伦理治理高风险主要在生命科学、医学研究和人工智能等医学数据驱动的重要领域。科技资源开放共享同样需要伦理先行。开展医学创新的医学高校、科研院所和医疗机构等实体机构须通过机构管理具体落实和执行相关规定，目前仍缺乏实践经验和具体指导性指南。

著者从2005年参与由刘德培院士牵头负责的国家基础条件平台重大项目（2003年启动）国家医药卫生科学数据共享网，2009年转为国家人口与健康科学数据共享服务平台（简称"平台"），到2019年平台被认定国家科学数据中心建设发展的全过程。从兼职到专职管理［平台所属的临床医学科学数据中心（常务副主任）和肿瘤专题数据服务（负责人）］，负责临床医学和肿瘤数据建设和共享的规划和运行管理。根据实践需求提炼亟须解决的问题，从2019年开始对数据共享治理管理进行系统的研究，最终完成本书。旨在通过讨论分析，提出和构建医学科学数据共享应用的机制和保障体系的整体框架思路，并对核心内容进行详细阐述。针对挑战和问题，根据法律法规，参考国际经验，创新提出促进和保障数据共享应用实践的系统性解决方案，侧重结合具体理论指导实践。归纳我国现有相关法律体系和提炼数据共享应用的重要规则，探索确定共享机制的核心内容。重点研究探索落实现有法律法规和重要政策规定，须细化和具体化，但缺乏具体执行经验和指南的内容。抛砖引玉，推进医学科学数据和医学大数据共享应用的合规和有效共享。

本书中，医学采用学科广义概念，泛指人口健康整体领域。理解上可以参考医学院校的医学概念。在医科大学或医学院中传统学科往往设置基础医学、临床医学、公共卫生与流行病学、管理、人文等，根据研究模式的变化，有些还根据发展设置生命科学、转化医学、大数据研究院等。但本书中阐述讨论的对象——医学科学数据和医学大数据主要针对自然科学数据，重点是涉及人的医学科学数据的治理管理。

根据《科学数据管理办法》有关科学数据的定义，本书定义医学科学数据是在医学领域，或医学与其他科学领域融合交叉，通过基础研究、应用研究、试验开发（统称为研究）等产生的数据，以及通过观测监测、考察调查、检验检测等方式（非研究产生）

取得并用于科学研究活动或解决医学科学问题的原始数据及其衍生数据。为便于理解，实际上将医学科学数据概括为两大类——医学研究产生的数据，或非研究产生（主要指临床诊疗和公共卫生等相关业务数据）但已经或具有用于健康相关研究或解决健康相关科学问题潜在价值的数据。此外，从管理角度，基于数据的状态分类非常重要，即根据数据是否收集完成，分为前瞻性收集数据和现有数据两类，是数据共享应用计划伦理审查要求的管理基础。这两种分类根据治理管理侧重、程序和内容不同，在具体的管理规范、审查等内容上，基本按照这两种分类进行讨论，并主要阐述医学科学数据共享的治理管理难点和重点——涉及人的数据和大数据。而医学数据产生于基础研究，如应用细胞系、微生物等生物材料和动物实验进行基础研究和转化研究（动物阶段）的数据，相关数据虽然是医学科学数据的重要组成部分，数据共享应用有助于减少实验动物的使用和节约成本，且共享应用过程中需要应对的问题相应较少，因此，本书不做重点讨论。

本书内容具体包括如下两部分：

第一部分，本书第一至第四篇，共计十章，分为基础总论、数据伦理规范、机构管理和数据标准4篇。讨论分析和阐述医学科学数据共享机制和保障体系，也适用大数据应用，可以认为是通用的共享机制和保障体系。数据共享机制总体目标是解决共享机制中的挑战和问题，建立科学、合理、公平、有效的共享机制体系，促进负责任的医学科学共享，并可持续发展。重点解决如何能长期访问数据，有效共享、高效共享，即可持续性发展。探索根据我国法律法规和政策，数据共享应用宏观机制、共享数据总体原则，重点探索解决数据共享应用实践中两大要素形成的3个关系，是共享机制的三大核心内容：①数据与利益相关者之间的关系，主要解决医学数据所有权、支配权及其产生的知识产权的归属问题，重点提出医学数据的实质是个人健康相关信息，解决数据及其产品的"原始产权"的关系，主要根据《中华人民共和国民法典》和《中华人民共和国个人信息保护法》依法确定数据共享应用（处理）规则；②利益相关者之间的关系，主要表现在数据共享应用过程形成的民事及行政等法律关系，如获得或转让数据及其产品权利在利益相关者之间形成的权益分配和责任归属，具体落实在利益相关者依法确定和依法约定形成的权利义务；③数据与数据之间的关系，主要表现为数据交互性问题，在现有标准体系基础上，探索构建解决数据交互性的数据结构标准体系原则和示例。

机制及其运行需要法律、伦理、监管、管理和技术支撑综合保障。法律同时也是最强有力的保障手段。主要根据现有法律法规，对于机制中的权利义务进行具体分析。

除了根据法律明确医学数据的数据处理规则，还需依法确定、依法约定利益相关者的权利义务。重点对数据共享应用的机构、个人落实法律法规和政策规定而需要具体执行的管理体系和重要内容的管理规范进行详细的讨论和阐述，力求突出医学领域数据的特点和要求。例如，落实科技伦理原则，从数据处理（包括数据共享和应用）和数据驱动研究角度分别遵循有关数据安全、个人信息主体权益保护，提出数据伦理管理和审查规范，以及数据伦理审查的特殊要求和注释指导数据伦理准则要点；提出机构管理体系，包括制度、流程和管理重点等，强调数据审查内容的多面性（包括数据价值）；对于数据共享应用的个人权益重点——隐私保护和知情同意履行重点阐述，提出医学数据隐私分类分级标准指南，以及泛知情同意履行模式的选择要求与策略；针对科技部等政府资助的科技项目（和课题）实施科学数据汇交和共享计划，提出具有潜在可行性的数据结构标准体系及其应用示例。

第二部分，本书第五篇，为医学大数据篇，包括第十一至第十五章5章内容。主要讨论阐述医学大数据作为科学数据的重要来源，在分类、挑战和应用及其治理管理中的特殊性或尤为突出的问题，如大数据产权界定及其建议，以及数据共享价值和数据安全、隐私保护和知情同意履行的突出矛盾关系。进而重点分别阐述健康医疗大数据、组学大数据和重大传染病为主的公共卫生数据3类典型大数据的应用、挑战，以及应用的重点规范内容，如临床基因组学伦理指导和重大传染病防控与研究数据共享的审查问题。最后简要介绍医学人工智能的发展和国内外主要治理规范，概述医学人工智能的伦理审查要点。

本书主要为生命科学和医学领域的研究人员、科研管理人员，相关部门、机构提供实践参考和借鉴，也可作为医学数据和大数据应用实体机构或企业的重要借鉴和参考书。同时，本书还可以作为医学院校数据应用、医学伦理或大数据应用相关课程的扩展阅读图书，以及数据合规认证或系统培训的指导用书。因时间和个人水平有限，虽然做了一些有价值的探索，但难免有考虑不周、阐述不充分的地方。《中华人民共和国人类遗传资源管理条例实施细则（征求意见稿）》《涉及人的生命科学和医学研究伦理审查办法（征求意见稿）》还在完善修订中，著者执笔完成的标准草案（包括已由中关村国基条件科技资源共享服务创新联盟立项的2项标准草案）也将及时完善和更新，部分实务表格暂未提供。希望机构和广大读者能够及时提出反馈意见促进本书及相关标准的完善，共同推进负责任的医学科学数据共享和大数据应用，最大限度降低风险和潜在损害，最大限度发挥积极作用，促进数据共享实践的可持续发展，促进数据驱动医学科技创新和人工智能战略发展。

著者：关健

北京协和医学院 & 中国医学科学院

北京协和医院教授

2022 年 11 月

目 录

第一篇 基础总论篇

第一章 医学科学数据及其共享概述 ... 3

第一节 医学科学数据 ... 4
一、概念与理解 ... 4
二、数据分类 ... 5
三、医学数据总体特点 ... 11
四、医学科学数据主要价值 ... 12

第二节 数据共享 ... 14
一、概念与理解 ... 14
二、目的、优势和意义 ... 17
三、共享模式举例 ... 20
四、共享趋势和进展 ... 22

第三节 阻碍与挑战 ... 31
一、数据共享阻碍因素概述 ... 31
二、技术和数据自身阻碍 ... 32
三、法律、政策和管理的差异阻碍 ... 35
四、利益相关者的权益兼顾和均衡 ... 37

第二章 共享机制与保障体系 ... 42

第一节 共享机制及其构建目标和依据 ... 43
一、共享机制目标 ... 43
二、机制构建参考依据 ... 43
三、宏观运行机制 ... 45
四、重要共享原则 ... 48

第二节 共享机制核心内容 ... 49
一、机制解决的核心问题 ... 49
二、医学数据实质和处理规则拟定依据 ... 51
三、我国医学数据处理规则和数据主体权利 ... 52
四、数据处理者的权利和义务 ... 54
五、数据共享应用利益相关者权利义务概述 ... 57

第三节 保障体系及其治理管理范围 ... 59
一、保障体系框架 ... 59
二、主要保障目标 ... 60
三、法律作用和规制内容 ... 61
四、我国相关法律法规体系 ... 64
五、伦理治理规范和重点 ... 66
六、管理保障 ... 68
七、技术支撑和保障 ... 69

第三章 国际政策和共识 ... 71

第一节 《公共基金资助的研究数据获取 OECD 原则与指南》 ... 72
一、背景简介 ... 72
二、目标和作用 ... 72
三、主要内容 ... 73
四、定位 ... 77

第二节 欧盟《通用数据保护条例》 ... 77
一、背景和简介 ... 77
二、适用对象和定义 ... 77
三、医学和科学研究相关主要原则摘录 ... 79

第三节 FAIR 数据原则及其适应性调整 ... 83
一、FAIR 原则的背景和作用 ... 83
二、FAIR 原则的具体内容 ... 84
三、FAIR 原则的优势和限制 ... 85
四、FAIR 原则的定位和作用 ... 87

第二篇 数据伦理规范篇

第四章 医学研究伦理规范概述 ... 93

第一节 医学研究伦理学概述 ... 94
一、医学研究伦理演进 ... 94
二、基本伦理原则 ... 98

第二节 伦理应用实践重要伦理原则 ... 100
一、知情同意 ... 100
二、风险收益评估 ... 103
三、受试者的公平选择 ... 104

第三节 我国医学科技伦理体系 ... 104
一、科技伦理治理管理的目的和作用 ... 104
二、《关于加强科技伦理治理的意见》及其意义 ... 105
三、我国科技伦理治理总体要求 ... 105
四、我国医学科技及其数据伦理治理体系 ... 106

第五章 数据伦理规范 ... 110

第一节 数据伦理基本原则要求 ... 111
一、基本伦理原则在数据共享领域的应用 ... 111
二、基本伦理原则在数据共享应用的具体要求 ... 111
三、《CIOMS 准则》新增数据规范 ... 115

第二节 数据通用伦理审查准则及注释 ... 116
一、数据共享应用管理和伦理审查 ... 116
二、社会价值和科学价值 ... 117
三、知情同意及其履行 ... 118
四、脆弱人群及其知情同意 ... 120
五、个体隐私保护和风险评估 ... 120
六、涉及稀缺或有限资源的数据 ... 121
七、利益相关者负担和利益公平分配 ... 122
八、利益相关者的赔偿或补偿 ... 123
九、在线发布或共享 ... 124

十、申请第三方数据 ... 125

第三篇　机构管理篇

第六章　机构数据管理 ... 129

第一节　机构管理概述 ... 130
一、机构及其管理定位 ... 130
二、管理目的和作用 ... 130
三、管理内容和管理重点 ... 131
四、机构管理原则 ... 133
五、机构管理制度 ... 134
六、机构管理体系框架要求 ... 135

第二节　机构管理体系 ... 137
一、管理或责任部门和职责 ... 137
二、数据审查委员会 ... 138
三、审查委员会审查职能衔接 ... 140
四、管理流程和文件 ... 142
五、适当管理技术支撑 ... 145
六、章程和合同的保障、约束作用 ... 148

第三节　数据共享应用审查 ... 156
一、审查的目的和依据 ... 156
二、数据审查原则 ... 156
三、审查形式和审查决定 ... 157
四、申请和材料准备 ... 158
五、审查 ... 161
六、跟踪管理和再审查 ... 164

第七章　隐私保护 ... 174

第一节　个人健康隐私和隐私保护 ... 175
一、隐私权及其进展概述 ... 175
二、我国相关术语及其理解 ... 176
三、医学科学数据中的个人信息 ... 177

  四、隐私保护概念的"两面性" ……………………………………………… 178

第二节　隐私分类分级构建方案及其作用 …………………………………… 181

  一、隐私分类分级拟订方案概述 …………………………………………… 181

  二、隐私分类分级作用 ……………………………………………………… 183

  三、基于隐私的医学数据共享应用原则 …………………………………… 184

第三节　隐私分类分级及其判定 ………………………………………………… 185

  一、医学数据隐私分类 ……………………………………………………… 185

  二、医学数据隐私分级 ……………………………………………………… 186

  三、去识别化数据隐私风险分级 …………………………………………… 188

  四、去识别方法 ……………………………………………………………… 189

第八章　知情同意 …………………………………………………………………… 196

第一节　知情同意变迁和发展 …………………………………………………… 197

  一、知情同意内容变迁 ……………………………………………………… 197

  二、知情同意履行方式的变化 ……………………………………………… 198

  三、泛知情同意提出及其优势 ……………………………………………… 201

第二节　知情同意模式和应用原则 ……………………………………………… 202

  一、知情同意模式类型 ……………………………………………………… 202

  二、基于隐私分级的知情同意类型选择 …………………………………… 204

第四篇　数据标准篇

第九章　数据标准体系概述 ………………………………………………………… 209

第一节　数据共享标准体系概况 ………………………………………………… 210

  一、数据标准分类 …………………………………………………………… 210

  二、共享数据标准构成 ……………………………………………………… 211

  三、本体及其作用 …………………………………………………………… 212

  四、代表性本体简介 ………………………………………………………… 213

第二节　我国医学科学数据共享应用标准体系 ………………………………… 218

  一、科学数据共享应用和我国现有标准体系 ……………………………… 218

  二、医学科学数据共享应用标准体系现状 ………………………………… 224

  三、医学共享数据结构标准体系建立必要性 ……………………………… 226

第十章 数据结构标准体系构建及应用 ... 230

第一节 医学科学数据结构标准体系框架和要点 ... 231
一、共享数据结构标准总体要求和构建考虑因素 ... 231
二、共享数据结构标准体系框架和要点 ... 232

第二节 数据结构标准体系 ... 235
一、研究数据共享数据基础数据 ... 235
二、临床业务来源科学数据模块标准及示例 ... 237
三、共享数据价值分级 ... 240
四、数据结构标准体系的应用 ... 242

第五篇 医学大数据篇

第十一章 医学大数据总论 ... 249

第一节 概念和理解 ... 250
一、定义和特点 ... 250
二、大数据属性特征概述 ... 251
三、医学大数据具体属性特征 ... 251
四、医学大数据分类 ... 255

第二节 大数据应用技术基础以及优势 ... 256
一、大数据应用和数据科学 ... 256
二、技术基础 ... 258
三、应用优势和价值 ... 259
四、大数据及其应用理解误区 ... 262
五、大数据应用突出挑战 ... 265

第三节 大数据产权认定 ... 268
一、大数据产权认定意义 ... 268
二、大数据产权认定基础 ... 269
三、医学大数据的产权认定原则 ... 270
四、大数据产权潜在解决方案建议 ... 272

第十二章 健康医疗大数据 ... 277

第一节 健康医疗大数据及其应用 ... 278
一、健康医疗大数据来源及其特征 ... 278
二、大数据分析应用概述 ... 279
三、应用挑战和规范重点 ... 283

第二节 真实世界数据应用 ... 284
一、概念及其关系 ... 284
二、RWE 概念的提出及其进展 ... 284
三、RWE 优势特点 ... 286
四、我国 RWE 政策进展和意义 ... 287

第十三章 公共卫生大数据 ... 290

第一节 公共卫生大数据及其共享 ... 291
一、公共卫生服务使命及其趋势 ... 291
二、公共卫生产生数据及其共享特点 ... 292
三、共享意义及其发展趋势 ... 293
四、公共卫生数据共享伦理 ... 294

第二节 共享应用的挑战和应对策略 ... 296
一、法律挑战 ... 296
二、伦理困境和难题 ... 296
三、应对策略 ... 297

第三节 共享规范与管理 ... 299
一、我国现有规范体系概述 ... 299
二、公共卫生学伦理挑战和借鉴 ... 300
三、《CIOMS 准则》（2016） ... 301
四、WHO 传染病伦理指南 ... 302

第四节 重大（突发）传染病数据共享审查策略和规范要点 ... 303
一、审查组织架构及其组成 ... 303
二、适当的审查程序 ... 303
三、审查内容和重点 ... 304
四、重大传染病的特殊考量——弱势人群的特殊性 ... 305

五、审查评估重点和难点 305

第十四章　组学大数据 309

第一节　概述 310
　　一、组学数据特点 310
　　二、组学基础 310
　　三、基本组学（遗传过程）分类 312
　　四、现有组学类型及其研究目的 314

第二节　组学应用与挑战 315
　　一、组学与精准医学 315
　　二、精准医学对疾病认识的影响 318
　　三、组学研究趋势 319
　　四、组学数据应用总体挑战和问题 320

第三节　临床基因组学及其伦理管理规范 321
　　一、临床基因组学发展 321
　　二、临床基因组学应用领域 321
　　三、临床遗传基础数据及其分级标准 324
　　四、法律和伦理问题 325
　　五、临床基因组学检测的伦理指导原则 327

第十五章　医学人工智能 334

第一节　医学人工智能应用与挑战 335
　　一、医学人工智能简单发展史 335
　　二、人工智能在医学和健康照护领域的应用 336
　　三、伦理挑战 338

第二节　医学人工智能治理和管理 340
　　一、国际人工智能治理规范代表 340
　　二、我国人工智能伦理治理体系 342

第三节　医学人工智能大健康产业 346
　　一、国家大健康战略 346
　　二、医学人工智能健康产业举例 347

附　录　我国法律法规和政策规定（部分）

中华人民共和国数据安全法..355
中华人民共和国个人信息保护法..363
中华人民共和国网络安全法..376
中华人民共和国生物安全法..388
科学数据管理办法..403
中华人民共和国人类遗传资源管理条例..408
中共中央办公厅　国务院办公厅印发《关于加强科技伦理治理的意见》..........416
涉及人的生物医学研究伦理审查办法..421
国家健康医疗大数据标准、安全和服务管理办法（试行）........................431
新一代人工智能治理原则——发展负责任的人工智能............................436
新一代人工智能伦理规范..438

第一篇
基础总论篇

第一章　医学科学数据及其共享概述

本章概要

医学科学数据来源广泛、结构复杂，是医学科技结果，也是医学科技资源；医学科学数据及其共享的界定是其共享应用治理管理规范的基础。数据共享是互联网和数据科学背景下的必然发展，但仍面临阻碍和挑战。本章将对医学科学数据和数据共享及相关术语等进行界定，规范基础概念；根据不同来源、数据信息和状态等对医学科学数据进行分类，为数据共享管理规范打下基础；并简要介绍数据共享、基本模式和共享趋势，以及数据共享面临的阻碍、问题和挑战，国际数据共享倡议和实践推进，以及我国的医学科学数据共享实践。

本章要点

1. 根据法律法规界定医学科学数据，根据来源、特点等分类；
2. 医学科学数据共享强调个体-水平数据共享，相关概念的理解和关系；
3. 基本数据共享模式是数据管理结合技术支撑来共同实现的；
4. 医学科学数据共享趋势呈现跨机构、跨学科、跨领域和国际合作趋势；
5. 国际组织和区域倡议和推进原则指南，逐渐由政府主导；
6. 我国数据共享实践和相关法律伦理的完善；
7. 医学科学数据共享应用从技术到法律规则仍存在阻碍和挑战。

第一节　医学科学数据

一、概念与理解

医学数据指广泛的健康相关数据（health-related data），根据《中华人民共和国数据安全法》（以下简称《数据安全法》），是指任何以电子或者其他方式对涉及人的健康相关信息的记录。

医学科学数据（scientific data involving health and medicine），根据《科学数据管理办法》有关科学数据的定义，是在医学领域，或医学与其他科学领域融合交叉，通过基础研究、应用研究、试验开发（统称为研究）等产生的数据，以及通过观测监测、考察调查、检验检测等方式（非研究产生）取得并用于科学研究活动或解决医学科学问题的原始数据及其衍生数据。概括说，医学科学数据为健康相关研究产生的数据，或非研究产生（主要指临床诊疗和公共卫生等相关业务数据）但用于健康相关研究或解决健康相关科学问题的数据。

国际上，有时研究数据（research data）与科学数据通用。如经济合作与发展组织（Organization for Economic Co-operation and Development，OECD）发布的《公共基金资助的研究数据获取OECD原则与指南》（OECD Principles and Guidelines for Access to Research Data From Public Funding）采用"研究数据"，并定义"研究数据是指用作科学研究主要来源的事实记录（数字分数、文本记录、图像和声音），科学界普遍接受这些记录是验证研究结果所必须。研究数据集构成被研究对象的系统的、部分的表示。"[1]

本书采用科学数据概念。首先，采用科学数据概念与我国《科学数据管理办法》相一致；其次，科学数据比研究数据更全面，与本书基于健康相关研究数据和业务数据两大重要来源来讨论数据共享应用的治理管理相契合。医学科学数据是有价值医学数据，是有目的提炼和处理后的医学数据。

研究是医学科学数据产生的来源之一，但医学科学数据并不包括实验原始记录和思考交流过程，如实验室笔记本、初步分析和科学论文草稿、未来研究计划、同行评议或与同事的私下交流；研究数据也不包含实物（实验材料，如实验室样品、细菌菌株和小鼠等试验动物）。

业务数据也是科学数据的重要来源，如临床诊疗业务数据是真实世界研究的重要数据基础。但是，业务数据本身不是科学数据，业务数据在一定的条件下可以转化为研究数据，经过筛选、提取和处理并用于解决科学问题的数据属于科学数据。如临床诊疗业务数据是真实世界数据，但满足一定要求才是真实世界证据。

此外，大数据也是科学数据的重要来源之一。研究数据、业务数据和大数据互有交叉。研究数据、业务数据是医学大数据的重要组成部分，数据共享是建设大数据的潜在方案，大数据也是科学数据的重要来源。医学大数据无公认的定义。医学大数据具有大数据所公认的大容量、速度、多样性、可变性等属性特征（详见第六部分医学大数据）。医学科学数据及其主要来源数据相关关系见图1-1。

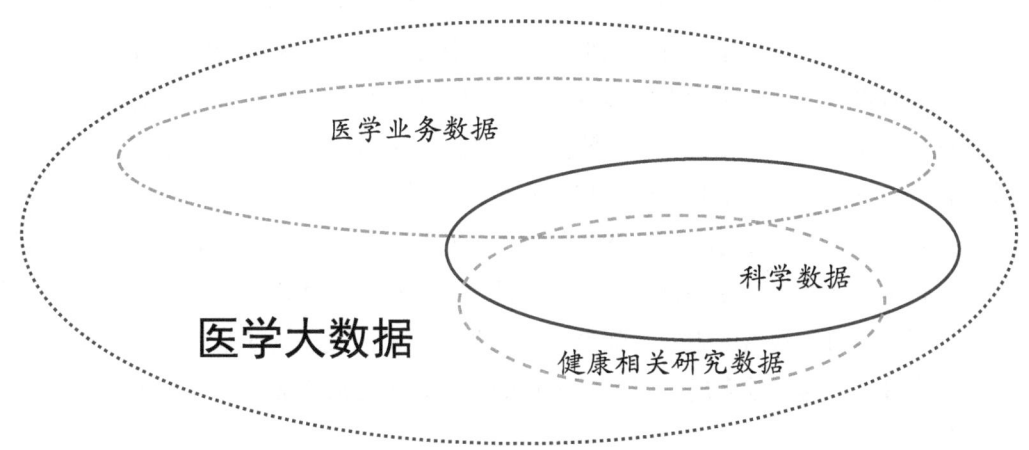

图1-1　科学数据及其主要数据来源关系示意

无论研究还是业务产生的数据，还是大数据本身都不是科学数据，需要经过科学方法提炼处理形成具有潜在社会价值、科学价值和再利用价值的数据，即有价值数据，才是科学数据。发表文章所附研究结果和结论的支撑数据和数据期刊发表的数据是典型的科学数据。科学数据具有阶段性，不同时期基于理论认识、技术分析等，在不同时期具有不同的要求。在一定时期有价值数据产生的结论可能随着科学技术的发展而被证实为无价值或伪价值的错误结论。

二、数据分类

（一）数据来源

1. 具体分类

根据数据产生形成过程和用途，医学数据主要包括研究产生的数据和临床诊疗和公共卫生监测、管理等业务产生的数据两大类。其他来源数据（如自媒体）本书不做讨论。

研究来源数据简称"研究数据"，是指初次收集目的即为研究的数据，是在解决生命科学和生物医学科学问题的健康相关研究实施过程中产生的数据。具体包括相互交叉的生命科学、生物医学、基础医学（涉及基因组等组学）、公共卫生防控研究、涉及人体的临床研究（个体信息、疾病和研究结果），包括临床试验等。

在研究背景下，数据包括统计数据、实验结果、测量结果、实地调查得出的观察结果、调查结果、访谈记录和图像。研究数据是包含研究者研究目的、研究内容思路，并经过提炼的、处理的原始数据；不是杂乱无章的原始研究记录。

业务来源数据简称"业务数据"，是指初次收集的目的为业务使用，经过一定的数据处理而用于研究的数据。具体是指拟用于研究的卫生和健康相关业务数据，包括健康体检、临床诊疗、护理数据、管理数据、卫生经济学、公共卫生防控实践数据等。以临床医疗工作数据为例，是指初次收集的目的为用户健康体检和患者诊疗目的而记录在不同类型信息系统（电子健康记录、疾病登记、临床试验文件、死亡率数据库）中的健康体检、临床诊疗相关一般信息、临床病历资料、主诉、体征、实验室检查（生化、基因检测）、影像和病理等疾病诊断和治疗（手术、药物及其效果）等数据。

生命科学快速发展，特别是基因组、转录组、蛋白质组和代谢组学等分子组学的发展，丰富了医学科学数据的内容。随着新一代测序技术的发展，使基因组测序的精确性提高，成本降低，越来越多的基因及其表达的组学数据也成为业务数据和医学大数据的组成部分。

用于研究的临床诊疗业务数据也被称为真实世界数据。根据国家药品监督管理局药品审评中心2021年4月发布的《用于产生真实世界证据的真实世界数据指导原则（试行）》，我国真实世界数据的来源按功能类型主要可分为医院信息系统数据、医保支付数据、疾病登记数据、公共卫生监测数据（如药品安全性监测、死亡信息登记、院外健康监测）、自然人群队列数据等。根据数据功能类型分类的常见真实世界数据来源及其应用将在大数据部分进行详细阐述。

2. 分类意义

数据来源决定数据共享应用管理、审查的内容和审查标准。如，涉及人的健康研究数据或临床诊疗业务数据用于研究，为保护个人参与者的权益，须进行伦理审查，但研究和临床诊疗业务数据的个人参与者的风险不同。此外，基础医学研究来源的数据的共享应用，除直接涉及人的生物样本外，通常不需要伦理审查。促进动物实验产生的数据的共享有利于减少实验动物数据，符合"3R"实验动物福利和动物伦理。因此，基础医学数据和动物实验数据的共享应用重点审查数据的共享价值、数据的科学性和可靠性等方面。

生命科学技术与其他领域技术的整合也影响着医学科学数据的类型。技术融合、跨学科合作的研究模式不断融合发展，从原有相对割裂的基础研究、临床研究，逐渐发展为转化研究、精准医学、系统研究，流行病学研究也从宏观向分子流行病学发展。医学研究数据和临床业务数据逐渐交叉融合。

精准医学的发展，基于数据来源结合数据对疾病异常及其基因水平的病因的认识，产生数据的技术方法不同，分为临床表型数据、组学数据和其他数据，具体将在医学大数据部分进行详细阐述。

（二）数据状态

1. 具体分类

根据数据状态，即是否已经完成收集，医学数据分为已完成收集的现有数据和尚未收集的前瞻性数据。

尚未收集的数据往往在项目实施之前可拟定数据共享计划；或者在临床诊疗等业务尚未开始之前，前瞻性考虑数据后续应用于共享和科学研究。现有数据的共享应用，无论初始收集目的是特定的研究项目还是临床诊疗业务，通常是指超出初次采集目的及其数据共享计划之外的再利用。

2. 分类意义

这种数据分类方法对于数据治理管理具有重要价值，现有数据和尚未收集的数据在共享应用计划及其方案、伦理审查内容和重点、标准等均有所不同。这两类数据的共享应用面临的伦理问题有所不同，因此其伦理审查的重点和标准不同。

该分类有利于指导医学科学数据的共享实践，特别是在科学数据共享倡导和政策刚刚发布，很多法律法规和管理细则等需要完善，且目前属于数据共享实践的过渡期，存在大量现有数据需要利用。这种分类将有助于数据共享实践中伦理审查方式、审查内容等的具体确定，根据数据现有状态实施不同的管理策略和管理重点，以促进现有海量数据的共享和应用，发挥价值和实现数据倡议的初衷。伦理规范部分，我们将按照这种分类方法，详细讨论数据共享应用伦理管理和审查指南材料中有关现有数据和尚未收集数据两大类数据的审查。

（三）结构化程度

1. 具体分类

医学数据记录格式繁多，如文字，数字、数据，图像，视频等，数据的储存方式和提供方式也不同。根据数据的结构化程度分类，可以分为结构化数据、半结构化数据和非结构化数据三类。对于结构化和半结构化数据来讲通常是先有结构或系统再有数据。

结构化数据，一般是指可以使用关系型数据库表示和存储，可以用二维表来逻辑表达实现的数据。结构化的数据的存储和排列是很有规律的，可以存储于数据库或数据管理系统。结构化数据是数字化、计算机可读格式提供的数据，便于共享、整合与再利用便于整合和再分析；可以满足高速存储应用需求、数据备份需求、数据共享需求以及数据容灾需求,是共享数据的理想数据。

结构化的一般特点是数据以行为单位,一行数据表示一个实体的信息,每一行数据的属性是相同的,存储在数据库中;能够用数据或统一的结构加以表示,如数字、符号;能够用二维表结构来逻辑表达实现,包含属性和元组,如健康体检表单就是属性,其中身高、体重、血常规检测结果的数据就是其对应的元组。传统的关系数据模型、行数据,存储于数据库,可用二维表结构表示。传统的 Excel 表储存数据,以及结构化的项目数据管理系统,或单疾病管理和分析系统中的数据属于结构化数据。此外,一些自动化的非分层生化检测系统导出数据可以形成相对的结构化数据。

半结构化数据,可以认为是结构化数据的一种形式。半结构化数据包含相关标记,用来分隔语义元素以及对记录和字段进行分层,但不符合关系型数据库或其他数据表的形式关联起来的数据模型结构,数据的结构和内容往往混在一起,缺乏明显的区分,因此,它也被称为自描述的结构,简单地说,半结构化数据就是介于完全结构化数据和完全无结构的数据之间的数据。例如 HTML 文档、JSON、XML 和一些 NoSQL 数据库等就属于半结构化数据。医疗 HIS 数据库是典型的半结构化数据,既包括一些可以勾选或表格化的数据记录信息形式数据,也包括医生诊断和处方等个性描述性数据。

非结构化数据,是没有固定结构的数据。包括所有格式的办公文档、文本、图片、图像和音频/视频信息等等都属于非结构化数据。对于这类数据一般采取直接整体进行存储,一般存储为二进制的数据格式。传统纸质版的临床诊疗病历扫描后形成的数据为典型的非结构化数据。

初始产生和收集的大部分数据为非结构化数据。如研究和业务产生的文本文件:文字处理、电子表格、演示文稿、电子邮件、日志;图像、音频、视频数据等;研究设备和业务监控产生的大部分数据也是非结构化数据。

2. 分类意义

数据的结构化程度决定数据的共享应用的数据准备等。虽然随着大数据分析技术和数据科学的发展,用于挖掘非结构化数据的分析工具也在逐渐发展阶段。如对于非结构化文本,自然语言处理(natural language processing,NLP)发挥一定作用。通过利用计算文本挖掘更好地整合电子健康记录(electronic health record,EHR)记录中的定性和定量数据,将自然语言处理用于医疗保健,部分作为解决在医学文本数据的提取。但为了实现这一功能 EHR 必须为开放式文本保留或增加空间;保证病程记录的规范性和准确性(实际上记录代表患者的实际病程和诊疗,而不仅仅是医生的想法);解释大量的数字化数据相关的潜在大量文本。经过自然语言处理后的数据成为潜在有价值数据。

但是,结构化数据是科学数据共享的结构基础。数据结构化是数字化储存优势。结构化的数据有利于数据的分析和挖掘。用于共享的科学数据更多是结构化数据,非结构化和半结构化数据只有进行结构化处理才能用于共享。

结构化数据与非结构化数据两者之间最大的区别在于整合、分析的便利性。针对结构化数据存在成熟的分析工具，经一定的主题、关键词提炼、总结汇总并经一定标准可以转化为规范化结构记载的病历数据为结构化数据，电子化的临床诊疗检测结果等业务数据通常为结构化数据。针对性建立的规范的单疾病研究数据的管理和分析系统、Excel表格形式存在的研究数据也属于结构化数据。

（四）数据归属

1. 具体分类

数据归属决定数据共享应用需要的条件，以及获取方式。根据数据归属可以分为公用数据和私有数据。

公用数据，是指公开发布、公众可以随时调取或使用的数据，广义的公用数据包括政府部门掌握，用于决策和管理的数据。

私有数据，是指因数据产生、收集和处理的贡献，数据掌握在或归属于个人、机构或团体，通常不对公众开放的数据。收集掌握数据的并不一定归属收集掌握数据的人或机构。如电商服务收集所掌握的客户信息并不归属电商所有。私有数据包括两类：①个人数据，如患者个体诊疗原始数据，科学研究和决策等可以使用个体数据，但即使这些数据应用于公益性研究也通常需要个体授权，签署知情同意书。②归属机构或团体（如管理机构、医疗机构、社会组织或课题组等）的数据，准确说是个体数据综合汇总的总体数据，由机构或团体持有并具有一定支配权。私有数据通常限制使用范围，在一定情况下可以转化为公用数据。数据在完成个人和机构的权利行使及其收益，如发表文章、使用者补偿费用等，经过个人、机构授权发布或发表而成为公用数据。

2. 分类意义

根据数据归属的分类对于数据共享应用的前提要求和权益分配具有重要意义。公用数据和私有数据是产权认定和进一步数据共享应用过程中利益相关者权益分配的依据，有助于兼顾责任归属。私有数据的公开发布或共享需要经过授权，或者在法律法规规定的特殊情况。公用数据和私有数据的共享和应用具有不同的审查重点。管理和审查伦理规范的更多是私有数据。但是，如果公用数据的应用对人类或个人、特定人群具有潜在损害风险，则进入管理规范的范围。此外，政府部门用于决策和管理的重要数据也涉及安全审查和管理。

（五）风险和价值综合分类

1. 具体分类

在信息安全的背景下，根据未经授权的情况下披露或泄露，更改或销毁对数据主体个人或数据持有人或机构的潜在不利影响分为三类。具体根据数据包含的信息的敏感程度（如个人健康隐私信息、影响机构声誉的信息）和数据具有的价值（商业秘密、经济效益和知识产权、科学价值和学术影响等）综合分类。

限制数据（restricted data）也被称为保密数据。当未经授权披露、更改或销毁数据可能会给个人或数据所在机构造成重大损害或损失风险时，应将数据归类为受限数据。限制数据的例子包括隐私相关法律法规保护的个人健康隐私数据和受保密协议约定保护的数据，如具有较高的科学价值、潜在经济价值的数据等。限制数据应提供高级别的安全管理，当数据涉及国家安全时受限为最高级别。限制数据需要经过授权，未经授权披露承担法律责任。有些须根据国家法律法规规定的程序进行审批。未经审批和/或备案禁止共享或发布。如满足一定数量的涉及人类遗传资源信息的数据，须完成安全审查之后才能对外提供。

公开数据（public data）。当未经授权披露、更改或销毁数据对数据主体个人或其所在机构造成的风险很小或没有风险时，应将数据归类为公共数据。公共数据包括新闻稿、课程信息、研究出版物和一些允许公开的公共信息或数据等，如公共卫生职能数据。公开数据通常不需要保密措施或者只需要低级别的保密措施。管理的重点是防止未经授权的修改或销毁处理，禁止恶意修改或销毁。

私有数据（private data）。是指如果未经授权披露、更改或销毁数据可能会给数据主体（也称为个人信息主体）或数据持有者（个人或机构）带来中等程度的风险的数据。通常情况下，未明确归类为受限数据或公开数据的机构数据应视为私有数据。对私有数据应采用合理的安全控制水平。注意私有数据必须经过授权，并进行相应的处理，才能进行共享或者发布。未经授权披露承担违法责任或违约责任。

2. 分类意义

该分类与前述基于所有权或数据支配的角度不同，是从数据价值、数据安全管理角度，也是与数据共享应用管理密切相关的分类方法，有助于确定根据价值、数据安全相关管理要求和哪些基线安全控制适合于保护这些数据进行分级管理。而且，限制数据和私有数据的公开通常需要个体或机构授权和去识别化处理。该分类与根据产权归属和共享方式的分类有一定交叉。限制数据和私有数据往往支配权归属个人或机构。

该数据分类框架有助于确定保护数据的基线安全控制措施和管理要求。数据归属则与数据的产权密切相关。

（六）数据基金来源

1. 具体分类

从数据产生、合法收集的基金或经费来源的角度分类，可以分为公共基金资助产生的数据和非公共基金费用产生或持有的数据。

公共基金资助产生的数据，主要是研究数据为多。由国家政府基金资助的各类项目、课题等是典型的代表。此外，一些社会组织和基金组织资助公益性研究也可以参照公共基金资助产生的数据。政府部门或受委托的机构、单位在公务管理和公共事务过程产生的数据部分也可以认为是公共基金产生的数据，如公共卫生监测数据。

除公共基金资助的数据外，一般属于非公共基金费用投入产生的数据，主要指个人、机构因自身发展或需要自行投入产生的数据。临床诊疗产生的数据，不同机构不同。对于有国家投入的公益性医院，理论上，相应比例的数据可以认为属于公共基金资助。临床诊疗机构一般还需要通过服务获得的更多的投入反过来维持和发展医疗机构。目前，对于临床诊疗数据，除了个人数据属于诊疗对象自然人，即公民。机构通常对其收集、持有或掌握的数据具有一定的支配权。临床试验产生的数据，一般由药物研发机构（作为申办方）投入经费，应该认为是非公共基金资助的数据。但同时如果资助研究者进行探索性研究，可以参比公共基金资助的数据。

2. 分类意义

根据基金来源进行数据分类，主要价值在于数据共享的法律依据以及数据持有者对于数据是否共享的决定权范围不同。目前，包括我国在内很多国家政府，以及基金资助单位要求公共基金资助的数据应共享。其他经费来源的数据，一般是倡议共享，如临床试验数据，除国际期刊协会要求发表文章的同时共享数据外，一般不强制共享。[2]

三、医学数据总体特点

1. 来源广泛、种类繁多、结构复杂

医学是大数据的重要领域之一。数据来源极其广泛，且具有多样性、非结构化数据为主。以临床医学科学数据最为明显。临床诊疗数据为例，不同专业学科的结构均有所不同，加上不断应用于临床的新技术、新方法等，使临床医学科学数据共享具有极大挑战。不同机构来源的数据组成等不同，不同研究人员的研究目的、研究主题和研究方法等不同，临床医学科学数据往往更容易形成孤岛。因此整合应用较大难度，共享分类时也是难点。这些医学数据，包括研究数据涉及大量样本、多个数据收集点和大量信息，包括生理、情感、发展、社会和人口数据。获得这些数据可能会有助于进行强有力的研究设计，增强统计能力，并有更多的机会了解儿童、母亲和家庭健康、发展和福祉方面的各种问题和关系。

2. 数据共享应用与社会公益相关

医学科学数据的共享应用，有助于疾病机制研究、药物研发，提高诊疗水平和促进预防等。此外，部分来源数据，如公共卫生数据的共享与公众健康，甚至全球健康相关。医学数据共享全球趋势明显。

3. 数据信息与人类和公民自身关系密切

与其他领域相比，医学领域因数据内容涉及人体的健康、生活、家庭和工作，以及遗传物质等，医学科学数据与人自身关系密切，涉及个体健康、疾病和遗传信息等涉及个人敏感信息和人类遗传资源信息，处理具有特殊法律要求和考虑国家遗传资源安全。

4. 数据共享应用需要遵循医学伦理和科技伦理

这不仅是国家政策、法律规定的要求，也是基于医学数据及其价值与社会公益和人类、公民关系的结果。数据共享应用无论在内容，还是管理均有其独有的特点。无论来源于涉及人的生物医学研究过程，还是来源于健康医学临床诊疗业务过程，医学科学数据共享及其应用是基本伦理原则应用的新领域。除了遵守科学数据共享一般的原则、规律等，还必须考虑符合伦理国际原则和我国科技伦理原则及其审查要求。

5. 医学科学数据的产权认定复杂

内容上，医学科学数据不仅涉及一般研究或业务的商业秘密、科研信息，因其利益相关者众多，其产权认定不仅要考虑一般产权和知识产权认定，还要考虑社会公益、个人权益，如临床诊疗数据，以及人类整体伦理道德，如一些基因干预研究和人工智能（artificial intelligence，AI）。

四、医学科学数据主要价值

1. 科学价值和社会价值

科学数据是研究结果也是科技资源。医学科学数据具有科技创新价值。数据共享促进数据价值的进一步发挥，最大限度发挥数据价值，促进医学领域的科技创新。

科学数据具有潜在科学和社会价值。科学数据经过一定的筛选，可以单独或整合进行挖掘分析解决科学问题。以往的研究数据需要特别研究实施产生和积累。数据科学就是基于数据，研究挖掘数据之间的联系，也可以认为是数据驱动的研究。

业务数据及其数字化储存使业务数据具有超出原有的最初收集目的的巨大价值。基于数据构成、数据质量、数据来源和数据积累等，可以根据基础数据的情况，拟定数据利用方案，包括研究方案的设计，进而，通过数据分析就能够得到问题的答案。

数据是对信息的记录，是信息的表现形式之一。医学数据根据不同来源，内容和价值既有相同，又具有差异。医疗机构的 EHR 数据，对于个人来说，是健康信息和诊疗信息，记录和承载个体健康变迁和诊疗记录；对于机构来说，机构收集、储存的整体数据则包含重要的医疗信息和商业信息，记录和承载医疗机构的诊疗水平和机构发展。数据反映疾病的构成、数据来源个体的个人基础信息，对于疾病分布，疾病总体发展趋势，疾病的卫生健康资源利用情况，以及研究研发的方向和潜在市场需求等。通过不同关键词对不同兴趣主题的挖掘，横断面分析可以在个体之间、科室之间、机构之间、区域之间进行比较；纵向分析可以对相应主题信息在不同时期进行比较，总结了解不同技术背景的疾病进展、疾病诊疗水和疾病成本等。

2. 管理价值

数据作为资源，可为精准管理、服务决策和政策制定提供依据。

管理方面可使内部管理更为客观、准确和公平，避免传统的管理绩效数据由申报和审查主观主导，且可以节约管理的人力成本，还可以使数据更为客观和准确，使瞒报或虚报的行为无法进行。通过数据情况，可以用于不同科室的诊疗质量和费用等综合评定，为绩效考核等提供依据。

医疗服务和医疗成本预算的管理等也更为精准，且减轻一线工作人员的繁重计件、记录、抄写等。业务数据对于医疗服务，提高工作效率体现在多个方面，避免了多次诊疗数据的丢失，也可以对患者疾病进行基于数据的管理，疾病恢复和进展趋势连续观察，特别适合慢病管理。更可以基于数据对病人进行分类管理，且减轻疾病管理负担，提高整体工作效率。

数字化储存的业务数据等可以随着常规工作不断积累，且 EHR 有助于提高病历质量，不仅为医生研究提供更多机会，也有助于患者的数据保存和查询，便于整理、总结和分析，依法符合伦理地用于研究和数据驱动的临床决策，以及其他用途。包括为上级部门制定政策提供数据基础。

公共卫生来源的数据一直都是公共卫生防控实践的重要基础。如基于数据共享和大数据分析及时了解新型冠状病毒引起疫情发展的实时情况，有助于防控措施效果评价，为不同时期疫情防控政策决策发挥了重要的支撑作用。

3. 经济价值

医学科学数据共享和再利用使医学科学数据具有潜在经济价值和商品属性。利用现有数据提出医学问题的解决方案，能够有效节约成本。医学科学数据不再仅仅意味着研究计划实施完成的终点。直接利用有价值的数据进行研究研发，节省人力物力，最重要的是节省时间，可以促进研发的速度，提高科技研发效率。数据及其应用的成果通过成果转化，不仅能够促进疾病诊断水平，具有社会价值的同时也具有可观的经济价值，如数据与机器学习相结合的数据驱动临床决策系统相关的疾病诊断软件。数据共享能够避免重复低水平研究，及时提示和终止没有研究研发价值的计划，进一步提高有价值研究的开展，是其间接经济价值的体现。作为潜在的医学科技资源之一，数据已经在包括商业医药和临床诊疗工具的研发市场等各个领域流通，是大数据产业和大健康产业的重要"通货"。国家促进大数据应用战略和数字化经济发展，医学数据具有了商品的特征，医学将成为大数据经济和数字化经济的快速发展领域之一，数据为基础的医学人工智能也将是体现医学科学数据和大数据经济价值的突出领域。

第二节　数据共享

一、概念与理解

（一）数据共享和数据应用

数据共享不是一个新概念，近年来的数据共享倡议为其赋予新的含义。数据共享（data sharing）是指公开或在特定访问条件下向其他人员或机构提供个体-水平数据（individual-level data），也被称为原始数据（raw-data）。数据共享包括原始数据和/或衍生数据的共享（访问、提供），包括数据用户之间的数据传输或数据交换，更代表公开或在特定访问条件下向其他研究人员提供数据的情况。[3-4]因此，如无特别说明，本书中的数据共享是指"个体-水平"数据共享，不包括结论共享，如文章文献的获取。

个体-水平数据，是指研究和试验开发，以及观测、监测、考察调查、检验检测等过程或期间收集的每个个体分别记录的单个数据。医学个体-水平数据最初主要指数据主体（个人信息主体）个人在临床试验中产生的数据，也称为患者级别数据（patient-level data），包括患者标识符、部位标识符、出生日期、性别、种族、实验室检测结果，临床诊断和疗效结果等。本书中，个体主要指单个个人健康数据主体（人体，如志愿者、受试者或患者），还包括产生医学数据的其他个体，如生物个体（如实验动物、细胞系），或来源于人体或其他生物个体的生物样本。

医学科学数据共享应用的对象是电子方式对信息的记录，重点是以数字化信息形式存储的数据，具体包括提供的研究数据和具有研究价值或用于研究的医学业务来源数据。数据共享更强调或专指利益相关者（包括研究人员、医疗机构、科研机构、政府监管机构、资助机构和出版机构）将掌握的研究数据、业务数据，提供给科学研究。[5-6]

数据应用（data application），包括基于初始收集目的一次性使用，如临床诊疗、传统逐项研究项目实施等；超出初始收集目的之外的再使用，如二次分析和发表等。共享的价值体现在数据的再利用过程。数据共享的目的是促进数据的再利用。

与数据共享相关的概念是开放访问（open access），有时称开放访问研究数据（open access to research data）。开放访问是实现个体-水平数据共享的直接路径，是较早共享数据，特别是研究数据的一种方式。数据共享因数据来源、内容和价值等不同，数据共享需要通过多种模式和服务方式，以及不同的审查，不同的传输和提供方式。开放访问研究数据与研究相对应，指根据资助部门、组织的资金政策协议中规定的条款和条件，访问和重用数字化研究数据的权利。用户通常可以免费访问、挖掘、利用、复制和传播公开可访问的研究数据。

与数据应用相关的概念是数据处理，是《数据安全法》中使用的概念。根据《数据安全法》，数据处理包括数据的收集、存储、使用、加工、传输、提供、公开等。数据应用与数据处理相互联系。其中，数据收集、存储、加工、传输是数据共享应用的数据处理准备，数据传输、提供和公开是数据共享应用的必要处理方式。数据共享应用涉及所有或部分的数据处理活动，如对现有数据的共享应用可以认为不涉及数据收集。数据共享需要以数据处理为基础，以不同程度和不同方式的数据公开为表现形式。进而，数据共享也会导致进一步的数据处理，如提供、传输、存储、再利用（使用和加工）。或者需要数据的收集、存储为基础，数据共享的目的是数据使用和再利用，需要通过数据加工、数据传输和提供公开完成或达到数据共享。

（二）利益相关者

"利益相关者"最早由美国学者爱德华·弗里曼（Edward Freeman）出版的《战略管理：利益相关者管理的分析方法》提出，该书将"利益相关者"广义地定义为"任何影响组织目标实现或受组织目标实现影响的个人或群体"。[7]

医学数据共享应用的利益相关者是指在数据共享过程中涉及的所有主体，包括机构和个人。具体包括政府部门、个人信息主体（及其家人或家庭）、数据收集者、数据持有人和提供者、数据使用者、数据提供第三方服务平台等各自的权利和义务。

我国法律法规和国家标准文件中，与数据的关系不同，利益相关者有三个重要概念：个人信息主体、个人信息控制者和个人信息处理者。

国家标准《信息安全技术 个人信息安全规范》（GB/T 35273—2020）定义了个人信息主体和个人信息控制者。个人信息主体（personal information subject），为"个人信息所标识或者关联的自然人"。个人信息控制者（personal information controller）是指"有能力决定个人信息处理目的、方式等的组织或个人"。欧盟《通用数据保护条例》

采用分别列举的方式，规定个人数据主体权利，以及处理个人数据的一般规则，并进一步对数据控制者、使用者、监管者等分别规定。著者认为，如果单纯采用个人信息控制者的定义是不全面的。有能力和有权是不同的概念。有能力不等于有权控制。

2021年，《中华人民共和国个人信息保护法》（以下简称《个人信息保护法》）在标准的基础上进一步完善。《个人信息保护法》没有单独另行定义个人信息主体，而是表述为"自然人的个人信息受法律保护，任何组织、个人不得侵害自然人的个人信息权益"。提出个人信息处理的概念，"个人信息的处理包括个人信息的收集、存储、使用、加工、传输、提供、公开、删除等"，并在附则中定义"个人信息处理者，是指在个人信息处理活动中自主决定处理目的、处理方式的组织、个人"。据此，可以将个人信息处理（包括医学科学数据共享应用）的利益相关者概括分为个人信息主体和个人信息处理者两大类。这种分类更为科学，有利于确定个人信息处理者对于个人信息主体所承担的共同责任，便于保护个人信息主体。

其他利益相关者作为个人信息处理者，享有与处理数据相关的权利，同时需要承担相应的义务。在数据不同生命周期，利益相关者在数据共享应用中"角色"及其享有的权益与承担的责任不同。具体将在第三章详细阐述。

数据生命周期是指科学数据自身在生命周期各阶段的状态、特征与规律。[8]英国国家数据档案馆（UK Data Archive）提出的数据生命周期包括数据创建、数据处理、数据分析、数据存储、数据访问和数据重用六个阶段。[9]

医学科学数据共享应用的利益相关者众多。如参与临床试验数据共享的关键利益相关者包括：临床试验受试者，试验的出资方和赞助商，监管机构，研究者，研究机构和大学，期刊和专业协会。

对于治理管理，更重要的是有权利决定个人信息处理目的、方式等的组织或个人。综合医学科学数据两个重要来源，以涉及人的医学数据为例，根据数据共享应用中的行为分为数据产生者（个人信息主体，受试者或患者）、数据收集者和数据持有者（医师，护士，管理人员，或研究者，检测技术人员和数据统计分析人员）；数据提供者（往往为医疗机构、研究机构及其合作机构，以及第三方数据共享服务平台）和数据使用者（其他研究者、合作机构或数据产品服务商等，监管部门和公众）。对于涉及个人信息的数据共享应用，在不同阶段均可能成为个人信息控制者。涉及人的医学科学数据利益相关者及其相关关系的示意见图1-2。

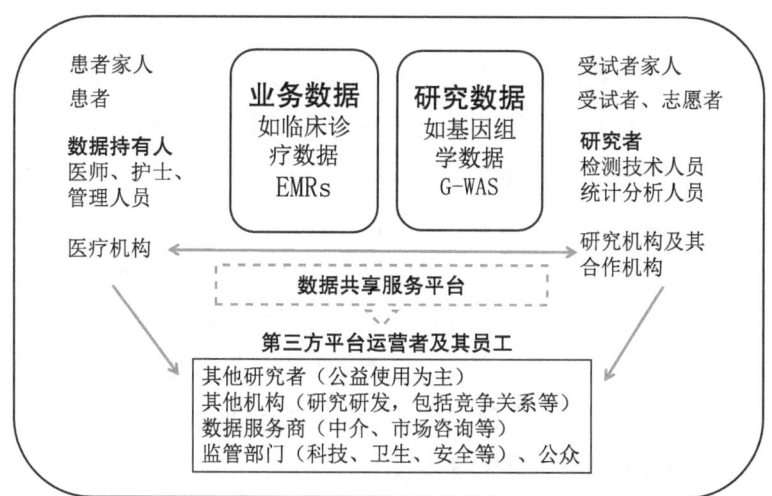

图 1-2 医学科学数据共享应用涉及的利益相关者示意

二、目的、优势和意义

（一）数据共享的目的

数据共享的目的是促进数据的整合与再利用。确切说，数据共享应用是为了促进潜在有价值数据的整合和/或再利用。无论数据初始产生的目的是否为研究，无论初次使用还是重复利用，经过处理的具有潜在价值的数据，才具有共享应用的基础。这是本书采用科学数据的另一初衷。如无特别说明，本书有价值数据和科学数据可以通用。

以往针对同一主题的研究结果的整合，如荟萃分析（即 Meta 分析）再利用，基于不同研究人员的不同分析方法等进一步研究虽有所提示，但存在不足或缺陷，参考价值有限。整合原始数据进行分析的结果更加重要。对于类似相关主题但是研究结果不同的比较分析。如果针对文章，我们只能假设其结果相同或不同及其可能的产生不同的因素。针对原始数据，我们可以直接进行整合或比较分析。文章一般是经过统计分析的结论性分享。结论与作者的思路、研究方法和统计方法等密切相关。基于原始数据，可以对文章的结果结论更直接地进行判断。通过对原始数据的再挖掘分析，或者整合其他人研究结果的整合分析，研究结果更接近于真实。

（二）数据共享的优势

1. 医学数据共享促进学科内研究结果的纵向比较和横向整合

医学数据的用途，随着共享的范围而提升价值。数据共享和大数据分析技术，不仅能实现同一机构内的数据获取和长期纵向比较分析；更能促进相同主题医学数据从机构内、机构间的共享。

数据共享不仅可以对横断面实现对不同机构和区域现有相同种类数据进行整合和挖掘，还可以开展多中心前瞻性的真实世界研究。以及对不同来源数据结果，如真实世界数据与临床试验数据进行比较和分析，提升临床诊疗水平，有利于数据驱动的临床决策，[10] 这一点对于罕见疾病的价值尤为明显。临床诊疗数据，包括临床基因组学数据的共享，对于研究和患者诊疗均具有价值。①帮助临床医生努力找到全球相似病例的匹配，以便于对新的遗传变异发现进行解释，经验证后最终可提供诊断依据；②可以对罕见病的病因、发展或者治疗进行整合探索性研究，使更多的患者将来受益。因此，罕见疾病数据共享平台，既是一个丰富的研究资源，也是一个有价值的临床工具。

2. 促进跨学科、跨领域的数据整合再利用

最初机构内不同学科的数据共享，对于疑难疾病、涉及多专科的疾病来说，提升诊断和治疗的价值。①医学数据共享促进精准医学和个体化医疗发展是跨学科的典型代表。当前的生物医学研究的特点是通过转化医学促使研究的多领域合作，促进了医学数据向多元化机构合作共享；此外，数据共享可以开拓探索性研究可能会导致疾病机制的新假说，更有效的治疗方法或放弃不理想治疗，整合设计形成数据模型，然后可以经更多的研究测试最后替代使用。②医学数据共享有助于跨领域的研究合作，可以促进医学与生态、气候、交通等交叉研究。

3. 数据共享是建设医学大数据的路径之一

数据共享有助于一些领域的医学实践，如公共卫生重大突发事件的防控。通过临床表型（组）数据和研究为主基因（组）学的整合分析，促进表型组学的细化，分子机制的进展，促进人类疾病的基于精准医学的个性化预测、预防、诊疗和治疗是医学数据共享的重要意义之一。大数据人工智能策略等为人类疾病认知和诊疗的作用将成为里程碑样发展，从长远来改善公共健康和个体健康预后。

（三）数据共享的意义

1. 节约成本，提高效率

数据共享鼓励合作，研究的资助者鼓励或要求共享和研究再利用数据。不仅促进科学数据的再利用和避免重复研究，能够降低社会整体科技成本，还能最大限度发挥数据的社会价值和科学价值。支撑数据共享应用的数据平台或专门机构逐渐成为"数据银行"，为大规模的数据共享提供机遇。当研究数据被广泛共享应用，将提高创新效率，促进创新科技发展。[11]

数据共享促使创新研发及其转化应用和提高科学过程的透明度。研究人员为数据共享在研究期间需要更好地管理和存储数据虽然会一定程度增加工作量，但同时会增加研究的严谨性和可靠性,且促进科研诚信。从疾病机制研究快速向下一步应用研究推进,药物研发有效无效的数据在适当时间共享,能降低同类其他研究研发成本。以药物研发的临床试验数据的共享为例,这是医学领域较早倡议数据共享的领域。临床试验通过对患者的治疗的安全性和有效性产生更好的证据。共享数据有利于进一步次级分析,一些分析结果能够提示或显示被广泛使用的干预是无效的或不安全的。从临床试验受试者的角度,共享使他们的参与涉及人的健康相关研究的数据应用和价值超出了原始数据,发挥最大价值。药物研发数据共享减少后期受试者可避免的危害,减少不必要的重复试验,减少整体社会成本。

共享临床试验数据可能有助于提高临床研究过程的效率和安全。从对社会公益角度,临床试验的数据共享可以提供一个干预的好处和风险的更全面的了解,通过数据驱动研发和决策在临床诊疗工作中为临床医生和患者提供更科学更合理的选择,提升诊疗水平。此外,及时为政策和实践提供信息。

有价值数据的共享,通过整合再挖掘,节省研究实施的人力、物力和时间,对于一些低资源的材料更具有重要价值,对于一些领域研究更具有意义。例如,干细胞研究领域成本高昂,且胚胎干细胞研究具有争议性以及伦理限制。许多国家,包括我国、美国和一些欧洲国家,对干细胞研究都有限制性政策。为复杂疾病建立多能干细胞系既昂贵又具有挑战性。每个干细胞系分析产生的潜在数据量是巨大的。因此,干细胞研究进展中的一个重要步骤是开发干细胞数据集,将干细胞系的详细信息收集到单一的、易于访问的数据库中。并提供集中式且易于访问的数据存储库,可以充分利用各种生物信息学方法进行干细胞研究。[12]

2. 基于数据的进一步的分析、复制和验证,避免结果偏倚

数据共享增加研究机会的多样性、新颖性和复杂性,提供进一步挖掘的机会,降低"未能发现"的风险。临床试验数据共享,有助于对相同主题数据整合、挖掘,更客观地评价药物安全性和有效性;相反,如果试验所得数据保留,特别是药物研发不利数据隐瞒,导致共享数据结果提供的证据产生整体偏倚。

数据共享避免结果偏倚还表现在发挥海量临床诊疗数据对于疾病机制探索和药物研究研发的巨大作用。经数据共享、整合和再挖掘有助于减小医学科学研究结果的偏倚性。以真实世界研究为例,由于真实世界证据在样本量小时极易产生结果偏倚性,导致产生了基于随机对照研究的理想化的临床试验。随着电子病历的普及和互联网技术的应用,反过来真实世界证据是临床试验的有力补充,且具有临床试验所没有的优势。[13] 数据共享不仅可以纵向效果比较,对横断面实现对不同机构和区域现有相同种类数据进行整合和挖掘,还可以对不同来源数据结果,如真实世界数据与临床试验数据进行比较和分析,提升临床诊疗水平,有利于数据基础的临床决策,[10] 以及开展多中心前瞻性的真实世界研究。

三、共享模式举例

（一）从数据获取路径和使用方式分类

数据共享模式和数据共享运行方式确定数据获取路径和使用方式。最初主要应用于临床试验数据的几种不同的数据共享模型，基于不同利益相关者对数据不同程度的访问，以及临床试验赞助商和数据访问赞助商之间的不同类型的关系。所有这些模型的服务方式有两种。一种为开放服务模式，允许广泛访问，且允许（通常为试验赞助商）临床试验数据集下载；另外一种服务方式的数据保密相对更严格，是中介对提交的查询进行分析和返回查询结果。开放获取的访问模式理论上使利益相关者的知识产权损失的潜在风险最大，但与经审查提供模式（须对研究计划一对一逐项审查）相比，开放获取模式能最大限度地发挥共享数据的研究潜力和提高管理效率。

1. 黑匣子，或数据库查询模型（black box, or database query model）

该模式的服务模式为潜在用户向数据持有者提交研究查询申请，由数据持有人（或者第三方数据运行服务平台或服务商）负责根据申请者的申请要求和研究方案对研究相关数据进行查询并返回查询结论性结果。

这种服务模式限制访问模型，是最不透明的和最限制的模型，相对适合涉及非常敏感的健康信息。

2. 经审查提供模式（gatekeeper model）

该模式也称为看门人模式。数据使用申请人提交申请到数据管理平台或者机构，经独立的审查委员会对数据使用及其方案的法律、伦理等合规性进行评估，考虑数据利益相关者的相关权益，并主要依据以下三个方面做出决定：①数据使用计划具有完善的科学和分析计划；②相关的隐私保障和知识产权分配合理；③申请人的专业知识水平完成方案的能力。经审查通过的可以提供数据。

该模式存在数据转移。需要通过一定程序对数据安全等进行管理，如对数据的处理，与数据使用人通过书面约定权利义务，如数据使用承诺，数据使用协议等形式，对数据产权及其相关知识产权、使用后的处理，保障个人参与者和数据持有人相关权益的基础上，提供给申请人数据。

3. 开放存取模式（open access model）

该模式不需要申请和审查。管理手段通常是对责任使用者先行认证。数据提供平台或机构网站，定期上传或更新适当的数据，多为公用数据或通过收益或授权公开的私有数据，如发表文章等，数据可直接下载使用，为方便数据使用，可能附一定的数据简介文档。

该模式为开放数据使用模式。通常网站采用注册制，必要时为实名注册制。为鼓励创新研究人员的使用，知识产权没有太多限制，多要求注明数据来源。但一般情况下，数据量和数据价值不如采用前两种共享模式的数据。个人参与者的相关信息有限，优势是研究人员可以把下载数据进行整合分析，适合一些相似主题研究的扩大研究；此外，这种模式不适合小试验或非常敏感的数据，隐私风险可能会更高。

（二）从数据共享位点和交换模式分类

基于数据共享位点和交换模式，数据共享模式分为集中式、分散式－网站水平元数据分析和分散式－联合分析和学习三种模式。[14]专门提供数据共享服务的第三方服务机构或平台，为适应不同类型数据的共享需求，应尽可能提供多种共享服务模式。这三种模式最初是从交换健康医疗数据的主要模型中发展而来。

1. 集中式共享模式（centralized）

要求愿意彼此共享数据的机构或个人，包括第三方数据共享平台（如数据提供商）将其个体－水平的研究或业务科学数据集中汇交到指定专门数据存储库中。数据存储库通常为受信任委托或者具有一定权威授权托管的数据中心或平台，该数据中心或平台提供数据共享的数据展示平台以及数据汇交和共享规则。

此模型的主要优点是，通过可信的中介共享服务平台或经销商使授权的研究人员能够访问数据清单和进行统计分析所需的所有患者级信息。此外，由于数据存储和计算挖掘功能外包，这种数据共享模式将提供数据的医疗机构的基础设施成本降至最低。然而，从数据隐私的角度来看，集中式模式往往难以实现，特别是当医疗和遗传数据需要在不同的司法管辖区之间交换时。托管数据存储库的中心站点为数据共享过程中的单一数据交换点。所有参与站点须信任这样一个实体中介来保护其个体－水平数据。

2. 分散式－网站水平元数据分析（decentralized model：site-level meta-analysis）

与集中式数据共享模式相反，分散式模式不需要将个体－水平数据从信息技术基础设施（数据收集和储存场所，如患者－水平数据从医疗机构）实际传输出去。机构或者提供数据的个人继续管控其所持有的个体－水平的数据，并可规定其数据共享原则。对于临床研究，首先根据本地数据集进行统计分析。然后将产生的本地统计数据发送到负责最终元数据分析的统一平台或网站，机构位点汇总数据成为数据提供者的单独贡献，并根据共享分析统一元数据的总体结果。

3. 分散式－联合分析和学习（decentralized model：federated analysis and learning）

分散模型的联合分析模型是基于前面分散模型多位点元数据分析的发展。参与的数据提供者不共享本地分析的结果，而是以交互和迭代的方式协作执行联合分析或机器学习模型的训练，共享模型参数的更新。参与多中心研究项目的其中一个机构位点（通常是负责统计分析的站点）成为参考站点（或中心站点），确定数据要求，并对分布在网络上的数据分散位点进行培训（或执行分析）和执行的模型。这个模型被称为全局模型。每个参与的站点都会得到一份模型副本，以便根据各自的数据进行培训。一旦模型在本地经过多次迭代训练，站点只向中心站点发送其模型参数的更新版本（整合水平信息），其个体－水平的数据仍予保留不需提供。中心站点汇总所有站点的贡献，并更新全局模型。最后，更新后的全局模型参数再次与其他站点共享。这个过程反复进行使总体数据更趋于准确和一致。

相对于基于站点级 Meta 分析的分布式数据共享方法，这种联合方法对跨不同站点的数据的异构分布但结果相对均衡，其产生与使用集中模型进行的相同分析所获得的结果相当的结果精度。此外，这种方法不会损失传统元数据分析的统计能力。联合分析和学习结合了其他两种方法的最佳特性。与集中式方法相比，重新识别个人信息主体的风险显著降低。

因会影响数据的效用，不管是哪种类型的分布式数据共享模型，用于匿名整合水平数据的混淆技术在医学研究中很少被使用。三种不同的共享模式最终不仅需要技术实现，这些技术隐私的限制性通常通过额外的法律约束或其他机制来解决。如，伦理治理、管理制度、合作章程、签署协议。具体我们将分别在伦理治理规范、机构管理体系中详细阐述。

四、共享趋势和进展

（一）数据共享趋势

1. 共享内容

数据共享从结论共享向个体－水平数据转变，也被称为原始数据共享的趋势。这是科学数据共享的基础和本意。

以往在研究完成后，主要是通过在科学期刊上发表基于研究成果的文章来实现的。20 世纪 70 年代末和 80 年代，人们广泛认识到试验数据的重要性，并产生了系统的回顾和 Meta 分析，提高统计学意义。但是，不同的原始数据分析的着眼点和统计方法不同，无法寻根溯源进行实际数据的整合分析。目前倡议的共享数据，无论是以最初储存的病历记录形式的试验记录中的"原始数据"，或者以"编码形式"存在于计算机数据库中个体－水平数据，数据共享整合和再分析的是真实的数据。编码形式的数据，如果没有原始数据备案，时间久了之后无法寻根溯源，将可能丧失最初的数据价值。

2. 合作主体

数据共享从合作的个人之间（研究负责人或主要研究者），逐渐向全方位的个人、机构以及公共共享的综合趋势。相应地，数据从单一专业领域向多领域、多地域和全球共享发展。促进了跨学科的转化医学和精准医学的发展，基础医学、临床医学、生物信息学和人工智能、数据科学等领域出现了前有未有的机遇和成果。

3. 学科领域

数据共享从单学科向跨学科、跨领域共享发展。代表性的医学跨学科合作的例子包括：①临床诊疗与健康管理相结合，临床医学＋健康医学＋预防医学。②不同学科、不同领域大数据的横向整合和应用。医学与环境科学（气象、天文、生态、灾难）数据整合挖掘，分析气象等对于疾病发生率等的影响，机器和仿生科学：计算机、机械、生命科学（包括生物信息）等。③组学为依据的多维临床决策和健康预防等。转化医学的研究模式，在数据共享领域也得到完美体现，即生命科学与临床医学的数据整合分析，基因型－表型数据整合分析为精准医学的实现提供基础，通过共病表型、深度表型分析，促进疾病机制的研究、生物标记物、靶向治疗靶点等发现和基于数据的分析、验证都得到快速发展。

4. 合作地域或范围

国际合作不可避免。研究数据作为发表文章的支撑数据，被更多杂志要求提交指定平台共享。不仅一些国家或研究领域设定了数据共享计划要求，还包括主题数据的全球共享计划，代表性如为改变肿瘤研究和改善恶性肿瘤患者预后的肿瘤全球合作计划，目的是在自愿共享、整合，并分析现有肿瘤临床试验数据集的比较，以推进未来肿瘤研究。[15]如 BRCA1/2 修饰研究者联盟（Consortium of Investigators of Modifiers of BRCA1/2，CIMBA），2018 年已收集来自六大洲 49 个国家 69 个中心的 18435 个 BRCA1 突变家族和 11351 个 BRCA2 突变家族的数据，[16]为全球研究者提供了数据资源。国际数据合作的另一发展快速的典型代表是公共卫生领域重大传染病的监测数据的全球共享。

（二）国际共享进展概述

1. 科学数据共享实践

从 1970 年以来，国际上对数据共享应用就开始了探索实践，全球范围内科学数据共享应用最初从政府基金资助的项目倡议和实践。医学科学数据的共享倡议和实践较早开始于新药研发的临床试验数据。为了避免重复低水平重复，特别是促进整体的新药研发，以及减少受试者的潜在伤害，药物研发临床试验数据共享倡议强调原始数据共享，或专指利益相关者（包括研究人员、政府监管机构、资助机构和医疗出版商）将临床试验的患者/受试者个体－水平数据提供用于科学研究。[5-6]

信息技术和互联网为数据共享及其应用开辟了新的途径。数字形式的数据不仅利于分析，更有利于积累、跟踪和共享整合。数据共享被基金资助组织、机构、政府和期刊等倡导和推进。特别是随着医疗电子化和信息化，电子病历的普及和生命科学医学科技的发展为医学数据提供了丰富的数据资源，互联网、计算机技术和大数据分析、数据科学提供了科学数据共享、整合和应用研发的技术基础。认识到数据共享的价值和意义，共享合作的趋势，逐渐从个体（如研究者）之间、单机构、单一专业或领域逐渐向区域多领域、多地域和全球范围共享扩展，部分领域的全球数据共享（如肿瘤数据）已经被倡导和相应。[16] 目前医学数据共享的倡议和实践，更多的国家和组织强制要求其资助的研究数据共享，引导和促进其他来源数据的共享。

研究科学数据的共享走在前面，而且通常由公共基金或政府基金资助的研究数据强制开放或共享逐渐成为全球趋势。一些国际组织、政府，以及社会组织基金资助机构要求其资助项目任务的同时拟定数据汇交或共享计划，促进开放科学政策和战略，促进管理公共资助的研究过程和成果，并积极探索数据共享合作的规则。具有较大影响力的举例如下。

国际数据委员会（Committee on Data，CODATA），CODATA 的共享原则重点简要概括了三方面的内容：科学数据共享的意义、共享方式和共享过程中亟待解决的问题。原国际科技数据委员会（Committee on Data for Science and Technology），为国际科学理事会的下属机构。为了支持对研究和教育数据的"完全与开放"获取，CODATA 在 2000 年制定了《网络时代的科学原则》，提出 6 条原则：①科学是一项符合公众利益的投资；②科学进步依靠全面和公开地获取数据；③市场模型不适用于研究和教育数据的获取；④数据的发布是科学研究和知识传播的基础；⑤数据所有者的利益必须平衡社会对开放交换的需求；⑥立法者要考虑知识产权法可能对研究和教育产生的影响。[17]

2003 年，《关于自然科学与人文科学资源的开放获取的柏林宣言》（Berlin Declaration on Open Access to Knowledge in the Science and Humanities），明确将科研数据作为学术知识的一部分。[18] 联合国教科文组织将科学数据界定为科学出版物、教育资源、科学数据三种开放获取信息资源之一。[18] 经济合作与发展组织（Organization for Economic Co-operation and Development，OECD）制定于 2004 年被成员国和中国等国家同意的《公共基金资助的研究数据获取 OECD 原则与指南》。OECD 的共享原则是在分析科学数据产生、收集、存储、评价、传播等过程的基础上，总结影响科学数据共享的有利因素和不利因素而制定的，不仅提出了共享过程中的阻碍和问题，也提出了解决一些问题的方案，目的是直接用于指导成员国制定科学数据共享政策法规，为相关国家制定国内法律等提供原则性要求和依据。[2]

2016 年，发布了《科学数据管理和职责的 FAIR 指导原则》（FAIR Guiding

Principles for Scientific Data Management and Stewardship），简称为"FAIR 数据原则"或"FAIR 原则"，为科学数据的公平查找、可访问、可互操作和可重用提供了指南。[19] FAIR 数据原则是比较公认的数据共享原则性共识。2020 年，提出了全球 GO FAIR 计划，目的是帮助协调和实施 FIAR 原则及其具体指南。[19] GO FAIR 为通过实施网络（implementation networks，INs）合作的个人、机构和组织提供一个开放和包容的系统，其重点包括三项主要活动：① GO CHANGE，关注实施 FAIR 的优先事项、政策和激励措施；与开放科学蓬勃发展相关的各级相关利益相关者参与的社会文化变革；② GO TRAIN，协调公平意识和技能发展培训；培训所需的数据管理员，使其能够设计和实施适当的数据管理计划，包括 FAIR 数据和服务；③ GO BUILD，协调 FAIR 技术；设计和构建实施 FAIR 数据原则所需的技术标准、最佳实践和基础设施组件。通过这些活动，促进 FAIR 数据原则和服务互联网（FAIR Data & Services）的协调发展。[19]

此外，国际组织则积极推动科学出版物及其基础数据的共享。期刊是数据共享的一个重要平台。Jihyun Kim[20] 等 2018 年 12 月，从《科学网》2017 年版期刊引文报告的 178 个类别中，选择生命、健康和物理科学领域的 700 种进行分析。其中 308 份（44.0%）无数据共享政策，125 份（17.9%）有较弱（宽松）的共享政策，267 份（38.1%）共享政策较强（严格，指期望或强制数据共享）。健康科学期刊比生命科学期刊的共享严格政策比例高。非商业出版商采用数据严格共享政策较多。

2. 医学领域科学数据共享实践

医学科学数据共享最初源于针对性较强的数据的共享倡议，如临床试验的患者/受试者水平（也称原始数据）数据共享，政务数据的公开要求。随着电子病历的普及推广，真实世界研究和真实世界证据对于药物研发的意义等，推进了业务来源数据的进一步共享需求和实践。生命科学的发展，为了通过协调数据聚合和联合方法实现负责任的临床和基因组数据共享，加快生物医学进步，促进了全球基因组学与健康联盟（Global Alliance for Genomics and Health，GA4GH）的成立。[21]

美国和欧盟实践对全球医学数据共享也具有一定影响。美国和/或欧洲相关协会等要求临床试验数据公布和共享。[22-23] 1997 年美国食品和药物管理局现代化法案要求所有涉及药物的试验强制在称为 ClinicalTrials.gov 的在线数据库注册临床严重情况。2002 年后扩展到 2 期之后的对照临床试验。在研究者具有访问临床试验的原始数据的需求后，许多制药企业罗氏公司和葛兰素史克公司采用政策对已批准产品的试验数据允许访问。另外，由政府基金资助的研究数据通常被强制开放或共享。如，美国国立卫生研究院（the National Institutes of Health，NIH）要求其资助的项目产生的数据，包括基因组数据进行共享。[24] 2007 年，美国国家人类基因组研究所成立了电子病历和基因组学联盟，以开发、传播和应用 DNA 生物库与电子病历系统相结合的大型研究方法推进大规模、高通量的基因研究。为了促进全基因组关联研究的广泛数据共享，NIH建立了基因型和表型数据库以及随附的数据共享政策。

美国在促进电子病历的普及推广和数据共享方面做了一些工作。2009年美国颁布了卫生信息技术促进经济和临床健康法案（Health Information Technology for Economic and Clinical Health，HITECH），是2009年美国复苏和再投资法案的一部分，向医疗机构提供高达数十亿美元的使用电子医疗记录（electronic medical records，EMR）的奖励性付款，总的目标是在2019年，EMR的使用率达到70%至90%。HITECH法案还授权20亿美元用于EMR相关的劳动力培训和基础设施改进。在2015年12月时已经向医生和其他专业人员支付13亿美元的财政奖励计划。但是在2016年发表的一项研究结果提示，HITECH的财务激励促进小型医疗机构和医生诊所采用EMR。但在缺乏交互操作性的情况下，仍难以实现不同医疗保健提供者之间患者临床信息的广泛交换。NIH于2022年2月宣布，从2023年1月25日起，其资助的研究人员必须提交数据管理计划，公开他们的数据，对数据共享的任何限制或例外情况都需要说明理由。NIH指出，科学数据将需要"尽快公开，并且不迟于相关出版物出版时间，或奖励/支持期结束时间，以先到者为准"。

全球范围内的多数健康医疗业务数据信息，并没有被用于改善健康或医疗保健。只有不足15%的电子业务数据可能进入结构化的数据字段，并允许用于传统的检索和分析方法进行分析。因此医学大数据的共享和应用潜力极大。欧盟及其盟国，作为全球区域代表，近年来也加强了研究数据和医学领域数据的共享。欧盟研究和创新局在《欧洲2020年智能、可持续和包容性经济战略》强调了知识和创新在促进增长方面的核心作用。在2020规划中，提出更广泛地获取科学出版物和数据有助于：基于以前的研究结果（提高结果质量）；鼓励协作，避免重复工作（提高效率）；加快创新（更快的市场进步意味着更快的增长）；让公民和社会参与（提高科学过程的透明度），并发布出版物和数据共享规划和指导手册。欧盟医学数据共享实践是临床诊疗业务数据用于公益性研究的突出代表。通过2018年修订的《通用数据保护条例》（General Data Protection Regulation，GDPR）的2018年修订，倡议医疗数据共享应用于科学研究等区域倡议或实践，促进临床诊疗数据的共享。2018年实施以来，因公益性研究把商业应用纳入，也引来很多反对的声音。在德国，医疗信息学倡议旨在利用临床数据改进健康研究，促进全国范围内的医学数字化。法国也推出了具有类似目标的健康数据中心。爱尔兰卫生研究委员会就制定了关于研究数据管理和共享的HRB政策，要求从2020年1月1日起其资助的研究中收集和生成的全部或部分数据必须开放。在英国，经济和社会研究委员会、自然环境研究委员会和英国科学院等资助机构要求研究人员向指定的数据中心（英国数据档案馆和NERC数据中心）提供研究资助期间产生的所有研究数据。生物技术和生物科学研究委员会、医学研究委员会和威康信托基金会（Wellcome Trust）也有类似的数据政策，鼓励研究人员及时分享他们的研究数据，并尽可能减少限制。

医学领域遵循或借鉴科学数据共享的原则和共享，相关国际组织也提出了一些专门的原则或补充条款。如国际医学科学组织（International Organizations of Medical Sciences，CIOMS）和WHO共同修订的《涉及人的健康相关研究国际伦理准则》（International Ethical Guidelines for Health-related Research Involving Humans，2016版）增加了条款把数据共享明确提出是研究者的公共责任，并针对生物样本及其数据的收集、储存和使用等提出专门的指南，对于医学科学数据的共享应用和伦理审查具有一定借鉴性。

WHO促进和推动重大传染病的共享。作为公共卫生大数据的重要来源，重大传染病数据共享对疫情防控实践和研究均具有重要价值。随着全球公共卫生突发事件频发，公共卫生伦理学得到一定的发展，公共卫生（包括疾病监测）数据共享被认为是下一个伦理前沿。[25] WHO不仅是全球重大传染病的疫情发布平台，2016年WHO发布了《传染病疫情伦理问题管理指南》（Guidance for Managing Ethical Issues in Infectious Disease Outbreaks）。为促进共享数据有助于合作有利于疫情防控出发，指南提出"一旦对发布的初步结果进行了充分的质量控制，就应分享这些信息，无须等待在科学期刊上发表"，且"期刊应允许研究人员迅速传播对公共卫生有直接影响的信息而促进这一过程，同时不丧失在期刊上发表的机会"等促进和推动重大传染病数据及其研究成果科学数据的共享。

杂志方面，对于临床试验结果的共享是医学科学数据共享的一个重大推动。国际医学杂志编辑委员会（International Committee of Medical Journal Editors，ICMJE）在2005年对会员期刊提出要求，涉及临床试验的文章发表后6个月内共享去识别个体患者数据。[2] 相应地提出了在其会员期刊上发表临床试验报告的前提条件：①自2018年7月1日起，提交给ICMJE期刊，涉及临床试验结果的投稿必须包含数据共享声明；②2019年1月1日或之后开始招募参与者的临床试验必须在试验注册中包含数据共享计划。[2] 此外，在GA4GH的主持下制定了统一的共同框架。构建、采用和部署GA4GH标准和框架方面的广泛国际参与和努力有助于推动数据共享，促进有效和负责任地分享基因组和临床诊疗数据，并推动和展示数据共享价值的数据共享项目，推进基因组医学和加快人类健康方面的进展。GA4GH开展工作流程的技术和政策开发活动，以及真实世界基因组数据计划（"驱动程序项目"）的实施活动。GA4GH解决基因组学目前部署的主要领域包括罕见疾病、常见疾病、癌症和传染病。[23]

（三）我国政策实践和大数据优势

1. 国际参与

自2004年中国科学院签署了《关于自然科学与人文科学资源的开放获取的柏林

宣言》后，在马克斯普朗克协会（Max Planck Society）和欧洲文化遗产在线（European Cultural Heritage Online）项目的支持下初步起草一年后，中国国家科技图书馆于2013年加入了粒子物理学的开放存取出版赞助联盟（Sponsoring Consortium for Open Access Publishing in Particle Physics，SCOAP）。2014年5月，中国科学院发布了开放获取政策，旨在促进公共资助的研究成果以学术文章的形式免费开放，同时采用绿色或混合开放获取的形式，鼓励在科学论文发表超过12个月后开放获取。

2017年10月，中国科学院、中国国家科学图书馆和国家科技图书馆，肯定开放获取在科学研究和学术交流中的重要性，同时加入全球OA2020倡议，旨在加快过渡到全球开放获取。并加入了其他100多个支持开放存取的学术组织，对开放获取出版表示支持，承诺将目前用于期刊订阅的资金转向可持续的开放获取模式。

2018年5月15日，中国国家自然科学基金委员会和中国科学院，增强了支持开放获取立场，要求由这两个机构提供研究资金的项目研究成果，应该在发表后12个月内无限制访问，与国际上的实践发展相呼应。

2. 探索实践

"十三五"以来，我国"实施国家大数据战略，推进数据资源开放共享"。2018年2月科技部、财政部印发了《国家科技资源共享服务平台管理办法》中明确了由国家政府资助的项目的数据（科学数据）作为科技资源汇交和共享的要求。2018年4月国务院办公厅颁布《科学数据管理办法》进一步要求加强和规范科学数据管理，在保障科学数据安全的前提下提高开放共享水平。我国"十四五"规划，大数据建设向大数据应用战略转移。国家强化国家战略科技力量，建设重大科技创新平台，适度超前布局国家重大科技基础设施，提高共享水平和使用效率。集约化建设自然科技资源库。

事实上，对内，科技部从2003年开始与中国科学院、中国医学科学院等相关机构共同进行了历时超过20年的科学数据共享探索实践，2019年正式设立国家科学数据中心，逐步全面开启政府基金资助的项目（包括课题）实施科技计划的数据共享计划和数据汇交和审查工作。

国家人口与健康科学数据中心为科技部国家重大科技创新基地建设，国家科技基础条件平台之一。始于科技部2003年立项的医药卫生科学数据共享网，2005年纳入科技部科技基础条件平台建设内容；2009年通过科技部和财政部认定转为长期运行服务平台，正式更名为国家人口与健康科学数据共享平台（简称为"人口健康数据平台"）；2019年被认定为国家人口健康科学数据中心，参与了我国科学数据共享应用的探索实践全过程。但研究数据和临床诊疗数据，通常被认为是研究者或其所在组织或机构的个人私有数据和财产，主要由主要研究实施者或其所在的组织或机构掌握，部分数据在一定范围内共享，如地区或多个机构形成的合作组，医学科学数据共享程度仍具有重大空间。

其中，临床医学科学数据中心是原人口健康数据平台六大数据中心之一，由中国医学科学院北京协和医院和解放军总医院共同承担，是人口健康数据平台唯一临床医学科学数据共享服务平台。其共享数据包括但不限于健康医学、临床诊疗（真实世界研究）和临床与转化研究数据。肿瘤专题数据服务由中国医学科学院北京协和医院独立承担，是以肿瘤转化医学数据为主题的国际化专题数据服务，曾具有中英文双语网络数据共享平台。服务模式包括数据服务、基地服务、应用服务模式。在该平台的运行服务中，临床医学科学数据中心和肿瘤专题服务逐步建立了医学数据网络共享技术平台和共享管理体系，规范和保障数据平台运行、数据汇交和使用标准，对提高共享积极性、保障数据安全和个人隐私等进行了一些探索和实践。针对数据持有人对数据共享缺乏积极性，罕有有价值数据的共享，即精品数据共享极其有限的问题，运行管理过程中，探索和建立了一些有助于有价值数据的共享机制，如合作共赢机制、分级共享机制等。

除了颁布科学数据管理和共享规定，建立国家级科学数据共享平台和中心。国家重视科技资源调研和数据治理管理标准等工作。对于科学数据的重要来源，大数据的建设、应用和管理也出台了一系列的政策，国家相关部门也加快了涉及个人隐私保护、人类遗传资源管理等管理和规范，目的在促进数据安全、个人信息保护的基础上促进数据共享应用，促进大数据规划和数字化经济的发展。但研究数据的汇交和共享均缺乏标准和规范，具体落实缺乏指导和经验。

2016年国务院办公厅《关于促进和规范健康医疗大数据应用发展的指导意见》指出"健康医疗大数据是国家重要的基础性战略资源。健康医疗大数据应用发展将带来健康医疗模式的深刻变化，有利于激发深化医药卫生体制改革的动力和活力，提升健康医疗服务效率和质量，扩大资源供给，不断满足人民群众多层次、多样化的健康需求，有利于培育新的业态和经济增长点。"在指导意见的三个基本原则中，除了坚持以人为本、创新驱动，要求将健康医疗大数据应用发展纳入国家大数据战略布局；坚持开放融合、共建共享。鼓励政府和社会力量合作，坚持统筹规划、远近结合、示范引领，注重盘活、整合现有资源，推动形成各方支持、依法开放、便民利民、蓬勃发展的良好局面，充分释放数据红利，激发大众创业、万众创新活力。其中"坚持规范有序、安全可控"原则，要求"建立健全健康医疗大数据开放、保护等法规制度，强化标准和安全体系建设，强化安全管理责任，妥善处理应用发展与保障安全的关系，增强安全技术支撑能力，有效保护个人隐私和信息安全。"

国务院印发的《促进大数据发展行动纲要》确定了行动主要任务，包括推动大数据发展与科研创新有机结合，形成大数据驱动型的科研创新模式，推进基础研究和核心技术攻关；围绕数据科学理论体系、大数据计算系统与分析理论、大数据驱动的颠覆性应用模型探索等重大基础研究进行前瞻布局，开展数据科学研究，引导和鼓励在大数据理论、方法及关键应用技术等方面展开探索等。

我国的科学数据和医学大数据应用的发展原则,高度概括但基本体现了数据共享的开放、安全、法律合规和促进共享的国际原则性共识。

3. 我国医学科学数据优势

我国人口约占全球四分之一,是人口大国。从医学科学数据资源角度,人口基数大,具有人口红利。研究人员很容易获得研究所需要的受试者和对照组的入组需求和疾病生物样本量。这在罕见疾病的研究中优势表现非常突出。

我国的疾病谱丰富,具有发达国家和发展中国家双重疾病谱。此外,中医药因其辩证的诊疗思路和方法,均与"西医"不同,具有自身特点。具有传统优势和特点的中医药数据是我国新药研发数据和临床诊疗业务数据的重要组成部分。近年来,与人口构成老龄化和生活工作健康饮食习惯等相适应,具有逐渐倾向发达国家疾病谱趋势,这有助于与研究实践和需求相适应,是科学数据共享计划应用于未来研究的资源优势。

组学数据方面,我国也在世界领先行列。20世纪末,我国参加了人类基因组计划,并在2018年启动了中国十万人基因组计划。近年来,随着新一代测序技术的发展和大数据分析技术的提示,基因组、转录组、蛋白质组、代谢组学研究蓬勃发展,更提出了表型组学计划。不仅积累了海量组学数据,更建立表型组学和基因组整合分析的深度表型分析,推动药物研发和个性化医疗的快速进展。

我国的医疗体制下,医改和医联体等措施将促进基层机构医疗保健业务水平和病案数据的质量,提供临床医疗数据资源的再利用。我国还具有互联网和新媒体应用普及范围广的优势。近年来,中国互联网和数字通信技术的普及迅速扩大。2022年8月31日中国互联网络信息中心(China Internet Network Information Center,CNNIC)发布的第50次《中国互联网络发展状况统计报告》(简称"《报告》")。《报告》显示,截至2022年6月,我国网民规模达10.51亿,互联网普及率达74.4%。截至2022年6月,我国网络支付用户规模达9.04亿,较2021年12月增长81万,占网民整体的86.0%。而且,我国网民不仅总体规模持续增长,城乡上网差距继续缩小。我国城镇地区互联网普及率为82.9%,农村地区互联网普及率为58.8%。[26]互联网、移动电话、微信文本和语音消息的普及应用快速发展,有利于促进数据的收集和网络共享,同时也改变了数据收集路径、隐私变迁和知情同意履行的变化。

4. 法律法规和伦理治理管理不断完善

法律法规方面。医学科学数据共享应用将形成民事、行政等不同的法律关系。近年来,我国法律法规不断完善发展。2021年《中华人民共和国民法典》正式实施,知识产权相关的法律法规在完善和修订后施行,为医学科学数据共享应用的治理管理提供完善的法律依据。2021年还施行了《个人信息保护法》和《中华人民共和国生物安全法》

（以下简称《生物安全法》）。其中，《数据安全法》《个人信息保护法》与2019年实施的《中华人民共和国网络安全法》共同形成数据安全和个人信息安全护航的"三驾马车"，是医学科学数据共享应用的数据安全和个体权益保护的直接法律依据。《生物安全法》和《人类遗传资源管理条例》的要求更体现了医学数据的独有规制规范特点，涉及的个人遗传隐私信息和国家人类遗传资源，直接规制涉及人的人类遗传资源信息的数据共享与应用。

伦理治理方面。来源于健康相关研究或临床医学数据的涉及人的数据，包括健康表型、疾病异常表型组数据的应用是多学科交叉融合的产物，不仅涉及临床医学和数据科学，更需要法律、科技伦理治理和规范，以及信息共享及安全等保障。在我国，医学科学研究在伦理方面主要遵照《涉及人的生物医学研究伦理审查办法》的规定。2022年3月，中共中央办公厅、国务院办公厅印发了《关于加强科技伦理治理的意见》（以下简称《意见》），要求各地区各部门结合实际认真贯彻落实。《意见》首次对我国科技伦理治理工作作出系统部署，填补了我国科技伦理治理的制度空白，是我国国家层面科技伦理治理的第一个指导性文件。《意见》首次提出了"增进人类福祉，尊重生命权利，坚持公平公正，合理控制风险，保持公开透明"我国科技伦理原则。《意见》提出了科技活动"伦理先行、依法依规、敏捷治理、立足国情和开放合作"的治理要求。同月，国家卫生健康委《涉及人的生命科学和医学研究伦理审查办法（征求意见稿）》发布，提出伦理审查办法适用包括利用涉及人的数据的研究，将数据驱动的研究纳入伦理审查范围。基于数据整合和挖掘分析不仅是研究的一种重要方法，也是医学科技活动的一部分，需要遵循我国科技活动的伦理原则和国际伦理原则。这些不仅是我国医学科学数据共享应用的规范依据，也是本书的重要依据。

第三节 阻碍与挑战

一、数据共享阻碍因素概述

如何能长期访问和共享应用医学科学数据，如何降低使用临床试验结果和患者的健康记录进行研究的障碍？如何把大数据中的知识纳入到医疗保健服务？即促进可持续的数据共享应用实践对于促进医学创新，进而促进服务和经济是非常重要的。

除了技术支撑和路径，共享数据的质量、交互性，以及法律、治理和管理规范等是实现数据有效共享的基础。事实上，医学领域面对所有领域科学数据共享应用的阻碍和挑战。《公共基金资助的研究数据获取OECD原则与指南》中总结了数据共享的阻碍和挑战主要包括几个方面：①技术问题，获取研究数据及其最佳利用需要设计适当的技术基础设施、国际层面的互操作性和有效的数据质量控制。②财政和预算问题，科学数据基础设施需要持续和专门的预算规划和适当的财政支持。如果获取、管理和保存成本是研究项目的附加或事后考虑，研究数据的使用将不会最大化。③体制和管理问题，虽然提高可及性有利于研究社区，但科学事业的多样性表明，各种体制模式和量身定制的数据管理方法最有效地满足研究人员的需要。④法律和政策问题，在设计数据访问安排时，必须充分考虑国家法律和国际协议，尤其是在知识产权和隐私保护等领域。⑤文化和行为问题，适当的教育和奖励结构是促进数据访问和共享做法的必要组成部分。同时，医学领域数据共享具有自身的阻碍。

除法律和伦理外，数据共享的阻碍因素可以概括为客观性问题和主观性问题。客观性问题包括技术、数据质量、数据结构和交互性等引起的共享阻碍；主观性问题主要是数据收集者、数据持有者因为数据共享可能带来的潜在不利或引起的损失而不愿共享。结合医学领域的特点，我们将讨论医学科学数据的数据共享面临几个主要阻碍和挑战。

二、技术和数据自身阻碍

（一）技术问题

数据共享应用基于健康的数字化和"数据化"。健康的数字化主要指健康相关信息记录的电子化、信息化，是数据共享的背景和基础之一。数字化促进从纸质到电子健康记录（EHR）系统的过渡，包括创建了大量的程序代码和计费数据数据库。健康数据化是指"将健康的定性方面转换为量化数据"，是健康数据结构化的方法之一。数据共享应用则数字化和数据化缺一不可。

数据共享涉及的技术挑战主要是两个主要方面。一方面，因数据质量、结构标准不一，如何使得来自不同机构的数据能够共享需要技术支撑。数据共享整合和挖掘的挑战，在技术方面表现为不同的数据系统或数据支撑及其交互和适应。具体问题是不同数据共享整合利用的标准问题，不同国家、不同机构甚至不同研究者对于同一主题的数据整合都面临着结构不同、质量不同、编码不同等问题，导致共享障碍或再利用的困难。健康医疗数据是一个很有代表性的例子。虽然电子病历的数字化管理的数据，但是大多数机构都开发了自己的系统，缺乏跨机构的相容性的管理系统。随着术语标准（本体系统）的发展和应用，以及大数据分析技术的发展，技术上的问题在不断克服中，并有所缓解。

另一方面，如何最大限度降低共享数据的隐私泄露或识别需要技术支撑。因重新识别技术不断发展，包括生物识别技术及其应用和推广。对于个体隐私的保护，大量研究描述不同国家医疗机构采用的自动表型技术均存在涉及个体（如患者）数据的敏感性，生命科学和检测、观测设备使测试数据越来越全面和系统，如人全基因组数据。识别技术的清晰，数据科学基于大数据模型的逆向识别越来越精确，在互联网时代下，不同来源数据的整合计划增加等，共同促成共享数据被重新识别的潜在风险增加，对于数据共享应用实践，不仅需要采用技术措施和系统解决数据安全和隐私保护问题，随着科技的发展，数据安全技术需要不断调整、提升和改进。

（二）数据质量和数据内容

数据质量和标准不一是有效数据共享的阻碍之一。数据本身的挑战，特别是现有数据的共享应用的问题是基础数据的质量问题。成功地将（元数据）数据集成到数据库中以及它们的重复使用需要详细的信息和数据完整性，[27]以及规范细致的数据管理。著者依托科技部科技基础资源调查专项课题（2019FY100103）的调研结果提示目前共享的元数据的可用性存在重大差距，缺乏共享数据的统一结构标准，包括涉及表型特征和分子表型数据及其描述方面，缺乏基础数据结构和报告数据的标准等的应用，或者更普遍的原因是报告标准不统一。针对临床医学科学数据，著者承担的科技部专项课题，对1090个元数据的共享数据的可用性进行调研评估，发现科学数据的数据集质量参差不齐。在科学数据中心网站平台共享的数据的元数据描述相对完整，但是多数数据集仍无法下载使用，样例数据无法反映数据集的整体描述。此外，通过便利抽样的个体-水平的临床基因检测数据可用性评估结果提示因表型数据的质量（主要因基本信息量过少）往往共享价值降低。如进行临床基因组与高通量或分子数据与临床数据的结合分析（如共病表型分析）的效果不理想。因为个人基本信息和疾病表型记录往往不完整、不正确、来源不明或细节不足。个体-水平的表型信息通常不够详细或无法获取，加上检测结果报告不规范的问题，阻碍了相似性的检测的数据的整合和进一步分析。

现有EHR记录存储了丰富的类型的数据，可用于真实世界研究。但业务数据因不同级别机构的病历质量等不同而不同，包括病历内容和结构化汇交数据内容。同一级别的医疗机构因位于不同地区，使用不同的病历系统，机构不同的业务重点和标准等不同导致同一主题的不同来源的数据质量和内涵而差异仍然较大。收集数据的机构标准不同，以及收集数据的临床诊疗人员业务水平和兴趣关注点不同，也将导致医学基础数据之间质量差距极大。特别是在数据的基础信息的完整性、客观性和真实性等方面。三级甲等医院与二级医院的数据质量，因医疗设备和就诊人群分布等不同在结构和信息上可能契合度较低。对相同疾病患者就诊人群，因诊疗水平，如检测和分析的水平的限制导致基础数据质量也参差不齐。以病理数据为例，病理组织切片制作、免疫组化染色、组织诊断的分析和描述等均无法一致。

临床诊疗业务数据，使用同一电子病历系统或标准的机构的数据，相互整合的概率较大，因此，如能建立地区或国家统一电子病历将为临床诊疗业务来源数据的结构化和促进共享整合具有重要意义。但是，临床业务水平和专科侧重，以及不同临床医生的执业水平和兴趣不同等原因，即使相同的电子病历系统，数据内容和质量仍有不同程度的差异。

医学研究实施过程中的数据收集和储存过程中，不同机构、不同人员之间的基础数据质量也有所差异。描述实验的不同格式是孤立发展的，因为每个研究团队都倾向于关注特定的方法，包括基因组学，[28-29]甚至更明显。此外，一方面研究人员缺乏数据共享意识，"在某些科学领域，缺乏对数据集的适当记录和归档的规划和执行，是实现研究数据投资最大价值的主要障碍之一"（《公共基金资助的研究数据获取OECD原则与指南》）；另一方面，很多研究数据的产生和收集是由研究生或临时聘用人员完成的，因此，研究生实验原则、操作和数据收集等方面的培训和指导对数据质量也有较大影响。

（三）数据结构问题

首先，不同的数据源，如患者人口统计学和临床诊疗（药物、实验室报告、生命体征、临床数据、诊断、治疗、临床记录，甚至临床基因组数据）与药物研发临床试验，以及组学研究等数据之间，临床注释说明EHR中的文本文档，如出院总结、进展报告和病理报告等非结构化数据等。即使结构化数据的构成差异也巨大。机构管理标准、诊疗基础不同，以及不同研究者的兴趣、研究目的等均使数据结构差异较大。数字化数据系统通常使用代码，如诊断代码和患者人口统计信息，治疗数据则基于程序术语（current program terminology，CPT）代码和账单代码的使用等。临床数据不同专业、学科涉及特定临床发现的变量（如有无器械、饮酒量）或来自多个来源的变量的集合（如充血性心力衰竭）等。此外，还包括影像数据、保险、卫生经济数据、药物特征数据库和公共卫生统计数据等，使医学数据成为资源极其丰富但结构最为复杂多样的科学数据。

以健康医疗业务数据为例，医学数据不仅包括临床诊疗EHR为主的业务数据。除临床试验招募、结果预测、生存分析和其他类型的回顾性研究外，仅根据患者记录区分这些患者的过程数据的复杂性，将非常耗时和具有挑战性。一些数据，如实验室结果、药物和诊断，具有结构化格式。事实上，临床医生在非结构化文本中提供重要的附加观察结果，例如放射学报告、进展记录、出院总结和其他临床叙述。我国幅员辽阔，解析复杂的临床叙述所固有的公开挑战之外，不符合语法的文本、当地方言短语、缩写和拼写错误、不同模板文本等使得处理这些文档的任务更加困难。

（四）数据可交互性问题

医学数据具有多维性和异构性的特点，以及数据质量不一和数据结构不同是医学科学数据的可交互性差的重要因素。医学数据交互性的问题主要体现在以下几个方面。

1. 传统医学领域数据的交互性

基础医学、临床医学和公共卫生与预防医学领域的研究目的、研究方法和研究结果不同，交互性差。但是，医学研究模式和研究范式向跨学科、跨领域发展，不同领域的数据整合具有重要价值。不同领域科学数据的交互性亟须探讨解决。科学数据的交互性亟须探讨解决。此外，医学三大领域，临床医学、基础医学和公共卫生相关主题的数据共享也需要探索数据共享的结构标准和可交互性问题。这一点，除了在转化医学、精准医学模式研究中体现，也是重大传染病防控数据整合的阻碍。

2. 研究的多样性、复杂性和不可预见性

数据的研究目的、研究方法和数据储存方式等，使相同主题和关键词的研究数据只能部分交互，需要寻找适当的数据整合基础。虽然单项研究产生的数据相对结构化程度较高，具有一定再挖掘价值，但不同研究人员在研究记录中研究对象信息、研究目的、研究结果的记录及其解释均有所不同。目前前瞻性的临床研究的参与机构越来越多，在统一的研究方案和质量控制体系下的研究数据，合作组内的数据应交互性较好。

3. 业务数据则主要表现在专业性强

虽然总体诊疗病历资料格式和个人登记内容相似，但是不同专业数据的内容和结构均具有很大差异性，因此，也需要寻找数据整合的基础。以妇产科数据为例，产科和妇科数据的内容截然不同。产科检测需要对孕产妇进行胎儿发育指标、影像和出生缺陷的影像和遗传学筛查等，同时，需要对孕妇产妇出生前后的整体状况，包括是否孕高症、传染病和产后抑郁等进行跟踪。妇科与具体疾病密切相关，如妇科肿瘤，需要检测肿瘤发生发展的影像、生化指标和病理组织学和分子病理学相关检测。

三、法律、政策和管理的差异阻碍

（一）不同国家、地区的法律和政策

不同国家、不同地区共享政策和文化观念等差异很大，使国际数据合作和跨地区数据共享面临很多困难。数据共享的公益性应用范围，知情同意的履行要求和形式也各不相同，而且随时间更新或调整而改变。

1. 不同区域、国家和组织共享政策不同

国际上，跨国数据共享政策多为区域内政策，罕有被公认且执行的全球性的数据共

享政策。目前更多为国际组织倡议共识，或区域共识。如《公共基金资助的研究数据获取 OECD 原则与指南》为针对有关政府等公共资金资助数据共享解决国际层面上研究数据共享的框架和原则，但在涉及国家安全、隐私机密、商业秘密和知识产权，以及生物资源安全数据允许各国进一步限制。欧洲共同体之间遵循 GDPR。但在欧盟内部各国对与健康相关的个人数据处理的监管方式仍可能存在差异。[30] 不同国家通常在各自的法律框架下出台数据共享政策，不同资助部门共享计划要求并不完全相同；项目资助部门和期刊发表相关的数据汇交和发布标准也不尽相同。

2. 共享需求和数据保护法的矛盾

随着基因组研究的发展及其与临床实践的结合成为国际医学领域的研究趋势，精准医学成为全球性的努力目标，一方面，科学家和临床医生希望开放数据政策越来越促进跨国的基因组数据的共享或提供，包括与其他国家的研究人员的合作共享；另一方面，数据保护法已成为跨国或跨司法管辖区域共享个人数据的最大障碍，对于涉及利用人类遗传资源信息的基因组数据政策差异更大。不同国家、地区对于数据安全的理解，以及各自法律法规的规定也有所不同。数据共享必须遵照所有涉及国家、地区的法律法规，因此，国际数据合作挑战在法律和政策的挑战阻碍明显。

（二）机构管理和审查标准

在数据共享的具体实施实践过程中，不仅由于国家政策不同而阻碍国际合作数据共享，同一国家的相同政策下数据共享应用的实践主体——具体实体机构的具体管理仍然存在差异。事实上，机构是数据收集、数据提供和使用的直接实体机构，包括我国在内，在缺乏统一的规范、管理规定和实践经验的情况下，不同机构数据共享管理内容和标准更是截然不同。2022 年 3 月，国家卫生健康委虽然在《涉及人的生命科学和医学研究伦理审查办法（征求意见稿）》中把利用人的数据的研究纳入伦理审查范围，尚未正式实施，且涉及人的生物医学研究伦理审查的内容和审查标准无法完全适用基于数据的研究。机构缺乏数据审查的经验和指南，数据验收和数据共享实践中发现，对于数据审查缺少统一规范已成为负责任地数据共享再利用实践推动和发展的瓶颈障碍。对于包括科技计划数据共享应用的审查内容、审查标准也缺乏统一规范和审查经验。此外，数据共享再利用的知情同意的履行等也需要规范。

较少科研院所或医疗机构设置专门的数据审查委员会（Data Access Committee，DAC）。一些医疗机构授权生物医学研究伦理审查的机构审查委员会（Institutional Review Board，IRB）执行数据审查职责，但与生物医学研究相比，对数据共享应用的审查的比例明显偏低，且存在基于数据研究的知情同意豁免过于宽泛的问题。建立数据审查委员会的机构，还存在 DAC 与 IRB 审查职责不清等问题。

四、利益相关者的权益兼顾和均衡

（一）数据投入与数据共享积极性

数据的产生、数据收集、储存等都需要成本的投入。越有价值的数据往往耗费了数据收集等数据持有者个人或机构在时间、经费成本的投入。因此，数据共享需要给数据持有者相应的数据共享积极性，使数据持有者在提供数据共享的同时能够有所收益。收益包括经济或其他方式。具体实践中可以成果共享或者支付费用等方式。使数据持有者具有继续收集数据和共享的动力。

共享数据的客观和全面也与利益相关者的切身利益相关。数据的客观和完整性，并不仅仅是指单一项目研究的全部结果，更指所有的研究项目的结果，包括阴性结果。如临床试验中，药物研发获得的研究结果多数不是令人鼓舞的预期阳性数据，理论上是更有共享价值的数据。在涉及人体的药物临床试验中，一些新药可能具有较大的潜在副作用，甚至威胁人体生命，如临床试验参与者在接受试验药物后死亡的情况。在2016年，在接受脂肪酸酰胺水解酶抑制剂第一次人体试验中，至少有1例死亡，其他4例受试者受到损害。对于研发的机构或者资助机构（制药商）自身，前期研究是及时终止相关研究的依据，这样的研究结果通过尽早发布和数据共享能够同时及时终止其他研究机构的相同或类似研究，最重要的是减少进一步的严重损害，包括受损害的受试者或疾病患者群体。但是，为了促进这种数据的及时共享，仅仅靠要求和倡议是不够的，因为涉及竞争和商业利益。研究中并不是每次研究的结论都是正确的，在后续研究中可能会发现前面研究结果及其结论的问题，积极方面将有助于唤醒需要重新分析的数据或干预。但这种数据共享对于药品制造商会带来重大商业损失，因此，临床试验数据往往所有权归属申办方。为了形成积极的正向循环，政府应该给予一定的优惠政策或者其他的支持方式，来鼓励这种数据的共享。或者建立不利结果共享协会奖励基金，通过相同药物研发的机构的受惠补偿方式来减少数据共享机构的损失。

个人信息主体的权益保障、数据产权和知识产权归属，以及数据安全和数据价值是利益相关者权益均衡中需要解决的三个重要问题，这些问题的包括法律层面的权利认定和责任规定。

（二）个人信息主体的权益保障与数据使用效率

国际实践提示不能保障个体权益和获得公民信任的共享倡议，难以形成长期可持续的共享机制。如英国的国家医疗服务（National Health Service，NHS）数据倡议旨在使大型NHS体系数据能够与研究人员和企业共享个人数据引起多方讨论和法律界的极大反对。[31-33]但是，过度保护个体权益又可能违背数据共享初衷，不能有效发挥数据的价值。

在数据共享过程中，要对个人信息主体，往往包括受试者、患者或其他公民的个人权益进行保护，包括知情同意、隐私保护等。但是，在这些个人权益保障的同时需要考虑相应的成本和可行性、必要性等。在法律框架下均衡个人信息主体权益保障与数据使用效率。但是，除法定数据共享外，个人权益保障优先。尽管广泛的数据共享可以最大限度地发挥数据解决科学问题的价值和作用，但是数据再利用伴随着重大的伦理法律挑战，包括安全和隐私保护、知情同意、伦理治理、数据访问和数据转移策略。这些对研究者的规范行为，数据共享和再利用计划中因数据使用者无法和个体参与者直接接触，干扰了原有的研究者与受试者的责任履行的传统路径。同时，数据共享中，作为弱势群体需要加强权益保护的伦理要求仍然需要重视，但要注意到数据共享与研究实施的权益保护内容的侧重可能有所不同。

数据共享中与个人信息主体权益密切相关的挑战在于个人隐私保护与数据再利用的数据溯源及其价值，个人知情同意履行与数据使用效率之间的平衡。

（三）数据产权界定与权益归属

在数据共享应用过程中，数据的权益归属包括多个方面。数据持有者的数据产权及其提供数据收益、数据提供者的知识产权权益，数据使用者的权益等。数据作为资源和商品都是科技发展及其应用的结果。但是法律往往滞后于科技发展。数据收益取决于数据共享应用过程中数据产权和数据知识产权的界定和权属归属认定。

产权界定及其归属是权益分配的依据。不同国家和地区对于产权及其分配的法律法规体系不同，将是数据共享的障碍之一。产权及其收益是数据持有者进行数据共享的积极性和动力来源。产权确定和权益分配的原则性统一对于跨区域的数据共享尤为重要。

目前对于数据产权的界定还在探索总结阶段。对于数据产权和知识产权的界定不仅缺乏国际统一共识，也相对缺乏法律法规的明确规定。医学数据不仅具有所有领域数据的产权多维性特点，且与人类福祉和社会公益等密切相关。数据产权归属、知识产权认定及其权属规定等对于数据共享是必须解决的问题，决定数据共享应用中收益的分配等问题。为了促进有价值数据的共享积极性，应该给予数据收集和持有人一定的支配权独占期，独占期的确定等与数据持有者、提供者等参与数据共享的积极性也密切相关。特别是具有潜在重要社会价值、科学价值和经济价值的数据成果，以及药物研究研发的临床试验数据等，投入大量精力和时间来设计临床试验、招募和保留参与者以及收集原始数据。

（四）数据安全与数据共享价值

医学数据共享被倡议了多年，但共享效果仍然不尽人意。一方面，数据共享倡导者和使用者（研究者和机构，包括企业）认为共享数据难以达到使用要求，希望能够放松管制、提高访问和使用权限，希望能够获得医疗数据链接；[34]另一方面，数据共享被认为具有隐私泄露和数据安全隐患，需要加强监管等法律和具体措施。

从数据共享初衷，越具有价值的数据越应该促进共享。数据价值在数据共享应用中既是共享应用的意义所在和初衷，也是阻碍数据共享应用的重要因素。数据共享目的是为了促进数据的再利用，节约成本，有价值的数据才有共享应用和再利用的意义。但是数据价值也是数据持有者保存和独占、自行再利用的原因。实践中数据持有人往往愿意提供缺少核心价值的数据集或数据库，有价值的精品数据集相对较少。因此，需要激励制度，需要保障数据持有者提供数据共享应用过程中的权益，包括对其知识产权及其成果、收益方面的考虑和保障。

数据价值既是共享倡议的初衷，又是数据持有者在数据共享时必须考虑的收益因素。数据安全和数据保护也是数据共享应用中需要兼顾平衡的矛盾体，既要遵照《数据安全法》等法律法规中有关数据安全制度和数据管理等相关规定，又要考虑数据的处理成本和价值。数据安全和数据保护是对有价值（科技影响力和潜在经济收益）数据的基本管理要求，特别是在国际合作中，应充分评估保护知识产权，充分评估合作收益和安全风险，并保障涉及重大社会价值、经济价值的数据安全和知识产权。同时，数据涉及个人隐私安全和机构声誉安全、国家数据安全，包括重大原始创新和涉及人类遗传资源管理等。这些是对数据能否共享、共享程度、范围，以及数据共享过程中的数据处理和数据发布、数据传送等管理和要求的决定因素。

参考文献

[1] Organisation for Economic Co-operation and Development.OECD principles and guidelines for access to research data from public funding［Z］.OECD publications，2007.

[2] KAVSAK P. The international committee of medical journal editors proposal for sharing clinical trial data and the possible implications for the peer review process［J］. Ann Transl Med，2016，4（6）：115.

[3] European Commission. Directorate-general for research & innovation. guidelines to the rules on open access to scientific publications and open access to research data in horizon 2020［EB/OL］.（2017-03-27）.http://ec.europa.eu/research/participants/docs/h2020-funding-guide/cross-cutting-issues/open-access-data-management/open-access_en.html.

[4] KNOPPERS B M. Framework for responsible sharing of genomic and health-related data［J］. Hugo

J,2014,8(1):3.

[5] NISEN P, ROCKHOLD F. Access to patient-level data from GlaxoSmithKline clinical trials [J]. N Engl J Med, 2013, 369 (5): 475-478.

[6] FRIEDMAN A B. Preparing for responsible sharing of clinical trial data [J]. N Engl J Med, 2014, 370 (5): 484.

[7] 王德庄, 姜鑫. 科学数据开放政策与个人数据保护政策的政策协同研究: 基于利益相关者理论视角 [J]. 情报资料工作, 2019, 40 (3): 39-45.

[8] 孟祥保, 钱鹏. 数据生命周期视角下人文社会科学数据特征研究 [J]. 图书情报知识, 2017 (1): 76-88.

[9] UKDA. Research data lifecycle [EB/OL]. (2018-10-29) [2021-04-27]. https://www.ukdataservice.ac.uk/manage-data/lifecycle.

[10] 刘倩丽, 关健. 中国电子健康档案的应用现状与展望 [J]. 中国健康教育, 2015, 31 (10): 969-970, 979.

[11] MAHASE E, 陈立敏. 由美国国立卫生研究院资助的研究人员必须从明年开始公开数据 [J]. 英国医学杂志中文版, 2022, 25 (4): 186.

[12] FINKELSTEIN J, PARVANOVA I, ZHANG F. Informatics approaches for harmonized intelligent integration of stem cell research [J]. Stem Cells Cloning, 2020 (13): 1-20.

[13] 关健. 真实世界证据的伦理学价值和问题 [J]. 医学与哲学, 2017, 38 (10A): 20-23.

[14] SCHEIBNER J, RAISARO J L, TRONCOSO-PASTORIZA J R, et al. Revolutionizing medical data sharing using advanced privacy-enhancing technologies: technical, legal, and ethical synthesis [J/OL]. J Med Internet Res, 2021, 23 (2): e25120.

[15] GREEN A K, REEDER-HAYES K E, CORTY R W, et al. The project data sphere initiative: accelerating cancer research by sharing data [J]. Oncologist, 2015, 20 (5): 464-469.

[16] REBBECK T R, FRIEBEL T M, FRIEDMAN E, et al. Mutational spectrum in a worldwide study of 29,700 families with BRCA1 or BRCA2 mutations [J]. Hum Mutat, 2018, 39 (5): 593-620.

[17] 李娟, 刘德洪, 江洪. 国际科学数据共享原则和政策研究 [J]. 图书情报工作, 2008, 52 (12): 77-80.

[18] 国际科学编辑. 中国鼓励开放获取出版, 促进机构知识库发展, 展示对开放科学的承诺 (N/OL). (2018-12-10) [2021-04-27]. https://www.sohu.com/a/280782521_100191228.

[19] WILKINSON M D, DUMONTIER M, AALBERSBERG I J, et al. The FAIR Guiding Principles for scientific data management and stewardship [J]. Sci Data, 2016 (3): 1-9.

[20] KIM J, KIM S, CHO H M, et al. Data sharing policies of journals in life, health, and physical sciences indexed in journal citation reports [J]. Peer J, 2020 (8): e9924.

[21] REHM H L, ANGELA J H, PAGE A J H, et al. GA4GH: International policies and standards for data sharing across genomic research and healthcare [J]. Cell Genom, 2021, 1 (2): 100029.

[22] Pharmaceutical Research and Manufacturers of America, European Federation of Pharmaceutical Industries and Associations. Principles for responsible clinical trial data sharing [Z]. 2013.

[23] COLLIER R. UK Parliament calls for sharing of all clinical trial data[J]. CMAJ, 2014, 186（3）：176.

[24] National Institute Health. Policy for sharing of data obtained in NIH supported or conducted genome-wide association studies（GWAS）[J]. Federal register, 2007, 72（166）：49290-49297.

[25] KOSTKOVA P. Disease surveillance data sharing for public health：the next ethical frontiers[J]. Life Sci Soc Policy, 2018, 14（1）：16.

[26] 中国互联网络信息中心.《中国互联网络发展状况统计报告（第50次）》[EB/OL].[2023-01-01].http：//www1.cnnic.cn/n4/2022/0914/c88-10226.html.

[27] MARCHESE R L, LYNCH I, PEIJNENBURG W, et al. How should the completeness and quality of curated nanomaterial data be evaluated？[J]. Nanoscale, 2016（8）：9919-9943.

[28] JONES A R, MILLER M, AEBERSOLD R, et al.The Functional Genomics Experiment model（FuGE）：an extensible framework for standards in functional genomics[J].Nat Biotechnol, 2007, 25（10）：1127-1133.

[29] SPELLMAN P T, MILLER M, STEWART J, et al. Design and implementation of microarray gene expression markup language（MAGE-ML）[J].Genome Biol, 2002, 3（9）：17-19.

[30] CHEN J. How the best-laid plans go awry：the（unsolved）issues of applicable law in the general data protection regulation[J]. Int Data Priv Law, 2016, 6（4）：310-323.

[31] PIEL F B, PARKES B L, DABY H, et al. The challenge of opt-outs from NHS data：a small-area perspective[J]. J Public Health（Oxf）, 2018, 40（4 e）：594-600.

[32] IACOBUCCI G. NHS must stop sharing confidential patient data with Home Office, say MPs[J]. BMJ, 2018（360）：512.

[33] COUSINS S, RICHARDS H, ZAHRA J, et al. Introduction and adoption of innovative invasive procedures and devices in the NHS：an in-depth analysis of written policies and qualitative interviews（the INTRODUCE study protocol）[J]. BMJ Open, 2019, 9（8）：029963.

[34] KIM H H, KIM B, JOO S, et al. Why do data users say health care data are difficult to use？a cross-sectional survey study[J]. J Med Internet Res, 2019, 21（8）：e14126.

第二章　共享机制与保障体系

本章概要

医学科学数据共享的可持续发展,需要科学合理的共享机制及其运行保障体系。国内外目前没有成熟可借鉴的系统性共享机制。共享机制主要解决如何协调数据共享中数据与数据,数据与利益相关者,以及利益相关者之间的关系问题。保障体系促进依法落实和保障机制的运行。本章概述共享机制及其目标,简述构建依据和参考因素,提出宏观机制和数据共享的重要原则;讨论阐述机制的核心问题——数据处理规则和利益相关者的权益分配与责任归属,以及数据共享治理管理综合保障框架,法律、伦理管理,重点根据我国现有法律法规讨论阐述涉及人的医学科学数据处理(包括共享应用)规则,以及利益相关者的权利义务要点;并简单介绍其他依法治理管理和规范的内容和现有体系。

本章要点

1. 我国法律体系是构建数据共享机制的依据和最强有力的保障;伦理治理是法律的重要补充;

2. 机构通过管理和技术支撑是落实、执行法律和伦理监管要求,是保障利益相关者各方权益的执行者和重要决定因素之一;

3. 涉及人的医学数据的实质是个人健康信息,属于个人敏感信息,数据处理规则的法律依据为《民法典》《个人信息保护法》等法律法规;

4. 利益相关者关系包括个人信息主体与信息处理者的关系;信息处理者依法对个人信息者具有共同的个体权益保障责任;

5. 数据共享应用中个人信息处理者作为数据持有者、提供者和使用者具体各自享有权利承担义务;

6. 利益相关者之间的权益分配和责任归属通过权利和义务保障和实现;利益相关者之间的权利义务依法确定或依法约定。

第一节　共享机制及其构建目标和依据

一、共享机制目标

数据共享机制总体目标是解决共享机制中的挑战和问题，建立科学、合理、公平、有效的共享机制体系，促进负责任医学科学共享，并可持续发展。重点解决如何能长期访问数据，有效共享、高效共享，即可持续性发展。医学科学数据共享应用的可持续发展，需要探索解决上述技术、法律、管理等诸多问题，提出相应的系统解决方案。

可持续发展，首先应使数据具有吸引力，需要保证数据质量和交互性，使共享数据具有再利用的价值。最大限度地收集公共资金产生的数据；最大限度使用这些来源收集的数据，保证数据质量和结构规范，为数据共享和整合挖掘提供数据保障。

可持续发展，需要保证数据持有者在数据共享能够获得应有的权益，以及数据相关的权益。数据需不断更新，持续具有活力，是与时俱进的创新资源。当数据不仅是固定结果，而是可以进行再分析、整合再利用的"商品"，还要符合市场经济的规律，应促进其他来源的数据的共享积极性，共享有价值数据的积极性。激励数据持有者提供数据共享的积极性是提高共享数据质量的重要措施之一。进而，提供给尽可能多的用户最大限度共享数据。

可持续发展，需要关注平衡所有的利益相关者的权益。特别是数据产生的个人参与者（即医学数据个人信息主体）。在不泄露个人参与者隐私的情况下以最好的方式管理这些数据。国际实践也证实，对于涉及公民的，即数据产生个人参与者的权益的保障，获得公民的信任和支持是非常重要的。不能保障个体权益和获得公民信任的共享倡议，难以形成长期可持续的共享机制。如英国的 NHS 数据倡议旨在使大型 NHS 能够与研究人员和有争议的企业共享个人数据引起多方讨论和法律界的极大反对。[1-3]

二、机制构建参考依据

医学科学数据共享机制构建的依据包括所有领域科学数据共享需遵循的普遍依据，以及医学领域科学数据共享的独有或重要依据。

1. 国家法律法规和政策

医学科学数据共享应用的可持续发展，需要构建数据共享机制和保证机制运行体系的系统的解决方案，必须在法律框架下依法建立。[4] 数据共享意味着科学数据从单纯的科研结果变成科技资源之一，具有潜在社会价值和经济价值，因此数据共享某种程度上具有了互联网经济的特点。即科学数据具有了潜在的"商品"价值和属性，从法律角度，数据共享应用多为民事法律行为，利益相关者在共享过程中建立民事法律关系。对于医学数据，无论法律法规方面，或者国际共识，还是管理规范，医学科学数据还需要遵循医学的相关法律和专门规定，如《生物安全法》《人类遗传资源管理条例》等。

医学科学数据共享机制建立的整体框架考虑，首先要依据国家现行法律体系规定和政策引导。

宏观机制方面，主要根据《中华人民共和国民法典》（以下简称《民法典》）有关民事法律关系编、合同编和侵权责任编等内容，制定促进可持续发展的促进机制和奖惩机制。医学数据处理规则以及利益相关者的权利义务，也首先是遵照《民法典》的相关规定。

具体运行机制和保障体系，主要是数据共享应用规则，以及利益相关者的权益分配和责任归属，除了《民法典》相关规定，一些具体的法律法规，如知识产权法律体系等相关法律法规，以及《中华人民共和国数据安全法》（以下简称《数据安全法》）《中华人民共和国个人信息保护法》（以下简称《个人信息保护法》）《中华人民共和国网络安全法》（以下简称《网络安全法》）等数据处理、网络共享专门法规和规章的规定等进行详细的系统规定。已实施的国家标准，如《信息安全技术 个人信息安全规范》（GB/T 35273—2020）等对具体运行和保障也有指导意义。

2. 伦理原则和治理管理规范

医学科技及其产生的科学数据，与其他科学领域不尽相同，其与人类自身遗传物质和人类福祉具有密切关系。从社会人的属性，不仅要考虑社会和家庭伦理道德，还要考虑医学伦理的引导和管理，遵循生命伦理基本原则及其在具体领域应用中的具有要求；因此，生命伦理学和医学伦理学原则是构建医学科学数据共享宏观机制要考虑的因素之一。

数据既是传统研究概念下的研究结果，也是数据驱动研究的基础。医学科学数据共享应用是伦理基本原则应用的新领域。与其他领域相比，医学科学数据共享应用尤其应该参考伦理原则和治理管理规范。对于利用数据的研究目前应参考生物医学研究伦理审查的相关规定和经验，特别是须借鉴我国现行《涉及人的生物医学研究伦理审查办法》，重视管理趋势和我国科技伦理原则和要求，以及医学数据涉及的生物（遗传）属性和人类遗传资源的国家安全和人类总体社会福祉方面的要求。这是医学领域科学数据与其他领域相比，比较突出的特点。2021年，中共中央办公厅、国务院办公厅印发了《关于加强科技伦理治理的意见》提出了"伦理先行"等科技伦理治理的整体要求，并首次提出了我国科技伦理原则，是医学科学数据共享应用的需要遵循的伦理原则。还应关注2022

年3月国家卫生健康委印发《涉及人的生命科学和医学研究伦理审查办法》（征求意见稿）提示的政策规定趋势。医学人工智能也需要考虑新一代人工智能的伦理治理原则和规范。

3. 国际区域数据共享规则、共识和国际经验

医学领域的数据共享呈现全球化趋势，全球数据共享实践形成了具有指导或参考价值的共享规则或共识。数据共享机制需要参考国际共享原则和共识，特别是国际共享合作的过程中，是宏观指导国家、机构和组织拟定不同层级数据共享规则和具体实施的指导原则的参考依据。有关数据共享应用相关国际区域或领域规则或条例、共识等也是构建我国数据共享机制的重要参考，如我国作为非成员国同意了经济合作与发展组织（Organization for Economic Cooperation and Development，OECD）提出的《公共基金资助的研究数据获取OECD原则和指南》，因此，其中的原则可以作为我国数据共享规范参考，在法律层面上也应予以考虑。此外，共享机制中数据共享应用原则的重要参考，往往包括实践中形成的国际原则性共识如FAIR原则和去识别化化共享等。这些原则或共识是数据共享应用实践中针对挑战不断探索形成的应对原则和策略。

此外，区域性规定欧盟《通用数据保护条例》（General Data Protection Regulation，GDPR），以及其他国家数据共享实践经验和规定，如美国的《健康保险可携性和责任法案》（Health Insurance Portability and Accountability Act，HIPAA）隐私规则及其去识别指南等具有很好的参考借鉴价值。一些组织或机构建立的共享原则或框架、实践案例等对于管理规范等也具有直接的指导作用，有助于形成医学科学数据共享治理或管理的最佳案例。但具体的数据共享实施和监管在国际原则共识下，须兼顾国家法律规定，这也是国际惯例。如即使在欧盟内部，各国对与健康相关的个人数据处理的监管方式可能存在差异，GDPR在一些特殊条款中允许其成员国进行进一步限制。因此，必须以遵守我国法律法规和不侵害我国的国家和公民利益为前提。

医学科学数据共享的具体机制，除了从法律（包括国际公约、协议或惯例等）考虑，还须遵循生命伦理基本原则及其在应用中的具有要求，国际上，应参考国际生物医学国际伦理原则和伦理管理相关规定，如《纽伦堡法典》（Nuremberg Code）、《赫尔辛基宣言》（Declaration of Helsinki）等，特别是《涉及人的健康相关研究国际伦理准则》（2016）的相关条款。

三、宏观运行机制

1. 公平共享机制

互联网促成了共享经济。数据共享包括应用于公益性研究的共享，以及基于市场需

求的商业共享。无论何种共享，都应该基于双赢和公平原则。

公平是指数据共享应用过程中，对于利益相关者的权益分配和责任归属公平，避免个人信息主体权益损害，相应的权利和义务应该符合权益和责任归属的一致性。

公平共享机制是指为依法有数据处理权的个人、机构和组织进行数据共享提供公平竞争的环境和机会。具体包括为有条件的机构提供数据收集、储存和数据共享服务的机会。应该建立数据持有者公平提供数据和获得数据收益的机会。对于有法律法规明确禁止商业用途的，如《人类遗传资源管理条例》第十条规定"禁止买卖人类遗传资源。为科学研究依法提供或者使用人类遗传资源并支付或者收取合理成本费用，不视为买卖。"应该遵从相关规定。需要注意的是，对于基于数据形成不再含有人类遗传资源信息的产品进行买卖的，也不属于人类遗传资源买卖。

2. 监管治理机制

数据共享应用需要科学有效的监管机制和体系。国家应该通过法律法规明确相应部门的监管职责，同时构建多种治理管理机制。根据《科学数据管理办法》和《国家科技资源共享服务平台管理办法》，以及国家卫生健康委相关规定，国家相应各级行政管理部门。

对于医学科学数据，除了法律和行政监管，伦理治理是非常重要的治理机制。医学科学数据共享通过伦理治理的具体伦理规范和审查，能够进一步加强负责任的医学科学数据共享和应用。这也是本书的重点内容之一。

3. 高效审查机制

数据共享的目的是促进科研成果的快速共享和再利用。科学数据具有时效性，特别是对于研究用途。科学数据往往是解决一些问题或疑问而进行研究，或者利用一些现有数据整合分析。科学发展快速，一些现有技术或方法获得的数据，随着科技发展会丧失其潜在的科学价值。在基因组测序技术成熟的今天，数年前的单基因检测研究的数据价值已经大打折扣。因此，需要建立数据共享应用的高效审查机制，促进有价值数据的共享应用。

高效审查机制需要科学合理的流程、审查标准，以及符合规定具有相应审查能力的审查委员会。2022年3月16日，国家卫生健康委发布《涉及人的生命科学和医学研究伦理审查办法（征求意见稿）》，已经把将适用范围从各级各类医疗卫生机构开展涉及人的生物医学研究伦理审查工作，拓展到我国境内的医疗卫生机构、高等学校、科研院所等开展涉及人的生命科学和医学研究伦理审查工作。并定义涉及人的生命科学和医学研究是指以人为受试者或使用人的生物样本、数据的相关研究活动，将基于生物样本和数据的科技活动纳入规范管理的范围。[5] 涉及人的医学研究的伦理审查具有较完整的体系和成熟经验。高效审查机制需要借鉴医学研究的伦理审查经验。

4. 科学评估机制

科学评估是指对于数据共享应用的利益相关者的潜在风险进行评估，包括个人参与者的隐私风险，数据持有人及其机构的数据价值评估，避免商业秘密泄露，以及研究者和机构的权益受到损害。对于数据共享的风险和收益，兼顾所有利益相关者，进行科学评估。

科学评估是分级管理的依据，也是审查的手段。该机制是针对机构及其管理的共享机制。

需注意到利益和风险的平衡的评估可能会随着时间的推移而改变。隐私和知情同意的履行均随着技术的发展也不断发展变化。数据共享的收益和风险评估需要前瞻性，不仅考虑共享的风险，还包括在这种变化的环境中共享的潜在危害。

5. 共享激励机制

激励机制有助于促进有价值数据的共享应用。数据共享可能导致研究者的重要研究思路或其所在机构的机密商业信息泄露，进而给数据相关研究者或机构带来重大损失。其中，这方面尤以药物研发和临床试验数据明显。药物研发相关临床试验与其他政府基金资助的项目不同，一般由制药企业投资进行。前期基础研究成果可能两个来源，制药企业自主研发，或者通过转让从科研院所获得。虽然，个体-水平数据的共享，临床试验起步较早，但是，数据共享的方式，如果权益分配不科学、合理，可能会削弱研究实施或临床诊疗医生、药物研发临床试验发起人等利益相关者的研究实施、数据收集和资金投入的积极性。特别是药物研发机构前期需要投入大量成本进行药物选择和基础验证。临床试验数据或其他重要研究数据共享进入公众领域，会降低机构的商业竞争力。

6. 综合保障机制

医学科学数据共享应用的可持续发展，需要遵循国际共识，符合伦理基本原则，需要在法律框架下建立科学可持续发展的负责任的数据共享机制和综合的保障体系。[6]法律是最强有力的保障，但法律制定或调整往往需要长时间的考量，滞后于科学发展和实践。特别是在医学领域，无论是医疗保健工作还是医学研究，伦理治理及其管理都是法律的有效补充。参与者隐私、风险和利益评估、知情同意等均是医学伦理要求和伦理管理的重要内容，能够帮助研究人员、机构在选择用于健康研究的数据及其方案时做出合理的决策。[7]该框架对医学科学数据共享与使用的管理具有重要参考，也反映了医学科学数据共享的机制框架中伦理要求和规范的重要性。

7. 合作协商和纠纷解决机制

数据共享应用实践是一个合作过程。无论发生在个人、机构之间，都需要高效合作，促进发挥医学科学数据的作用和价值。合作中难以避免产生纠纷，对于利益相关者的权益分配，或者其他原因等。因此，需要友好协商并建立明确的纠纷解决机制。具体包括权利义务的约定，以及纠纷解决路径、侵权责任等。

无论数据共享应用应用与公益性科学研究，还是基于协议等用于商业用途，纠纷一般属于民事纠纷、知识产权纠纷，个别纠纷可能涉及刑事责任。因此，数据共享应用的纠纷解决应该遵循相应的纠纷解决原则、程序等，遵循我国《民法典》合同编和侵权责任编的规定，以及知识产权相关法律法规的相关规定。

四、重要共享原则

1. 依法有偿共享和双赢原则

共享经济的本质是以互联网作为媒介整合社会资源重新分配和再利用。数据共享与应用符合共享经济。双赢原则（win-win）、有偿共享是共享经济的基础。如共享单车，消费者通过支付很少的使用费就可以使用，且可以在需要的地方随时使用；提供共享单车的商家通过收取使用费盈利，"薄利多销"。科学数据是解决科学问题产生的数据或者能够用于研究的业务数据。往往是数据持有人，一般是研究者或其所在机构，通过一定人力、物力和财力的消耗获得的成果。因此，数据共享是有条件的，不是无偿提供的。基于有偿共享的双赢才能充分调动数据共享的积极性。通过有偿数据共享使数据持有人获得收益是民法基本原则平等、公平原则的具体体现。其他研究者或机构通过购买数据而节省时间和成本，特别是能获得自身无法收集的数据。需要明确的是有偿共享不仅是货币方式，还包括通过协商一致以非货币方式有条件共享。目前，包括我国在内的国际科学数据共享趋势，是要求由国家政府资金资助的项目产生的数据强制共享；而自立项目或企业研发等支持自愿共享。这样不同的要求体现的也是有偿原则。因为有国家资助等原因，在数据共享利益相关者之间并不完全遵循等价有偿原则，但总体上仍然符合等价有偿，只是由国家或政府、社会组织等用资助的方式提前完成了费用支付过程。

有偿原则并不是等价收费和买卖。虽然多数数据允许买卖，但是一些特殊的数据，如涉及人类遗传资源的数据根据我国法律规定是禁止买卖行为的。科学数据应用包括非营利性的公益应用，也包括营利性研究研发和用于数字化经济发展，因此"有偿"原则因不同应用有所不同。医学科学数据，特别是政府资助的项目产生的数据，与国际和目前我国实践相一致，公益性科学研究使用一般遵循无偿原则，但是应该保证数据提供者知识产权的基础上协商后续成果署名和收益，应对数据提供者应予一定成本的补偿。非营利性公益性研究"有偿"多为尊重知识产权基础上的补偿性原则。营利性研究研发和商用数据一般遵循"商品"交换的等价有偿原则，具体根据民事法律关系和市场经济原则通过协商一致依法约定。

2. 权益均衡和个人权益优先原则

权益均衡原则是兼顾数据共享的利益相关者的权益，包括三个方面的权益均衡：①均衡个人信息主体与社会公益的权益；②要均衡数据收集者和数据持有人的权益和数据使用者的权益；③均衡不同数据持有人，包括机构的权益；为相同类型或相似数据的共享提供依据，提供公平竞争的共享环境。

个体权益优先原则有两个考虑：①个人信息主体权益优先，是负责任地数据共享的基本要求。除非有法律规定，数据共享中应优先保障个人信息主体的隐私权和知情同意权等；法定共享也应该进行风险和收益评估，把个人信息主体的风险降到最低。②保障数据持有人权益，提高数据持有人数据共享积极性，才能促进有价值数据的可持续共享。在法定共享的情况下，应该为数据收集者，研究者设定必要的数据独占空间和时间。

3. 社会公益和权利限制原则

从社会公益的角度出发，具有重大社会价值的数据，在符合一定的法定要求或一些紧急情况，对个体权益的行使做必要限制的法律原则也适用数据共享和应用。

4. 风险价值评估和分级共享原则

分级共享是《科学数据管理办法》的要求。分级共享原则应包括风险和价值两个方面。除了根据数据类型、数据内容、数据状态、数据量等进行数据安全风险评估，还应该进行数据潜在价值评估，包括科学价值、社会价值和经济价值等。根据风险和价值评估，进而建立相应的标准，参照临床试验数据，采取开放程度不同的数据共享模式。[12] 分级共享不仅是保障数据安全的需求，也是医学科学数据共享过程中能够落实有偿共赢、均衡各利益相关者，特别是在具体执行个人信息主体权益保护和人类遗传资源保护的管理和技术措施的重要依据。

第二节 共享机制核心内容

一、机制解决的核心问题

宏观机制和原则的具体落实需要解决如何协调数据共享应用具体的运行方式的问题。协调数据共享应用的具体运行，需要了解共享机制解决的核心问题。

"机制"一词最早源于希腊文，原指机器的构造和工作原理。"机制"指其内部组织和运行变化的规律，后被应用于自然现象和社会现象，包括经济领域等。机制包括两大方面：①解决如何协调各个部分——利益相关人之间的关系问题；②协调各个部分之间的关系的具体的运行方式。

对于医学科学数据共享应用需要解决如何协调数据共享应用过程的要素及其形成的关系问题。数据共享应用包括"数据"和"利益相关者"两大要素，具体形成三个方面的关系，即数据与数据、数据与利益相关者，以及利益相关者之间的关系。数据与数据之间的关系，主要表现为数据交互性问题，具体将通过原则性标准共识，如FAIR原则，术语标准和结构标准，以及保障数据标准和系统支撑实现，具体将在数据标准篇详细阐述。

数据共享应用机制（统称为"共享机制"）重点解决数据共享两大方面。

（1）数据与利益相关者之间的关系

数据与利益相关者之间的关系，主要解决数据所有权、支配权和知识产权的归属问题。特别是数据及其产品的"原始产权"的关系，即数据与个人信息主体之间的关系是依法制定数据共享应用（处理）规则的依据，这是共享机制核心内容之一。数据共享应用处理主要根据法律规定，以及共享过程中利益相关者可以根据约定获得或转让数据及其产品相关权利。数据与利益相关者之间的关系，特别是大数据产权问题较为突出，具体将在大数据篇讨论大数据的产权问题及其解决方案。

（2）利益相关者之间的关系

利益相关者之间的关系，主要表现在数据共享应用过程形成的民事、行政（主要指法定共享）为主的法律关系。包括获得或转让数据及其产品权利在利益相关者直接形成的权益分配和责任归属。这是数据共享机制的另一核心内容。

数据共享应用个体-水平的科学数据将以不同的方式影响利益相关者的权益。数据共享政策和过程必须正确认识和考虑利益相关者的不同利益，才能有效地促进数据共享的益处并最小化潜在的危害。

目前有价值数据已经具备"商品"的属性，能够带来经济价值和效用。在数字化和数据化经济时代，数据不仅是数字本身，文字、语言、位置、相互联系等等都是数据的表现形式。优质的医学数据集或数据库（包括来源于大数据）在医学研究和医药研发（包括，真实世界证据）中的作用日益凸显，蕴藏着巨大的经济效益，具有潜在的社会价值，是机构重要的商业资源和竞争性资源，甚至影响国家的医药创新能力。数据共享应用过程就是利益相关者通过价值转换转让权利获得收益的过程。在享有权益的同时，数据共享应用过程中，不同的数据处理者也承担数据处理者针对个人信息主体权益保护和国家数据安全等责任，以及数据处理者之间为数据价值转换形成的法律关系的相应责任。不同的数据处理者，在数据生命周期的不同阶段，作为数据收集者、持有者&提供者和数据使用者，具有不同的责任。

二、医学数据实质和处理规则拟定依据

（一）医学数据的实质

根据《数据安全法》规定，数据是指任何以电子或者其他方式对信息的记录。数据处理，包括数据的收集、存储、使用、加工、传输、提供、公开等。医学科学数据，是健康相关的研究数据和（可）用于研究的业务数据。

根据《个人信息保护法》，个人信息是以电子或者其他方式记录的与已识别或者可识别的自然人有关的各种信息，个人信息的处理包括个人信息的收集、存储、使用、加工、传输、提供、公开、删除等。

本书治理管理对象主要指涉及人的健康相关数据（以下统称为"医学数据"），其实质是个人健康信息的记录方式。共享医学数据是个人健康信息或者个人健康信息的集合体。

（二）我国数据共享应用规则的法律依据

医学数据的实质决定了数据规则的依据。医学数据属于是个人健康信息。我国个人信息处理规则的主要法律依据是《民法典》和《个人信息保护法》。

2021年1月1日施行的《民法典》对个人信息和信息处理进行了明确规定。

《民法典》第一千零三十四条规定"自然人的个人信息受法律保护。个人信息是以电子或者其他方式记录的能够单独或者与其他信息结合识别特定自然人的各种信息，包括自然人的姓名、出生日期、身份证件号码、生物识别信息、住址、电话号码、电子邮箱、健康信息、行踪信息等。个人信息中的私密信息，适用有关隐私权的规定；没有规定的，适用有关个人信息保护的规定"。第一千零三十五条规定"个人信息的处理包括个人信息的收集、存储、使用、加工、传输、提供、公开等"，规定"处理个人信息的，应当遵循合法、正当、必要原则，不得过度处理，并符合下列条件：（一）征得该自然人或者其监护人同意，但是法律、行政法规另有规定的除外；（二）公开处理信息的规则；（三）明示处理信息的目的、方式和范围；（四）不违反法律、行政法规的规定和双方的约定"。前述规定也是《个人信息保护法》的制定依据之一。

2021年9月施行的《个人信息保护法》进一步规定了个人一般信息和个人敏感信息的处理规则。敏感信息处理规则是对多数医学数据（涉及个人敏感健康信息）处理的一般原则。与国际上个人信息处理规则相似。

个人信息处理的特殊规则通过《民法典》和《个人信息保护法》特殊条款，或其他专门法律规定提出个人信息处理使用的例外情况。数据共享应用中，对于一些个体授权

的除外规定等,对数据主体依法享有的权利的限制外也必须有相应的法律依据。如根据《中华人民共和国传染病法》,在重大传染病疫情防控等紧急情况下公共卫生事件数据的共享或披露,以及经审查委员会审查对满足一定条件允许用于科学研究的知情同意豁免等。

三、我国医学数据处理规则和数据主体权利

(一)医学数据处理规则

《个人信息保护法》没有单独就公益性研究使用个人信息(包括健康信息)做出明确规定。医学数据属于个人敏感信息,因此不仅要遵循个人信息一般处理规则,还要遵照个人敏感信息的处理规则。即"个人授权为常规,个人非授权为例外"的总体原则。

根据我国《民法典》和《个人信息保护法》的规定。医学数据的共享应用实践中,作为个人信息的医学数据的处理规则具体包括两种情况。

①通过个人信息主体的单独授权,必要时书面授权,在授权的范围内使用。多数医学数据的共享应用计划,应该按照这个规则进行。且这种情况下,个人信息主体对其个人信息具有是否授权处理的主动权,处理个人信息必须取得个人的同意。个人信息的处理目的、处理方式和处理的个人信息种类发生变更的,应当重新取得个人同意。且个人有权撤回其同意。个人信息处理者应当提供便捷的撤回同意的方式。个人信息主体理论上应对其个人数据具有所有权,具有全面的权利。

②符合法定情况下,未经个人信息主体授权进行共享应用。这种情况,医学数据的应用,主要包括三个方面:应对突发公共卫生事件,如重大传染病突发暴发期间,为疫情防控紧急需要;紧急情况下为保护自然人的生命健康和财产安全所必需;如紧急抢救患者急需远程会诊;为公共利益实施新闻报道、舆论监督等行为,在合理的范围内处理个人信息等,如公益性教学。

此外,匿名化的医学数据共享应用无须个人信息主体授权。《个人信息保护法》目的是为了保护个人信息权益,规范个人信息处理活动,使任何组织、个人在处理活动中不侵害自然人的个人信息权益。在此前提下,促进个人信息合理利用。个人隐私只有在与个人信息主体相关联时才会产生损害。《个人信息保护法》明确"个人信息不包括匿名化的数据"。因此,经过处理无法识别特定自然人且不能复原的医学数据,不属于个人信息,其共享应用不需要个人信息主体的授权。这将有利于医学科学数据和医学大数据的共享和应用。

（二）个人信息主体的主要权利

根据《民法典》和《个人信息保护法》，"自然人的个人信息受法律保护，任何组织、个人不得侵害自然人的个人信息权益"。个人信息主体对其个人信息权益主要包括以下几个方面。

1. 个人数据所有权、支配权及其自愿自主决定权

作为数据主体，个人信息主体对其产生的数据具有所有权和支配权，在数据处理（包括共享应用）表现为对其数据处理使用的知情权及自愿选择权。

作为敏感信息，无论来源，用于研究或超过初次业务（如临床诊疗）目的之外的数据应用应该履行单独知情同意，一般需要书面同意。对于数据主体不满十四周岁未成年人个人信息的，或者不具有相应的民事行为能力人，应当取得监护人的同意，或者其法定代理人或授权委托的代理人。我国要求"对不满十四周岁未成年人个人信息的，应当制定专门的个人信息处理规则。"在医学领域，通常作为脆弱人群加强权益保护。

2. 个人隐私权

隐私权涉及每个公民的个体权益，是个人信息主体的重要权利之一。根据《民法典》第一千零三十四条"个人信息中的私密信息，适用有关隐私权的规定；没有规定的，适用有关个人信息保护的规定"，提示医学科学数据涉及个人隐私的首先适用《民法典》隐私权的规定，这是数据共享应用中隐私保护的法律依据。

对于隐私保护有几个需要注意的问题。

①我国个人信息法不保护匿名化的数据。"个人信息是以电子或者其他方式记录的与已识别或者可识别的自然人有关的各种信息，个人信息不包括匿名化处理后的信息"，这是隐私保护要求的直接规定。

我国的前述规定与GDPR有关个人数据规定及其处理规则相似。将个人数据定义为与可识别自然人有关的数据。因此，所有标识符都已从这些数据中删除的假名化数据仍然是个人数据。但是，GDPR的规定不涉及匿名数据或已处理的数据，因此个人不再可辨认。特别是，匿名数据可用于研究或统计处理，而无须遵守GDPR。[8]

②我国匿名数据分类为绝对方法。隐私保护的方法可以是匿名化，是指个人信息经过处理无法识别特定自然人且不能复原的过程。也可以去标识化（或去识别化），是指个人信息经过处理，使其在不借助额外信息的情况下无法识别特定自然人的过程。去识别化的数据使用仍需要个人授权，匿名化数据则不需要。有些数据包含的个人信息是无法实现匿名化处理的，除法定条件外，必须履行个人授权。如生物识别信息，面部、指纹、眼角膜或视网膜，全外显子组或全基因组信息。对于一些生物识别信息的采集，一般情况下，需要法定条件或者经过特殊授权。而且，应在研究或分析目的完成后按照规

定和/或约定及时销毁数据。

对个人数据和匿名数据进行分类有两种相互矛盾的方法。[8]第一种方法是绝对方法，如果理论上有重新识别的机会，匿名数据就构成个人数据。第二种方法是相对方法，如果不存在重新确定个人身份的方法，则匿名数据不再是个人数据。[9]少数欧盟成员国的国内法状况，如法国属于第一种方法。爱尔兰和德国倾向于第二种方法。爱尔兰数据保护委员会认为，如果目前的技术不太可能用于重新识别这些数据，则数据是匿名的。德国联邦经济事务和能源部（German Federal Ministry for Economic Affairs and Energy）认为，根据《德国联邦数据保护法》（German Federal Data Protection Act），数据（包括与健康相关的个人数据）在个人无法通过合理努力重新识别的情况下是匿名的。GDPR 第 29 条工作组，即现在的欧洲数据保护委员会（European Data Protection Board）对于匿名的判定倾向于采用相对的方法。第 29 条工作组认为，"合理可能的手段"（means reasonably likely）表明理论上重新确定身份的可能性不足以使这些数据成为个人数据。[10]工作组举例比较了匿名化或假名化的不同技术。例如，用密钥加密数据意味着密钥持有者可以解密数据。因此，对该缔约方而言，这些数据将是化名数据。但是，如果一方没有密钥，数据将被匿名化。如果数据聚合到足够高的级别，这些数据将不再是个人数据。

③隐私保护也包括约定责任。对于数据委托他人或机构处理个人信息的，遵照民事委托的相关责任义务，应当与受托人就隐私保护进行具体约定，包括委托处理的目的、期限、处理方式、个人信息的种类、保护措施以及双方的权利和义务等，并对受托人的个人信息处理活动进行监督。这是利用合同约定加强权利，包括对于个人信息的隐私权等保障的要求，在数据转让、数据使用协议中应拟定类似的隐私保护约定条款。

四、数据处理者的权利和义务

共同责任和义务如下。

1. 保障个人信息主体的权利

与个人信息主体权利对应的是数据处理者的责任和义务。首先，数据处理者必须保障数据主体的知情权和隐私权（个人数据安全）。

知情权和个人授权数据处理在《个人信息保护法》中有详细的要求，此外，伦理治理和伦理审查也有具体的内容和程序的相关规定。可以参照伦理规范篇。

《个人信息保护法》和《数据安全法》都要求采取适当措施保障个人信息的隐私保护。我国《个人信息保护法》规定了信息处理者的具体要求，包括"个人信息处理者应当对其个人信息处理活动负责，并采取必要措施保障所处理的个人信息的安全。"医疗健康数据和研究数据涉及个人健康隐私和生物识别信息、遗传信息的数据，数据处理者应该通过建立制度、采取技术手段依法适当履行责任。隐私方面需要特别重视的是，目前医学大数据使隐私内容都发生了一定的变化和挑战。医学大数据涉及的隐私表现尤为突出，健康医疗表型数据包含个人疾病隐私，基因型数据则涉及遗传信息隐私。基因组数据与人类自身遗传密码的特别关系，对于家庭内部关系和外部关系的潜在影响，使其在隐私保护方面具有其特殊性。[13-14]

2. 保障数据安全

数据共享过程的数据安全也是实现利益相关者权益分配以及可持续发展的前提。

根据《数据安全法》，数据安全是指通过采取必要措施，确保数据处于有效保护和合法利用的状态，以及具备保障持续安全状态的能力，维护数据安全应当坚持总体国家安全观，建立健全数据安全治理体系，提高数据安全保障能力。数据安全从安全主体角度包括国家安全、个人安全和机构数据安全三个层面。个人安全主要体现在前述个人信息主体的隐私保护。

数据处理者需要采取措施保障数据安全。医学数据共享应用须根据《数据安全法》的要求通过建立安全管理和审查制度，采取管理、技术措施和安全审查等多种手段落实规定和要求。具体落实和措施，我们将在后续章节中进行详细阐述。同时，对于涉及生物安全或人类遗传资源安全的数据，应该按照《生物安全法》和《人类遗传资源管理条例》的相关规定，在对外提供或共享、应用等情况先行安全审查或完成备案。数据控制者（持有者和使用者）具体保障方面，欧盟 GDPR 具有一定参考性，如对数据控制者在数据传输方面的义务。对具体数据持有者和使用者来说，具有各自不同的权利义务。

医学科学数据从安全内容角度具有特殊的安全内容，如人类遗传资源安全。医学科学数据信息中包含重要的潜在的科研发现、国家重要自然和种族安全（生物资源和人类遗传资源等）和经济资源（如人工智能大数据基础、潜在市场分析等）。这些数据一旦泄露，将对国家造成重大安全隐患和经济损失。因此，数据共享应用，特别是国际合作中必须保障数据安全。维护数据安全要求坚持总体国家安全观，建立健全数据安全治理体系，提高数据安全保障能力。

数据作为国家科技资源，以及利益相关者，研究者和机构的研究成果等，具有不同层次的权益内容。科学数据共享应用中，不仅要保障个人和相关机构的权益。如重大传染病数据共享要考虑数据安全和产权问题，不仅涉及个人、机构的权益问题。疫情防控期间收集的生物样本及其包含的人类和病毒序列数据等，生物安全问题其涉及生物多样性、特异性和人类遗传资源信息，一旦泄露或发布，可能造成不可弥补的后果，涉及国家安全，需要加强管理和规范，特别是需要提升基层科技管理人员的安全管理意识和风险评估管理能力。

为了促进数据共享，WHO 传染病伦理指南提出"一旦对发布的初步结果进行了充分的质量控制，就应分享这些信息，无须等待在科学期刊上发表"，且"期刊应允许研究人员迅速传播对公共卫生有直接影响的信息而促进这一过程，同时不丧失在期刊上发表的机会"。[11] 这是从传染病的快速传播特点，促进共享数据有助于合作有利于疫情防控出发，对利益相关者（数据收集者）的鼓励制度。但这项只针对著作权鼓励制度明显不足以提高数据共享积极性。疫情信息和数据相关的成果不仅仅是文章，还包括专利等其他形式重要潜在知识产权。一些研究成果或发现，不仅具有社会效益，还具有较大或巨大的潜在经济效益，对于国家经济发展和创新等具有重大意义，需要对相关科学数据加强保护，避免泄露和损失。传染病暴发产生的数据涉及有经济价值的信息或产品，如疫苗或诊断治疗方法。提供数据的相关国家及其公民应该对数据的成果享有一定的后续权益，如对分享信息的相关成果（包括疫苗）的优先使用权和最惠权利等。因此，对重大传染病数据进行分级管理和共享，不能一刀切，也要考虑国家权益。对于兼具经济价值的数据成果应该重视产权管理问题。发表重大传染病防控文章应该避免未经审核发布或共享原始数据。

3. 数据质量、完整、客观的保证

数据共享应用中，数据的质量对于基于数据的应用等具有重要决定作用。用于共享的数据必须保证数据的完整性、真实性和数据质量。数据质量保证及其责任对于发挥有价值数据的作用是正向保证，是提供数据用于共享应用的基本责任。

4. 数据价值和产权保护（使用权或支配权）

数据安全还包括维护数据共享服务平台的稳定运行、防止科学、商业秘密泄露等责任。需要根据不同的数据安全等级和要求进行分级共享和管理。首先，必须保障国家安全和权益。

数据价值是数据共享应用的初衷。数据价值不仅体现收集数据、储存和处理数据的个人和机构的潜在利益，一些数据的产生是基于国家和政府、机构的前期投入，在数据的后续共享合作中需要考虑数据的产权及其知识产权的保护，进而保证数据的收益权。在数据共享应用中，特别是基于数据的国际合作中，不能把国家的投入作为一些国外企业机构的合作的基础，要合理约定数据的收益和后续产出的收益分配，不能把国家和机构投入作为后续合作的嫁衣，使国有潜在资产流失。事实上，数据价值及其产权保护，既是数据处理者的责任，也是数据处理者的权利。

例如，机构在业务范围内或其员工研究过程中收集、储存的数据，在授权范围内或者经过再加工等过程产生的数据具有一定的产权和支配权，并获取相关收益的权利。个人在授权范围内收集、储存的数据，对于数据进行处理后产生的成果具有相应的知识产权等，包括发表文章、申请数据产权的专利、申请计算机软件等权利，但应该保证数据持有者和数据提供者的权利。对于处理他人或机构提供数据形成的知识产权，数据使用者具有上述的知识产权。但是，数据使用者要尊重数据提供者（包括数据发布、数据发表）的数据相关权益。对于数据持有者或提供者（包括发布），基于共享数据发表文章的作者应该按照协商一致的署名或排序的权利；此外，利用发布或发表数据的研究成果应该注明数据来源。数据持有者或提供者，对于后续成果的知识产权和收益应该提前与数据使用者有所约定，如成果申报、后续研发的产权及其收益比例分配等等，并按照约定执行。如基于数据的研究研发，如软件权和潜在经济效益收益分配比例和分配方式等。基于我国涉及人类遗传资源的国际合作应该按照《人类遗传资源管理条例》的规定约定专利权。

五、数据共享应用利益相关者权利义务概述

在数据共享应用过程中，数据处理者（在数据生命周期不同阶段，分别作为数据收集者、持有者、提供者和使用者）依法享有或依法约定获得应有的权益，包括著作权和数据依法转让获得相应的知识产权或财产收益权。

权利义务是统一的。利益相关者在享有权利的同时往往需要承担一定的义务。权利和义务均可以分为法定和约定的。即利益相关者的权利包括法定权利和约定权利；需要承担的义务相应地也包括法定义务和约定义务。

法定权利和义务根据国家法律法规的规定。如数据具体产权形式还需要进一步探索。《民法典》第一百二十七条规定"法律对数据、网络虚拟财产的保护有规定的，依照其规定"。虽然还没有确定数据的具体产权方式，但已经明确数据受法律保护。个人信息主体的权利主要是法定权利，如个人隐私权；知情同意权；随时撤回权，也分别由《民法典》和《个人信息保护法》进行了规定。这些权利对应的是信息处理者的法定义务，即保护个人隐私权，数据处理活动依法或获得个人授权，须合法获取数据，保障数据安全等，以及特殊数据根据法律法规需要提前完成的审批或备案等。法定义务，如数据提供者和使用者应保障国家安全，以及个人隐私权等。一般法和特别法共同规定了数据共享应用（处理活动）中利益相关者的权利和权益归属，以及承担的相应法定或约定责任。

约定权利和义务，主要根据利益相关者对于数据共享应用过程中，依法对具体收益及其形式，以及双方为了更好保障法定权利，或履行法定义务等的其他约定内容。例如，个人信息主体或数据提供者对数据用途和限制，数据使用期限，数据删除或损毁的具体方式和时间，以及为了保护个人隐私，需要采取的具体措施等进行具体约定。

需要由法律法规进行规定而提供法律层面的保障和要求。特别是个体数据法定使用和禁止（商业应用与限制）。同时，包括通过根据法律法规利益相关者之间对于数据共享应用中的权利义务进一步明确和约定，以保证数据共享的可持续发展。

（1）个体信息主体的权利和义务

个人信息主体，包括个人信息主体及其家庭的权利主要包括隐私保护和知情权、自愿参加和随时退出等权利。个人信息主体对其个人相关数据的数据所有权和使用权、支配权。个人信息主体的义务主要是在数据被收集时应提供客观、真实情况，不能提供虚假信息。

（2）数据收集人和数据持有人的权利和义务

数据收集人，享有其收集数据的使用权和/或支配权，其前提是履行保护个人信息主体的隐私，并在收集数据前或提供数据共享之前完成相关知情同意的义务。如果数据收集人和数据持有人是机构，还负有保护数据隐私和数据安全的设备等硬件支撑和数据收集、储存和使用相关管理规定等软件支持。收集人和持有人应在法定或授权范围内，或受让协议约定范围内处理数据。

（3）数据使用者的权利和义务

主要是根据数据使用章程或协议使用数据，依照个人信息主体授权范围使用；与数据持有人就权益分配，如作者署名排名，或是否需要经费补偿或购置等达成一致并保证数据持有者的权利。

此外，提供数据的第三方有依法获得数据服务的费用收益的权利。所有数据提供者还要保证数据来源的合法性，承担保障数据安全、个人信息主体隐私保护以及知情同意等责任。政府和公众行使管理和监督权，监管部门具有监督、监管的责任等。共享主要利益相关者的权利义务示例详见表2-1。

表2-1 医学科学数据共享主要利益相关者及其权益分配和责任归属

利益相关者	权益	责任和义务	备注
个人信息主体及其家庭	个人数据的所有权、使用权；隐私权，知情同意权，自主选择权 约定用途限制和特殊要求	被收集数据为真实情况 诚实、配合	*具体如人体的受试者、临床诊疗患者、基因检测被检测者等及其家人、主诉、家族史等
数据收集者	整体数据所有权、使用权，数据共享收益权，二次使用的署名权，数据来源注明权等	数据客观、可靠、完整 收集前：履行知情同意 收集中、收集后：数据安全 隐私保护 数据其他安全 研发机密；商业秘密；涉及人类资源-安全	*包括研究者或机构 临床医生 医疗机构 其他数据收集者

续表

利益相关者	权益	责任和义务	备注
数据持有者（包括收集者）	持有数据权利范围内数据储存、支配权、转让权、审查权 数据来源注明 二次使用的署名权 获得相应补偿和收益	提供数据客观、可靠、完整 保护个人信息主体隐私权 数据安全	*可以是数据收集者本人及其所在机构，或数据受让者，如通过数据购置等获得数据所有权或支配权
数据使用者	二次使用数据：发表文章、研发活动（如软件） 二次使用数据的成果的知识产权	数据使用的客观性（不滥用、保持原有数据完整性） 隐私保护（如果有） 数据安全（重要，如遗传资源等） 保证数据持有人的权利	*指一旦通过申请或协商允许使用数据，可以根据约定二次使用数据，针对数据进行再挖掘或者整合其他数据
数据共享服务第三方机构	提供数据使用平台 制定数据共享章程 审查数据使用申请 收取相应费用等	数据来源-不侵权 数据安全 隐私保护	*如果非机构自身数据，需要注明数据来源-持有者及其机构
政府部门	监管权利 完善法律法规或实施细则 建立或认定国家科学数据中心等	监管责任 特殊数据发布审批或备案* 必要时征用科学数据 监督	*如科技部人类遗传资源数据发布或国际合作备案等
其他	公用数据使用	监督	如公众

第三节　保障体系及其治理管理范围

一、保障体系框架

一个机制的有效运行，还需要系统的有效的运行保障体系。从政策引导、法律保障、到管理规范技术标准的指导、要求和机构落实的内部管理体系和技术体系的支撑构成综合保障体系。在保障体系中，法律的作用；伦理治理和机构管理、技术支撑相互有机结合。共享机制及其有效的运行机制保障体系共同促进负责任的数据共享实践和发展。

医学数据共享需要在法律框架下建立科学可持续发展的共享机制和综合的保障体系。[12] 机制可以包含制定原则和规则，更多是宏观和原则性；保障体系则是在法律、行政、管理和技术方面的具体要求和实施标准等。法律往往是刚性的，具有强制执行力，但是往往需要长时间的考量，滞后于科学发展和实践。此外，医学伦理既是医学科技实施过程的全程必要管理内容和管理手段，也是医学科学数据共享机制和保障不可或缺的重要方面。无论从科技治理角度，还是医学数据所属领域，伦理治理都是保障体系的重要组成部分。伦理治理和管理是法律的补充，特别是医学领域，无论是医疗保健工作还是医学研究。为帮助研究人员在选择用于健康研究的数字技术时做出合理的决策构建的框架涉及五个方面，除了数据管理、数据访问和可用性之外，参与者隐私、风险和利益和伦理原则均是医学伦理要求和伦理管理的重要内容。[13]该框架对医学科学数据共享与使用的管理具有重要参考，也反映了医学科学数据共享的机制框架中伦理要求和规范的重要性。

数据共享的好处主要是公众能有效获得科学知识和促进改进临床实践和公共卫生。然而，这些好处不一定是需要达到完全开放的方式获得。利益相关者的合法利益——特别是他们对潜在的风险和数据共享的成本的关注——需要以公平的方式认识和解决。如果医学科学数据的全面开放共享风险多于效益，对公众并无利益。因此，数据共享应用的具体保障应该综合考虑，包括通过适当的共享模式。法律、伦理治理、部门监管、机构管理和技术支撑之间的密切有机配合，避免割裂开来，共同保障共享机制的运行和数据共享实践的可持续发展。法律规定、伦理治理的隐私保护、知情同意等要求需要最终由机构管理来落实、履行和实现，而管理的隐私保护、数据安全，以及备案流程等均需要由技术及其形成的信息系统来支撑保障，包括不同管理模式的数据共享模式、服务方式等。

二、主要保障目标

数据共享机制需要保障体系，保障共享机制及其运行。构建数据共享机制保障体系的具体目标就是实现共享机制及其运行，促进共享实践的可持续发展。具体的主要保障目标包括以下几个方面。

1. 保障个体权益

共享机制首要目标是保障个体权益。保障体系应确保个体的权益。具体包括作为数据主体的个人信息主体依法应该享有的权益，其隐私权和知情权等权利。此外，还包括数据共享和应用过程中其他的利益相关者的权益。具体通过法律规定相关权利义务、通过协议或合同在法律允许范围内约定权利义务，以及数据共享中相关机构的数据管理、伦理审查等进行进一步的保障。

2. 保障数据安全

保障体系应足以保障数据安全，特别是涉及个人隐私和国家安全，以及具有重大科学价值、社会价值和／或经济价值的数据。

3. 促进公平共享

个体-水平数据共享意味着科学数据从单纯的科研结果变成科技资源之一，具有潜在社会价值和经济价值，因此数据共享某种程度上具有了互联网经济的特点。即科学数据具有了潜在的"商品"价值和属性，从法律角度，数据共享是一种民事法律行为，利益相关者在共享过程中建立民事法律关系。公平是民事法律原则之一。促进数据共享应基于权责利一致的原则或基础，通过法律保障构建数据公平共享的转让环境和体系。数据共享利益相关方的权益保障，保证数据共享应用过程中体现民法原则，保证各方权益，特别是商业用途的数据共享目的。更多调整数据提供者和数据使用者的权利义务。

4. 激励鼓励共享

保障数据共享的可持续发展，需要激励和鼓励调动个人信息主体的积极性，对于数据贡献人，个人信息主体和数据收集、整理提供的利益关系人（个体或机构）不仅需要保障其权益，还应该通过激励机制鼓励积极共享。保障利益相关方，特别是数据持有者和提供者在数据共享中合理获益，促进积极共享。

数据提供者主要包括机构、组织或第三方数据服务平台或机构；数据共享方式，如个人信息主体直接参与数据交易，则数据提供者，包括个人信息主体，甚至公民。

数据使用者主要指申请或购买数据使用的机构、组织或个人。

5. 合理权利限制

对数据权利合理限制是平衡原则的具体体现，是兼顾各方权益数据共享应用的原则策略之一。平衡原则是医学伦理审查的目标原则，即平衡个人参与者个体权益与其他权益。

在数据共享应用实践中，数据价值与个体权益、机构权益在某种程度上，也是呈现矛盾关系。在数据规范收集的基础上，数据越完整、客观、数据粒度和数据总量越大，价值越大，但是，可持续性的数据共享必须考虑个人参与和机构参与的积极性。因此，需要对数据价值和数据开放共享设置平衡各方利益相关者的关系。对利益相关者各方进行合理限制。对符合满足一定条件允许进行公益性科学研究使用是对数据收集者、数据持有者的权利限制。而即使对于允许公益性科学研究开放的数据，考虑到数据共享者、个人和机构的利益，反过来也可以对包括对象、用途等进行合理限制。如对数据访问的合理限制包括保护商业利益，以及加强保护研究对象的隐私和机密性。[14]

三、法律作用和规制内容

（一）法律及其规范内容

法是由国家制定、认可并由国家保证实施的，反映由特定物质生活条件所决定的人民意志，以权利和义务为内容，以确认、保护和发展人民所期望的社会关系和社会秩序为目的的行为规范体系。简言之，法是国家强制性的规范。法律法规是公民的行为强制规范的具体表现形式。对于数据共享应用中利益相关者权益分配和责任归属，即数据共享机制的核心内容，首先需要由法律进行规定和明确。在法律的规定框架下，利益相关者一些权利和义务的规定可以通过约定的形式来确定。实践中，不是所有的权益由法律直接规定，但是法律是权益的最强有力的保障。法律体系规定数据共享应用过程中利益相关者明确应为、可为和禁为的界限，同时是约定权利和义务的法律依据。

从法律角度，数据共享应用多属于民事法律行为。数据共享中的利益相关者在共享中建立的是涉及个人授权、数据赠予或免费使用、买卖、交换、合作、委托等的民事法律关系。可持续发展的数据共享机制从法律角度应该首先符合民法的基本原则，如平等、公平、自愿和诚实信用。

权利和义务均可以分为法定和约定的。法定权利和义务根据国家法律法规的规定。个人参与者作为公民的法定权利，如个人健康权、个人隐私权和知情权等，以及数据支配权和应用收益权、基于数据的知识产权及其收益权。法定义务，如数据提供者和使用者应保障国家安全，以及个人隐私权等。权利义务是统一的。利益相关者在享有权利的同时往往需要承担一定的义务。一般法和特别法共同规定了数据共享应用（处理活动）中利益相关者的权利和权益归属，以及承担的相应法定或约定责任。

数据共享应用中，对于一些个体授权的除外规定等，也必须有相应的法律依据，即对数据主体权利限制也应具有法律规定依据。如对于属于用于科学研究的知情同意豁免和重大传染病疫情防控等公共卫生事件数据的共享或披露。

明确规定主要针对两个方面——国家权益和公民个人的重要权益保护。此外，法律保障的强制性在于不仅规定应为、可为和禁为的范围，并对违反规定的行为及其后果明确处罚规定，进一步促进法律规定的执行。

无论权益分配还是责任归属，主要由法律规定，或依法约定。数据共享应用过程中的权益的分配和责任归属具体是通过利益相关者的权利和义务实现的。即利益相关者的权益分配和责任归属通过利益相关者各自行使权利和履行义务实现的。医学科学数据共享中的责任是指在数据共享应用过程中，根据法律法规规定和协议约定，不同利益相关者在享有权益的同时，需要承担的法定责任和约定责任。反过来，法律也是保障利益相关者履行责任的最强有力的保障。在违反法律法规规定或违反约定，责任未履行或履行瑕疵时，须依法承担相应的侵权责任。

此外，对于涉及伦理问题，或者属于高风险伦理的领域，在法律法规层面上强调提出对伦理治理和伦理审查的要求等。如涉及人类生物样本及其产生的数据在《生物安全法》和《人类遗传资源管理条例》均提出明确的伦理治理的要求。

（二）科学数据共享应用法律法规规制重点

保障体系保障的具体目标体现了在科学数据共享应用法律法规规制的重点。例如，应通过法律法规明确规定：①国家权益方面，如涉及国家安全，如人类遗传资源对外提供的安全审查；②对公民个人的权益保护，如医疗数据共享应用应按照个人敏感信息处理规则加强个人信息主体的保护。此外，法律也为其他保障措施，如伦理治理、机构分级管理等提供法律依据。但是，法律规定具有抽象性、概念性、原则性、宏观性和整体性特点。法律规定的权利和义务具有丰富的具体的内涵，在实践中往往需要根据具体问题、具体行为等进行具体分析。因此，在法律法规颁布或修订后，往往需要进一步通过实践总结制定法律法规的实施细则，或者形成国家标准、行业标准和指南等方式具体指导实践。如敏感信息的进一步细化管理，则需要在具体的实践中，结合我国国家的传统、文化的影响，如敏感隐私的界定、分级管理要求等通过机构管理和伦理审查等进行具体保障。利益相关者对于个人信息主体的保护，也可以通过约定具体的保障措施，如，使用范围、使用时间，销毁方式，传送要求等进一步细化约定。

在实施数据共享、大数据和人工智能发展战略、数字化经济战略以来，国家一方面印发促进数据共享，包括科学数据和大数据战略等政策和文件。另一方面不断完善数据共享应用规范的法律体系，先后颁布了一些与数据共享、网络信息安全等特别法律法规和部门规章。近期施行的法律法规体现了法律规制的重点。2021年正式实施了《数据安全法》和《个人信息保护法》，与2019年《网络安全法》一起，被认为共同形成了数据安全和个人信息安全护航的三驾马车。均在法律层面对于国家数据安全、资源安全和个人信息主体的权益保护提出了具体的规定，以及提出了数据共享应用应该遵循的原则，包括符合社会道德和伦理规范等，用法律的形式提出了数据或生物资源的采集利用等应遵循伦理原则。

如《数据安全法》第八条："开展数据处理活动，应当遵守法律、法规，尊重社会公德和伦理，遵守商业道德和职业道德，诚实守信，履行数据安全保护义务，承担社会责任，不得危害国家安全、公共利益，不得损害个人、组织的合法权益。"

如《生物安全法》第三十四条规定："国家加强对生物技术研究、开发与应用活动的安全管理，禁止从事危及公众健康、损害生物资源、破坏生态系统和生物多样性等危害生物安全的生物技术研究、开发与应用活动。从事生物技术研究、开发与应用活动，应当符合伦理原则。"

这些规定是数据伦理治理和伦理管理规范的法律依据。具体的伦理治理、监管需要遵循相关的原则和规定及其要求等。医学数据共享应用还需要遵循与医学领域相关的法律法规，涉及人类遗传资源的信息的科学数据，需要遵照2021年实施的《生物安全法》

和 2019 年先行实施的《人类遗传资源管理条例》的规定。

这些法律法规是构建数据共享机制和保证机制运行，特别是确定利益相关者的权益分配和责任归属，利益相关者享有权益的权利义务等的直接法律依据。此外，这些法律法规的规定也提示知识产权保护和数据安全，特别在对外提供或网络共享时建立安全审查制度。

四、我国相关法律法规体系

（一）法律法规框架及其保障内容概述

我国医学数据共享应用实践，由一般法或"通用"法和专门法共同规定利益相关者的权益归属和责任归属。医学科学数据共享应用应该遵循的法律法规及其保障内容见图 2-1。

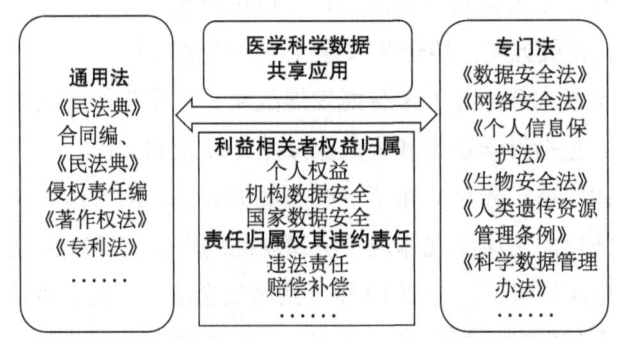

图 2-1 医学科学数据共享应用相关法律法规及其保障内容

（二）一般法概述

数据共享应用需要遵循所有实践过程中涉及的民法、商法、知识产权法、刑法等实体法体系，包括数据共享应用过程中需要遵守相关法律体系的法规、行政规章等相关规定。

数据共享更多为民商法法律关系。数据共享应用应遵循《民法典》的相关规定。利益相关者权利、义务以及违约责任等应遵循民法典总则，包括自然人及其民事行为能力，监护，法人，民事法律行为、民事法律行为的效力、代理等相关规定，数据共享应用的合作遵照合同编的相关规定，数据共享应用造成利益相关者损害及其侵权责任则遵照侵权责任编的相关规定。

数据的知识产权目前我国没有专门规定，应遵循《民法典》的所有权规定，以及知识产权法的相关规定，包括《中华人民共和国专利法》（以下简称《专利法》）《中华人民共和国著作权法》（以下简称《著作权法》）及其相关实施细则、审查办法等。虽然目前还没有对数据的知识产权界定达成共识，但是，基于数据形成的研究发表文章、形成软件等产品或软件，均可以按照现有的《著作权法》和《计算机软件管理条例》等有关规定执行。

医学数据共享应用，属于数据处理活动，且医学相关生物样本及其数据涉及人类遗传资源，需要按照程序进行的行政审批等，应遵循《中华人民共和国行政许可法》数据共享应用过程中，根据相关法律法规的规定，涉及违反刑法的行为将受刑法约束。数据是信息的记录形式之一。数据共享应用要考虑信息保密，特别是涉及国家机密、秘密和商业秘密的数据，要按照《中华人民共和国国家保密法》等相关规定。违反相关规定涉嫌犯罪时，将适用《中华人民共和国刑法》的刑事处罚的相关规定。

利益相关者因纠纷导致民事纠纷、行政异议和涉及刑事处罚行为时，根据涉及纠纷等的性质包括民事诉讼法、行政诉讼法和刑事诉讼法。例如，相关部门进行行政处罚时除了根据一些数据共享应用应该遵循的特别法外，对于相关行为的调查、立案和出具具体处罚的决定，同时应遵循《中华人民共和国行政处罚法》（以下简称《行政处罚法》），因行政处罚或处分导致行政纠纷等涉及行政复议或诉讼需要遵照行政法和行政诉讼法律法规的相关规定。

（三）特别法和专门规定概述

医学科学数据共享应用实践过程中，需要遵守近年来我国施行或发布的与"数据""共享应用"相关的一些特别或专门的法律法规，具体包括三个方面：①所有领域数据共享应用相关的法律法规，重要的如《数据安全法》《个人信息保护法》和《网络安全法》。②科学数据管理和共享相关法规和规定。规定适用机构涉及的实体权利和义务，以及数据共享应用涉及的具体审批、备案等专门法律的程序规定。重要的包括2018年颁布的《科学数据管理办法》是科学数据共享应用的直接法规，《国家科技资源共享服务平台管理办法》则明确把科学数据确定为科技资源。③医学领域科学数据共享应用需要遵循的医学相关法律法规和规定。如《生物安全法》和《人类遗传资源管理条例》，以及《涉及人的生物医学研究伦理审查办法》等。

不同的法律法规因着眼点或目的在规定内容上各有侧重。近期施行与数据共享应用相关的法律法规规定的主要权益和义务侧重点如下：

《数据安全法》规定涵盖所有领域数据和数据处理活动及其责任主体，以及相关数据安全要求和保障，包括建立分类分级数据安全制度和数据安全审查制度等。

《网络安全法》从目的是对建设、运营、维护和使用网络，以及网络安全的监督管理进行相关规定。是从信息化与网络服务相关安全的法律规定。规定网络收集个人信息的要求。

《个人信息保护法》目的是保护个人信息权益，适用个人信息的处理活动，是对涉及个人信息数据处理过程中的个人权益，以及个人信息处理者的义务等进行规定。

法律保障的强制性在于不仅规定应为、可为和禁为的范围，并对违反规定的行为及其后果明确处罚规定，进一步促进法律规定的执行。

《生物安全法》是人类遗传资源管理条例的上位法，二者规定了涉及人类遗传资源信息数据共享和利用的要求。

《人类遗传资源管理条例》规定了人类遗传材料和信息处理活动的管理内容和审批程序。综上，医学科学数据共享应用需要遵循的法律规定，除了调整民事法律关系的民商法、商法等法律法规体系，还包括与数据安全、网络安全和个人安全等相关特别法律法规体系。近年来，随着我国大数据战略和数据共享实践的发展，逐步颁布和形成了数据共享有关的专门法律体系。这些法律法规对于医学科学数据共享实践的作用分为两大部分，调整所有领域数据或共享实践的法律法规，其中《个人信息保护法》《网络安全法》《数据安全法》等，以及与医学领域数据相关的其他法律法规，包括《生物安全法》《人类遗传资源管理条例》等。

五、伦理治理规范和重点

（一）伦理规范内容

保障医学科学数据使用和共享符合伦理原则，并保护数据贡献者权益，才能促进负责任的科学数据共享和数据再使用。只有保障医学科学数据使用和共享符合伦理原则，并保护数据贡献者权益，才能促进负责任的科学数据共享和数据再使用。且医学科学数据与研究伦理、临床医学伦理密不可分，数据伦理与研究伦理、临床医学伦理各自具有管理内容的侧重，需要职责分工的无缝衔接。

数据共享应用应该符合伦理基本原则和相关个体权益保护要求等。伦理基本原则及其应用形成的伦理原则、规则和规范等，与法律法规相互补充，共同构成医学科学数据共享应用的依据。

伦理通用规范提出数据共享应用的伦理治理要求，伦理管理，如备案和审查等保障具体的伦理规范的执行。因此，就伦理治理体系和机构伦理管理将分别单独设定伦理规范篇和机构管理篇。

涉及人的数据，是医学科学数据共享应用伦理治理和管理的重点，其目标是保障个人参与者的权益，隐私保护和知情同意，以及利益相关者的权益均衡，包括数据应用符合社会福祉和社会公益等。医学数据共享应用能够有利于减少实验动物，符合动物福利和动物伦理。因此，不做特别讨论。

因与人类自身关系密切，保障医学科技及其产生的科学数据，与其他科学领域不尽相同。从社会人的属性，不仅要考虑社会和家庭伦理道德，还要考虑医学伦理的引导和管理，遵循生命伦理基本原则及其在具体领域应用中的具体要求。国家卫生健康委制定的《涉及人的生命科学和医学研究伦理审查办法（征求意见稿）》已经把利用生物样本及其数据的研究纳入伦理审查范围。从生物（遗传）属性，需要考虑人类遗传资源的国家安全和人类总体社会福祉。因此，医学伦理原则是构建医学科学数据共享机制的依据之一，也是医学科学数据共享的保障规范之一。医学科学数据共享应用是伦理基本原则应用的新领域，具有相应的新的伦理要求，具有相对特殊的伦理挑战、问题及其伦理管理规范体系，且与其他管理规范体系呈现一定的交叉关系。

（二）现有规范体系

伦理规范是数据治理和伦理管理重要组成部分。作为医学伦理学热点讨论的新主题，医学科学数据的共享应用已逐渐成为医学伦理治理管理体系的重要内容。国际上，国际医学科学组织理事会（Council for International Organizations of Medical Sciences，CIOMS）联合世界卫生组织（World Health Organization，WHO）完成了生物医学研究相关伦理准则的修订，《涉及人的健康相关研究的国际伦理准则》（International Ethics Guidelines for Health-related Research Involving Humans）简称"《CIOMS准则》（2016）"，其适用从生物医学研究扩展为健康相关研究。增加了生物样本及其数据收集、储存和应用相关多个条款，提出了一些可借鉴的审查标准。医学科学数据的共享应用挖掘、分析归属于广义的研究。不仅需要遵循《CIOMS准则》（2016）针对数据的专门条款，整体上利用数据的研究还应该具有伦理可接受性，需要遵循伦理基本原则和该准则的其他相关条款。《关于加强科技伦理治理的意见》中提出的我国科技伦理原则也同样适用数据研究伦理。但是，医学科学数据及其共享应用与涉及人的健康研究适用的伦理准则既相互联系又各有所侧重，如，对于个人信息主体的风险有显著不同之处。因此，无论是生命科学或医学的国际伦理准则，还是我国的科技伦理原则和相关伦理审查办法，都对数据共享应用具有专门的伦理要求和/或解释。在评估和体现社会或科学价值、科学有效性、公平、风险收益评估、独立审查、知情同意和隐私保护等个体权益保护等具体的评估内容或审查标准均有其不同内容和要求。审查委员会及其委员组成也有其相应要求。因此，需要根据我国科技伦理原则，参考《涉及人的生命科学和医学研究伦理审查办法（征求意见稿）》的趋势和《CIOMS准则》（2016）针对数据共享的具体数据伦理指南，形成指导和规范各类适用机构（包括组织）与研究者的数据共享活动的系统指南，包括伦理审查指南，指导和规范数据共享应用中伦理方面的审查实践，进而促进符合伦理的负责任的数据共享和应用。具体将在数据伦理篇进行详细阐述。

六、管理保障

（一）行政监管

根据《科学数据管理办法》科学数据共享应用的行政主管机构是科技部。科学数据管理工作实行国家统筹、各部门与各地区分工负责的体制。国务院科学技术行政部门牵头负责全国科学数据的宏观管理与综合协调，主要职责是：①组织研究制定国家科学数据管理政策和标准规范；②协调推动科学数据规范管理、开放共享及评价考核工作；③统筹推进国家科学数据中心建设和发展；④负责国家科学数据网络管理平台建设和数据维护。

根据《数据安全法》，对于来源于业务工作的健康医疗数据和公共卫生数据，各级卫生健康委对于数据的收集、储存等也有监管职能。行政主管部门根据国家相关法律法规的规定，在本行政部门的行政主管范围内制定相关行政法规或部门规章等。因此，监管机构包括对科学数据收集和共享计划进行监管的科技主管部门科技部；对医学科学数据共享应用符合伦理要求、保护个人信息主体权益的国家和各级卫生健康委；对涉及人类遗传资源的数据共享应用履行监管的科技部相关部门。

此外，监管机构还包括对个人信息安全，以及国家安全的监管部门，包括网络安全监管部门等。医学科学数据的数据安全、网络安全由具有监管职责的相应部门负责；涉及人类遗传资源信息的安全和管理等内容，也受科技部对人类遗传资源相关数据安全备案和审批等实施行政监管。

（二）机构管理

机构是执行法律法规，践行伦理规范，进行数据管理和伦理审查的机构，是数据共享应用机制运行和保障体系的重要一环。数据共享的法律规定和伦理规范要求等最终需要由机构践行和实现。

机构需要落实法律法规建立内部规章制度，建立流程和内部管理体系，同时，也需要建立相应的基础设施和平台作为数据管理和共享应用等支撑。

医学科学数据共享应用管理已成为机构科技管理的重要内容。机构数据管理通过一定的组织架构、管理制度、流程文件和技术支撑实现管理目的和目标。数据分级管理和数据审查是数据共享应用的重要制度。需要设置或指定管理部门、专门岗位负责数据工作。医学数据的应用具有与医学相关的一些管理内容，可以发挥现有管理体系的基础，但应该考虑数据共享应用的特殊法律法规、伦理治理等相关要求。机构对于数据的管理目的，对科学数据共享应用进行管理审查，伦理审查是数据共享应用的机构管理重点。也应该考虑促进现有数据应用和促进数据驱动的应用和管理，机构管理的重点也包括对于机构数据资源进行数据安全评估、价值评估等。除了保证数据应用中的国家安全和个人信息主体的权益，通过具体的审查、协议签署等管理手段保护数据资源的价值、知识产权等机构权益也是机构管理的重要内容。

七、技术支撑和保障

技术支撑是指通过技术手段对管理体系进行支撑。一方面是对数据共享应用的管理体系提供技术支撑，如行政部门或机构内都需要数据共享应用备案、审查等流程管理或者备案管理系统支撑，便于管理查询；另一方面对数据共享运行中的数据发布和数据安全提供技术解决方案。包括机构根据风险评估和分级管理要求等确定的数据共享模式和数据服务方式往往需要构建相应的数据共享平台或系统。此外，技术也是数据共享应用过程中安全和隐私保护方面具体落实的措施，解决的问题是利用技术对个人健康隐私和机构相应的数据安全进行技术上提供保障。

参考文献

［1］PIEL F B, PARKES B L, DABY H, et al. The challenge of opt-outs from NHS data: a small-area perspective［J］. J Public Health, 2018, 40（4）: e594-e600.

［2］IACOBUCCI G. NHS must stop sharing confidential patient data with Home Office, say MPs［J］. BMJ, 2018（360）: 512.

［3］COUSINS S, RICHARDS H, ZAHRA J, et al. Introduction and adoption of innovative invasive procedures and devices in the NHS: an in-depth analysis of written policies and qualitative interviews (the INTRODUCE study protocol)［J］. BMJ Open, 2019, 9（8）: e029963.

［4］关健. 法律框架下构建医学科学数据共享机制和保障体系［J］. 中国科技资源导刊, 2020, 52（2）: 62-68.

［5］关健. 医学科技伦理治理监管策略和实施重点［J］. 中国医学伦理学, 2022, 35（6）: 589-596.

［6］同［4］.

［7］NEBEKER C, TOROUS J, BARTLETT ELLIS R J.Building the case for actionable ethics in digital health research supported by artificial intelligence［J］.BMC Med, 2019（17）: 137.

［8］MARCELLO I. Revolutionizing Medical data sharing using advanced privacy-enhancing technologies: technical, legal, and ethical synthesis [J]. J Med Internet Res, 2017, 23 (2): e25120.

[9] SPINDLER G, SCHMECHEL P. Personal data and encryption in the European general data protection regulation [J]. J Intellect Prop Inf Technol Electron Commer Law, 2016, 7 (2): 163.

[10] European Commission. Article 29 data protection working party opinion 04/2007 on the concept of personal data [EB/OL]. [2021-02-18]. https://ec.europa.eu/justice/article-29/documentation/opinion-recommendation/files/2007/wp136_en.pdf.

[11] World Health Organization.Guidance for managing ethical issues in infectious disease outbreaks [S]. [2021-01-14].https://apps.who.int/iris/bitstream/handle/10665/250580/9789241549837-eng.pdf.

[12] 同[4].

[13] 同[7].

[14] HEENEY C, KERR S M.Balancing the local and the universal in maintaining ethical access to a genomics biobank [J].BMC Med Ethics, 2017 (18): 80.

第三章　国际政策和共识

本章概要

国际组织或区域联盟制定了一些数据共享国际政策，实践中也达成对数据共享实践具有重要国际影响的原则和共识。本章选择介绍具有国际指导价值的代表性国际、区域政策和原则。如经济与发展合作组织《公共基金资助的研究数据获取OECD原则与指南》，欧盟《通用数据保护条例》，以及比较公认的国际性共识数据共享FAIR原则。较详细阐述《公共资金资助的研究数据获取OECD原则与指南》，主要介绍《通用数据保护条例》一般数据规则和与医学科学数据共享密切相关的条款，以及FAIR数据原则及其实践具体要求，并讨论分析了FAIR原则的优势和不足，根据我国实践提出适合我国的FAIR方案。

本章要点

1.《公共基金资助研究数据获取OECD原则与指南》对数据共享应用原则的全面考虑；

2. 欧盟《通用数据保护条例》涉及个体数据一般规则和对医学领域和科学公益性使用的可借鉴条款；

3.《通用数据保护条例》提供欧盟成员国的灵活性同时具有分歧可能；

4. FAIR原则是提供可重用，即可再利用性的原则性指南及实践的原则要求；

5. FAIR原则是促进数据再利用的基本要求，有其自身限制，需要在此原则下规定具体标准。

第一节 《公共基金资助的研究数据获取OECD原则与指南》

一、背景简介

经济合作与发展组织（Organisation for Economic Co-operation and Development，OECD）制定关于《公共基金资助的研究数据获取OECD原则与指南》（OECD Principles and Guidelines for Access to Research Data From Public Funding），以下简称《OECD原则与指南》。[1] 2004年1月，OECD的国家科技部长在巴黎举行会议，讨论了关于获取研究数据的国际准则的必要性。在这次会议上，30个成员国以及中国、以色列、俄罗斯和南非通过了一项关于从公共资金中获取研究数据的宣言。在该宣言中，提出认识到获取研究数据的重要性，并邀请OECD"根据共同商定的原则制定一套准则，以促进从公共资金中以最佳成本效益获取数字研究数据，并在稍后阶段由理事会批准"。OECD科学和技术政策委员会采纳并发起相关项目，组成专家组制定相关原则和准则。经与OECD成员国的研究机构和决策机构进行了几轮磋商以达成共识。2006年12月，OECD成员国和包括我国在内的非成员国接受《OECD原则与指南》，承诺在制定本国法律和研究政策时考虑到这些原则和准则，同时考虑各自国家背景的差异。[2] 以下内容主要摘录于《OECD原则与指南》文件。

二、目标和作用

《OECD原则与指南》的最终目标是提高全球科学系统的效率和效力，促进研究人员、研究机构和国家研究机构之间的数据访问和共享，同时承认和考虑成员国的各种国家法律、研究政策和组织结构。《OECD原则与指南》的具体目的和目标包括：

①在成员国内外的公共研究社区中促进开放和共享研究数据的文化；
②促进数据访问和共享方面的良好做法的交流；
③提高对获取和共享公共资金研究数据的潜在成本和收益以及限制的认识；
④强调在制定成员国的科学政策和计划时，需要考虑数据访问和共享法规和做法；
⑤为在成员国建立研究数据访问安排提供一个共同商定的操作原则框架；
⑥就如何改善国际研究数据共享和分发环境向成员国提出建议。

其中，非常重要的具体目的和目标之一是强调在制定成员国的科学政策和计划时，需要考虑数据访问和共享法规和做法。《OECD原则与指南》的作用是协助成员国和接受该原则和准则的非成员国的政府和研究资助机构制定政策。这些原则和准则为协助政府和研究资助机构制定政策提供了广泛的原则性框架。

三、主要内容

（一）适用对象和定义

《OECD原则与指南》适用于由公共基金支持的研究数据（research data），包括现有数据和将来研究产生的数据，主要针对以数字、计算机可读格式提供的研究数据。《OECD原则与指南》不适用于为将研究成果商业化而收集的研究数据，也不适用于属于私营部门实体财产的研究数据。

公共基金研究数据（research data from public funding）是指政府机构、部门或者各级政府利用公共资金进行的研究所获得的数据。由于资助研究"公共资金"的性质在不同国家之间有很大的不同，这些原则和指南认可采取灵活的方法来改善研究数据的获取。

数据获取方式即访问安排（access arrangements），指研究机构、研究资助机构和其他有关伙伴为确定获取和使用研究数据的条件而建立的规章、政策和程序框架。

（二）具体原则内容

（1）开放（openness）

开放指国际研究界以尽可能低的成本，最好不超过传播的边际成本，在平等条件下获取。开放存取的目标应该是便捷、及时、方便用户，最好是基于互联网。

（2）灵活性（flexibility）

灵活性指要考虑到信息技术的迅速和经常无法预测的变化、每个研究领域的特点以及每个成员国研究制度、法律制度和文化的多样性。即当组织制定研究数据访问安排，以及当政府制定促进数据访问的政策并审查这些原则和指南的实施情况时，应考虑到具体的国家、社会、经济和监管环境。

（3）透明（transparency）

关于研究数据和数据生产组织的信息、关于数据的文件以及使用这些数据所附条件的规范，应以透明的方式在国际上获得，最好是通过互联网。研究组织和政府研究机构应积极传播有关研究数据政策的信息。各种研究团体应制定并商定数据编目标准。避免给研究人员及其机构的研究资源和工作量带来额外负担，应酌情考虑适用现有标准。有关数据管理和存取条件的信息应在数据档案（可理解为存储平台）和数据生产机构之间进行交流。

（4）法律合规性（legal conformity）

数据存取安排应尊重公共研究事业中所有利益相关者的合法权益。即研究数据的访问和使用必然受到相关法律规定要求的约定。具体包括基于以下原因的限制（部分摘录）。

①国家安全：与情报、军事活动或政治决策有关的数据。

②隐私和保密性：为保护个人隐私性和研究机密，受试者的数据和其他受国家法律和政策的保护的个人数据。数据的保管人应考虑匿名或保密程序，兼顾确保满意的数据水平和尽可能为研究人员保留数据效用。

③商业秘密和知识产权：关于或来自包含机密信息的企业或其他方的数据。*如药物研发和临床药物试验。

④生物资源安全，以及保护稀有、受威胁或濒危物种：出于保护的目的，可能有正当理由限制获取有关生物资源位置的数据。

⑤法律程序：法律诉讼（在审中，未判决）及其中考虑的数据可能无法访问。遵守职业行为准则有助于满足法律要求。

（5）保护知识产权（protection of intellectual property）

数据访问安排应考虑版权或可能与公共资助的研究数据库相关的其他知识产权法律的适用性。包括应及时制定适当的平衡的公共/私有的规定或约定，促进便利广泛获取研究数据。私营机构参与数据收集本身不应被用作限制获取数据的理由。应考虑采取措施促进非商业性的获取和使用，同时保护商业利益，例如延迟或部分公布此类数据，或自愿采用许可证机制。权利的持有人仍应为前述类型数据的获取数据提供便利，特别是为公共研究或其他公共利益目的。

（6）正式责任（formal responsibility）

访问安排应促进明确、正式的机构做法，例如制定有关参与数据活动的各方责任的规则和条例。这些做法应涉及作者身份、制作人信用、所有权、传播、使用限制、财务安排、道德规则、许可条款、责任和可持续归档。

应与所有直接受影响方（利益相关方）的代表及时协商制定准入安排。在合作研究计划、国际科学合作或公私伙伴关系项目中，有关各方应在研究项目生命周期内尽早协商研究数据共享安排。这将有助于确保充分和及时地考虑诸如研究数据共享和可持续保存的资源分配、国家知识产权法的差异、国家安全的限制以及隐私和保密的保护等问题。

访问安排还应考虑到数据特性、数据对研究目的的潜在价值、数据处理水平（原始数据、部分处理数据与最终数据）等因素，以及收集路径（它们是来自设施仪器或传感器的同质数据，还是由单个研究人员收集的异构现场数据）、数据内容（关于人体或物理参数的数据),以及数据来源(这些数据是由政府实体直接生成还是由政府资助的结果)。

对于数据管理复杂的某些研究领域,需要就获取和使用条款达成正式和明确的机构协议。应在相关文件中规定数据访问和管理的各个方面的责任,如机构正式任务的说明、资助申请、研究合同、出版协议和许可证。由于数据访问基础设施的长期可持续性很重要,研究机构和政府机构应承担正式责任,确保研究数据得到有效保存、管理和访问,以便能够长期有效地适当使用这些数据。

(7)专业性(professionalism)

研究数据管理的体制安排应基于相关科学界行为准则中体现的相关专业标准和价值观。在这方面需要考虑几个因素。首先,使用专业科学家及其行业的行为守则有助于简化和减轻对获取的监管负担。第二,研究人员之间的相互信任,以及研究人员、他们的机构和其他组织之间的信任对行为准则建立和维护中起着重要作用。此外,在当前的研究实践中,最初产生数据的研究人员或机构一些情况下应获得临时专用数据的奖励。此类激励安排的规则应由资金来源与受影响的研究团体合作制定并明确说明。

在某些科学领域,缺乏对数据集的适当记录和归档的规划和执行是实现研究数据投资最大价值的关键障碍之一。各级项目和计划规划活动应在最早阶段明确承认数据问题,以考虑到这些数据集的基本组织和管理所需的资金和技术支持。应注意鼓励和专业发展研究数据管理的所有领域。

(8)交互操作性(interoperability)

尽管科学成为高度全球性的努力,但技术标准和程序标准的不兼容为数据集多种用途的严重障碍。因此,技术和语义互操作性是实现和促进国际和跨学科获取和使用研究数据的关键考虑因素。访问安排应适当注意有关的国际数据文件标准。成员国和研究机构应与负责制定新标准的国际组织合作。

应明确注明所采用的标准,是互操作性的首要要求。应促进采用相关最先进学科的做法,特别是由处理科学和为研究和技术目的收集和保存数据的国际专业组织。此外,还应考虑参与制定一般性的信息和通信技术标准的组织的工作。

(9)质量(quality)

研究数据的价值和效用在很大程度上取决于数据本身的质量。数据管理者和数据收集组织应特别注意确保遵守明确的质量标准。无此类标准时,各机构和研究协会应参与其制定。特别是,要考虑有些领域需要比其他领域更严格的标准。由于通用数据质量标准并不实用,应与研究人员协商制定标准,以确保质量和精度水平满足各学科的需要。

更具体地说,数据访问安排应描述数据收集、传播和无障碍归档中使用的方法、技术和工具的良好做法,以便通过同行评审和其他保护质量和真实性的手段进行质量控制。此外,研究机构和专业协会应在数据引用和索引引用记录方面制定适当的做法。

由于开发元数据对于让科学家了解数据集的确切含义非常重要，应以可验证的方式记录来源，并应随时可用。对数据集的访问应与对原始研究材料的访问应尽可能相关联。在保障安全的情况下，复制的数据集应与原始数据集链接，因为这有助于数据集的验证和错误的识别。

（10）安全（security）

在制定获取制度时，还应特别注意确保研究数据的完整性和安全性，特别是通过适当的技术和工具的支撑。应尽一切努力确保数据的完整性和无错误。应根据明确的安全协议，保护数据以及相关元数据和说明，防止故意或无意的丢失、破坏、修改和未经授权的访问。数据集及其存储设备也应受到保护，免受环境危害，如热、灰尘、电涌、磁性和静电放电。

（11）效率（efficiency）

促进数据获取和共享的核心目标之一是提高公共资助科学研究的总体效率，以避免昂贵和不必要的重复数据收集工作。数据访问安排应通过描述数据管理和专业支持服务方面的良好做法，进一步提高成本效益。

公共资助的研究数据遵循原则A的默认开放规则，但这并不意味着所有此类数据应永久保存。数据归档界应定期进行成本效益评估，并不断制定和完善保留协议，确保具有最大潜在效用的数据集得到保存并可供访问。

专业化的支持服务，例如通过与非学术专家在特定研究项目上的合作或数据管理专家组织的参与，应被视为确保研究数据的生产、使用、管理和归档的一种手段。此外，研究人员或数据库制作者在任期和晋升审查中的数据管理活动应得到充分的认可和奖励。

（12）负责（accountability）

数据访问安排应接受用户团体、负责机构和研究资助机构的定期评估。评估应有助于增加科学界和整个社会对开放获取的支持。应努力证明开放数据存取的好处，为各级政府的持续支持是合理的提供依据。

在制定评价标准时应考虑因素：①研究数据的产生和管理的总体投入。②数据收集和存档（储存）机构的管理绩效。③现有数据集的重复使用程度。④重复使用现有数据产生的知识。⑤使用有针对性的前瞻性训练来确定数据保存活动的性质和范围以及未来最可能需要的数据类型。

（13）可持续性（sustainability）

还应适当考虑获得公共资助的研究数据的可持续性，这是研究基础设施的一个关键要素。这意味着要对确保永久访问已确定需要长期保留的数据的措施承担行政责任。由于大多数研究项目及其公共资金的期限有限，因此，研究资助机构和研究机构应在每个新项目开始时考虑长期保存数据，包括为数据提供最合适的档案设施。

四、定位

《OECD 原则与指南》是针对公共基金资源研究数据的全方位的建议，原则涉及的内容比较全面，非常有助于对数据共享重要要求的整体理解。但"建议"是 OECD 不具有法律约束力的"法律文书"，但通过成员国的长期实践，具有很大的道德力量。经合组织的建议是在成员国政府准备作出政治承诺以执行其中所载的原则（和/或准则），提出了预期成员国执行的集体和准确的标准或目标。经合组织的建议往往给成员国留下了很大的灵活性，使它们在执行建议时考虑到法律、文化、经济和社会背景的差异。

第二节　欧盟《通用数据保护条例》

一、背景和简介

欧盟数据保护指令（1995年）最初是从个人数据保护发展而来。在20世纪70年代的一些欧洲国家，当时各国开始大规模地处理公民的数据，最早出现隐私问题并由此产生了第一部隐私法。在20世纪80年代保护需求增加，当时私营公司开始收集客户的数据，之后，在整个欧洲实施了一个共同的保护系统。在20世纪90年代颁布了欧盟数据保护指令（指令95/46/EC）。每个欧洲国家都必须使这套规则适应本国的法规。

随着技术的发展，个人数据的处理需求和方式发生了重大变化，2016年，欧盟通过《通用数据保护条例》（General Data Protection Regulation，GDPR），取代了1995年的数据保护指令，成为对促进医学（卫生健康）数据共享有一定影响的国际区域法的典型代表。[3]

GDPR 规定内容非常全面，共计11章99条，每章包括多个部分及其条款，内容涉及数据及其适用范围等，以及个人数据使用的要求、数据保护、国际合作、数据控制者和处理者义务、责任等。[4] 因篇幅关系不做整体介绍，将相对详细介绍一般处理原则和与医学科学数据共享应用关系密切的单独条款。如，单独条款中第9条款和第89条款分别涉及作为特殊类别的医学（基因数据、生物识别、健康相关数据）领域和公益性科学研究。[5]

二、适用对象和定义

1. **资料（数据）范围**

①条例适用于全部或部分以自动方式处理的个人资料，以及适用于非以自动方式处

理构成档案系统一部分或拟组成档案系统一部分的个人资料。

②条例不适用于以下个人资料的处理：

（a）在不属于联盟条例适用范围的活动过程；

（b）成员国在开展属于《欧洲联盟条约》（Treaty on European Union,TEU）第5条规定范围内的活动时；

（c）自然人单纯个人或家庭活动过程；

（d）由主管机关为预防、调查、侦查、起诉刑事犯罪或者执行刑事处罚，包括防范和预防对公共安全的威胁。

③适用第45/2001号（EC)条例［Regulation（EC）No 45/2001］的欧盟机构（Union institutions）、团体（bodies）、办事处（offices）和服务或代理机构（agencies）有关处理个人数据。

著者注释：第45/2001号（EC)条例是指2000年12月18日欧洲议会和理事会的关于保护共同体机构和组织处理个人数据，以及自由流动数据的个体保护的第45/2001号条例（OJ L 8,12.1.2001，第1页）。[4]

第45/2001号（EC）条例和适用于个人数据处理的其他欧盟法律法案适用于此类个人数据处理应根据第98条的规定并适应本法规的原则和规则。

④本条例不应影响2000/31/EC指令（Directive 2000/31/EC）的应用，尤其是该指令第12至第15条里中介服务提供商的责任规则。

著者注释：2000/31/EC指令是2000年6月8日欧洲议会和理事会的关于信息社会服务，特别是电子商务在内部市场的某些法律方面的第2000/31/EC指令（"电子商务指令"）（OJL178,17.7.2000，第1页）。[4]

2. 地域范围

①条例适用于在欧盟境内设立的（数据）控制者（controller）或处理者（processor）的个人数据的处理活动，无论处理是否在欧盟境内进行。

②条例适用于由非欧盟设立的控制者或处理者处理欧盟境内数据主体的个人数据，处理活动涉及：

（a）向欧盟的此类数据主体提供商品或服务，无论是否需要支付数据主体的费用；或

（b）只要他们的行为发生在欧盟内部，就要对他们的行为进行监督。

③条例适用于非欧盟设立的、但成员国法律依据国际公法适用的地方的控制人处理个人数据。

三、医学和科学研究相关主要原则摘录

（一）个人数据定义

GDPR 定义"个人数据"是指与已识别或可识别的自然人（"数据主体"）有关的任何信息；可识别自然人是指能够直接或间接识别的人，尤其是通过参考诸如姓名、身份证号、位置数据等标识符，在线标识符，或该自然人的生理、生理、遗传、心理、经济、文化或社会身份的一个或多个特定因素（Art.4 definition）。[6]

需要说明的是，GDPR 对个人数据的定义相对广义，可以理解包括个人身份信息、个人健康信息、个人隐私信息等。同时，GDPR 将"遗传数据""生物特征数据"和"健康数据"列为个人数据的特殊类别。GDPR 的贡献还在于区分了匿名数据和假名数据的规则适用。GDPR 不适用于匿名数据。匿名数据被定义为与已识别或可识别的自然人无关的信息。相反，假名化数据或不再属于没有其他数据的个人的数据仍然是个人数据，受 GDPR 的保护。欧盟法院（EU court of justice）也有先例的支持，即如果 IP 地址与其他数据结合以重新识别用户，则 IP 地址就是个人数据。[7]

（二）个人数据处理相关原则

第 5 条，规定个人数据处理相关原则（Art.5, principles relating to processing of personal data）①规定个人数据应：

（a）合法性、公平性和透明度（lawfulness, fairness and transparency），以与数据主体相关的合法、公平和透明的方式处理。

著者注释：包括我国在内了解到的所有国家强调的原则。

（b）"目的限制"（purpose limitation），为特定、明确和合法的目的而收集，且不得以与这些目的不符的方式进一步处理；为公共利益、科学或历史研究目的或统计目的而为存档目的进行的进一步处理应符合第 89（1）条的规定，不被视为与初始目的不符。

（c）"数据最小量"（data minimisation），充分、相关且仅限于与处理目的相关的必要内容。

著者注释：为最小化原则——也是我国《个人信息保护法》中利用人的数据使用研究方案科学性合理性审核内容之一。

（d）准确性（accuracy），要求准确和及时更新－在必要时保持最新和采取合理措施，删除更正不准确的个人数据。

（e）存储限制（storage limitation），以允许识别数据主体的形式保存，保存时间不超过处理个人数据所需的时间；个人数据可以存储更长的时间，只要个人数据仅用于公

共利益、科学或历史研究的存档目的,或第89(1)条规定的统计目的,但须采取本法规要求的适当技术和组织措施,以保障数据主体的权利和自由。

著者注释:这一条特别有借鉴意义。数据的完整度越高,研究价值越大。由于匿名化或删除标识符的技术困难,在保护隐私和最大限度地利用研究材料之间存在着重大冲突,因此无法重新识别个人身份。

(f)完整性和保密性(integrity and confidentiality),采用适当的技术或组织措施("完整性和保密性")以确保个人数据适当安全的方式进行处理,包括防止未经授权或非法处理以及防止意外丢失、破坏或损坏(destruction or damage)。

②责任(accountability):数据控制者应负责并能够证明遵守第1款。

(三)特殊类别个人数据的处理规则

第九条,规定特殊类别个人数据的处理规则(Art.9,processing of special categories of personal data)

条例对于特殊类别的处理规则是除满足一定条件或在法定范围和要求外,禁止使用。该条规定中基因数据、生物识别数据和健康相关数据是医学科学数据的重要来源,有关自然人性生活或性取向在一些特殊专业中也会涉及。具体规定如下:

①一般原则:"处理显示种族或民族血统、政治观点、宗教或哲学信仰或贸易会员资格的个人数据,以及为唯一识别自然人的基因数据、生物识别数据,以及健康相关数据或有关自然人性生活或性取向的数据应禁止使用。"

②如有下列情形之一,第1款不适用,即允许使用的情况:

(a)数据主体已明确同意为一个或多个特定目的处理这些个人数据,除非欧盟或成员国法律规定数据主体不得解除第1款所述的禁止;

著者注释:即个体明确同意-授权。

(c)为保护数据主体或其他自然人的切身利益而进行的处理是必要的,因为数据主体在身体上或法律上无法给予同意;

著者注释:如昏迷,或法定年龄未达成人的无行为能力人、限制行为能力人。

(e)处理涉及数据主体明显公开的个人数据;

(g)出于重大公共利益的原因,根据与所追求的目标相称的欧盟或成员国法律,必须进行处理,尊重数据保护权的实质,并规定适当和具体的措施,以保障数据主体的基本权利和利益;

著者注释:各国差异较大的条款。

(h)为了预防医学或职业医学的目的,为了评估员工的工作能力,医疗诊断,根据欧盟或成员国法律,或根据与卫生专业人员签订的合同,根据第3款所述的条件和保障,提供卫生或社会护理或治疗，或管理卫生或社会保健系统和服务；

（i）出于公共卫生领域公共利益的原因，如防止严重的跨界健康威胁，或确保医疗保健、医药产品或医疗器械的高质量和安全标准，必须进行处理，根据欧盟或成员国法律，其中规定了适当和具体的措施，以保障数据主体的权利和自由，特别是专业保密；

（j）根据第89（1）条，出于公共利益、科学或历史研究目的或统计目的的存档目的，根据欧盟或成员国法律，处理是必要的，且应与所追求的目标成比例，尊重数据保护权的实质，规定适当和具体的措施，以保障数据主体的基本权利和利益。

著者注释：一般情况下禁止使用原则，以及允许使用的情况中第a、b、g，特别是h、i、j与医学和科学研究相关。因为允许使用的情况是"如有下列情形之一"因此，被认为不利于数据主体（个人信息主体）的权益保护。特别是结合第89条商业研发也被解释为公益研究，因此引起异议较大。

③第1款所指的个人数据，可在第2款（h）所指的目的而处理，当数据由一名根据欧盟或成员国法律或国家主管机构制定的规则负有职业保密义务的专业人士或由其他人处理的根据欧盟或成员国法律或国家主管机构制定的规则，也应遵守保密义务。

④会员国可在处理遗传数据（genetic data）、生物特征数据（biometric data）或健康相关数据坚持或引入进一步的条件，包括限制。

该款规定主要体现了 GDPR 在提供隐私保护等允许限制和数据共享方面的特点。欧盟 GDPR 尽管获得通过，但成员国法律中的国家分歧依然存在。特别是，GDPR 规定成员国可以引入更多的条件，该款规定包括限制处理遗传数据、生物特征数据或健康相关数据。这些例外情况存在于与医学科学数据共享应用密切相关的数据来源，可处理个人相关数据。虽然提供了灵活性，但增加了联盟内各国内法中的分歧的可能性，这些分歧促使要求不同欧盟成员国的机构之间签订合同。[8]

（四）公共利益、科学研究目的数据使用

第89条是 GDPR 有关规定公共利益、科学研究目的数据使用的条款，规定出于公共利益、科学或历史研究目的或统计目的的归档处理相关的保障和删减措施。（Art.89, safeguards and derogations relating to processing for archiving purposes in the public interest, scientific or historical research purposes or statistical purposes）

①出于公共利益、科学或历史研究目的或统计目的进行的存档处理，应根据本条例对数据主体的权利和自由进行适当保障。这些保障措施应确保技术和组织措施到位，以确保遵守数据最小化原则。前述目的能达到的前提下，措施可以包括假名，最好采用去识别或匿名化处理（不允许或不再允许识别数据主体的进一步处理可以实现这些目的，则应以这种方式实现这些目的）。

②出于科学或历史研究或统计目的处理个人数据，能实现预期目的的前提下欧盟或成员国法律可规定删减第 15 条、第 16 条所述权利，第 18 条和第 21 条受本条第一款所述条件和保障的约束。只要根据该条款第 1 段的条件并保证，这些权利可能造成前述目的不可能实现或严重受损，且这些删减时实现这些目的所必需的。

著者注释：第 15 条，数据主体的访问权（Art.15，right of access by the data subject）；第 16 条，数据修正权（Art.16，right to rectification）；第 18 条，限制处理的权利（Art.18， right to restriction of processing）；第 21 条，反对权（Art.21，right to object），如，数据主体有权以其特定情况为理由，随时反对基于第 6 条（1）（e）或（f）有关处理其个人数据，包括基于这些规定的分析。（数据）控制者不得再处理个人数据，除非控制者证明有令人信服的合法理由进行处理，凌驾于数据主体的利益、权利和自由之上，或合法要求的确立、行使或辩护。

③出于公共利益而对个人数据进行存档处理，能实现预期目的的前提下［只要这些权利可能无法实现特定目的或（对该目的）严重损害，并且这些减损是实现这些目的所必需的］，欧盟或成员国法律可规定对第 15、16、18、19 条所述权利的删减，第 20 条和第 21 条受本条第 1 款所述条件和保障的约束。

著者注释：第 19 条，个人资料的更正、删除或处理限制的通知义务（Art.19，notification obligation regarding rectification or erasure of personal data or restriction of processing）；第 20 条，数据可移植性权利（Art.20，right to data portability）

④如果出于公共利益和科学研究目的（第 2 款和第 3 款），则删减应能符合目的相应处理。如果第 2 段和第 3 段所述处理同时用于另一目的，则减损应仅适用于为该段所述目的进行的处理。

（五）关于第 2016/679 号条例下的行为准则和监督机构的指南 1/2019（guidelines 1/2019 on codes of conduct and monitoring bodies under regulation 2016/679）

GDPR 的主要目标之一是在整个欧盟范围内提供一致的数据保护水平，并防止分歧阻碍个人数据在欧盟内部市场的自由流动。GDPR 还引入了责任原则，将责任交给数据控制者。

为了有助于弥合成员国在应用 GDPR 时可能存在的差异的协调。根据 GDPR 第 40 条和第 41 条中关于行为准则（"准则"）的规定，欧洲数据保护委员会（European Data Protection Board, EDPB)，在 2019 年 2 月发布了关于第 2016/679 号条例下行为准则和监督机构的指南 1/2019。指南的目的是就 GDPR 第 40 条和第 41 条的适用提供实际指导和解释协助。帮助澄清在国家和欧盟两级提交、批准和发布规范所涉及的程序和规则。指南还应作为所有公司和委员会等的明确框架，以一致的方式评估准则，并精简评估过程中涉及的程序，并要求满足该部门或处理活动的特定需要，便于 GDPR 的应用，指定 GPDR 的应用，提供足够的安全保护，以及提供有效的机制来监控准则的遵守情况。

第三节 FAIR 数据原则及其适应性调整

一、FAIR 原则的背景和作用

（一）FAIR 原则的背景

有关数据共享发布原则的共识，比较公认的是 FAIR 数据原则。

数据共享不仅需要建立和完善支持学术数据的基础设施，如中介平台和系统。还需要被广泛认可的数据共享具有指导性的原则。兼顾代表学术界、产业界、资助机构和学术出版商的不同利益相关者的利益和实践可操作性。FAIR 数据原则就是在这个背景下，经相关机构和人员讨论形成的，也被称为公平数据原则，作为提高共享数据可重用性的指南。[9] FAIR 数据原则全称《科学数据管理和职责的 FAIR 指导原则》（FAIR Guiding Principles)，简称为"FAIR 数据原则"或"FAIR 原则"。FAIR 原则被认为是促进有效数据共享的 4 个基本原则。具体是可发现性（findability）、可访问性（accessibility）、互操作性（interoperability）和可重用性（reusability）。

2014 年在荷兰莱顿举办了一个名为数据公平港（Data Fairport）联合设计的研讨会。会议参加人员从学术到私人利益相关者团体，会议主体和目的是建立促进所有利益相关方更容易地发现、获取、适当地整合和再利用并充分引用当代数据密集型科学产生的大量信息的最低标准。会议形成的一套基本原则，适用人和机器，即 FAIR 原则。

其他的原则主要是从保护个人权益方面，FAIR 原则从促进数据再使用初衷补充了现有数据共享指南的内容。数据共享质量是通过共享数据的完整性等体现；数据共享路径是与数据共享模式和方式密不可分。以往的数据管理包括数据的收集、使用、存档和安全。随着数据共享再利用的倡议，数据不仅具有更大发挥社会价值和科学价值的机会，同时作为科技资源具有使用价值和经济价值。数据成为一些专门机构的资产和业务主业。

以基因组数据为例，国际人类基因组计划是大规模研究、需要国际合作数据共享的典型例子，全球不同国家的研究人员使用同一个开放访问的数据库进行不同的目的和不同的背景的研究。为了充分利用这些数据，创造强大的创新价值链，以及国际合作带来的价值提升，必须以负责任和高效率的方式有效地获取研究数据。研究数据的可获得性是公共基金资助的一个重要条件。FAIR原则与《OECD原则与指南》一致，但更多是从可获取的角度提出了明确的要求，并同时进一步提出了数据的共享应用实践落实的原则要求，可以理解为对数据质量和价值及其实际可获取的原则要求，是有效共享的最低目标。

不是所有的数据都有共享需求和价值，而有需求和价值的科学数据很难直接提供或无条件共享。实践中，符合FAIR原则要求的数据共享需要其他标准相配合。如数据质量标准、交互性术语和结构标准，以及共享数据汇交、提供和发布标准等；且按照FAIR原则共享的数据，也可以提出限制或附加条件。

（二）FAIR原则的作用

FAIR原则特别强调提高机器自动查找和使用数据的能力，支持个人重用数据，即重点关注和补充共享数据的质量、寻找便利，以及可重复使用（如交互性）。与其他倡议共同组成数据共享的标准共识和规范指导。数据建设和积累不是一个目标，是数据资源准备的过程和基础。数据应用需要数据发布或者数据共享促进数据作为资源发挥最大价值。数据发布是数据共享的方式之一。数据共享的目的是再利用，包括直接应用，或与其他数据整合的再次挖掘利用等引导知识发现和促进创新。过度强调个人权益保护以及去识别数据等，将使数据共享倡议的初衷——促进数据再使用价值无法实现。FAIR原则定义了现代数据资源、工具、词汇表和基础设施应显示的特征，目的是希望使其数据持有者、数据制作者、发布者和管理者的准入门槛维持在尽可能低的水平，能够促进帮助第三方发现和重用。FAIR原则是原则性，利于实践中适用和解释，并明确支持各种特殊情况。

自然人处理能力有限，对于海量数据的搜索、整合和应用均依赖于机器，也正是数字化存储数据和大数据分析使数据共享有了技术基础。事实上，数据共享应用个体–水平，人工自行搜索、储存、提供和使用等均无大作为，人的作用在于利用机器通过选择、判定和确定来完成数据处理的工作。数据共享的最低限度的原则要求标准，是"功能性"标准。具体的理解是数据收集、建设和提供的个人、机构等根据FAIR原则进行数据平台和数据质量，以及数据管理和体系结构的构建；数据使用人根据搜索到数据的情况判定是否采用，以及确定挖掘、整合的具体方法等。FAIR原则对数据整合和机器学习具有重要价值，对于大数据的应用和分析尤为重要！

二、FAIR原则的具体内容

（一）可发现性（to be findable）

具体包括：

F1 分配（元）数据全球唯一且持久的标识符
F2 数据用丰富的元数据描述（具体由 R1 定义）
F3 元数据清楚而明确地包括它所描述的数据的标识符
F4（元）数据在可搜索资源中注册或索引

（二）可访问（to be accessible）

A1（元）数据可以通过使用标准化交流方案的标识符来检索
A1.1 该方案是开放的、免费的和普遍可实现的
A1.2 必要时，共享方案允许认证和授权程序
A2 元数据是可访问的，即使数据不再可用
前述 FAIR 原则的数据可访问包括两个层次，根据我国的实践，本书建议将具体可访问分为以下 3 个层次更为科学，更直接清晰：
*A1 元数据可访问，个体-水平数据不可访问，或不可用 (A2)
*A2 个体-水平数据可访问 (A1.1)
事实上是涉及人的医学数据共享的重要访问方式
A3 元数据可访问，可以附个人水平样例数据；个体-水平数据可以线下提供（A1.2）

（三）可交互性（to be interoperable）

T1（元）数据使用正式的、可访问的、共享的和广泛适用的语言来表示知识
T2（元）数据使用遵循 fair 原则的词汇
T3（元数据）数据包括对其他（元数据）数据的限定引用

（四）可重复使用（to be reusable）

R1（元数据）以多种准确和相关的属性进行了丰富的描述
R2（元数据的发布有明确的、可访问的数据使用许可证）
R3（元数据与详细的出处相关）
R4（元数据符合领域相关的团体/行业标准）

三、FAIR 原则的优势和限制

FAIR 原则制定的初衷，这些原则不仅适用于传统意义上的"数据"，而且适用于导致这些数据的算法、工具和工作流。从数据到分析路径的所有学术数字研究对象都受益于这些原则的应用，理想化的研究共享包括研究过程的可以重复利用的所有内容，确保

透明度、再现性和可重用性。[8]

　　FAIR 原则的要素是相关的，但又是独立的、可分离的。总体构成有效数据共享的原则基础。可发现和可访问性是能够找到数据（搜索关键词，数据集的关键词提炼准确；除了网络平台的搜索功能）。这两个原则是对数据提供者，包括第三方平台或机构的数据共享功能的要求。同时，对于数据关键词（见上面的描述）通过本体达到术语规范化。交互操作性和可重用性是对共享数据的结构化标准和数据质量的要求。结构化的数据是交互性操作的结构基础，同时要求对同主题数据的进一步结构标准化也很重要，包括提交数据的基本要求、粒度及其描述等。同时，可重用性也是数据共享的目的和数据共享发挥价值的最终实现手段。因此，数据交互操作性需要进一步规范，如统一的基础数据结构化，特别是共享数据的基础结构标准及其最低信息量。如临床医学的数据基本构成，以及专业性或主题性数据结构标准，如疾病遗传基础数据汇交标准等。用于共享的数据应该在数据结构和数据内容方面达到相关结构和内容的最低标准。同时，通过不同的数据共享模式和方式，管理申请和审批，以及提供技术路径等，对个体权益和商业价值等进行分级共享。

　　FAIR 原则性规定的优势在于具有普遍指导价值。但是，也因此存在一些不足或限制。表 3-1 汇总显示 FAIR 原则的优势和具体实施的建议和限制相关说明。不同人之间的理解有一定差异，在执行中仍然导致异议和标准不一。此外，缺乏具体数据共享中，数据准备、数据共享的具体模式和方式的指导。我们认为，在实践中形成全球性的具体数据标准，汇交和发布标准是非常困难的。结合医学的特定，在 FAIR 原则得基础上，建立符合一定区域或国家的疾病为基础的具体数据标准是可行的。

表 3-1　FAIR 原则条款的优势和限制

FAIR 原则	具体内容	具体实施建议和限制说明
可发现性	F1 分配（元）数据全球唯一且持久的标识符	*（1）对于全球性唯一编码，这是非常困难的，而且这样做的情况是耗费巨大，编码也将过于冗长。可以规定数据编码规则，编码结构，且具体到地区国家等
	F2 数据用丰富的元数据描述（具体由 R1 定义）	*（2）这项具有可操作性。元数据描述具体完全，使浏览人能够充分了解数据的整体情况，如数量、数据研究主题、数据归类、可获取内容等
	F3 元数据清楚而明确地包括它所描述的数据的标识符	*（3）描述具体、简单、清晰
	F4（元）数据在可搜索资源中注册或索引	*（4）设置科学合理的关键词和搜索范围等

续表

FAIR 原则	具体内容	具体实施建议和限制说明
可访问性	A1（元）数据可以通过使用标准化交流方案的标识符来检索 A1.1 该方案是开放的、免费的和普遍可实现的 A1.2 必要时，共享方案允许认证和授权程序 A2 元数据是可访问的，即使数据不可再利用	*A1.1 直接访问和使用 *A1.2 申请使用程序，包括审批，以及个人知情同意
可交互性	T1（元）数据使用正式的、可访问的、共享的和广泛适用的语言来表示知识 T2（元）数据使用遵循 FAIR 原则的词汇 T3（元数据）数据包括对其他（元数据）数据的限定引用	* 可交换性，FAIR 原则原有注释，更多是在可搜索性和元数据。本书确定的可交互性，更加定位为数据的结构化和标准化。具体根据数据来源，将在数据发布和在线共享节进行详细的阐述
可再用性	R1（元数据）以多种准确和相关的属性进行了丰富的描述 R2 元数据的发布有明确的、可访问的数据使用许可证 R3 元数据与详细的出处相关 R4 元数据符合领域相关的团体/行业标准	* 可被重复使用，不应该针对元数据，而是应该针对以不同方式提供的个体 – 水平数据，在保证个人参与者隐私的基础上，数据结构化和数据的质量保证。包括其真实可靠性、完整性和数据对于元数据的支撑

四、FAIR 原则的定位和作用

FAIR 原则是促进共享的最宏观概括的可行的基本原则，如对于可被重复使用主要针对元数据，信息共享的角度，有其重要价值。FAIR 原则对可交互性的原有注释，更多是对使用正式的、可访问的、共享的和广泛适用的语言来表示知识，以及元数据使用遵循 FAIR 原则的词汇等，目的在于可搜索性。

但是，数据共享的初衷更多是促进个体 – 水平数据的共享，对于数据共享实践，应该针对以不同方式提供的个体 – 水平数据，特别是在数据收集、数据处理、汇交和发布或发表数据准备时，在保证个人参与者隐私的基础上，促进数据结构化和保障数据的质量，包括数据的真实可靠性、完整性和个体 – 水平数据集对于元数据的支撑。可交互性决定可重复使用，具体表现为数据的结构化和标准化，以及在数据语言词汇的术语标准。数据的结构化和标准化意味着无论是否线上直接获取，对于提供的数据应该具备的必要的结构以及最低信息标准等应该有所要求，且根据具体数据来源，获取方式，如是否在线共享等应有所不同。

研究数据的数字化和数据共享FAIR原则至关重要。FAIR解决了确保研究数据的可查找性、可访问性、互操作性和可重用性数据共享实施问题，[8]是数据共享应用的最基本的原则。实现数据FAIR化的一个重要方面是使用全球唯一和持久标识符（persistent identifiers，PID），以实现对数字资源的持久和可靠引用，从而确保人类和机器可以找到它们。通常，PID是服务提供的唯一标识符（由字母数字字符组成），它可以确保即使位置发生变化，标识符仍能正确解析。标识系统的突出例子是DOI（https://www.doi.org/）用于识别已发表的科学文献或相关数据，或ORCID（https://orcid.org/）用于识别人员。具体实施上，F1数据分配唯一标识符供查询；对于全球性唯一编码，这是非常困难的，因为科学数据极其丰富和繁杂。仅医学科学数据，专科和领域，以及研究方法等难以统一和规范，这是导致数据的可交互性很差的重要原因。而且，实现全球统一标识附将耗费极其巨大，编码也将过于冗长，可能违反了数据共享节约成本和效率的初衷，重点是在全球达成共识是非常困难的。

FAIR原则的一些具体要求全球范围内实现具有较大难度。但是对于区域共享，行业共享，单疾病的共享等具有可行性。潜在的可行性的方法是国际达成共识规定数据的区域、国家和行业等高层次的编码规则，编码结构，并可以编码到地区或国家层次。国家、区域和行业可以进一步细化各自的编码规则和结构，但应考虑力求需跨区域、跨学科共享的相同或相似主题的数据结构能够达成共识。

参考文献

［1］PHILLIPS M.International data-sharing norms：from the OECD to the General Data Protection Regulation（GDPR）［J］.Hum Genet，2018，137（8）：575-582.

［2］Organisation for Economic Co-operation and Development. OECD principles and guidelines for access to research data from public funding［Z］.Rue André-Pascal，France，2017.

［3］Privacy Europe. European Privacy Framework［Z/OL］.［2021-03-27］.https：//www.privacy-europe.com/european-privacy-framework.html.

［4］REGULATION (EU) 2016/679 OF THE EUROPEAN PARLIAMENT AND OF THE COUNCIL of 27 April 2016 on the protection of natural persons with regard to the processing of personal data and on the free movement of such data, and repealing Directive 95/46/EC (General Data Protection Regulation)[Z/OL].（2020-04-04）[2022-10-15].https://www.wipo.int/wipolex/ru/text/480514.

［5］GDPR［Z/OL］.［2021-03-27］.https：//gdpr-info.eu/.

［6］GDPR. Art.4 Definition［Z/OL］.［2020-06-20］.https：//gdpr-info.eu/art-4-gdpr/.

［7］SCHEIBNER J，IENCA M，KECHAGIA S，et al. Data protection and ethics requirements for multisite research with health data a comparative examination of legislative governance frameworks and the role of data protection technologies［J］. J Law Biosci, 2020, 7（1）: 10.

［8］CHEN J. How the best-laid plans go awry: the（unsolved）issues of applicable law in the General Data Protection Regulation［J］. Int Data Priv Law, 2016, 6（4）: 310-323.

［9］WILKINSON MD, DUMONTIER M, AALBERSBERG I J, et al. The FAIR Guiding Principles for scientific data management and stewardship［J］. Sci Data, 2016（3）: 1-9.

第二篇
数据伦理规范篇

第四章 医学研究伦理规范概述

本章概要

伦理治理和规范是涉及人的健康相关研究规范的重要内容。医学科学数据的挖掘分析实质是基于医学数据的研究。随着不断规范和实践,医学基本原则及其应用,以及医学研究相关伦理准则不断发展。本章简述医学研究伦理的发展,介绍《赫尔辛基宣言》《纽伦堡法典》《贝尔蒙特报告》《涉及人的健康相关研究国际伦理准则》等一些具有国际影响的伦理文件及其进展,我国《关于加强科技伦理治理的意见》及其内容和意义,以及概述我国的医学科技伦理治理体系框架。

本章要点

1. 国际重要伦理准则《纽伦堡法典》《赫尔辛基宣言》《贝尔蒙特报告》重要伦理贡献;

2.《涉及人的生物医学研究国际伦理准则》及其修订版为医学研究伦理审查指南;

3. 基本伦理原则"尊重""有益""公平"原则在生物医学研究应用的具体解读;

4. 基本伦理原则及其应用治理管理在实践中不断丰富发展;

5. 医学研究伦理学不断发展,但个体权益保障始终是伦理的核心原则;

6.《关于加强科技伦理治理的意见》和我国科技伦理原则为医学科技活动提出伦理指导原则;

7. 我国医学科技伦理治理管理体系的构成包括法律层面对伦理的要求。

第一节 医学研究伦理学概述

一、医学研究伦理演进

1. 重要事件和文件

医学研究伦理,本书和本章节中是指涉及人的健康相关研究的伦理。医学伦理学及其实践的发展最早可以追溯到第二次世界大战后的纽伦堡战争罪审判,更具体地说是"医生审判"。从该审判产生了《纽伦堡法典》(Nuremberg Code),该法典规定了在进行涉及人体的研究时应遵守的基本原则,并随后形成了基础国际医学研究综合准则《赫尔辛基宣言》(Helsinki Declaration)。[1] 除了前述对医学伦理学具有里程碑作用的《纽伦堡法典》《赫尔辛基宣言》之外,1979年美国最初作为国内法案提出的《贝尔蒙特报告:保护人体受试者伦理学原则和准则》(Belmont Report: Ethical Principles and Guides for the Protection of Human Subjection of Research)[以下简称"《贝尔蒙特报告》(Belmont Report)"]提出的伦理基本原则被广泛认可后为医学伦理学和伦理实践应用的发展具有重要的意义。[2] 国际组织和医学科学理事会(Council for International Organizations and Medical Sciences,CIOMS)就执行《赫尔辛基宣言》概述的原则制定了详细的准则。最初于1993年出版《涉及人类受试者的生物医学研究的国际伦理准则》,于2002年和2016年进行了两次重要修订,统称为《CIOMS准则》(CIOMS Guidelines),是医学研究伦理审查的重要指南。其他对于研究伦理演进比较重要的事件或文件详见表4-1。[2]

表4-1 研究伦理演进历史中的重要事件或文件

年份	重要事件或文件
1946—1947	纽伦堡医生审判(Nuremberg "Doctors' Trial")
1947	《纽伦堡法典》(Nuremberg Code)
1948	《联合国人权宣言》(UN Universal Declaration of Human Rights)
1964	《赫尔辛基宣言》世界医学会(Declaration of Helsinki,World Medical Association,1975年、1989年……2013年等9次修订)
1979	《贝尔蒙特报告》(Belmont Report)
1993	《涉及人类受试者的生物医学研究的国际伦理准则》国际组织和医学科学理事会(International Ethical Guidelines for Biomedical Research Involving Human Subjects,CIOMS,2002年和2016年修订)
1997	《良好临床实践:统一指南》人用药品注册技术要求协调国际会议(Good Clinical Practice: Consolidated Guideline,International Conference on Harmonisation of Technical Requirements for Registration of Pharmaceuticals for Human Use)

在纽伦堡审判之后,来自不同国家的不同机构,包括政府、政府监管部门、研究机构、医学专业机构和医疗保健提供者,探索并先后发布了关于临床试验伦理行为的指南或相关立法。但是,最初缺乏具有广泛指导意义的完整的共识和规则,不同国家、机构和组织的建议不仅复杂交错,有些相互之间还存在相互冲突的规定或建议。这开启了来自研究机构、医疗专业机构和患者权益组织和学者开展了长期的研究或探讨。

2.《纽伦堡法典》和《赫尔辛基宣言》

目前对研究伦理的大多数观点来自第二次世界大战后纽伦堡对纳粹战犯的审判,特别是"医生审判"。针对在审判期间辩方提出的证据表明,当时没有国家或国际法或声明区分合法和非法人体实验。向法庭提供信息的医学专家,Leo Alexander 博士,因此创建了一个6条守则来定义合法的人类研究,进而法庭将其扩展为10条守则,即《纽伦堡法典》(表4-2)。[2]

表4-2 《纽伦堡法典》要点

序号	要点
1	受试者的自愿同意是绝对必要的(the voluntary consent of the human subject is absolutely essential)
2	科学严谨(scientific rigor)
3	设计合理(good design)
4	避免不必要的痛苦(avoid unnecessary suffering)
5	死亡或重伤不应是预期结果(death or serious injury should not be an expected outcome)
6	风险与问题的重要性相权衡(risks weighed against importance of the problem)
7	保护受试者的准备/设施(preparation/facilities to protect subject)
8	研究人员的科学资格(scientific qualification of researcher)
9	受试者必须随时自由退出(subject must be free to withdraw at any time)
10	可以随时停止研究(be able to stop study at any time)

《纽伦堡法典》基本包括了涉及人的临床研究的目前许多伦理方面的原则要求,且具有国际性效力。如避免不必要的痛苦、评估风险与益处、确保研究的科学质量,以及确保受试者随时退出研究,应用至今。在其提出背景下,《纽伦堡法典》的重要意义在于提出了重要的自愿同意和随时退出。自愿同意是《纽伦堡法典》的中心/核心原则,也是涉及人的国际研究伦理准则的基础。要求受试者应具有相应的法律行为能力,能够应充分了解相关研究的要素及其相关风险;应能够行使自由选择权,而不受任何形式的限制或胁迫;使受试者能够做出明智的决定。明确规定,确定同意履行质量的责任和义务在于发起、参与或指导实验的个人(即研究者)。其中"告知"是研究人员不能免除的个人责任。

《纽伦堡法典》之后滥用医学研究的情况至今仍时有发生，在第18届世界医学协会联合大会（赫尔辛基，芬兰，1964年6月）采用，为医学家在涉及人体的生物医学研究中制定了指导方针，称为《赫尔辛基宣言》。为了适应研究技术等不断进展而在后续的一些联合大会进行了修订。[3]《赫尔辛基宣言》解决了《纽伦堡法典》中的不足之处，特别是涉及在法律上无独自能力决定是否参与的无行为能力人或限制行为能力人（如儿童，暂时丧失行为能力的精神疾病患者）的研究方面，并引入了治疗性研究与非治疗性研究的概念。《纽伦堡法典》侧重于自愿同意的核心原则，《赫尔辛基宣言》进一步建立在"医生的使命是保障人民的健康"前提之上的指导方针，被认为是关于医学研究的全面国际准则的基础。[4]

《纽伦堡法典》和《赫尔辛基宣言》目的是确保涉及人类主体的研究将以符合伦理的方式进行。两个准则包含了一些指导研究者或审查者工作的一般或具体规则，但不足以涵盖具体的伦理审查实践中一些复杂的情况。有时相互之间可能产生冲突，往往难以解释或适用，需要更广泛的伦理原则为制定、审查和解释具体规则提供基础。

3.《贝尔蒙特报告》

《贝尔蒙特报告》是1974年签署的美国国家研究法案（Pub. L. 93-348）的直接产物，最初是美国临床研究监管的支柱性文件。国家研究法案成为法律后，美国成立了国家保护生物医学和行为研究人类受试者委员会（National Commission for Protection of Human Subjects of Biomedical and Behavior Research）。明确该委员会的职责是确定开展涉及人类受试者的生物医学和行为研究所应遵循的基本伦理原则，并制定应遵循的指南，以确保此类研究按照这些原则进行。《贝尔蒙特报告》是委员会确定的基本伦理原则和指导方针的声明内容包括实践与研究的界限、基本伦理原则和应用三大部分的内容。《贝尔蒙特报告》不仅确定了与涉及人类受试者的研究相关的三个基本原则或一般规定性判断，并在概括的层次上对这三个方面进行了全面的阐述。目的是提供指导解决涉及人类主体的研究所产生的伦理问题的分析框架，有助于科学家、受试者、评论家和感兴趣的公民理解涉及人类受试者的研究中固有的伦理问题。

《贝尔蒙特报告》最初是美国的法律文件，但是对涉及人的健康相关研究的医学伦理规范具有重要作用。医学研究伦理问题产生的根源问题是临床诊疗实践和医学研究的目的是不同的，对于伦理审查中保护受试者，区分涉及人的健康相关研究和临床诊疗实践是非常重要的。科学是双刃剑。医学科技不仅能使我们提高对疾病的认识，促进疾病预防诊疗水平的提升，也会带给人类受试者潜在风险和损害。在新药临床试验和新方法的临床研究中对受试者具有潜在风险，甚至是严重损害和危害生命健康。即使研究目的是避免现有诊疗方法的副作用，在验证前是无法确定百分比安全。此外，研究和实践之间的区别很多时候模糊不清。

《贝尔蒙特报告》确定了实践与研究的界限及相互关系，至今对实践仍具有指导价值。该报告提出"实践"是仅为增进患者或客户的福祉而设计的干预措施，这些干预措施对成功有合理的预期。医疗或行为实践的目的是为特定个体提供诊断、预防性治疗或治疗。而"研究"是一种活动，旨在检验一个假设，得出结论，从而发展或促进可概括的知识。研究通常用一个正式的方案来描述，该方案规定了一个目标和一套旨在达到该目标的程序。该报告提出"当研究旨在评估治疗的安全性和有效性时，研究和实践可以一起进行。"

基本伦理原则的确立及其应用的重要要求，对于医学研究的伦理理论和实践均具有重要价值。《贝尔蒙特报告》中阐述了将一般原则应用于引导研究实践需要考虑的具体要求，其知情同意、风险收益评估和研究对象的选择至今仍是伦理审查的重要原则和审查内容。知情同意更是基本伦理原则应用的核心原则。因此，《贝尔蒙特报告》对医学研究伦理学的最大贡献还包括基本伦理原则应用实践的知情同意、风险评估等具体要求，获得了国际广泛认可，并为不断扩展的研究及其相关实践提供了基础。

4.《CIOMS 准则》（CIOMS Guidelines）及其发展

《CIOMS 准则》是更具伦理审查实务指导性的国际性伦理文件，是指导涉及人的生物医学研究伦理审查实践最重要的国际指南。

《CIOMS 准则》是在《赫尔辛基宣言》和《贝尔蒙特报告》中伦理基本原则及其应用解释的基础上规定了如何在实践中适用这些原则。《CIOMS 准则》指南是目前全球在涉及人的生物医学研究中普遍遵循的国际伦理管理和审查实践的国际指南，在为各国生物医学研究伦理审查的具体实践提供权威指导方面意义重大。我国《涉及人的生物医学研究伦理审查办法》也是在该准则的框架下结合我国实际情况的规定拟定和修订。国内外对医学伦理治理的重视逐渐加强，一方面是需要适应医学研究领域不断扩展，另一方面是继续履行医学伦理学的初衷——保护受试者的权益。

《CIOMS 准则》在不同的研究阶段背景下不断完善进展。解决临床研究的挑战及复杂的问题，包括人类免疫缺陷病毒和获得性免疫缺陷综合征（Human Immunodeficiency Virus/Acquired Immunodeficiency Syndrome，HIV/AIDS）研究及研究结束后治疗的可用性、妇女作为研究对象、保密、不良事件赔偿及同意指南。《CIOMS 准则》的修订体现了健康策略下移和前移的总体趋势，从名称反映该准则调整对象的逐渐扩展。1993 年主要为涉及人类受试者的生物医学研究，2002 年修订后的准则已经在内容上更加完善，该准则内容主要涉及研究的伦理公正和科学有效性；伦理审查和评估要求、知情同意；考虑个人、群体、社区和人群的脆弱性；妇女作为研究对象；关于负担和利益的公平；临床试验中控制的选择；保密性；伤害赔偿；加强国家或地方的伦理审查能力；赞助商提供医疗保健服务的义务。[4]

2016 年，CIOMS 与 WHO 对该准则进行了联合修订，并更名为《涉及人的健康相关研究国际伦理准则》（International Ethical Guidelines for Health-related Research Involving Humans），以下简称"《CIOMS 准则》（2016）"。[5] 修订后使准则适应新的研究领域和研究方法和研究成果的共享。《CIOMS 准则》（2016）增加（如尊重人，准则 1）或者前移重要条款（低资源环境或地区研究，准则 2）。增加了适用新的领域或新的应用的准则条款，包括灾难和公共卫生事件相关研究条款（准则 20），提出了数据共享的公共责任准则（准则 24），以及生物样本及其相关数据的收集、储存和使用（准则 11，12）、数据共享泛知情同意和知情同意豁免（准则 10）等内容。《CIOMS 准则》（2016）的规范对象从生物医学研究修改为健康相关研究的重要价值之一是把临床医疗保健的护理数据和公共卫生防控数据等纳入了健康相关研究的潜在数据来源。

此外，根据实践需要，也发布了一些专门的伦理指南，如在 2008 的"国际流行病学研究伦理指南"。此外，WHO 于 2011 年印刷了《涉及人类参与者健康相关研究的伦理审查的标准和操作指南》（Standards and Operational Guidance for Ethics Review of Health-Related Research with Human Participants）。

二、基本伦理原则

1. 基本伦理原则及其基本要求

（1）尊重人原则

尊重人原则（respect for persons）至少包含两种伦理信念：第一，个人应被视为自主代理人；第二，自主性减弱的人有权得到保护。因此，尊重人的原则分为两个单独的伦理要求：承认自主权和要求保护自主性减弱者。

尊重原则，对于具有自主决定的个体，要尊重个体经过深思熟虑的意见和选择，不妨碍其行动，除非其行为明显有害于他人。不能在没有令人信服的理由的情况下，否定该人经过深思熟虑的判断，剥夺个人对这些判断采取行动的自由，或隐瞒（如一些风险或隐患等）对判断是否参加所必需的信息。自主决定的个体是指能够对个人目标进行深思熟虑并在这种深思熟虑的指导下行事的个人。在我国，是指民法范围具有完全行为能力人。

尊重原则对于自主性减弱的人要求加强保护。自主决定的能力可以完全或部分地因为疾病、精神残疾或严重限制自由的情况而丧失这种能力。尊重未成年人和丧失行为能力的人可能需要在他们成熟前或丧失行为能力时保护他们。有些人群需要全面保护，必要时将他们排除在具有潜在伤害的研究之外；有些人群需要一定限度的保护，并需要尊重他们能力范围内相应的意愿（如超过 14 岁的儿童）。对完全或部分丧失独立自主决定的个体应该加强保护，其程度应取决于潜在损害的风险和受益的可能性，包括应该定期重新评估和具体问题具体分析。具体在《CIOMS 准则》的弱势人群有明确的阐述。

（2）有益原则

善行（beneficence）即有益原则，更多被称为有益＆无害原则，是指人们受到符合伦理的对待，不仅要尊重他们的决定，保护他们免受伤害，而且要努力保障他们的福祉。"善行"通常被理解为包括超出严格义务的善行或慈善行为。《贝尔蒙特报告》中，有益在更强烈的意义上被理解为一种义务。在这一意义上提出两个通用规则，不损害和最大化潜在利益并尽量减少可能的危害。因为研究的不可预见性，实践中往往更多体现为尽量减少可能的伤害。

研究过程与临床诊疗不同，研究带来的益处可能需要用患者暴露在风险中作为代价。因此，需要决定何时有理由可以不顾及所涉风险而寻求研究的某些受益，何时因风险需要放弃研究的潜在利益。有益＆无害原则既是对研究人员个人的要求，适用于特定的研究项目，也适用于整个研究人员群体和所有相关机构或组织，包括考虑社会福祉。在特定项目的情况下，研究人员及其所在机构有义务在实施研究之前，考虑并拟订方案在研究过程中利益最大化和风险降低。就一般的科学研究而言，所有研究人员有义务认识到，由于知识的提高以及新的（医疗、心理）诊疗方法的发展可能带来的长期利益和风险。事实上，有益＆无害原则在一些情况下是为了对疾病相关群体的治疗有益，但研究对象个体在研究时不是直接受益者。因为研究的不可预见性，更多的情况是受试者并没有获得益处，有时候可能还给受试者带来一定的损害。我们的理解是，在研究或共享数据时有一定的有益期待，同时没有可以明确预见的较大的风险。这一点与研究相比，数据共享应用没有直接的身体损害。

（3）公平或正义原则

公平或正义原则（justice）是指风险收益对于个体的公平性和一致性。"分配公平"要求不同个体或群体得到平等对待，不能无正当理由剥夺收益或者强加负担或责任。应确定平等对待的依据，如基于经验、年龄、剥夺、能力、功绩和地位的区别有时确实构成了为某些目的区别对待的标准。报告中列举了几种被广泛接受的公平分配负担和利益的方式。如：①平等的份额；②按需分配；③根据个人努力分配；④根据社会贡献；⑤根据功绩分配。公平原则在特殊条件下，如灾难或疾病暴发的紧急情况等，应该结合社会公益性考虑。

公平原则也是针对最早对涉及人类主体的研究伦理的反思中反映的问题，如在 19 世纪和 20 世纪初，作为研究对象的负担主要落在贫困病房病人身上，而改善医疗保健的好处主要流向富人。随后，纳粹集中营将不情愿的囚犯作为研究对象加以剥削，被谴责为特别公然的不公正行为。美国在 20 世纪 40 年代，塔斯基吉梅毒研究使用了处于不利地位的农村黑人男性来研究该疾病未经治疗的过程，梅毒这种疾病绝不局限于该人群。但为了研究目的这些受试者被剥夺了明显有效的治疗。[6]

在这样的历史背景下，《贝尔蒙特报告》提出公平的概念是与涉及人类主体的研究相关联的，也是应该对研究对象的选择进行审查、选择受试者应与正在研究的问题直接相关的原因。目前的公平原则要求参与者公平和获得进展性研究成果的应用公平。

2. 基本伦理原则在应用中发展

基本伦理原则是作为人类行为的特定伦理规定和评价的基本理由的一般判断，是普遍接受的与涉及人类主体的研究伦理特别相关的三项基本原则。基本伦理原则的最终体现是对个体权益保护，这也是医学伦理学的核心目标。

医学科学数据共享应用需要发挥伦理的规范作用。医学科学研究和医疗保健业务（临床诊疗和护理）是医学科学数据的两大主要来源，其共享需要遵循"尊重、有益＆无害、公平"。这三个基本伦理原则被认为有助于解决围绕人类主体进行研究的伦理问题。制定应遵循的指南。事实上，三个基本伦理原则指导涉及人体的生物医学研究的伦理管理实践，也在不断的应用中创新解释和不断丰富。一些前沿科技在医学领域的应用，例如，公共卫生伦理学、人工智能的伦理要求等，以及解决一些特别领域的挑战问题都会推动生命伦理学基本伦理原则的具化和创新实践。

第二节　伦理应用实践重要伦理原则

一、知情同意

1. 知情同意的意义

尊重人的生命伦理基本原则在数据共享的具体体现之一是知情同意。自1945年以来，为促进负责任地进行涉及人体的研究，不同的组织确定采用了不同的规范。知情同意要求是从《赫尔辛基宣言》正式提出的，其第20～26条中多个条款对知情同意从不同角度提出的要求。正如宣言所表达的，受试验者必须是志愿参加，并充分了解研究内容，才得以参与该项研究计划。《贝尔蒙特报告》中，知情同意是其4个主体框架内容的一个，在一般原则应用于研究需要考虑——知情同意、风险/利益评估和研究对象的选择三个方面中位列首位。[5] 报告提出具体对知情同意的履行要求，对人的尊重要求使受试者在其能力范围内，有机会选择应发生或不应发生的事情。知情同意是法律上的个人授权。知情同意包括知情和授权两个方面。知情是保证自愿、自主授权的前提。只有知情才能使得个体客观综合考虑和做出决定。知情权也是我国公民的基本权利，知情同意是个人信息处理和临床医疗创伤干预等的法律要求。

2. 知情同意履行要素

知情同意是基本伦理原则应用实践的重要原则。对人的尊重要求受试者在其能力范围内，有机会选择应发生或不应发生的事情。

知情同意程序包含三个要素：信息、理解和自愿。[4, 6] 所有关于知情同意内容和程序的要求，如伦理审查对知情同意的切实履行要求，都是从这三个方面提出发展起来的。知情同意的适当履行包括两个方面。

信息是知情同意的内容要求。所谓知情就是个体在授权前需要了解的相关研究的信息。公认的研究准则和伦理审查办法通常规定了具体的披露项目，目的是确保受试者获得足够的信息。对于研究来说，这些项目通常包括：研究程序、目的、风险和预期收益、替代程序（涉及治疗的情况）和受试者提供提问和随时退出研究的机会。以及包括如何选择研究对象、研究负责人等。

《贝尔蒙特报告》提出了知情同意的原则性标准要求。在不断的应用实践和指南中进一步具化和细化。如《CIOMS准则》和流行病学的专门伦理指南中均提出了知情同意的建议清单。我国《涉及人的生物医学研究伦理审查办法》也对知情同意提出了具体要求。

知情同意的目的是为了个体在获得充分信息的情况下自愿做出自主决定，因此，要求充分告知，特别是对于个体的潜在风险，或者是可能影响其决定的重要信息，包括其信仰等。关于风险的信息绝不能为了引起研究对象的合作而隐瞒，对于研究中的直接问题，应给出真实的答案。简单的项目列表对应该提供多少信息和什么类型信息提供参考，但不是判定是否充分告知的标准。

理解力有两个方面，从研究者或告知者的角度，对信息传达方式和语境与信息本身同样重要，以及给予考虑时间和提问、解答等均有一定要求，不能对受试者做出知情选择时的能力产生不利的影响。如，不能以无序和快速的方式呈现信息，让个体考虑的时间太少，提问的机会减少。研究者有义务确定有关主体风险的信息，特别是严重风险须完整客观告知，且个体已经充分理解。因此，理解力对于弱势人群的知情同意履行程序有特别规定。自愿（voluntariness）也与履行程序密切相关。自愿同意参与研究才构成有效的同意。是否自愿有两方面的限制，不能强迫，或者超过一定限度的利益诱导。知情同意的这一要素要求不受胁迫和诱导（不当影响）的条件。胁迫是指一个人为了获得服从而故意向另一个人提出公开的伤害威胁。不正当的影响是通过提供过度的、不正当的或不适当的报酬或其他提议来获得遵守。此外，如果主体特别脆弱，通常可以接受的诱因也可能成为不适当的影响。

3. 知情同意履行具体要求

知情同意是国际伦理准则的重要组成部分。基本伦理原则最终在实践中形成了一些具体的知情同意履行的要求。《CIOMS准则》提出了有关知情同意的详细规定指南，包括履行知情同意的能力；涉及儿童和青少年个体、孕妇等人群的知情同意。《CIOMS 准则》（2016）增加的生物样本及其数据共享条款中，也提出了知情同意的要求和豁免知情同意需要满足的条件。知情同意在各国政府或社会组织的伦理指南中也是重要管理内容之一，有明确的履行内容和程序两个方面的规定。有效的同意必须是自愿的、知情的，并且由具有决策能力的个人提供。

知情同意的内容和切实履行有严格的程序要求。内容是知情同意的信息要素。涉及人体的医学研究要求切实履行知情同意，在内容上总体要求客观、全面、完整。例如，取得知情同意，要求提供基本信息，特别是对受试者不利的信息必须充分告知。具体告知内容包括：研究程序和研究目的、潜在风险和预期收益、研究干预措施的替代方法或药物（涉及治疗的情况），以及包括如何选择研究对象（入组、分组原则）、研究负责人及其研究资格等。要求提供的有关信息资料完整易懂，要求明确告知对受试者可能造成的损害及相应的补偿和赔偿措施，且要求在知情同意书中明确允许受试者可以随时退出等。

程序上要求依规适当合理地规范履行，实现自愿和自主原则的同意。因此，要求知情同意书的签署在客观全面告知的基础上自愿签署；避免不公正的欺骗、不正当的影响或胁迫；避免诱导参与，包括经济利益等。知情同意履行程序方面要求必须给完全行为能力人足够的时间消化和考虑相关信息，为了切实适当履行，还要求研究者等使用通俗的语言告知，并且不能使用任何可能影响个体做出正确决定的诱惑因素。给予受试者充分的对疑问提问和随时退出研究的机会，且不能影响患者的任何诊疗等正当权益。这些要求体现的是理解力和自愿要素。从受试者个体角度，要考虑主体的理解能力与智力、理性、成熟度和语言相关，信息的呈现方式适应主体的能力。因此，对于一些因年龄，或者疾病导致的限制行为能力人或无行为能力人，由其监护人或授权代理人履行知情同意。为了最大限度保护受试者或患者的个体权益，完全受益的不受这个限制；而且，能表达其意愿的，优先考虑与其个体理解力相当的个人意愿。

4. 弱势人群及其保护

医学伦理学及其实践的重要原则之一是对弱势人群的权益保护。弱势人群在研究过程中以受试者中的个体权益需要加强保护的人群。当理解能力受到严重限制时，例如，对年龄不成熟或精神障碍的情况作出特别规定。理解能力受限的每一类受试者（如婴幼儿、智障患者、绝症患者和昏迷患者）都应按其自身的条件来考虑。但是，按照尊重原则，要求这些受试者有机会在力所能及的范围内选择是否参加研究。这些受试者对参与的反对应该得到尊重，除非这项研究需要为他们提供其他地方无法获得的治疗（即对受试者有益）。因此，对于弱势人群不仅尊重承认个体的愿望，还寻求获得第三方的保护使他们免受伤害。由受试者授权代表其表达意愿的人应有机会在研究进行的过程中观察研究，以便能够从研究中使受试者随时撤回，如果这种行动符合受试者的最佳利益。随着医学研究实践发展，特别在数据共享中，对弱势人群的理解将得到进一步发展。

二、风险收益评估

风险收益评估（assessment of risks and benefits）具有重要伦理意义。风险收益评估是均衡研究中个体权益和社会公益的基础和纽带。

对风险和收益的评估需要仔细整理相关方案和/或数据，包括研究相关替代方法。因此，评估既是手段也是责任，应收集有关研究申请的系统和全面的信息。对于研究者来说，须检查拟定研究方案包括设计是否合理。对于审查委员会来说，是一种确定研究方案中受试者的风险是否合理的方法。对于潜在受试者，评估将有助于其确定是否参加。

风险和利益的性质和范围。要求在有利的风险/利益评估基础上证明研究是合理的，这与受益原则密切相关，正如获得知情同意的伦理要求主要源自尊重人的原则一样。"风险"指可能发生损害的可能性。然而，当使用诸如"小风险"或"高风险"等表达时，通常包括两个方面：即将受到损害的机会（概率）和可预见的损害的严重程度（程度）。

"有益"在研究中更多是指与健康或福利有关的具有积极价值的东西。"风险"指研究的风险可能影响或危害个体受试者、个体受试者的家庭和整个社会或社会中的特殊受试者群体。研究中受试者的风险应比受试者的预期收益和通过研究获得的知识形式对社会的预期收益之和还要重要。即受试者个体权益优先，不能为潜在收益使受试者处于明显存在的风险之中。在平衡这些不同的因素时，影响直接研究对象的风险和收益通常具有特殊的权重。有益需要我们保护受试者免受伤害的风险，也需要我们关注从研究中可能获得的实质性利益的损失。风险和收益评估应系统性评估。利益和风险必须"平衡"。只有在极少数情况下，具有定量技术确切评估研究方案的风险。应尽可能对风险和利益进行系统、非随机的分析。要求积累和评估有关研究所有方面的信息时，必须有系统地考虑各种备选方案。这一程序使对研究的评估更加严格和准确，同时有助于审查委员会成员和研究人员之间的有效沟通和减少误解、错误信息和相互矛盾的判断的影响。

最后，评估研究的伦理可接受性，即符合伦理原则和具体要求，应反映以下考虑：①伦理不允许对人类受试者残忍或不人道。②应当将风险降低到实现研究目标所必需的程度。应该确定是否真的有必要使用人类受试者。应采取有效措施来降低风险。③当研究涉及严重损害的重大风险时，审查委员会应特别坚持风险的正当性与合理性。④当弱势群体参与研究时，应当证明参与研究的适当性。这类判断涉及许多变量，包括风险的性质和程度、所涉特定人群的状况以及预期收益的性质和水平。⑤相关的风险和收益必须在知情同意程序中使用的文件和程序中充分列举。

三、受试者的公平选择

正如尊重人的原则在同意的要求中得到体现，而在风险/利益评估中得到惠益的原则一样，公正的原则也产生伦理要求，即在选择研究对象时有公正的程序和结果。

公正与选择两个层次的研究对象有关：社会和个人。在选择受试者时，个体公正要求研究人员表现出公平性．即研究对象选择避免偏倚，无论潜在有益研究或者风险研究，均应该在不同的区域、领域、职业、收入等进行公平选择。社会公平要求研究对象选择还有考虑学科类别、承担能力等基于负担的公平选择。在选择受试者类别时有优先顺序（如成人在儿童之前），而且某些潜在受试者类别（如弱势人群、精神疾病患者或囚犯）只是在某些条件下，才能作为研究对象参与。此外，公正要考虑在个体之间，以及不同背景的相应群体之间的公平。对于弱势群体，因社会因素或经济因素，或疾病因素等，均应该予以保护不受损害。受试者选择不能因为行政便利，或者因为疾病、经济状况等便于操纵。

第三节　我国医学科技伦理体系

一、科技伦理治理管理的目的和作用

科技伦理治理管理的目的是使科技（研究研发）目的、方案、实施过程等符合伦理原则（具有伦理可接受性）。伦理治理管理的作用核心是平衡科技与人，科技与人类的关系。

伦理的发展是不断解决科技发展带来的规则冲突、社会风险、伦理挑战和问题。例如，生物样本使用的泛知情同意的提出和探索形成多种泛知情同意模式。

伦理治理发展也是不断探索适应科技创新方法及其应用的伦理挑战，解决伦理管理的问题，保护公民个体（受试者、志愿者或捐赠者、个人信息主体）权益。这也在中共中央办公厅 国务院办公厅印发的《关于加强科技伦理治理的意见》中明确，"任何单位和个人开展科技活动不得危害社会安全、公共安全、生物和生态安全（如社会福祉和国家的环境安全），不得对人的生命安全、身心健康、人格尊严等造成伤害，不得侵犯科技活动参与者的知情权和选择权。"伦理治理管理就是实现这个目的的具体的框架体系和管理手段。

二、《关于加强科技伦理治理的意见》及其意义

我国政府高度重视科技伦理建设。科技是双刃剑，既是发展的利器，也可能成为风险的源头，要求科技管理要前瞻研判科技发展带来的规则冲突、社会风险、伦理挑战。

科技伦理是开展科学研究、技术开发等科技活动需要遵循的价值理念和行为规范，是促进科技事业健康发展的重要保障。针对我国科技创新快速发展，面临的科技伦理挑战日益增多，但科技伦理治理仍存在体制机制不健全、制度不完善、领域发展不均衡等问题，已难以适应科技创新发展的现实需要。2021年7月，科技部发布《关于加强科技伦理治理的指导意见（征求意见稿）》，2022年3月中共中央办公厅、国务院办公厅印发《关于加强科技伦理治理的意见》（以下简称《意见》），以"进一步完善科技伦理体系，提升科技伦理治理能力，有效防控科技伦理风险，不断推动科技向善、造福人类，实现高水平科技自立自强。"《意见》首次对我国科技伦理治理工作作出系统部署，填补了我国科技伦理治理的制度空白，是我国国家层面科技伦理治理的第一个指导性文件。《意见》首次提出了伦理科技活动"伦理先行、依法依规、敏捷治理、立足国情和开放合作"的治理要求。《意见》确定了开展科技活动应当遵循"增进人类福祉，尊重生命权利，坚持公平公正，合理控制风险，保持公开透明"5项科技伦理原则，是我国科技活动中应遵循的伦理准则。

伦理治理始终是促进或保证医学科技健康实施和发展的重要路径。医学伦理学的初衷和核心是保护个体权益，保护受试者的权益。医学伦理学实践，特别是涉及人的健康研究的伦理准则随着科技的发展不断完善。"十三五"以来，我国医学科技快速发展。生命技术及其与大数据分析、人工智能等，在转化医学模式、精准医学战略规划下取得了重大进展，同时，医学这些新的创新领域，基因测序、基因编辑、人工智能、脑-机交互等，都提出了伦理新问题和伦理治理、管理的挑战，因此，国家加强科技伦理治理管理。医学领域是伦理高风险活动相对聚集的领域，《意见》将有力促进医学科技的伦理治理的完善。在"十四五"规划开局，包括医学领域，数据资源的海量积累为应用提供了资源基础，规划从大数据积累向应用推广战略转移。加强数据伦理规范也是加强科技伦理治理的重要组成部分。国家卫生健康委2022年3月发布的《涉及人的生命科学和医学研究伦理审查办法（征求意见稿）》已经把收集利用涉及人的数据进行的研究纳入了伦理审查范围。[7]

三、我国科技伦理治理总体要求

《意见》总体要求的第一条就是"伦理先行"。要求"加强源头治理，注重预防，

将科技伦理要求贯穿科学研究、技术开发等科技活动全过程,促进科技活动与科技伦理协调发展、良性互动,实现负责任的创新。"医学科技活动与人密切相关,更需要坚持执行伦理先行。医学领域与人自身、与人类社会共同体自身都具有密切的关系,具有社会公益和个人权益之间独有的平衡和伦理关系,医学科技更需要伦理先行。与其他领域相比,伦理治理对医学科技的规范作用更为突出和重要。伦理治理具体通过伦理审查的方式履行治理职能。医学伦理学的核心是保护个体权益,保护受试者的权益。医学研究和医学科学数据的共享应用既应该遵循科技伦理原则,又应用遵循医学伦理原则。

科技伦理先行在实践中包括两个部分。第一,科技活动实施之前进行伦理审查,保障医学科技活动伦理先行,这是医学科技伦理相较其他领域的优势和比较成熟的部分。研究目的和研究方案等通过机构伦理审查委员会的审批之后,研究才能实施。伦理审查是机构对于伦理治理和管理的具体执行和落实。第二,是加强科技伦理的教育,促进医学科技伦理先行。在医学教育的不同阶段,根据需求和特点设置适当课程,使科技实施主体具有科技伦理意识和知识,主动在医学科技活动中符合伦理要求,达到积极的伦理先行。[7]

伦理审查是保证医学科学研究和医学科学数据共享应用的非常重要的管理规范手段。医学科学数据共享应用属于广义的生物医学研究,但伦理审查的侧重不同,需要构建专门的系统规范伦理审查,加强对个人信息主体的隐私保护和利益相关者权益保障,促进医学科学数据共享应用符合国际伦理原则,符合我国的伦理向善原则,健康可持续的发展。

四、我国医学科技及其数据伦理治理体系

(1)法律法规

法律法规是医学科技和数据伦理治理体系的法律依据。对于高风险治理领域或与公民个体权益密切相关的问题,在法律法规层面上提出对伦理治理的要求,包括符合伦理原则,或明确要求在科技活动实施之前,进行伦理审查等。

与数据活动相关的法律法规对数据共享应用在伦理方面在法律层面上提出了要求。《中华人民共和国数据安全法》第二十八条"开展数据处理活动以及研究开发数据新技术,应当有利于促进经济社会发展,增进人民福祉,符合社会公德和伦理。"

与生物医学研究相关的法律法规《中华人民共和国生物安全法》也提出了符合伦理原则的要求。其有关生物技术研究、开发与应用安全的规定,如第三十四条规定"国家加强对生物技术研究、开发与应用活动的安全管理,禁止从事危及公众健康、损害生物资源、破坏生态系统和生物多样性等危害生物安全的生物技术研究、开发与应用活动。

从事生物技术研究、开发与应用活动，应当符合伦理原则。"第四十条规定"从事生物医学新技术临床研究，应当通过伦理审查"等要求。

（2）我国伦理管理和伦理规范

伦理治理实践最初更多是从医学研究领域开始的，因全球对涉及人生物医学研究国际伦理的共识、推动和发展，医学伦理审查的要求等体系比较成熟。与国际接轨，我国涉及人的医学研究实施前进行伦理审查是长期以来的要求。2013年开始，原国家卫生计划生育委员会对于全国医疗机构伦理审查等方面的调研，著者荣幸作为专家，参加了部分调研工作，也参与了调研基础上《涉及人的生物医学研究伦理审查办法》（征求意见稿）拟定的全程讨论。2016年该办法正式施行，为我国的医学研究伦理审查的直接依据。办法对于伦理委员的组成、审查流程、原则等进行了系统规定。根据一些其他具体规定，对于生殖医学、器官移植、临床试验等分别要求成立专门的机构伦理委员会。我国医学领域对于涉及人的生物医学研究的伦理规范和伦理审查体系相对完善。

对于涉及人的生物医学研究，国家建立专门的登记平台，也是伦理管理的支撑体系。针对干细胞等医学伦理高风险领域，国家卫生健康委制定发布专门的管理办法和指南进行专门的规定。原国家卫生与计划生育委员会 食品药品监管总局印发《干细胞临床研究管理办法（试行）》（国卫科教发〔2015〕48号）。此外，相关协会或团体组织形成的专业领域的专家共识，对于推动医学科技伦理的治理管理也发挥一定作用。如北京医学伦理学会医学技术伦理研究分会组织发表《干细胞临床研究伦理管理和审查的北京地区专家共识》，著者作为执笔人和中国医师协会病理学分会会长卞修武院士共同组织发表《分子遗传学基因检测送检和咨询规范与伦理指导原则2018中国专家共识》等。[8]

（3）我国实验动物福利和动物伦理规定

我国实验动物福利和动物伦理也是医学科技伦理体系的构成部分。实验动物福利和伦理严格遵循国际实验动物的"3R"原则，即替代（replacement）、减少（reduction）和优化（refinement）。[9] 具有独立的实验动物福利和动物伦理监管体系，为跨领域的专门的动物管理办公室、协会和行业技术标准委员会。我国于2006年颁布《关于善待实验动物的指导性意见》，要求成立实验动物管理委员会，对机构内使用实验动物进行研究的科研项目进行审查批准。1988年11月14日国家科学技术委员会令第2号发布的《实验动物管理条例》（2011年、2013年和2017年完成了三次修订），加强实验动物管理，要求"从事实验动物工作的人员对实验动物必须爱护，不得戏弄或虐待"。此外，通过国家标准《实验动物福利伦理审查指南》（GB/T 35892—2018）进一步规范规定实验动物使用与管理委员会（Institutional Animal Care and Use Committee，IACUC）为独立开展审查动物福利伦理工作的专门组织。医学研究实验动物的伦理管理遵照上述的规定和标准，并在国际实验动物伦理原则要求和福利伦理审查中，审查动物实验设计符合"3R"

原则，要求在实验过程中应遵循人道主义精神，是涉及动物的医学研究符合动物福利和伦理原则。

（4）国际伦理准则和经验

国际伦理准则和经验对我国的医学科技伦理体系构建具有重要的借鉴和参考作用。一些医学伦理准则，也是我国医学科技伦理体系的组成部分。

我国加强科技伦理治理，不能忽视国际生命伦理实践的近百年历史和经验。医学伦理学的发展，与其他领域相比，伦理治理和管理体系相对完善，伦理治理国际经验也相对较多。医学科技伦理治理方面，特别是伦理审查方面，《CIOMS准则》对我国生物医学研究的伦理审查具有重要参考和提示。执行国家科技伦理管理框架和要求，我国的医学伦理治理体系应继续参考借鉴国际伦理准则、伦理基本原则的基础上，通过落实法律法规的明确要求，完善和补充医学科技活动伦理治理和伦理审查等管理规定，指导机构伦理管理体系。使国际伦理准则和经验，适应与我国的传统文化，以及与我国现有的医学科学研究伦理管理办法和规定等进行衔接。

（5）机构伦理管理

机构伦理管理是通过机构管理制度、管理文件和管理流程、管理系统落实执行国家法律法规、政策和伦理治理要求的最终门户。在实践中落实执行法律法规和规定的相关要求，具体包括备案管理、审查、跟踪审查等。也是我国医学科技伦理治理管理的重要体系构成。医学科学数据与研究伦理、临床医学伦理密不可分，需要进行管理内容侧重和职责分工的无缝衔接，具体将在机构数据管理（第六章）进行详细阐述。

参考文献

［1］MACRAE D J. The council for international organizations and medical sciences（CIOMS）guidelines on ethics of clinical trials［J］. Proc Am Thorac Soc，2007，4：176–179.

［2］MIRACLE VA. The belmont report：the triple crown of research ethics［J］.Dimens Crit Care Nurs，2016，35（4）：223–228.

［3］WILSON C B. An updated declaration of Helsinki will provide more protection［J］. Nature Med，2013，10（6）：664.

［4］同［1］.

［5］International ethical guidelines for health–related research involving humans prepared by the council for international organizations of medical sciences（CIOMS）in collaboration with the World Health Organization（WHO）［Z］. Geneva，2016.

［6］SIMS J M. A brief review of the Belmont report［J］.Dimens crit care nurs，2010，29（4）：173-174.

[7] 关健.医学科技伦理治理监管策略和实施重点[J].中国医学伦理学,2022,35(6):589-596.

[8] 分子遗传学基因检测送检和咨询规范与伦理指导原则2018中国专家共识制定专家组（通信作者：关健,卞修武）.分子遗传学基因检测送检和解读管理规范与伦理指导原则2018中国专家共识[J].中华医学杂志,2018,98(28):2225-2232.

[9] CARDON A D, BAILEY M R, BENNETT B T. The animal welfare act: from enactment to enforcement[J]. J Am Assoc Lab Anim Sci, 2012, 51(3): 301-306.

第五章　数据伦理规范

> **本章概要**
>
> 伦理规范是医学科学数据规范的重要组成部分，是保障负责任的共享应用和保障个体权益的重要保障体系之一。伦理审查是数据共享应用计划及其方案审查的重要内容之一。本章简要介绍现有数据伦理国际可参照准则或规则，针对前述医学科学数据共享应用的挑战和问题，阐述三个基本伦理原则在数据共享应用新领域，创新提出数据共享应用伦理要求。参考国际伦理准则提出数据伦理审查系统要求，提出数据共享应用伦理（数据伦理）的原则性条款（准则）并注释和分析。

> **本章要点**
>
> 1. 数据伦理规范是医学研究伦理规范的内容和发展；
> 2. 数据共享应用是基本伦理原则实践应用的伦理新领域；尊重、有益＆无害和公平在数据共享应用过程中，与生物医学研究实施具有异同点；
> 3. 数据驱动研究需要遵循《涉及人的健康相关研究国际伦理准则》[《CIOMS准则》（2016）]，但审查内容及其重点和审查标准与生物医学研究实施不同；
> 4. 《CIOMS准则》（2016）新增数据相关条款对数据共享应用计划知情同意选择和审查具有重要参考价值；
> 5. 选择《CIOMS准则》（2016）相关准则条款和注释，对机构数据共享应用计划审查内容和审查标准有参考价值。

第一节 数据伦理基本原则要求

一、基本伦理原则在数据共享领域的应用

医学科学数据共享应用是医学研究的延续和延展，是基本伦理原则应用的新领域。基本伦理原则在数据共享和应用应该探索其独有的伦理要求，或现有伦理要求独有的内容或内涵。数据共享应用，属于基于数据的研究或数据驱动的研究，与生物医学研究实施不同，基本伦理原则应用在医学科学数据共享应用过程中的具体要求需要进行创新解读，即在共享应用中如何体现和实现"尊重、有益 & 无害和公正"。

基本伦理原则在数据共享应用中创新解读，既是伦理的发展，也是医学科学数据共享应用独有的内容和特点。如前所述，因数据来源和数据状态等有所不同，医学科学数据的主要来源可以概括分为解决生物医学科学问题的研究过程中产生的数据和可以或已经用于研究的医学业务数据。因此，医学科学数据共享的伦理要求主要以三个基本伦理原则为基础，结合生物医学研究的国际伦理原则和临床医学伦理学。除了考虑其数据来源、数据共享应用的多元性，数据共享和应用具有独立于医学研究和临床诊疗的因素和内容，是医学科学数据共享应用基本伦理原则的具体要求和体现。

数据伦理治理管理，包括数据伦理要求和伦理审查等，统称为数据伦理规范。数据共享应用的伦理审查的内容包括社会价值和科学价值，个体权益保护（隐私保护和知情同意）等重要伦理问题，须综合考虑医学科学数据共享应用的管理策略和具体解决方案，为伦理管理和伦理审查提供具有指导性的原则性建议，为进一步建立行业或国家相关标准和完善相关管理提供思路与基础，也是机构伦理管理和伦理审查实践的依据和原则基础。《涉及人的健康相关研究国际伦理准则》（International Ethical Guidelines for Health-related Research Involving Humans），以下简称为《CIOMS 准则》（2016）新增了数据条款。数据伦理规范应根据基本伦理原则，参考《CIOMS 准则》（2016）数据条款，以及其他条款。基于数据的研究也与生物医学研究有所不同，针对共享中面临的风险和问题及相应的伦理要求，需要提出适用医学科学数据共享应用伦理审查指导的通用伦理指南。[1]

二、基本伦理原则在数据共享应用的具体要求

1. 尊重原则

数据共享应用中，尊重原则特别体现为尊重加强涉及敏感信息的个体保护。在医学

科学数据共享中，个人参与者作为数据产生主体，应该视为自主决定人；对于自主性减弱的人有权得到保护，如对于未成年人等限制或无民事行为能力人，其监护人行使自主决定是否参加数据共享的自主决定权。

在医学科学数据共享应用，尊重原则需要考虑知情同意的履行，包括其履行内容的客观、完整和程序的规范性。尊重原则在数据共享使用中的体现，还包括作为数据主体的个人信息主体必须能够随时撤回其数据允许共享用于研究的同意；作为一般规则，如果撤回同意，数据控制者（数据持有者和使用者）必须停止有关的处理活动，除非有其他法律依据保留这些数据以供进一步处理，否则控制者应删除这些数据。[2] 如果应用无法撤回，如去识别数据共享，应该在签署同意前让数据主体的个人信息主体了解和清楚这一情况。

但在数据共享中需要注意，除了前述未成年等涉及人的生物医学研究的伦理保护的弱势人群需要给予特别保护之外，涉及敏感信息数据的健康疾病信息和遗传疾病资源信息的个人信息主体及其家庭应该被视为"弱势人群"，在数据共享中被提高保护级别，体现在包括知情同意的履行中应予特别保护。此外，尊重还要考虑基于文化、环境等多元原因产生的个人信息主体的多元选择。应该认识到具有社会公益应该是数据利用的前提条件，而不是充分条件，要考虑到个体信仰、思维等差异性，例如，个体对基因隐私和隐私的关注程度也有很大的不同，[3-4] 即可能因为个人原因数据共享违背了个人意愿。

2. 有益 & 无害原则

有益 & 无害原则，在医学科学数据共享应用中分别为具有科学、社会的价值和对社会无害和对个体、特定群体有益无害两个层次。首先，数据共享的目的是再利用，是提出数据共享倡议的初衷。只有具有科学和社会价值的数据才有共享的需求和理由。医学科学数据共享应用应具有与开展与人类有关的健康研究的伦理正当性，即其具有科学和社会价值，能够产生保护和促进人们健康所必需的知识和手段。科学价值的要求适用于与人类健康有关的所有研究，科学和社会价值只是数据共享应用的前提条件之一。数据共享应用的潜在社会价值是数据共享的意义所在，在讨论中更多指公共利益具有很多优势，如节约成本、提高效率。数据共享应用与研究实施相比较，促进数据价值最大化，从社会价值角度，更符合有益 & 无害的原则。在数据共享应用阶段，涉及大数据与机器学习技术融合的人工智能领域存在一定潜在隐患，重点在于研究目的是否符合伦理原则，一般不涉及潜在身体损害或生命危险等生物医学研究实施相关的其他潜在风险，这些风险更多在数据产生和收集阶段，其实施方案和规范更为重要。

科学和社会价值也是数据分级共享的依据之一。具体体现为数据共享和应用的目的，值得注意的是国际上有数据共享使用不应排除有意义商用的趋势，[5] 前提是为了整合数据，进一步揭示疾病发生发展机制、医药研发，研究治疗的效果，包括治疗的副作用；

促进数据驱动的研究和诊疗决策，改善公共卫生和疾病预防等。

其次，允许数据共享应用还需要满足对个体或特定群体有益 & 无害。与研究不同，除了作为数据主体的产生来源的个人信息主体，还有数据收集者（包括研究人员）和/或提供者，涉及数据共享服务的机构、数据二次利用的用户等。数据共享的个体权益特别关注数据再利用时对数据收集者的权益保障问题，有助于提高数据共享积极性。法定共享也应该为数据收集者设定必要的数据独占空间和时间；具有商品价值时，个人信息主体的潜在收益的获得方式。这是有益原则在医学数据共享应用中的特别体现。

事实上，数据共享和再利用对于数据主体即个人信息主体的益处极其有限，因数据研究目的和技术限制难以有个体确切的具体的益处。这与《贝尔蒙特报告》中的有益的解读不谋而合。《贝尔蒙特报告》中对于有益作为义务的意义上，制定了两个一般性的规则：①不损害；②最大化潜在利益并尽量减少可能的危害。数据共享应用能够更多考虑的是努力无害或对个人信息主体的潜在风险降到最低。主要体现在通过风险收益评估合理做出判断。对潜在损害风险巨大，或者风险较大且没有有效防控方法时，应该限制使用。以及体现在数据管理对不同风险的数据进行分类分级并相应采取不同的数据安全管理标准和技术保障标准。

但对于共享应用具有较大的科学价值和社会价值的数据，且现有技术和证据表明，数据共享应用方案确实对个体的损害风险很小或无的情况下，应该促进数据的共享和再利用。已完成实施的项目产生数据或已完成收集医疗业务数据，去识别化处理后一般情况下现有技术不会具有重新识别风险，特别是匿名化处理后不再属于个人信息，应该促进共享和再利用。促进现有数据的共享是倡导和实施科学数据共享的目的和重大意义之一，也是亟须推进共享实践的目标。

3. 公平原则

数据共享可视为研究成果的共享，但是这个成果是个阶段性成果。对于成果的应用分配被广泛接受的公平分配负担和利益的方式包括平等分配、按需分配、根据个人努力程度、根据社会贡献或根据功绩分配。

公平分配的方式也适用医学科学数据共享。与涉及人类主体研究相似，对于公平考虑的另一角度，是在个体权益与公共利益相冲突时，对个体风险和公共价值的合理评估和平衡，这在医学科学数据共享应用中仍然重要。是公平原则在数据共享应用中体现兼顾和均衡数据共享的利益相关者的权益的一个方面。以医疗保健业务数据为例，需要平衡开放数据源的安全和隐私挑战与开放数据对改进研究和医疗保健服务的潜在好处。[6] 平衡访问和隐私保护以促进医疗保健是医疗数据共享永恒的主题。

虽然个体利益根据法律法规，一定条件下必须服从社会公益或某一群体的利益，但公平原则并不简单地意味着必须服从多数人的观点或利益，必须实现平衡确保公平和适当地对待少数人，避免滥用公共利益的支配地位。因此，遵从公共利益一项基本原则是"除非在必要和符合公共理由的情况下，如重大公共卫生事件。"[7] 是否同意为研究目的使用或披露个人健康数据则不必受任何公共利益的干扰。事实证明，如果仅仅以社会公益作为使用数据的充分理由，将引起个体公众不满，对于长期数据可持续共享有潜在矛盾隐患。英国《2018数据保护法案》（Data Protection Act 2018）要求对健康数据的研究处理符合"公共利益"。该法案引入了适用于个人健康数据研究处理的新公共利益测试。公共利益允许研究人员在不经个人同意或反对的情况下使用健康数据。[8] 英国实施该法案以来，引起异议产生证实了这一点。为了避免对个体权益的过度关注，阻碍数据共享。促进公共利益共享应用数据的重点除了如何界定和解读公共利益，[7] 应该按照公平原则评估和平衡个体风险和社会公益的关系，尊重依法合理拒绝或反对，提供行使拒绝共享（也称为"反对权"）的适当处理等路径。特别对于尚未收集的数据，尽量在设置或选择泛知情同意的模式和内容中给予充分选择和拒绝的机会。

数据共享应用对公平的内容延展的贡献最大。经济利益分配公正应成为数据共享和再利用的伦理要求之一。2018年《医学信息学问题年鉴》的主题是如何平衡各利益相关者对医疗卫生数据的各种要求，[8] 从另一方面也反映了在数据共享中对所有利益相关者体现公平的重要性。"当结果是科学知识而不是商品时，可能不需要在相关的利益相关者之间进行复杂的规划或谈判"。[9] 即使没有商品，仍有知识产权需要合理分配，如著作权，作者排序或注明数据来源等。而数据驱动的决策软件和人工智能已经使数据的共享具有更多"商品"价值和经济价值。

公平原则要求在数据共享应用过程中的重要体现是利益相关者的权益分配应该与其对数据的贡献相一致。有益 & 无害原则要求关注数据持有人的权益保障和积极性。公平原则要求在数据共享应用中要均衡数据收集者和数据持有人的权益和数据使用者的权益。更重要的是要合理均衡不同数据持有人的权益，提供公平竞争的共享环境。促使基于个人努力程度和/或机构投入、根据社会和经济价值的贡献等综合指导不同数据持有人之间，以及数据持有人和数据使用人之间利益的公平分配。这是医学科学数据共享机制的核心内容之一，即保障利益相关方的权利，明确利益相关方的义务。[10]

数据共享应用中解决伦理实际挑战和问题往往涉及三个基本原则的考量和评估。伦理要求是对基本伦理原则在医学科学数据共享应用中，结合医学科学数据共享的多元性以及意义价值等方面进行考虑和解读，是构建可行的医学科学数据共享机制的重要原则和组成部分。在促进符合伦理原则的数据共享中，公平原则的伦理要求中尤为重要和突出。数据共享和应用更多带来的是社会公益，对个人要以最小损害为标准。要实现这些伦理原则的伦理要求，但还需要具体的伦理管理要求和管理规范对数据共享应用中的伦理要求进行把关。无论知情同意、隐私保护、风险评估，医学科学数据共享和应用都赋予了伦理管理和伦理审查中新的管理要求和标准,即根据本节的伦理原则要求的解读,不仅是数据共享应用计划伦理审查的标准的拟定依据,也提出相关机构的具体伦理管理要求。[11]

三、《CIOMS 准则》新增数据规范

医学数据收集、储存及其共享应用是《CIOMS 准则》(2016)的重点补充内容,具体与数据共享应用密切相关的准则及其重点汇总见表 5-1。[1]

表 5-1 《CIOMS 准则》(2016)数据相关准则条款

准则及其内容(概括)	对数据共享伦理规范具体要求的提示
准则 11:生物材料和相关数据的收集、储存和使用。 适用生物材料和相关数据收集、储存和使用。提出了有关管理系统,使用授权、最初收集获得特定用途个体授权、泛知情同意的原则要求;临床诊疗使用剩余样本和数据的使用原则要求。提出了知情同意豁免的条件。强调生物材料管理规范,如生物材料转让需要签署协议等	数据和样本均可以在收集之前履行特定用途的知情同意和泛知情同意。泛知情同意履行要注意数据和样本的不同:数据不会新增信息,但数据信息可以直接使用或直接泄露隐私信息,需要处理;样本随着创新技术的发展可以新增信息,其潜在价值和风险不可预见
准则 12:健康相关研究中数据的收集、存储和使用。 为将来研究中使用而储存数据,机构必须通过一定管理和程序获得授权。特定项目或用途的知情同意或者泛知情同意;研究人员不得对收集数据的个人的权利和益处造成不利影响,以及数据管理等	该条款是对于数据收集、使用的伦理规范要求。 体现有益原则。 要求知情同意、隐私保护等
准则 22:在健康相关研究中使用从在线环境和数字工具获得的数据。 在线收集或共享。当研究人员使用在线环境和数字工具获取健康相关研究的数据时,应该使用隐私保护措施来保护个人,使其在数据集发布、共享、合并或连接时不承担个人信息被直接披露或以其他方式被推断的风险。应评估其研究带来的隐私风险,尽可能降低这些风险,并在研究协议中描述剩余的风险。应在研究中全程预测、控制、监控和审查与数据的交互作用	在线环境是信息获取(包括公开数据直接获取)的主要媒介。 数字工具获取的数据是共享数据的重要来源之一。 该条款对于网络数据共享,特别是实时共享具有指导价值
准则 24:健康相关研究的公共责任。 前瞻性地登记研究,公布结果,并及时分享这些结果所依据的数据是研究人员的公共责任。应该客观公布结果,即所有研究的阴性、非结论性、阳性结果均应公布或以其他方式公开。 研究者和赞助者也应该分享以往研究的信息和数据;研究人员、赞助者、研究伦理委员会、资助者、编辑和出版商有义务遵守公认的研究及其成果出版伦理	该条款是目前个体-水平数据共享应用的指导性条款。把合作组外共享数据上升到公共责任。 这对包括我国在内的政府基金资助的项目数据共享提供了伦理规范支持

第二节 数据通用伦理审查准则及注释

一、数据共享应用管理和伦理审查

机构应促进医学数据的共享和再利用,制定促进数据共享和再利用计划的具体方案。促进立项实施的研究申请同时拟定数据共享计划,促进临床诊疗等业务数据在满足一定条件时用于研究的审查。

机构应制定相关伦理管理体系和设置或授权审查委员会,保障数据共享应用符合伦理原则。[12]

机构根据其审查申请数量、数据构成等具体情况设置数据审查委员会,也被称为数据访问委员会(Data Access Committee,DAC)或授权机构(伦理)审查委员会(Institutional Review Board,IRB)。[13] 涉及人的医学科学数据的共享应用向机构设置或授权的审查委员会提交数据共享和/或再利用计划申请及其方案,在数据共享和再利用前获得委员会的批准。对于一些数据或共享方式应在必要时进行跟踪管理和/或要求重新审查。法律法规另有规定的除外。

委员会根据伦理审查原则对申请的数据共享方案或应用方案等进行审查,对其科学价值和伦理可接受性(也称为正当性,即符合伦理原则)进行审查,独立做出决定。[14]

无论是设置专门的数据审查委员会或授权审查委员会,都应由能够满足履行审查职责要求的多领域专家组成,包括法学、伦理学、方法学或统计学、生物医学、管理学和/或信息安全等领域的专家,以及非本机构的社会人士共同组成。[4] 应该包括信息安全管理和技术专家,并可以根据机构的专业设置和需求侧重选择临床医学、基础医学、生物信息学、预防医学、数据管理、遗传资源管理、信息安全或生物信息学方面的专家。

审查委员会设主席(主任委员)一人,副主席(副主任委员)若干人,由审查委员会委员协商推举产生。

对于拟立项实施的研究,其研究方案中涉及数据共享应用计划的,或者在收集临床诊疗数据和生物样本时同时具有数据的共享应用计划的,数据共享应用计划及其方案可以在研究方案、数据或生物样本收集的伦理审查时一并提交申请和审查。

注释1:如果没有强调,数据共享是针对《CIOMS 准则》(2016)中作为公共责任的数据共享(准则24),而非研究合作者之间的数据共享(准则8);且主要针对用于公益性科学研究的数据共享和再利用。

值得注意的是国际上数据共享应用使用没有排除有意义商业用途,如为了进一步揭示疾病发生发展机制、医药研发，研究治疗的效果，包括治疗的副作用；促进数据驱动的研究和诊疗决策，改善公共卫生和疾病预防等应用或整合数据。伦理方面的审查可以参照本要求，但是商业用途一般应遵循有偿原则。

数据共享是指个体-水平数据共享。根据数据来源，包括涉及人体的生物医学研究产生的数据，简称研究数据；拟用于研究的医学业务数据。根据数据状态，包括前瞻性尚未收集的数据和已完成收集的现有科学数据。[6]

机构，是指具有医学数据共享或使用需求或服务职能的法人单位，实体机构或平台。[6] 审查委员会，通常被称数据审查委员会，国际上最初称为数据访问审查委员会（DAC）。著者认为，"审查"侧重程序和结果，"审核"侧重过程，包括对相关材料的核验。如果机构没有条件或无须设置专门数据审查委员会，可以授权机构（伦理）审查委员会（IRB）履行审查职责，或委托其他机构或独立数据审查委员会代为审查。

二、社会价值和科学价值

申请数据共享应用目的及其方案应该具有社会价值和科学价值。社会价值和科学价值只是数据共享和再利用的前提条件之一，而不是充分条件。

具体的社会价值和科学价值与国际伦理准则中的阐述相一致。即医学科学数据共享应用的申请应该具有社会和科学价值，能够产生保护和促进人们健康所必需的知识和手段。如，数据再利用与重大的健康问题的理解或干预直接相关；或者数据再利用对促进个体和公共健康的研究有贡献；数据再利用能够产生实现数据分析的既定目标的可靠、有效的信息。

注释2：有益&无害原则，在医学科学数据共享应用中分为具有科学、社会的价值，对社会无害和对个体、特定群体有益无害两个层次。

数据共享的初衷和目的是再利用。只有具有科学和社会价值的数据才有共享的需求和理由。数据共享和再利用的潜在社会价值，即对社会有益无害方面是数据共享的意义所在，一般情况下，数据共享应用对人类整体无害，符合人类福祉，符合人类伦理道德。从社会价值角度，数据共享与研究相比较，对于公共利益具有很多优势，包括节约成本、提高效率，更符合有益&无害的原则。在数据共享和应用的一些特殊情况，如健康医学大数据与机器学习技术融合的人工智能领域对社会整体福祉存在一定潜在隐患，需要加强对人工智能的目的、方法审查，以及对涉及个体可识别信息，如人面部识别等数据在收集阶段的规范和管控等。[1]

三、知情同意及其履行

1. 一般要求

在医学科学数据共享应用前通常应该与获取数据的个人信息主体履行知情同意。法律法规对数据共享应用另有其规定的除外。

知情同意履行可以是为特定用途获取专门的知情同意,也可以获取未指明未来用途的泛知情同意。当数据个人信息主体本身不具有履行知情同意的能力时,根据法律规定,应该获得其法定监护人或合法授权的代表的同意。

数据收集或数据使用者应该采取适当的方式获得个人信息主体的知情同意。知情同意履行的内容和程序应该适当、合理,符合规定或要求。[15] 对于个人信息主体应该充分告知数据共享应用方案及其相关信息,特别是数据共享应用的潜在风险、风险防控措施及其限制性;个人信息主体随时退出的权利及其权利行使方式等。对涉及人的可识别信息的数据,或者重新识别个体风险较大的数据,如无法律法规的除外规定,应采取明示授权——单独书面知情同意的方式。

在收集数据前已经签署特定用途知情同意书或泛知情同意书,如果数据共享或再使用的目的和方案在已签署同意的范围之内,无须另行签署。

2. 泛知情同意和选择性退出

满足一定要求可以签署泛知情同意书,但应保证个人信息主体的权益,加强隐私保护,并提供多种泛知情同意方式供个人信息主体选择,保证个人信息主体可以对部分用途有机会拒绝或要求重新签署的机会。

对于泛知情同意的签署,应该提供个人信息主体足够的材料和更充分的时间考虑,以及明示提供给个人信息主体选择不予参加和/或随时退出的选项,保证自愿自主行使权利。签署泛知情同意的后续数据共享和应用,应遵从个人信息主体的意愿,并保证在原有同意范围内并按照预先约定的目的、用途共享应用。如果出现个人信息主体明确提出重新签署意思表示的情况,或者超出原有同意的范围,应该重新履行知情同意,无法重新签署的个人信息主体的数据不能采用。

3. 知情同意豁免

国际上,满足一定条件的数据共享应用可以申请知情同意豁免。[7] 如,具有社会价值和科学价值且去识别信息的现有研究数据或者临床医疗保健数据可以申请知情同意豁免。强制登记数据如果无明示的拒绝意思表示时也可以申请知情同意豁免。

经审查委员会审查,一般同时满足以下三个条件允许知情同意豁免。

①数据共享和再利用应具有重要社会价值和科学价值;

②对个人信息主体的潜在风险很小;

③无法履行知情同意或履行成本过高，包括社会或群体福祉代价；或者只能利用所申请数据才能进行分析（无法再行收集或者重新收集成本过高）。

申请者应向审查委员会伦理委员会提供要求豁免的明确理由。[16]对于应用超出已经签署知情同意书范围的，应明确区分先前已获得同意和需要重新履行但无法获取知情同意的内容。或根据《中华人民共和国个人信息保护法》的规定共享应用匿名化数据。

经审查委员会审查，现有数据具有社会价值和／或科学价值，经评估确实缺乏知情同意履行可行性或可操作性的，满足以下条件时可允许知情同意豁免。

①现有数据为去识别信息数据，本身对个人风险无或者很小，且数据共享应用不会造成特定群体的潜在损害，如"污名化"等，申请者无法识别和联系个人信息主体；

②现有数据涉及可识别信息，但是申请者无法联系个人信息主体，且不涉及脆弱人群或全外显子组或全基因组信息；采用去识别信息方式的数据共享或再利用，确保对个人风险不超过最低限度。

注释3：知情同意是医学科学数据共享应用个体授权的具体方式。知情同意是个人信息主体的权利，也是数据收集、数据储存、数据提供者和数据使用者的义务。

数据共享倡议和实践目标包括海量现有数据。知情同意履行需要兼顾效率和促进科学数据共享应用趋势。数据共享应用对于个人信息主体一般不会具有身体、健康等潜在损害，主要风险在于隐私泄露。因此，根据数据的具体情况，对数据知情同意履行方式和履行可行性等评估后采用适当的履行，或豁免程序。适当履行不仅包括决定履行方式以及履行时间，也包括采用的知情同意的模式，在满足不同条件时签署泛知情同意和选择退出，以及在允许知情同意豁免时必须保障个人权益或潜在个人风险在最低限度。

泛知情同意有利于促进数据的共享和再利用，但应该避免模式和方式的"一刀切"。[7]尚未收集的具有潜在研究价值的数据，包括临床医疗保健、公共卫生等业务需要收集的数据，一般更适合采用泛知情同意,[7]前提是有适当的持续的伦理和法律监督。[8]而且，提前制定措施或告知，必要时，在一些紧急情况下，如重大传染病暴发期间，可以允许选择性退出的方式促进这些数据将来符合伦理要求的共享和再利用。

临床医疗保健或重大传染病防治业务过程中，计划收集储存生物样本用于后续研究时，可以同时签署生物样本及其相关数据的整体泛知情同意书。应该允许个人信息主体在去识别数据共享应用前的随时退出权利。应该提供个人信息主体足够材料和充分的考虑时间，提供个人信息主体多种选择和明示拒绝参与的权利和机会。

知情豁免对于现有数据的共享应用具有重要实践意义，适用现有储存数据和医学大数据。[5]知情豁免也适用重大传染病突发暴发期间疫情防控研究数据应用于疫情期间的公益性研究，但须根据相关法律法规或标准的规定经适当的审查程序批准。[17]

匿名化数据不属于个人信息，共享应用不需要履行知情同意，也不需要申请知情同意豁免。

注释：意思表示为法律术语，是指行为人对外表示实施一定法律行为之意思的行为，即行为人将实施一定法律行为的内在意思以某种方式表现出来，使外界能够了解行为人内在意思的行为。意思表示是能够产生法律后果的意思行为。

四、脆弱人群及其知情同意

数据共享应用中应该加强脆弱人群的权益保障。数据涉及人的健康相关（生物医学）研究的脆弱人群，如妇女、孕妇、儿童、因精神、疾病而不具备履行知情同意能力的人（限制行为能力或无行为能力人）等，在知情同意等程序中应加强保障权利行使。其中，个人信息主体为限制行为能力人和无行为能力人的，其数据使用授权应由其监护人签署。限制行为能力人能够表达自身意愿的，应该尊重。限制行为能力人有相反意见的，应该采纳。

与研究不同，在保障个体权益（隐私保护）的基础上，应该促进脆弱人群产生的数据的共享应用。

注释4：借鉴涉及人的健康相关研究，数据共享应用中对脆弱人群，如对于未成年人等加强权益保护。但是，与研究不同，对于脆弱人群的数据应用，特别是现有数据（已完成收集的研究数据和临床医疗保健业务数据等），应该在保障个体权益的基础上促进数据共享和应用。这符合有益的基本伦理原则。不仅符合所有数据共享应用的初衷，如节约成本、有效利用的社会价值、科学价值；这类数据的共享应用有助于减少涉及相关脆弱人群类似研究的重复实施，对于脆弱人群整体有益，能够进一步"利他"减少相关人群的潜在风险和/或损害。但是在数据共享应用过程中需要严格其他伦理审查内容的相关标准。

五、个体隐私保护和风险评估

数据共享应用应该确保个人信息主体的风险最小，并在潜在个人风险和数据共享的社会和科学价值方面适当平衡。经风险评估认为个体受到损害的潜在风险较大的数据，即使已经获得知情同意，仍不能允许进行共享应用。[12]

数据共享应用申请及其方案应该努力对个体无害，主要是对个人信息主体的隐私泄露的潜在风险降到最低。大多数数据共享应用申请及其方案的收益风险评估内容是社会价值、科学价值和个人信息主体的个体隐私泄露的潜在风险，以及体现在数据共享应用方案中对不同风险的数据进行分类分级并相应地采取不同的数据安全管理标准和技术保障标准。涉及个体敏感健康隐私信息和个体遗传隐私信息的数据，共享应用中应该采取措施加强个人信息主体及其家庭的隐私保护。

注释5：数据共享和再利用对于个人信息主体的益处极其有限，因数据研究目的和技术限制难以有个体明确而具体的益处，因此数据共享应用重点在风险评估，特别是个人隐私风险。申请者不能夸大对个人信息主体的收益。

数据共享应用涉及的主要个体潜在风险是健康隐私信息的泄露或滥用及其引起的伤害。数据共享应用的审查应遵循个体权益保护优先原则，即使有助于群体或社会公益，仍然不能在明知对个人信息主体损害的情况下共享或使用数据。[10]

委员会应该对个体隐私潜在风险进行合理评估，具体根据我国《信息安全技术 个人信息安全规范》（GB/T 35273—2020），具体参考本书第七章有关隐私分类分级标准及其判定标准、方法的内容。[3]

数据的共享应用应该保证个人信息主体无风险或非常小。特别情况下，包括法律法规要求必须共享应用也应该采取措施降低风险而使风险最低化。经风险评估判定具有隐私信息泄露风险，可能对个人信息主体或其家人可能带来风险时，无论个人信息主体已经签署了特定知情同意书或泛知情同意书，仍然要终止数据的共享或应用。

医学科学数据共享和再应用主要针对数字化储存的数据。数字化储存和互联网使个人健康隐私，特别使敏感信息的潜在危害扩大了影响范围和速度。因此，在数据共享中需要注意，对涉及敏感健康隐私信息和遗传隐私信息的个人信息主体及其家庭应该被视为"弱势人群"，在数据共享中被提高保护级别，体现在包括知情同意的履行和隐私分类分级管理中应予特别保护。[2,12]

目前作为正在形成的共识的一部分，"对于数据和样本为了优化数据价值，包括大型队列人群数据库和生物库中，考虑到随着科学的发展，（匿名化将导致）不可能添加相关数据，并排除了与捐赠者和数据主体的重新联系，以交流未来可能有益于他们的医学发现"，趋向于"在可能的情况下，应避免数据和生物标本的完全匿名化"。[8] 可以推荐的解决方案是，通过技术和管理体系支撑保障个体隐私的前提下，有价值数据的原始储存可以在保证安全的情况下进行可识别存储。但是在传送、共享和应用等过程中必须首先进行去识别处理。

六、涉及稀缺或有限资源的数据

有限资源的数据，是专指因为相关数据主体群体（如罕见疾病，可能导致"污名化"的疾病等）、收集方法或者研究方案（如已被控制的新的病原体引起的小型流行传染性疾病）等原因，导致数据资源稀缺或因难以再收集的数量有限的数据。

在保证个人信息主体权益的前提下，在平衡利益相关者权益的基础上，应该促进涉及稀缺或有限资源数据的共享和再利用。

注释6：此处的稀缺数据，与《CIOMS 准则》（2016）中的稀缺资源环境的含义不同，但有一定交叉。此类数据的应用，应该充分考虑数据资源的稀缺性，以及其共享应用的社会价值、科学价值。在保障相关个人信息主体的权益、数据贡献人和持有人的权益的基础上，促进数据共享有助于发挥现有数据价值，符合伦理原则。

七、利益相关者负担和利益公平分配

数据共享应用应该考虑利益相关者的负担和利益分配公平。[10]公平分配利益和负担，在数据共享和再利用中重点在于利益相关者的权益分配和责任归属须体现公平。数据共享应用中利益相关者在享有相应权利的同时，履行相应的义务，保障其他利益相关者的权益，即权责利一体。利益相关者的具体权利义务详见第二章。

个人信息主体权益应受到保护，应确保个人隐私；数据应用产生结果对个人信息主体有益时应该考虑适当反馈结果；在具有潜在经济价值时，应该为个人信息主体提供其数据贡献潜在收益的获得方式。对应地，保障个人信息主体的隐私保护，把个体风险降到最低是数据收集、储存和共享应用过程中的其他利益相关者的义务。

数据提供者享有其所提供数据相应产出或成果获得署名权和/或经济收益权等权利，并对数据使用者有权约定数据使用的范围、数据使用后的销毁等处理要求。相应地，数据提供者承担保证数据安全和个体隐私保护的责任，还需要证明其拥有所提供数据的处理权，保证所提供数据的真实性、可靠性和完整性的义务。

数据使用者获得数据使用权之后享有数据使用的权利，同时承担保护个人参与者的隐私和数据提供者知识产权的义务，数据产出成果需注明数据来源，并保证数据应用过程中数据完整性。

应该关注数据再利用时对数据贡献者（收集者、储存者和/或数据提供者）的权益问题。如果条件允许，数据共享要求，包括法定共享应该为数据收集者设定必要的数据独占空间和时间用于数据使用及其成果的发表或获取经济利益。[10]有关数据和生物样本共享国际章程的文献建议"对于捐赠、收集、整理和注释样本/数据的人，应该在给定的时间段内（通常不超过1年）拥有发布的优先权"。[18]该文献还提出"在适当的情况下，建议在分析来自共同数据库的数据时，将结果反馈给共同数据库。为了承认智力贡献，进行分析的研究人员/研究小组应有权在一段时间内独家使用研究成果，以发掘其潜力。遵循宽限期的传统，平衡出版利益与研究专利性，通常应授予6个月至1年的此类专用权"。

对于政府基金资助的科学数据、数据库（集）可以在完成项目验收之后参照上述优先权或专用权期限。但是，对于特别耗费较大人力、物力和财力的数据库（集），应该适当延长优先权和专用权期限。如，完成项目验收的3年内。对于一些具有较大的经济效益的同时耗资巨大的有价值数据库（集）应该在法律规定下允许数据收集、储存者与数据应用者协商约定。

注释7：基本伦理原则在数据共享应用中的创新解读贡献最大的是公平，特别是对数据共享应用的利益相关者的权益和责任义务分配公平。

与研究不同，除了作为数据产生和获取来源的个人信息主体和数据收集者，数据共享应用过程中还涉及数据共享服务（数据储存、传输、数据挖掘）的机构、数据二次利用的研究者、机构或其他用户等。数据共享应用既不能损害个人参与者权益，也不能损害机构等利益相关者和国家权益。

与研究类似，从个体选择公平的角度，尚未收集的数据需要考虑个体选择公平，可以参照研究个体的公平选择；现有数据更多不会直接针对个人信息主体，应该考虑地区、人群和疾病等之间的分布，以及同一研究领域或主题不同研究者之间、已完成的得出不同结论的研究结果之间的共享公平，如有价值的阴性结果。

数据应用中应该保证数据的真实、完整性，避免滥用和修改，数据发布或使用者不能根据自己的意愿修改数据。保证基础数据后续使用的客观性和真实性不仅是利益相关者义务，也保证其发挥真正的有效的社会价值和科学价值。

优先权和专用权是参考专利等知识产权对权利人的权益保护方式，有助于提高数据建设和共享积极性。

八、利益相关者的赔偿或补偿

数据共享应用过程中，利益相关者的权益受到损害时，应该给予赔偿或者补偿。不同的利益相关者根据不同的权益及其损害结果具有不同的赔偿或补偿方式。

受伤害的个人参与者具有获得赔偿或补偿的权利。数据共享应用过程中，如因隐私泄露等原因使个人信息主体或其家庭、家人受到伤害时，根据受损害的情况依法有权得到相应的赔偿或补偿。

数据收集者的数据相关权利，如数据及其成果的权利和收益权；提供数据之后的数据贡献署名权、数据来源标注等权利受到损害，也应根据具体损害在必要和可行范围内予以声明等方式进行权利恢复和/或经济赔偿或补偿。

如果因提供侵权或造假数据等造成数据使用者权益损害的，数据提供者应该承担相应的赔偿或补偿责任，具体遵照相关法律法规规定。

注释8：现有数据的共享应用与研究实施相比，通常较少涉及个人信息主体的身体伤害风险，更多是个人隐私泄露及其相关名誉受损"污名化"的潜在风险。没有因此造成严重后果的（如因"污名化"名誉受损导致严重身体损害或死亡），赔偿或补偿主要是针对精神损害的赔偿或补偿。

对于名誉损害，必要时可以采用公开道歉等方式及时终止损害是根据《中华人民共和国侵权责任法》等规定的名誉损害的救济方式。恶意行为引起个体身体或经济损害并造成严重成果的，实践中除了民事赔偿或补偿，涉嫌违反行政法规或刑事犯罪的，还将依法受到行政处罚或刑罚。

九、在线发布或共享

互联网和数字化存储技术下，满足一定条件的数据集或者个体数据可能在公共网站或其他平台在线发布共享。目前一些学术出版物和项目资助机构要求研究人员公开研究数据，有时采用开放数据格式。此外，数据期刊直接发表数据通常采用在线发布的方式。

涉及人的医学科学数据（个体-水平）在线发布或共享前，应该向机构设置或授权的审查委员会提交在线发布或共享申请及其方案。法律法规另有规定的除外。

委员会对申请的数据共享方案满足在线发布或共享要求及其伦理可接受性进行审查，独立做出决定。元数据附少量匿名化样例数据的信息共享无须审查。

在线发布或共享，应采取更加严格有效的数据安全技术保障和管理保障。提供数据在线发布或共享的个人、机构或平台应采取措施尽可能降低这些风险，包括在线共享期间预测、控制、监控和审查与数据的交互作用及评估隐私泄露风险等。在数据在线发布或共享的申请方案中应详细描述采取的措施，以及仍然存在的风险。

拟用于在线共享的数据，除匿名化数据外，必须对个人信息主体告知数据和信息预期用途的目的和背景，详细告知用于保护其数据的隐私和安全措施，以及相关隐私泄露风险，特别是所采用措施的局限性，包括即使采取保障措施，仍可能存在的隐私风险。

注释9：在线发布或共享数据包括使用在线环境和数字工具发布数据，以及提供在线数据集发布、共享、整合或链接。应该提供去识别信息的数据，防止个人隐私信息的泄露，并应尽量避免通过其他方式（如多个间接识别信息整合）推断而重新识别。

在线共享能够最大限度促进数据共享和再利用，但是，在线共享数据比线下提供共享和传送数据具有更多隐患。"在线环境包括互联网、网站平台、社交媒体、购买等服务，以及电子邮件、聊天和其他应用程序"，且"这些应用程序可由一系列计算和移动设备访问，这种环境的特点使保护个人隐私成为一项重大挑战"。[10]因此，要求必须去识别信息数据共享，敏感信息必要时匿名化信息共享，涉及全外显子组或全基因组信息则建议采用元数据在线共享和线下另行提供具体数据。

在线发布或共享的数据应该遵循去识别标准分类分级共享。涉及敏感健康隐私信息或遗传隐私信息的数据，以及具有重大研究价值的数据，或者影像等大容量数据，推荐元数据在线共享、线下提供具体数据的方式。

元数据在线共享为非个体－水平数据共享，主要便于研究者等发现相关数据资源的信息。附去识别信息的少数样例数据，无个体隐私风险或风险极小，建议可以允许知情同意豁免，必要时伦理审查豁免。线下提供的数据申请及其共享应用方案按照非在线数据共享应用的程序和标准审查。

十、申请第三方数据

申请第三方数据，申请人可以通过数据持有人，或直接向数据持有机构（第三方）申请，提供数据使用计划及其方案等申请材料，可由数据持有机构的审查委员会进行科学和伦理可接受性审查。申请人应提交由其所在机构相应部门出具的盖章申请。

第三方审查批准提供数据，双方应该签署并遵守数据转让协议，明确权益义务分配，约定保证个人信息主体隐私条款和违约责任。第三方和数据申请方双方应按照协议约定采取措施保证数据传送、数据使用过程中的个人信息主体隐私保护和数据安全。

如果研究人员申请使用可公开访问的第三方网站或平台提供的数据或数据集，应该根据第三方网站或平台的相关规定和程序提供申请，并说明使用目的和使用方案等。如需要使用涉及潜在可识别数据或超出第三方网站或平台公开访问数据的使用范围等，应该通过第三方获得知情同意。

注释10：提供第三方数据的机构平台，通常为专门提供数据服务的平台或者机构。

参考文献

[1] 关健. 医学科学数据共享与使用的伦理要求和管理规范（十二）通用伦理准则草案要点建议及其注释[J]. 中国医学伦理学，2021，34（3）：280-287.

[2] WIEWIÓROWSKI W. European Data Protection Supervisor[C]// Symposium on Applications & the Internet Workshops. IEEE Computer Society, 2003.

[3] CLAYTON E W, HALVERSON C M, SATHE N, et al. A systematic literature review of individuals' perspectives on privacy and genetic information in the United States[J].PLOS One，2018，13（10）：e0204417.

[4] PEREIRA S, ROBINSON J O, PEOPLES H A, et al. Do privacy and security regulations need a status update？perspectives from an intergenerational study[J]. PLOS One, 2017, 12（9）：

e0184525.

[5] KOSTKOVA P, BREWER H, LUSIGNAN S D, et al. Who owns the data? Open data for healthcare [J].Front Public Health, 2016, 4: 7.

[6] KOBAYASHI S, KANE T B, PATON C.The privacy and security implications of open data in healthcare [J].Front Public Health, 2018, 27 (1): 41-47.

[7] 关健.从伦理和法理角度谈突发公共卫生实践及研究中的个体权益 [J].中国医学伦理学, 2020, 33 (9): 1058-1062.

[8] TAYLOR M J, WHITTON T. Public interest, health research and data protection law: establishing a legitimate trade-off between individual control and research access to health data [J].Laws, 2020, 9 (1): 6.

[9] International ethical guidelines for health-related research involving humans prepared by the council for international organizations of medical sciences (CIOMS) in collaboration with the World Health Organization (WHO) [Z].Geneva, 2016.

[10] 关健.法律框架下构建医学科学数据共享机制和保障体系 [J].中国科技资源导刊, 2020, 52 (2): 62-68.

[11] 关健.医学科学数据共享与使用的伦理要求和管理规范（四）伦理要求：基本伦理原则的创新解读 [J].中国医学伦理学, 2020, 33 (6): 645-649, 683.

[12] 关健.医学科学数据共享与使用的伦理要求和管理规范（六）机构伦理管理的专家建议 [J].中国医学伦理学, 2020, 33 (9): 1031-1034, 1045.

[13] 关健.医学科学数据共享与使用的伦理要求和管理规范（八）审查委员会职责和高效的审查机制探讨 [J].中国医学伦理学, 2020, 33 (11): 1306-1310.

[14] 关健.医学科学数据共享与使用的伦理要求和管理规范（七）伦理审查指南专家共识 [J].中国医学伦理学, 2020, 33 (10): 1159-1166.

[15] 关健.医学科学数据共享与使用的伦理要求和管理规范（三）知情同意履行挑战与原则策略 [J].中国医学伦理学, 2020, 33 (5): 530-535.

[16] MASCALZONI D, DOVE E S, RUBINSTEIN Y, et al. International charter of principles for sharing bio-specimens and data [J].Eur J Hum Genet, 2015, 23 (6): 721-728.

[17] 关健.医学科学数据共享与使用的伦理要求和管理规范（十一）重大传染病数据共享应用挑战和潜在审查方案 [J].中国医学伦理学, 2020, 34 (2): 131-136.

[18] MASCALZONI D, DOVE E S, RUBINSTEIN Y, et al. International charter of principles for sharing bio-specimens and data [J].Eur J Hum Genet, 2015, 23 (6): 721-728.

第三篇
机构管理篇

第一篇

临床营养学

第六章　机构数据管理

本章概要

数据共享应用管理已成为机构管理的重要内容。机构需要落实国家法律法规对医学数据管理和伦理治理等要求,保护个人信息主体权益,重点是个人隐私保护和知情同意。同时,数据及其成果对于机构具有学术或经济潜在价值。医学科学数据共享应用实质是属于基于数据的研究,但管理内容、管理重点和管理要求均有很大不同。机构需建立专门的数据管理体系,促进负责任的数据共享应用。本章主要系统阐述机构数据管理目的、管理内容、管理体系和管理重点,机构管理体系框架。详细阐述具体的管理组织、职责、管理制度,机构对内对外的管理重点,详细系统阐述数据审查,基于数据状态详细阐述前瞻性收集数据和现有数据的审查侧重。

本章要点

1. 机构数据管理目的是促进负责任数据共享,保障个人和机构数据权益;
2. 数据管理包括质量管理、安全、伦理管理、数据成果管理等;
3. 机构对内管理体系包括组织架构、制度、文件、流程和技术系统等;
4. 数据管理原则和制度审查、备案和跟踪管理等制度等是机构数据管理的具体机制;
5. 数据审查是机构数据伦理管理的重要制度和管理手段;
6. 机构对外管理,依法协商,应重视合同&协议签署和合作章程的作用;
7. 数据审查是重要制度和管理手段,基于数据应用应全面审查。

第一节　机构管理概述

一、机构及其管理定位

机构是指具有涉及医学科学数据共享应用需求和服务职能的实体机构，通常是医学科学数据共享应用活动和/或提供相关服务的机构，通常是数据处理者所在的机构。机构泛指数据共享应用过程中的对数据具有管理需求的利益相关机构，具体主要指数据提供机构、持有机构和提供数据共享应用的专门服务机构三类。具体这些机构可以是医学研究职能的大学院校（高校）、科研院所，健康体检、临床医疗、公共卫生机构和医学检测机构，以及专门提供数据共享和服务的第三方机构或平台，或受委托履行相应职责的法人，包括国家科学数据中心所在机构等。

机构是进行医学科学数据收集、数据处理和共享数据提供等的直接管理单位，是实现负责任的研究和数据共享的直接路径，是落实执行国家和相关部门对数据共享应用的规定，政策的执行者，数据共享相关机构、平台对数据共享应用过程中的管理，是法律和伦理的重要落实和执行保障。是根据伦理规范进行伦理审查，保证对医学科学数据共享应用符合伦理原则的执行者，是对个人权益保护的最终保障者。因此，机构管理是数据共享实践中保障利益关系人权益的决定因素之一。

越来越多的国内外研究资助机构和期刊协会在政策中引入了数据管理和共享计划的要求，数据及其共享已经逐渐成为研究资助申请和发表文章的一部分，临床诊疗业务，作为真实世界数据，是真实世界研究和药物研发真实世界证据，越来越发挥重要创新价值，因此数据共享应用，也成为机构医学科研管理和信息管理的内容。

这些机构是数据共享应用实现的机构，也是落实法律法规和治理规范，更是对数据共享应用过程中的权益分配和责任履行最终的把关、保障机构。

二、管理目的和作用

机构的管理目标就是根据国家的法律法规和相关管理规定，通过内部管理和对外合作管理，依法促进医学数据共享和应用，促进负责任的数据共享应用。负责任的数据共享应用，不仅需要国家相关规定约束，更需要机构在实践中规范管理。

机构管理目的和作用包括两个方面：①制定机构内部管理体系，落实国家法律法规规定和上级部门管理要求。如机构应落实《中华人民共和国数据安全法》（以下简称《数据安全法》）、《中华人民共和国个人信息保护法》（以下简称《个人信息保护法》）、《中华人民共和国生物安全法》（以下简称《生物安全法》）、《中华人民共和国人类遗传资源管理条例》（以下简称《人类遗传资源管理条例》）、《科学数据管理办法》中有关数据安全和分级管理、个人隐私保护和个人信息处理知情同意，人类遗传资源信息对外提供履行安全审查等规定和要求；《关于加强科技伦理治理的意见》《涉及人的生物医学研究伦理审查办法》等我国科技伦理原则和伦理审查的相关规定。②通过机构管理，促进数据质量，保证数据安全，保障国家、个人和机构自身权益等管理职能。保障利益相关者，特别是数据贡献人——个人信息主体和数据收集者或提供者的权益。

三、管理内容和管理重点

1. 管理内容

机构数据管理具体涉及数据质量管理、数据安全管理（包括个人隐私和人类遗传资源）、数据伦理管理、数据科研及其成果管理（包括产权）等。医学科学数据管理与其他领域相比，除了具有科学数据共同的管理内容和要求，在这些管理内容中具有一些特殊性（如个人敏感信息等），也具有一些专门的管理和审查内容（如人类遗传资源信息）。

管理目标就是根据国家的法律法规和相关管理规定，通过内部管理，依法促进医学数据共享和应用。促进负责任的数据共享应用具体包括保证机构数据共享应用实践的数据安全，保障数据个人信息主体和其他数据利益相关者的权益等。

国家不断完善发布的相关法律法规和政策规定，须机构在实践中切实贯彻和科学合理的执行，才能达到保障目的。机构管理过度将阻碍数据的价值发挥，甚至成为数据创新的障碍，损害研究者、机构和国家的权益；管理缺乏规范，难以保障个人信息主体的权益，同样可能损害研究者、机构和国家的权益。

机构的责任是应设立或授权相应管理部门，建立内部管理制度、管理流程和评估确定管理重点内容。以实际、透明和潜在的成本效益的方式，根据国家法律法规或国家政策和要求等建立一套规则，考虑医学特定领域、部门和适用对象的职能、责任等方面的特点，针对不同的管理内容提出具体的管理目标要求和路径、效果等。

虽然，医学科学数据应用实质是属于基于数据的研究，但是，数据共享和再利用与研究实施的管理内容、管理重点和管理要求均有很大不同。因此，不同机构的管理负责部门也不尽相同。医学科学数据，涉及健康医疗和遗传资源，在通用的一般数据共享应用指南基础上，仍需要根据医学科学的特点建立专门的细化的管理规范。

2. 具体内容

（1）数据质量和数据安全

数据质量是数据价值的必要条件。机构应加强数据收集和数据处理过程中的数据完整性、真实性和客观性等数据质量标准；数据安全是数据共享应用的前提要求。机构应制定和采取措施，保障数据安全，避免国家、个人隐私和机构数据权益的损害。

（2）个体（个人信息主体）权益

个体权益专指对医学科学数据的个人信息主体的权益。隐私权是公民的基本权利，隐私保护是所有领域的数据共享的要求。应注意医学科学数据的隐私内容、隐私泄露对个人信息主体及其家庭的影响具有特殊性，具体通过机构分级管理，以及伦理规范、伦理审查等加强保障个体权益。

（3）伦理治理和伦理管理

伦理治理管理是所有科技活动的规范内容之一。但对于医学领域，伦理治理和伦理管理发挥更大的规范作用。对应数据（包括共享应用）的处理规则和利益相关者权益和责任，需要遵循医学科学研究的伦理基本原则，又具有与研究所不同的应用特点。根据伦理基本原则，考虑医学科学数据共享应用面临的挑战，伦理规范和管理重点是个人信息主体权益保障，比较突出的是个人隐私保护和知情同意履行。

（4）知识产权

医学科学数据既是研究的结果，又是科技资源。利用数据资源所产生成果也可以通过知识产权保护。医学领域与人类自身社会福祉密切相关，医学科学数据的相关知识产权的申请和审查也会考虑社会公益因素。因此，医学科学数据公益性应用与营利性用途（如商用）的规则也有明显的不同。数据产权具有多维性，产权的界定和认定目前缺乏法律明确规定和公认的体系。在没有法律法规明确规定数据的专门所有权方式之前，数据共享应用的管理和审查过程中，机构应更多根据现行法律法规体系，对数据进行分类和分级管理，关注个人、机构对不同分类医学科学数据的支配权和使用权，充分利用匿名化的医学数据，以及基于数据产生成果所相对应的知识产权和收益权。

（5）生物安全和人类遗传资源管理

生物安全管理和人类遗传资源管理是医学科学数据收集和共享应用中相对特殊的管理内容。医学健康相关研究中可能涉及一些病原体的数据，在收集时要注意遵守生物安全的相关规定。

按照《人类遗传资源管理条例》规定履行相关审批、备案，是医学科学数据收集和共享应用相对独有的管理内容。

基因及其表达数据，特别是涉及个体基因异常信息的基因或基因组数据。作为医学科学数据，对于疾病机制、疾病诊疗和预测等具有重要价值，同时，也是个体和人类的遗传重要信息。根据《人类遗传资源管理条例》规定，对于涉及生物样本及其数据除了遵循个体权益保护，在收集、共享应用前还要根据规定和科技部相关部门的流程进行审批或备案。

四、机构管理原则

1. 依法合理有效促进共享原则

这是首要原则，是数据共享应用的合法性要求。具体包括：

保证数据安全原则——医学科学数据的共享应用，具体包括数据准备［包括收集、电子储存、和开放访问、应用（包括再利用）］应该遵守国家法律法规和数据安全等相关规定。如涉及国家安全的数据必须按照相关规定管理。涉及人类遗传资源及其数据的收集、提供、发表和共享应该按照《人类遗传资源管理条例》规定的流程提交审批和/或进行备案。管理密级根据国家相关部门确立的标准拟定具有的机构管理具体措施和标准。此外，按照数据与国家安全、个人权益之间的关系，涉及特定敏感人群或敏感数据的数据等应该加强数据安全管理。依法促进共享原则具体包括四个方面：

①权责一致原则——医学科学数据共享应用应明确利益相关者的权利和义务；利益相关者在享有相关权利的同时应履行各自义务。

②保障权益原则——医学科学数据应用共享应该尊重和保障利益相关者的权益；特别关注提供数据和样本的研究参与者和数据收集、持有者的合理期望。

③促进共享原则——在遵守法律法规和符合伦理原则的前提下，包括保障个人信息主体的权益，应该促进数据共享和应用（包括再利用）。且在保证安全和合法、合规的基础上，保证数据质量和价值，促进数据共享，发挥数据价值。

④程序公开透明原则——数据共享应用内部管理文件，共享应用审查的原则、标准，以及数据使用申请的流程等应该公开、透明，并接受外部监督。

2. 符合医学科学数据的特点和专门管理要求

医学科学数据具有独有的一些特点，医学数据来源、数据状态，以及涉及的隐私信息的敏感情况等遵循不同的管理规范和要求。符合医学科学数据特点的专门管理要求主要包括医学伦理规范和遗传资源管理两个方面。

因与人类自身和遗传物质的密切关系等，医学科学数据共享应用（包括再利用）除了遵循科学数据共享的原则和要求，需要遵从我国科技伦理原则。医学科学数据共享应用是医学研究的一部分，其开放访问、应用和共享应该遵照我国伦理管理相关规定，尊重国际伦理准则、原则和规则。

数据共享要求方案科学适当。申请医学数据使用，应提出使用数据方案，数据使用应当科学、数据量使用应合理,在能够完成讨论或研究的基础上,尽量减少数据量。同时,要求具有社会价值、科学价值,以及对个人权益的相关要求,如隐私保护和知情同意等具有医学的个人健康隐私、遗传隐私等特殊内容。此外,生物样本及其数据涉及人类遗传资源,其共享应用需要遵守《人类遗传资源管理条例》。

五、机构管理制度

根据医学科学数据的特点和数据共享应用的规定,机构建立以下数据共享应用的管理制度,具体可通过管理办法综合规定或必要时针对单项制度制定专门规定。

1. 评估和分级管理制度

(1)风险评估和分级管理制度

风险评估主要包括个人风险评估和数据安全风险评估两个方面,为分级管理提供依据。个人风险评估主要目的保护个人信息主体权益,数据安全主要目的是对涉及国家安全和机构研究、商业秘密等安全的评估。数据安全分级管理既是国际数据管理共识,也是我国《科学数据管理办法》规定的数据管理要求。机构建立分级管理制度是数据安全的重要保障。风险评估既是管理的重要手段,又是机构分级管理的重要依据。

风险评估对于机构管理是分级管理的依据。风险评估结果是分级管理,包括不同的管理层级、不同的数据共享模式,特别是细化和确定审查方式,以及技术要求的决定依据。经风险评估后相应地建立分级管理模式和管理体系、技术支撑体系。

如根据隐私的分类分级等进行细化分级管理,提出不同的备案材料要求、权益保障和应急管理和伦理审查要求,避免"一刀切",以及要求相应的技术支撑。

经过风险评估,确定重点管理环节和重点管理内容 如伦理管理,机构应该加强数据共享应用过程中数据主体个人信息主体的知情同意和隐私保护的保障。

(2)成果价值评估和分级管理制度

医学科学数据是科技实施的结果,也是医学科技重要资源。机构分级管理不仅指根据隐私和数据安全等风险评估提供适当管理,还应该结合数据的综合潜在价值的评估结果,对于数据安全管理和数据共享应用方式综合确定。本章节重点阐述机构管理及其手段,数据的知识产权保护和获得方式具体参考大数据部分的知识产权相关内容。

2. 数据共享应用备案、审查和跟踪管理制度

机构应建立数据共享应用计划的跟踪管理制度。为了加强数据共享应用管理,以及跟踪管理,特别是不良事件的追踪、伦理审查追踪,以及一旦造成个人信息主体损害或数据安全事件时有据可查,尽快处理和后续相应的应对工作,机构应建立备案制度,对一些重要环节、较大风险等进行加强管理,对数据共享应用(包括再利用)计划、伦理审查、安全审查、不良事件等采取备案制度。数据安全审查是依据《数据安全法》和《人类遗传资源管理条例》等相关法律法规的安全审查制度,对于共享或发布、发布数据,特别是国际合作、发表文章等对外提供和网络实时共享时机构应按照相关规定组织内部评估和提交相关行政管理部门及其委托机构进行审查审批和获得许可。

3. 不良事件报告

机构应建立不良事件报告制度。不良事件报告制度是跟踪管理的一个方面。

机构应开展不良事件及其风险报告。不良事件报告目的是有效地跟踪管理。不良事件报告在于由数据收集、数据持有或拟定并实施数据共享应用计划的机构工作人员作为主体的管理制度。有利于由机构尽快组织或协调不良事件的应急处理,避免造成个人权益或机构、国家权益损害扩大。应该促进和鼓励不良事件的报告,对于没有发生后果,或者尽快终止损害,避免较大损害的不良事件报告应予以肯定,以促进责任相关机构和人员积极报告。

4. 培训制度

培训具有提高管理和执行水平的作用。科学合理的培训将使机构制度和管理规定等高效执行,事半功倍。机构应该拟定数据共享应用的专门培训计划,不仅涉及数据的收集、储存,还应该把有关数据质量、标准,以及数据共享的规则、原则,数据价值和潜在的知识产权,以及医学科学数据共享应用中需要遵循的伦理原则、规范,以及我国和国际上为了保护隐私权和知情同意的个体权益的规定、共识和成熟的方法。同时,对于数据收集的科研人员和临床医生,与科研管理人员、伦理审查委员等制定不同的培训计划。

六、机构管理体系框架要求

为落实国家相关管理规定和落实机构管理制度,履行机构管理职责,相关机构应建立相应的管理体系。基本框架应满足以下要求。

管理体系是根据国家相关法律法规和上级相关部门的管理规定和管理规范要求建立内部管理制度和设立机构内部管理体系,包括针对医学科学数据及其共享、再利用面临的挑战和可能产生的问题,建立管理制度,拟定设置或授权的管理部门和/或人员职责,建立数据管理内部管理制度,以及相应的管理文件和流程等构成的管理体系,完成机构在数据共享应用的管理职能,保障各利益相关方的权益等,使机构相关数据共享应用符合国家法律规定和伦理原则。

机构对内管理包括三个方面,其框架体系要求如下。

(1)组织架构方面

机构应该设置科学数据管理部门和数据审查的委员会。对于非专门提供数据共享应用服务的机构,可以由机构授权现有的相关管理部门和委员会履行相关管理和审查职能。但是,应该设置专门的数据审查管理人员,且委员会应该增加数据审查和信息安全相关的专家或成员。

(2)管理制度方面

机构应该建立保障机构数据共享应用有效有序进行的管理制度。管理制度包括数据共享应用对内管理制度,也应该包括对外高效安全的合作制度。不同制度有机结合,共同保障数据共享应用机制的有效运行。

(3)管理流程和文件

管理制度需要通过管理文件和具体的流程来实现。流程是实现管理制度的程序要求,具体规定落实制度的实现步骤。如知情同意履行的内容和程序等相关制度和流程等。文件是实现管理制度的内容要求,具体规定管理内容,以及相关的材料要求、标准等。管理制度、流程等通常以管理文件的形式存在。机构应建立系统规范的管理文件。

对内管理,机构应该建立科学有效的流程,简化程序,提高效率,促进符合要求的数据共享应用,充分发挥数据价值。需要注意的是,科学数据共享应用是研究实施的后续和发展,因此数据共享应用的管理流程应该考虑与研究实施伦理管理的衔接。部分来自业务来源的科学数据的管理则应该体现与临床诊疗等业务工作的衔接。明确相关部门和人员的各自职责范围,有机结合共同完成数据共享应用的管理。管理文件应该既有助于管理又便于申请者使用,避免繁杂。此外,文件还应该包含相关规定等相匹配的附件,如用于备案、审查申请的材料和规范模板。如分别用于来源于管理医疗和研究数据的知情同意书和数据使用协议模板的中心组件。

对外合作,机构应该根据法律法规,根据协商互利原则,依法并通过合同＆协议或章程,保证数据安全和个人、机构权益的情况下,促进数据共享应用。

(4)技术方案和措施

机构应该建立数据管理或服务的技术支撑系统。技术支撑系统的目的包括两个方面。一方面是通过信息化或技术手段对机构的数据共享应用计划及其备案、管理、审查和跟踪等进行信息化管理;另一方面是通过技术手段或技术平台保障数据安全。这对于储存数据和提供数据共享应用服务的机构尤为重要。

第二节 机构管理体系

一、管理或责任部门和职责

1. 管理或者责任部门

机构应设置科学数据管理部门,对于非专门提供数据共享应用服务的机构,可以授权现有的科研管理部门或信息管理部门履行管理工作。机构授权现有信息管理部门履行管理工作,应该加强与科研管理以及机构(伦理)审查委员会的职能衔接。无论机构管理部门设置还是授权履责,都应该设置专门岗位和安排专门人员负责数据管理工作。

2. 部门和岗位职责

机构应明确机构部门及其负责人、直接管理责任人员在数据共享应用管理的职责和义务。机构或单位应该为数据共享应用的管理工作提供必要的管理条件。

机构应明确责任部门、负责人和专门数据管理和/或伦理管理人员的职责,一般履行以下职责:

①落实细化上级管理规定,拟定机构内管理制度、管理流程和管理规范,以及具体措施。

②制定、实施、定期更新数据管理办法、流程,管理和培训规划等。

③应建立、维护和更新机构所持有的或负责的医学科学数据管理系统和记录清单(包括数据的类型、数量、来源等)和授权访问策略、访问记录等。

科学数据的质量和标准也是机构管理的重要内容。通常由科技管理部门履行管理职能。主要包括项目验收数据汇交,以及数据发表等相关数据管理。

数据安全管理应该落实责任到人,但应避免形式主义,应该切实明确主体责任,并提供相应的权利和设施。

④应由专门的数据管理人员负责管理数据。对于需要加强数据安全或隐私保护的数据,应该采用专门的数据储存库,落实双人双密码等管理措施。

专门的数据管理人员具有保密义务,必要时应该签署数据保密、避免泄露的承诺书。机构应明确内部涉及个人健康隐私信息处理的不同岗位的管理职责,以及发生隐私泄露事件的内部处罚机制。应与负责数据储存、数据管理、数据传送等岗位上的相关人员签署在岗和离岗后相关保密承诺和协议。

二、数据审查委员会

1. 审查委员会

机构可针对数据共享应用设置专门的数据审查委员会（审查内容包括但不限于伦理），国际上习惯被称为数据访问委员会（Data Access Committees，DAC），以下为便于理解，中文统称为"数据审查委员会"，英文缩写采用国际更多使用的"DAC"。机构可以授权机构（伦理）审查委员会（Institutional Review Board，IRB），也称为研究伦理委员会(Research Ethics Committees，RECs)，履行数据审查的职能。本节中以下统称为"伦理委员会"或"IRB"。

除特殊说明外，审查委员会是指包括数据审查委员会和伦理委员会。

有以下情况的机构应建立专门数据审查委员会。

①专门提供医学数据共享服务的机构；

②提供含有网络实时数据共享服务的机构；

③审查量较大的机构；

④审查涉及可识别信息、健康敏感信息，涉及需要特别保护的人群或国际合作等情况较多的机构；

⑤其他需要建立专门数据审查委员会的情况。

委员会可以挂靠在数据管理或科研管理部门，应该设置专门管理人员负责常规工作，必要时可以设置秘书处。实践中一些机构授权信息管理部门负责，相对技术管理更强，更适合对技术进行管理和支撑的机构。

2. 审查委员会职责

① DAC对数据共享应用的伦理可接受性、机构权益（如数据价值和知识产权）、数据安全和国家安全等方面进行全面的综合审查，并做出是否允许共享或再使用的决定，以及对共享或再利用方案等提出修订意见。

授权IRB履行数据审查职责的，建议应全面综合审查后做出审批决定，以及对共享或再利用方案等提出修订意见；

IRB仅审查伦理可接受性的，应由机构授权管理部门审查，或机构内数据共享应用平台、数据中心等对数据安全、数据知识产权等进行权限内审查，加强管理。

②审查委员会应根据本机构数据构成、机构主要职能等确定审查的重点，如对于创新研究为主的机构，应该加强法律和知识产权方面的审查，避免机构权益受损。如基因数据或者其他涉及重要数据安全的数据，应加强数据安全的审查。

③对于潜在安全风险较大的，可以由科研管理部门协同信息管理部门共同审查；或者委托信息安全专家或第三方机构出具安全审查意见。

④审查内容方面，应该根据机构实践需求加强相关内容的审查力度。

如，伦理可接受性是医学科学数据共享应用（包括再利用）计划审查的重要内容，应根据国际生物医学研究的伦理原则、数据共享使用国际共识和我国的相关规定，按照委员会章程和审查要求的程序完成审查。涉及人的健康相关研究较多，或临床医学业务数据为主要数据来源的机构应该加强伦理审查。

⑤机构数据管理部门，或机构内数据共享应用平台，或者数据共享应用中心（如国家科学数据中心），应加强数据管理。

平台和中心可以参照 DAC 建立平台或中心 DAC，对平台和中心内的数据共享应用计划进行前置审查或做出审查决定。根据法律法规和相关规定无须伦理审查的计划，经对数据安全、数据价值等参照 DAC 审查内容和标准完成审查，促进平台、中心的权益保护。经审查需要提交机构 IRB 或机构数据管理部门的，应按照相关规定和程序提交审查。

跨机构的较大规模数据共享应用合作组，可以参考平台、中心成立合作组 DAC 或数据审查小组，对合作组的数据共享应用计划进行前置审查或做出组内审查决定，保障数据安全和合作组各方权益。经审查需要提交机构 IRB 或机构数据管理部门的，应按照相关规定和程序提交审查。

3. 审查委员会构成

审查委员会由多领域专家组成，包括法学、伦理学、方法学或统计学、生物医学、管理学和/或技术（信息安全）等领域的专家和非本机构的社会人士共同组成。原则上要求副高级以上专业职称；法学专家应从事 5 年以上相关学术研究或执业背景。

审查委员会人数不得少于 9 人，应该兼顾不同领域、学科等进行设置。当相关部门制定相关管理办法提出具体规定时，按照相关规定执行。

审查委员会设主席（主任委员）一人，副主席（副主任委员）若干人，由审查委员会委员协商推举产生。根据国际共识或经验，主任委员建议由法学或伦理学专家担任。[1]

根据机构的专业设置和需求可以侧重选择临床医学、基础医学、生物信息学、预防医学、数据管理、遗传资源管理、信息安全或生物信息学方面的专家。

必要时，针对数据挖掘和隐私问题可以建立数据技术审查小组，并由具有数据科学和信息安全专业知识的专家主持。[2]

由 IRB 履行全面审查职能的，IRB 应按照相关规定组建，建议增加信息安全和数据管理等安全审查专家，以完成数据使用安全审查的职责。

4. 委员职责

数据共享应用审查的重要性及其审查诸多难点，决定了审查委员会需要由多学科专家组成，并对委员的专业经验有一定要求。DAC 需要由不同专业领域的委员在审查中分工合作，并各自履行其专业审查职责，才能共同完成审查工作，如数据价值和知识产权须由临床医学或生物信息学专家协同法律专家共同确定。

以下参考生物医学数据访问和共享管理和审查（bio-medical data access and sharing administration and review，BMD-ASAR）经验，建议 DAC 的委员的主要职责可按照如下方式进行分配。[2]

法律专业委员负责：①有关法律和法规的知识，包括国际国家近期趋势和政策，把握法律规定变化及其解释、文件修订等；②评估数据共享中个人信息主体的权利是否受到侵犯等，以及权利保障的尤其是数据安全、隐私保护、知识产权、知情同意和遗传资源管理相关法律问题。

伦理专家负责：①理解支持决策的伦理规范和原则；②评估数据共享使用及其应急方案对保护和促进研究参与者、研究人员和更广泛社区（涉及人群或团体）的权利、利益和福利的影响；③重点从伦理角度进行隐私保护、知情同意相关风险收益评估。

社会学者或社会代表负责：①了解收集数据的时间和地点及其潜在影响的社会和环境背景；②注意可能引起公众关注的问题的认识和潜在意见等。

研究方法或统计学专家负责：①评估目标、可行性和申请所提出的研究设计的方法学专业知识；②评估数据使用方案的科学性、合理性，完成研究目标所需数据量等；③以及与其他流行病学和纵向研究合作的经验。

安全审查专家（对信息安全、研究数据及其挖掘有专长）负责：根据对数据集规模、患病率和遗传性以及需要委员会进一步详细讨论的问题的了解，评估数据及其驱动研究隐私泄露风险并提出意见。如，哪些数据资源可用，这些资源的格式和提供情况，其使用是否有特定的技术或其他限制。

临床医学专家审查：①对涉及临床研究相关专业数据及其研究背景，如研究相关疾病的严重性和可干预治疗性客观现状分析、临床研究数据分析方案的显著错误或限制性审查；②研究和临床实践之间的模糊界限，分析应向患者及其家属数据共享使用的非临床知情同意内容；③临床诊疗过程中签署知情同意的可行性和问题；现有数据重新知情的可行性分析等。

生物和遗传医学专家负责：①对涉及生物医学研究的数据，结合生物方法的认识，评估生物相关研究要求的变量(数据内容及其用量)是否"必要和合理"；②对涉及多基因检测的数据的生物医学背景的理解，以判断研究中偶然或次要发现的可能性，及其对提高临床潜在意义价值预测；③评估共享或使用的生物信息重新识别的潜在风险等。

三、审查委员会审查职能衔接

数据共享应用审查机构的设置问题，以及委员会委员的具体职责和委员会组建审查方式。在伦理审查指南专家共识的讨论过程中，对是否成立专门的数据共享应用的专门数据审查委员会，来自于医疗机构和科研机构的专家意见明显相左。医疗机构的科研管理部门相关专家认为应该由 IRB 履行审查职责。理由是机构内现有的伦理审查职能的委员会繁多，机构对这些委员会的组织管理负担过重。除了 IRB，一般医疗机构还设置生殖伦理委员会、器官移植伦理委员会、第三类技术伦理委员会、临床试验（新药研发）伦理委员会等专门的伦理委员会以满足上级管理部门的要求。来自科研机构的专家则强调必须成立专门的数据审查委员会。理由是数据审查与伦理审查的目的和审查重点内容有所不同，审查依据和审查标准也有所不同。

机构审查委员会的具体设置可以根据实践中不同机构自身数据共享应用审查的实际需求决定。伦理审查是数据共享应用审查的重要内容，如临床医疗机构，IRB 可以增加数据安全和信息安全专家等完成数据共享应用计划的审查。

同时具有 DAC 和 IRB 的机构，通常 DAC 不需增加单独的伦理审查程序，但与 IRB 之间的关系应得到更好的界定，[3] 并明确二者数据审查的职能衔接。

DAC 和 IRB 审查的具体内容虽然有一定联系，但二者的审查职能并不完全相同。[4-5] 主要表现在以下几个方面：

①设立背景不同。IRB 主要负责对项目立项或实施前伦理可接受性的审查。IRB 在审查程序和跟踪管理过程中类似"监护人和代言人"，特别是对于个人参与者权益保障方面。数据共享实践以来，IRB 通常被视为课题审查中前瞻性数据共享计划伦理可接受性的审查主管机构。如美国国立卫生研究院（National Institutes of Health，NIH）指定的数据存储库（《2014 年 NIH 基因组数据共享政策》）和欧洲基因组 – 表型档案库（The European Genome Phenome Archive，EGA）两大数据共享平台所采用的指南。而 DAC 是在数据共享倡议、要求与实践发展以来，为了填补基因数据共享中伦理监督的空白而设立的，以评估和授权数据访问请求，适合对现有数据共享应用进行审查。

②审查内容不同。IRB 在数据收集前评估数据共享计划的充分性，对数据收集实施研究中受试者的保障。DAC 也会评估特定数据共享应用请求的伦理可接受性，以及数据共享方案、使用的科学性和合理性，但 DAC 是数据共享应用的全面审查，与涉及人体的生物医学研究的伦理审查相比，数据共享应用重视数据安全和涉及更多法律问题的判定，以及人类遗传资源管理等。如，是否履行知情同意，以及共享、传送和适应数据的方案、方式是否能够满足基于数据的敏感性的隐私保护和重新识别潜在身份的风险是否符合要求等。

③保护对象差异。DAC 不仅保护个人信息主体，还要保护数据提供者的合法权益，注重保护和尊重知识产权，[6] 如果涉及商业用途，还涉及经济评估和权利约定等问题。即使针对个体权益保护，与伦理审查的审查重点也不同，DAC 更多审查数据共享应用目

的、方案与最初伦理批准的一致性，以及识别个人信息主体的风险等；因数据共享应用的持续性还通常需要同时考虑涉及个人信息主体的家庭风险和问题。因此，DAC审查数据共享应用的多个方面的风险和收益，不仅仅是个人参与者的风险收益，履行的是个人、机构和国家安全的综合"监护"职责。

IRB保护生物医学研究实施中的受试者，潜在风险更多是影响受试者个人，对个人参与者的影响，包括身体潜在影响，可能是严重的，但往往是短暂或有期间限制的，风险评估和知情同意等履行相对比较简单。虽然数据共享应用也可以约定限制，但数据容易保存和复制，且数据共享初衷是促进数据对科学研究等发挥作用，因此，数据共享应用的后续使用往往与生物样本的泛知情同意类似，对个体的影响较多。除了适用现有数据的审查，因此，DAC被认为适合管理审查更复杂或更高风险的数据。[5] 特别是确定此类数据发布和访问路径的关键评估。在一些类型数据申请审查中，科学评估数据及其应用的潜在公共利益是审查决定的重要内容。这在公共卫生相关数据，如重大突发传染病疫情数据的共享应用尤为明显。保护数据提供者需要评估是否不合理地损害数据相关的知识产权，或以其他方式（潜在经济效益等）损害其研究者或数据保管人（通常多个甚至多组研究人员）。

目前我国对于数据共享应用的审查组织没有明确的规定，实践中不同机构根据实际情况做法不尽相同。对于已经分别设立IRB和DAC的机构，应明确各自的审查范围，协调和组织两个委员会对于数据共享应用审查的职能衔接是机构伦理管理制度和流程的管理重点。参考国际经验，IRB适合对项目立项审查中直接完成项目相关数据共享计划的初步审查。DAC适合对现有数据共享应用的审查和隐私构成与数据共享应用方案等较为复杂的数据，如基因组数据。对于一些长期的数据共享规划中，数据共享应用的落实可能在前瞻性数据共享规划同时进行、直接衔接，也可能另行申请，可以通过委员会挂靠管理部门、专门的数据管理人员或明确的衔接流程等确保共享计划与数据共享应用审查管理的衔接，避免出现管理空白。建议DAC与IRB由机构科研管理部门负责统一的日常组织管理。

四、管理流程和文件

1. 流程和文件及其作用

（1）流程和文件概述及其作用

流程是实现管理制度的程序要求，如审查流程。文件对落实制度具有内容要求。如审查需要提交的材料、审查程序和审查内容、审查标准等。管理制度、流程等通常固定表达在管理文件中。

以伦理备案、审查和跟踪制度为例：为了使数据共享应用之前进行风险预防和落实相关法律法规规定，以及具有伦理可接受性，机构应建立数据共享应用的备案、审查制度。根据风险收益评估的结果进行备案和/或审查，对数据共享应用的社会价值、科学价值，以及数据共享应用计划方案的合理性等，特别是保障个人权益，隐私保护和知情同意等，以及相应应急措施等进行审查，保障数据共享应用具有积极的价值，并不侵犯个人或特定群体的权益。

备案和审查是预防性的前瞻性管理制度。备案是管理的重要方法，有利于跟踪管理。包括数据共享应用前的备案和共享应用实施备案两个阶段。第一阶段可能与研究备案和临床工作诊疗记录或者公共卫生防控实践相重合；第二阶段为数据共享应用阶段的单独备案。包括数据储存、共享应用计划及其审查、实施、追踪管理等。审查是对风险防控和使用方案等进行把关的环节。数据共享应用（包括再利用）的审查内容包括数据共享应用的科学价值、社会价值；共享使用方案的科学性；个人权益保障和数据安全、数据潜在价值及其保护等应该在数据管理办法、申请流程、申请表和审查事项示例等文件进行明确。对于评估和审查发现具有风险隐患，或其他原因需要加强或持续管理的，应该跟踪管理，并对产生的问题等及时应对和处理，应该对跟踪管理的事项、要求等在管理办法中明确规定。

备案、审查和跟踪管理构成机构对医学科学数据共享应用的全程管理。管理需要面对互联网和大数据分析的进展带来的挑战和问题；管理需要面对和解决管理漏洞、人员违规等造成数据共享应用的数据安全问题，包括涉及的国家安全、个人信息主体隐私或机构创新或商业秘密等问题。跟踪管理应该对重点环节、较大风险，具有重大价值（知识产权），以及一些法律法规规定的跟踪管理事项，进一步确保数据共享应用在发挥积极作用的同时，避免对国家、个人和机构带来损害或危险。

数据备案管理应包括审查和跟踪管理的内容。备案管理是跟踪管理的基础。机构应该对数据共享应用计划或申请实行备案管理，可以列出本机构高风险清单有助于数据安全管理，以及数据共享应用的监督和管理；应加强潜在较大价值的数据及其成果备案和跟踪管理。医学科学数据共享应用的备案、审查和跟踪管理也应体现医学领域的特点，其中伦理备案、伦理审查管理和后续的伦理跟踪管理等应按照国家规定（如有）及时办理，是数据及其共享应用计划备案、审查和跟踪管理的重要内容。

（2）具体内容示例

备案、审查和跟踪管理的内容应包括数据来源、数据隐私风险、数据潜在价值、数据共享汇交计划和/或数据共享范围和用途等。进行数据共享应用审查的，应同时备案相关信息。对于一些备案或审查中重要内容、较大风险的内容或重要事项变更等，以及发生不良事件等应及时跟踪管理等。

数据共享应用的具体备案、审查和跟踪管理的内容总体应包括：

①数据共享应用计划备案；

②数据共享应用计划审查及其备案：是机构管理的重要内容，包括对共享应用的计划价值、方案的科学性，以及符合伦理要求等进行审查；

③重要知识产权相关事项备案，如数据潜在知识产权和收益情况；

④遗传资源备案：涉及遗传资源材料（*前瞻性数据收集可能涉及）和信息的类型、数据收集、使用和再利用的（Ex：国际合作）伦理审批或备案记录；

⑤重要数据、敏感数据等重点环节应急预案备案和跟踪管理；

⑥不良事件（个人隐私、数据安全、遗传资源管理等方面）报告和应急处理；

⑦其他需要备案的情况。

2. 流程和文件的总体要求

作为数据共享应用的利益相关者，无论是数据产生和收集机构、数据储存、提供机构，还是专门提供数据共享应用服务的第三方机构或平台，数据共享应用的管理都是机构管理的一部分。不同的机构具有不同的管理重点，数据共享应用的流程和文件应与机构现有管理体系有机结合，与机构的实际情况和需求相适应，因此不同机构的具有管理流程可能不完全相同，但流程和管理文件应该满足以下要求。

（1）流程清晰高效

机构应该建立科学有效的流程，简化程序，提高效率，促进符合要求的数据共享应用，充分发挥数据价值。

（2）明确管理衔接

研究来源的科学数据共享应用是研究实施的后续和发展，数据共享应用的管理流程应该考虑与研究实施管理的衔接。如果科学数据是健康医疗业务数据的再利用，科学数据的管理则应该体现与临床医疗管理的衔接。明确相关部门和人员的各自职责范围，有机结合共同完成数据共享应用的管理。

（3）管理文件规范

机构应建立系统规范的管理文件。管理文件应该清晰，避免繁杂。为规范管理，机构应提供文件所需相匹配的附件或模板。如用于备案、审查申请的材料和规范模板；如分别用于来源于管理医疗和研究数据的知情同意书和数据使用协议模板的中心组件，以指导和规范知情同意的格式和内容、表述语言、方式等。

3. 文件的记录和保存

数据共享应用备案、审查和跟踪管理等相关记录应保存，保存时间应不少于5年；数据持续共享使用的应在停止使用后保存5年；经评估有较大价值的，或具有较大风险等，可适当延长保存期限。对于特殊数据可以根据可行性等实际情况延长保存时间，国家相关部门制定办法或指南有相关规定的,按照相关规定执行。

记录保存方式可纸质版保存和电子版保存;保存时间较长的,宜电子保存;经评估有较大价值的,应采用安全有效的方法备份。对于可能存在争议或其他需要纸质版签字保存的,可同时两种方式保存。相关法律法规或标准规范有特殊要求的,如科研诚信对于数据记录和保存等具有不同要求的,按照相关规定执行。

五、适当管理技术支撑

1. 管理系统

根据《数据安全法》,数据安全是指通过采取必要措施,确保数据处于有效保护和合法利用的状态,以及具备保障持续安全状态的能力,维护数据安全应当坚持总体国家安全观,建立健全数据安全治理体系,提高数据安全保障能力。需要根据不同的数据安全等级和要求进行分级共享和管理。

分级管理的目标及其管理体系,需要技术体系来保障和支撑管理流程和手段,包括保障数据管理和数据共享模式。数据共享应用的技术保障体系具体是通过数据管理系统、数据共享平台基础设施等来实现。

不同的管理系统具有功能的侧重,也有不同程度的功能重叠,机构可以根据管理需要,配备相应的数据管理体系的技术支撑。根据系统的主要功能,用于数据管理的系统主要包括:

①数据共享计划汇交和审查验收系统(包括跨机构、跨地区的集中式数据管理系统);

②数据共享应用备案、管理跟踪系统;

③数据审查和跟踪管理系统(主要用于研究实施、数据收集和使用的监管);

④数据发布平台(数据共享平台),发布共享数据的信息,或者能够公开共享的数据,通常为互联网发布平台或网站;

⑤数据使用和挖掘服务平台,适合数据价值、数据隐私保护和数据安全保护等需求的数据共享服务。一般不发布数据,只发布数据信息,但可以根据申请提供相应的数据统计或分析结果;

⑥其他功能的数据管理系统。

2. 数据安全技术保障重点环节

数据安全管理包含两个方面,数据整体安全和个人隐私安全。两个方面的安全又分别包含三个部分:储存,传送和使用。

机构的数据安全管理制度需要技术支撑实现或协助。单纯的数据储存的安全管理主要在机构内部。需要数据安全的基础设施来完成。对于数据共享应用服务的平台或机构，数据安全包括维护数据共享服务平台的稳定运行、防止科学、商业秘密泄露等责任。数据共享和服务系统需要满足相应的数据安全的技术要求。

传送数据的安全，在技术方面主要是基于互联网或自媒体等信息传输的安全保障。在制度或管理方面机构可以通过对不同数据安全层级和个人隐私内容提出传送数据的原则要求与技术保障有机结合。如，在协议和章程中对传送数据的方式，以及互联网、自媒体传送数据时对数据内容和加密方面提出一些具体的技术要求。

对于数据使用的数据安全和隐私保障，在技术设施和技术系统中不能完全割裂。在共享平台，除了采用适当的数据管理系统或者数据安全技术，可以采用后台挖掘的管理和技术结合方式，使共享数据的再利用无须提供具体数据给申请者，根据申请者的研究目的和要求直接后台挖掘后提供研究结果。

3. 结合数据共享交换数据模型－技术应用举例

在第一章中，根据交换医疗数据的主要模型，以及目前用于降低重新识别风险的传统隐私保护机制的局限性，其中，举例介绍了数据共享模型归纳为集中式，分散式（站点级元分析）和分散式（联合学习）三类。每类模型都具有其主要技术优势和技术问题。机构为适应不同类型数据的共享需求，应该尽可能提供多种共享管理或服务模式。且需要根据随着技术发展和不同要求加强数据安全或隐私保护。

例如，针对现有数据交换模型的各自缺点的综合技术解决方案。

（1）现有数据交换模型的缺点

①集中式数据共享模式。因重新识别攻击的复杂性不断提高，以及个体数据的维度（临床表型和遗传属性基因组数据的数量）不断上升。因此，针对个体－水平患者数据的传统匿名技术在实践中很少使用。研究人员更倾向于依靠简单的假名化技术（如用假名代码替换直接标识符）结合法律措施来确定各方在数据传输、访问和使用方面的责任。此外，尽管合同保障措施旨在遵守数据安全和个人隐私保护相关法律法规，但可能无法消除个人被重新确认身份的风险。结合传统的假名化机制和治理策略符合 GDPR 规定下的假名化而非我国《个人信息保护法》匿名化的法律标准。我国《个人信息保护法》规定"匿名化的数据不属于个人信息"。

②分散式模型。该模型下，个体－水平数据并没有实际共享，属于根据需求提供后台挖掘服务的方式，因此重新识别一般个人信息主体的风险较低。但对于一些特定群体，（如罕见疾病患者），某些聚合水平的统计数据具有一定的个人识别风险。而且，与集中式方法相反，综合汇总统计或局部分析结果的元数据分析结果的准确性可能会受到交叉研究异质性的影响。这可能导致不准确和误导性的结论。

（2）解决方案及示例

解决方案：综合数据共享目的和需求结合两种方法的最佳特性，同时也兼顾两种模型的潜在缺陷。重点利用先进的隐私增强技术将风险降至最低。

示例：利用结合同态加密和安全多方计算基于软件两种隐私增强技术，可保证数据的匿名性，促进健康医疗数据共享，扩展进行隐私保护多站点共享研究的能力。[7]这种技术方案依赖于数学证明的数据机密性保证，分别基于加密硬问题和非融合假设。

①同态加密（homomorphic encryption）。同态加密是一种特殊类型的加密，它支持对加密数据（密文）进行计算而无须解密。[8]同态加密的数据可以安全地分发给第三方，第三方可以对它们执行有意义的操作，而不必了解它们的任何内容。目前的实用方案虽然限于引入的高计算和存储费用只允许对密文进行有限数量的计算（如多项式运算），但已经达到了允许在实际场景中使用的成熟程度。

②安全多方计算（secure multiparty computation）。安全多方计算方案使多方能够通过其私人输入共同计算函数，而不必向其他方透露更多关于彼此输入的信息。[9]这类协议在保护隐私的分布式分析平台中特别有吸引力，能支持各种各样的安全计算。这种灵活性伴有一些阻碍其采用的缺点，包括网络维护支付费用较高和计算过程中各方须保持在线的要求。

③多方同态加密（multiparty homomorphic encryption）。提出了安全多方计算和同态加密相结合的方法，克服了各自的高费用和技术限制；被称为多方同态加密。[10]多方同态加密通过在加密的局部计算（使用同态加密执行）和交互协议（安全多方计算）之间高效地转换，实现了灵活的安全处理。它可以用来为给定工作流中的每个步骤选择最有效的方法，利用一种技术的特性来避免另一种技术的瓶颈。此外，多方同态加密保证了底层同态加密方案的密钥永远不完全存在。相反，它将解密过程的控制权分配给所有参与的站点，每个站点都持有一段密钥。所有参与的站点都必须同意对任何一段数据进行解密，并且没有一个实体能够单独对数据进行解密。

多方同态加密的优势，与同态加密或安全多方计算不同，在于为解决影响分布式或联合数据共享方法的隐私保护问题提供了有效、可扩展和实用的解决方案。并形成了应用系统，如，Helen、MedCo等系统使用多方同态加密，均能确保站点之间交换的所有信息始终以加密形式存在，包括模型参数和模型更新等聚合数据，并且只有最终结果（计算模型或基于此模型的预测）才显示给授权用户。[11-12]且为保护聚合级数据免受推理攻击，多方同态加密减少了混淆技术的需要。此外，多方同态加密能够在相同级别的重新识别风险下实现更低的效用降级。

六、章程和合同的保障、约束作用

没有任何一种去识别或匿名技术能够完全防范重新识别的风险。[13]机构应该重视数据共享应用章程和合作合同（包括协议）的保障作用。可以作为管理制度和技术支撑限制的重要补充，加强对数据共享应用中个人信息主体、机构的权益的保障作用。涉及合作时，利益相关者需要遵守的具体的内容，权利义务等需要通过协商后通过共同规则（章程）和/或双方、多方协议进一步约定和明确。专门的数据管理和服务平台也可以制定服务章程，作为机构提供数据共享应用服务的基础要求。此外，数据合作或传送的隐私增强技术存在不足或缺点，机构合作时须依赖于签署的数据共享或转移合同作为隐私保护的补充。

章程可以作为共同规则规定合作组成员的责任，例如，提供数据的成员，才能共享或优先共享其他成员的数据；合作组成员需要保证数据真实、客观、完整性等。

数据共享应用实践经常涉及对外合作或多方合作。因此，在法律框架和国际规则下可以就具体的权益分配和责任归属等进行协商。在数据共享应用过程中，除了遵循风险评估、备案、审查和跟踪管理制度保障个人信息主体和机构权益，双方或多方利益相关者还需要通过协商一致，通过合同或章程进行权益归属和责任确认进一步约定。鼓励科学数据共享，目前具可操作性的最佳解决方案是技术措施保障加上合同依法约定。

经评估需要加强管理和权益保障，在对外数据共享应用实践中，需要通过协商一致，通过合同或章程的方式对合作方权利义务进行进一步约定，特别是涉及个人权益隐私、遗传资源保护等。一些涉及特定人群、知识产权，以及涉及保密使用的数据共享应用，必须签署合同或协议，加强对相关责任的履行。制定共享章程和签署合同或协议是保障个体和机构权益的管理的重要补充，是机构管理的重要一环。

章程通常用于数据提供方对申请数据使用方提出的单方面的条件和要求。需要包括：章程适用对象和范围、内容、使用数据或参与合作的具体要求，以及退出章程的程序和要求，强制退出的情况等。章程往往对所有人或者合作方较多的合作组成员进行权利义务约定的一种方式。章程往往包括合作组的合作背景、对参与合作组的要求，需要履行的义务，以及与义务相对应的优先权利等。（附录6-1，章程示例）

合同与章程相比，更具个性化和灵活性，往往为合作双方或多方针对具体合作的"逐项"约定。但是，章程相对稳定，对应方范围较大，甚至可以用于所有数据共享应用的潜在利益相关者。合同也可以称为协议，一般用于一对一的合作方，或者合作方相对较少的情况。通过双方协商一致，双方根据《民法典》合同编、侵权责任编和其他法律法规，就双方各自权利和义务签署合同或协议。合同一般包括双方合作内容、数据使用限制、个人隐私保护条款，数据使用后处理，以及知识产权约定条款、保密条款等。（附录6-2：协议示例）

附录6-1（资料性）

科学数据建设和共享合作组章程（示例）

第一章 总则

第一条 根据国家《科学数据管理办法》和科技部《国家科技资源共享服务平台管理办法》，结合数据共享合作需求，XXX牵头单位组织并联合国内知名三级甲等医疗机构组成合作组（以下称合作组单位）共同发起建立XXXXXX科学数据库，并共同拟定XXXXXX科学数据及其共享的标准和规范。

第二条 XXXXXX科学数据库合作组将组织制定XXXXXX科学数据库建设和使用的章程、使用申请流程等事宜。合作组单位组成见附件1（略）。

第三条 XXX牵头单位根据本章程组织成立合作组工作委员会、数据审查委员会（Data Access Committees, DAC）。数据审查委员会履行数据共享应用计划审查工作。DAC的组成和职能见附件2（略）。

合作组发起单位参与数据使用章程的制定，作为XXXXXX数据库的发起成员参与合作组工作委员会和数据审查委员会的组成。

合作组工作委员会负责合作组重大规划和科研合作的讨论和决策。合作组工作委员会的组成和职能见附件3（略）。

DAC负责审查合作组单位提交数据的质量和标准；负责合作组可支配数据使用的申请的审查，并做出是否允许使用的初步决定或审批决定（如匿名化数据使用）。根据法律法规和机构管理要求，必要时数据使用申请提交牵头单位所在机构审查委员会审查。

第四条 XXX牵头单位指定专门负责人和管理人员负责协调合作组内合作事宜，合作组单位指定专门数据负责人和数据录入管理人员。

第五条 XXX牵头单位负责根据本章程规定的审定流程审查合作组内外申请人的数据使用申请事宜，并定期向合作组工作委员会汇报。

第六条 XXX牵头单位负责建立和提供XXXXXX科学数据提交录入和管理系统，并采取现有技术和管理手段保障安全。

合作组单位根据协议和章程，以及本章程规定的相关标准、规范，时间和数据数量要求提交健康人群体检数据到甲方提供的系统，参与健康人群体检科学数据库的建设与共享。

第七条 XXX牵头单位组织促进合作组内的科研合作和申报项目或课题；XXX牵头单位同意作为合作组单位申报其他项目或课题的数据支撑和管理平台。

第八条 XXX牵头单位组织合作内专家为主的XXXXXX科学数据汇交和共享标准和规范，并促进拟定标准和规范的推广和应用。

标准和规范归属于XXX牵头单位。标准和规范拟定后将以附件的形式作为本章程的组成部分。

第二章　XXXXXX 科学数据库的建设

第九条　XXXXX 科学数据库规划年度数据总量 XXX 万和五年目标总量 XXX 万；基因检测数据总量 XX 万。

第十条　XXXXX 科学数据库第一批合作组单位为数据库发起单位，颁发证书。将享有永久数据库数据使用最惠待遇和贡献数据等量数据的优先使用权。XXXXX 科学数据库第一批合作组单位相关专业负责人或课题组负责人为发起人，颁发证书。

第十一条　XXX 牵头单位为合作组组长单位。合作组单位设置联合组长单位 1 个和副组长单位 2 个；其他为成员单位。（以下以 XXXXX 数据为例）

联合组长单位年度账号提交录入数据管理系统年度数据量不少于 XX 万，五年总量不少于 XX 万。

副组长单位年度账号提交录入数据管理系统年度数据量不少于 XX 万，五年总量不少于 XX 万。

合作组成员单位在数据管理系统中具有单独的数据录入、数据管理和数据分析账号。合作组单位年度账号提交录入数据管理系统的数据量不少于 XX 万。五年总量不少于 XX 万。

第三章　XXXXXX 数据库数据使用和共享

第十二条　XXXXX 科学数据库 XXXXX 科学数据总体数据的使用，将由 XXX，协同合作组单位负责人共同协商后确定。

第十三条　XXXXX 科学数据库数据总量以提炼简介内容，以合作组负责数据总体负责方式在 XXX 牵头单位共享。

合作组数据库每年度按照年度总量 10% 的比例提取提交 XXX 牵头单位所有，并有权提取一定比例用于中心和专题，以及相关网络平台实时共享。提取数据将为去隐私化数据；提取数据不包括各合作组单位正在研究课题的内容等需要保密的数据。

合作组单位提交到 XXX 牵头单位所有的数据为贡献数据。鼓励更多比例提交数据，XXX 牵头单位将根据数据情况和经费情况给予一定经费补偿。

第十四条　XXXXX 科学数据库总体数据和合作组合作科研内容总体数据发表后，各合作组单位可以自身数据基础发表数据，如文章等。

合作组单位利用单独的账户可以进行本单位独立设计和实施的科研数据的积累。利用相关数据发表数据，如文章等，需先就其数据使用等与合作组书面报合作组组长单位备案后进行。

第十五条　合作组单位需要使用 XXXXX 数据库数据时，在不影响合作组内的合作科研内容时，可以申请贡献数据等量数据总量的数据支持。

合作组单位申请使用数据时，应当提交合作组内数据使用申请书（略），将由XXX牵头单位，协同合作组DAC审查商定。

非合作组单位申请使用数据时，提交数据使用申请书，由合作组DAC按照前述审查权限、内容和程序审查或初步审查，必要时提交合作组提供数据所在机构DAC或IRB审查确定。

第四章 知识产权和保密

第十六条 依托XXX牵头单位数据管理系统产生的数据归属于合作组共有。

促进合作组内外单位的科研合作；合作产生的科研成果，包括但不限于文章、专利、计算机软件等，根据贡献大小确定排名。

第十七条 XXX牵头单位促进合作组成员之间对于XXXXXX数据库与其他数据库的联合数据挖掘，并保障合作组单位的权益。

第十八条 按照本章程比例提交并由XXX牵头单位具有支配权的数据，牵头单位有权直接挖掘利用或整合其他数据进行二次数据挖掘，并可以允许第三方非商业化使用，但应采取一定措施，以保障使用的数据的成果注明数据来源。

第十九条 合作单位利用XXX牵头单位提供的管理系统或数据完成的科研成果，包括但不限于文章、知识产权等，应注明提供和管理数据来源。涉及其他合作组成员单位的数据的，应协商成果共享方式，包括但不限于共同文章作者等。

XXX牵头单位提供系统或数据提供的数据管理系统仅供合作组单位自行数据库建设和科学研究使用；合作组单位与合作组整体科研相关的数据应该在合作组完成相关科研成果（包括但不限于发表文章、申请知识产权等）之后使用。与合作组整体科研无关的数据的使用，如发表文章等，应该提前提交书面备案说明给合作组。使用XXX牵头单位提供数据管理系统产生的数据用于商业用途，必须提交并获得数据使用审查委员会的书面同意。

第二十条 合作组成员单位在合作过程中获得的信息，包括但不限于牵头单位，或其他合作组成员单位的规划、研究规划和计划、后续成果规划、数据结果、管理规定和章程、数据需求、研究和开发计划、技术秘密、数据及其延伸研究内容和实施结果等应予保密，且在合作结束后无限期保密。

合作组成员任何一方不能将上述信息泄露给任何第三方。因泄露信息导致其他成员单位损失的，应给予赔偿或补偿。

第五章 其他

第二十一条 XXX牵头单位依托XXXXXX数据库和共享数据参加或牵头的形式争取申请科研经费。申请经费后根据数据的数量和质量等为合作组单位参与数据录入和收集的人员提取适量劳务费。

第二十二条 在数据库建设和合作履行过程中，如章程中所依据的客观情况发生重大变化，致使无法继续履行的，XXX牵头单位应及时通知合作组单位。

合作组成员因在履行中发现不可预见的困难或因素，或者有证据表明本协议难以继续履行时，应及时通知XXX牵头单位及合作组，经双方协商可以退出合作组。退出前应就合作科研等完成交接。

第二十三条 合作组成员不能按照本章程的要求提交年度数据的，应该合作组提交书面说明。连续2年不能按照本章程的要求提交数据的，自动退出合作组。故意恶意不履行且造成合作损失的，将列入合作组和牵头单位合作的黑名单，且上报相关平台合作和用户黑名单。

第二十四条 本章程在合作组讨论一致通过后生效。本章程的附件拥有与本章程同样的效力。

第二十五条 本章程的解释权归属合作组。

附录 6-2（资料性）

XXXXXX 科学数据共建与共享合作协议（示例）

甲方：XXXXXXXXX（单位名称）
乙方：XXXXXXXXX（单位名称）

鉴于：
甲方承担 XXXXXX 项目，负责 XXXXXX 相关数据的遴选和的整体规划、运行管理工作。

根据 XXXX 年签署的《XXXXXX 任务书》，甲方于 XXXX 年启动"基于数据登记和管理系统"统一标准和规范的中国的 XXXXXX 科学数据库（以下称"XXXXXX 科学数据库"）建设的组织和规划工作。乙方作为国内知名三级甲等医疗机构，作为发起单位、共建和共享合作组第一期单位之一参加中国 XXXXXX 科学数据库的建设及相关工作。为明确双方权利义务，依据《中华人民共和国民法典》合同编及相关法律法规，双方协商签署本协议，以资遵守。

第一条 甲方权利和义务：

（1）组织协调 XXXXXX 科学数据库的合作组的成立，牵头组织讨论和制定 XXXXXX 科学数据库合作组章程（以下称章程，包括但不限于数据建设和使用、科研合作等）、数据使用申请流程等事宜。

（2）提供 XXXXXX 科学数据库多中心登记和分析系统（以下简称"系统"），甲方应采取现有技术和管理手段保障数据安全。

（3）组织成立 XXXXXX 数据库数据使用审查委员会；并根据相关章程审查程序负责组织合作组内外申请人数据使用申请的审查事宜。

（4）定期组织协调 XXXXXX 科学数据共建和共享合作组会议，组织 XXXXXX 科学数据及其共享的标准和规范的制定和研讨。

（5）推动合作组制定的标准和规范的推广和应用。

（6）推动合作组内外进行科研合作。

第二条 乙方权利和义务：

（1）根据章程和协议和章程，以及合作组讨论的相关标准、规范、数据数量质量要求和时间提交 XXXXXX 科学数据到甲方提供的系统，参与 XXXXXX 科学数据库的建设与共享。XXXXXX 科学数据库总体数据的使用，将由甲方协同包括乙方在内的合作组单位数据库负责人共同协商后确定。

（2）乙方享有甲方提供系统的单独账号，用于本单位自身数据的积累，同时作为总体数据的组成部分。

甲方的提供的多中心注册研究系统仅供乙方自行数据库建设和研究使用，不能用于商业用途等；如果需要商业用数据，必须征得甲方的书面同意。

（3）根据合作组章程相关规定，XXXXXX科学数据库每年度提取一定比例数据（10%~20%）提交到XXX牵头单位所属平台中心；提交数据为去隐私化数据和去在研信息数据；提交数据内容按照合作组讨论的标准。该部分数据将用于甲方依据XXXXXXX共享的原则、规则和要求提交网络共享，以及应申请经甲方审查后允许合作组外的个人或单位的非商业化使用。

乙方提交数据比例将根据乙方数据总量情况双方协商。

（4）乙方作为发起单位，参与数据共建和共享合作组章程的制定，作为中国XXXXXX科学数据库的发起单位成员参与数据库工作委员会、数据使用审查委员会。

（5）乙方作为发起单位，享有与贡献数据等量的数据使用的优先权，但数据使用，包括对其贡献数据的使用，应该按照合作组形成的章程所要求的申请程序，提供相应的材料，经数据使用审查委员会对数据使用的伦理等核定后使用，贡献数据的等量数据原则上将由甲方从合作组总体数据中随机提供。双方同意，乙方使用数据应在总体数据相同研究内容或相关目的的使用之后。

由甲方提供的健系统共同建设的数据库总体数据使用，数据使用申请流程等根据合作组商定一致的章程。

第三条 乙方参与合作组基于XXXXXX人群的相关科研工作协作。甲方将依托XXXXXX科学数据库，通过合作组章程约定的平台数据共享，或申请科研课题等方式申请相应的经费，并依据乙方数据的数量和质量等为乙方参与数据录入和收集的人员提取适量劳务费。

第四条 甲方支持乙方的科研工作。乙方申请科研课题等，甲方同意甲乙双方约定的甲方相关平台可以作为乙方申请的数据管理和技术支撑基础。

第五条 知识产权

（1）甲乙双方合作之前拥有的知识产权不因本协议而改变。

（2）本协议合作中产生的数据的所有权规定如下：

乙方使用甲方提供的数据库积累产生的数据的所有权归属甲乙双方，乙方使用其账户内的数据发表文章等应先与甲方沟通，并获得书面同意授权。

乙方参与甲方基于数据的科研合作及其相关数据收集，利用甲方提供的仪器收集的数据的所有权归属甲方。乙方有权在甲方发表的文章或申报成果时列为参与单位，排名根据贡献大小决定。

（3）甲乙双方在本协议中涉及的数据库及其科研合作中所产生的科研成果（包括但不限于基于上述数据产生的文章，软件著作权，专利权等）所有权平等归属包括甲乙双方的合作组，根据贡献大小排名。

（4）按照章程和本协议归属甲方的数据，甲方根据国家法律法规、科技部等相关规定，可以结合其他数据进行二次数据挖掘和允许第三方非商业化使用，但甲方应采取一定措施，以保障使用乙方数据的成果注明数据来源为乙方。

（5）乙方使用甲方提供系统或数据完成的科研成果，包括但不限于文章、知识产权等，应注明甲方数据提供和/或管理的平台，具体为XXXXXXX。涉及其他合作组成员单位的数据的，应协商成果共享方式，包括但不限于文章作者、数据来源方等。

第六条　保密条款

甲乙双方应当保守在履行本协议过程中获得的对方的研究或商业秘密。

双方在合作过程中获得的对方信息，包括但不限于平台规划、研究规划和计划、后续成果规划、数据结果、管理规定和章程、数据需求、研究和开发计划、技术秘密、数据及其延伸研究内容和实施结果等应予保密，且在合作结束后无限期保密。任何一方不能将上述信息泄露给任何第三方。一方泄露信息导致对方损失的，应向对方赔偿。

第七条　不可预见因素及重大情况变化

（1）双方应本着诚实信用的原则履行本协议。任何一方在履行中发现不可预见的困难或因素，或者有证据表明本协议难以继续履行时，应及时通知对方，经双方协商可以终止履行本协议。终止本协议后，乙方应向甲方返还仪器。

（2）在本协议履行过程中，如双方订立本协议时所依据的客观情况发生重大变化，致使本协议无法履行的，经双方协商一致同意，可以变更本协议相关内容或者终止协议的履行。

第八条　违约

除本协议第六条　约定的事项外，由于甲乙任何一方违反本协议给对方造成损失的，应足额赔偿对方损失。

第九条　争议解决

甲乙任何一方对本协议的订立、解释、履行、效力等发生争议的，应友好协商解决；协商不成的，双方同意向XXXXXX(具体单一)仲裁委员会提交仲裁。

第十条　其他

（1）本协议的有效时间为3年，双方签字盖章后有效。本协议中第四条知识产权约定和第七条有关保密约定，不因本协议的终止而终止。

（2）本协议一式肆份，双方各执两份，每份具有同等法律效力。

甲方：　　　　（单位名称）　　　　乙方：　　　　（单位名称）

负责人签字：　　　　　　　　　　　负责人签字：

乙方：　　　　（单位盖章）　　　　乙方：　　　　（单位盖章）

　　　年　　月　　日　　　　　　　　　年　　月　　日

第三节　数据共享应用审查

一、审查的目的和依据

医学科学数据共享应用中审查是重要制度和要求，也是重要保障手段。审查的目的是保障数据处理、包括数据共享应用符合国家相关法律法规，即合法合规性，保障数据共享应用过程中的数据安全，保证数据共享应用符合伦理原则，保护国家权益、个人和机构合法权益。重点是保护国家安全、保障个人隐私和知情同意权，以及机构的知识产权及其经济效益等。

审查的依据是国家相关法律法规，如《民法典》《数据安全法》《个人信息保护法》《生物安全法》《人类遗传资源管理条例》，以及《科学数据管理办法》，知识产权法律法规等。对现有法律法规中有特别规定的按照相关法律法规的规定执行。

其中，伦理审查是涉及人体的生物医学研究伦理管理的重要内容和保障受试者权益的重要手段，也是上述法律法规对于数据共享应用、处理个人信息在数据共享应用等符合伦理原则进行伦理审查的法律要求。此外，《涉及人的生物医学研究伦理审查办法》（或正式施行的《涉及人的生命科学和医学研究伦理审查办法》）《加强科技伦理治理的意见》及其提出的科技伦理原则和要求是重要审查依据。国际伦理规范，如《涉及人的健康相关研究国际伦理准则》（International Ethical Guidelines for Health-related Research Involving Humans），以下简称为"《CIOMS准则》（2016）"，以及一些数据伦理相关的国家标准、行业标准或团体标准。

二、数据审查原则

（1）依法进行审查原则

数据共享和/或应用应该遵照国家法律法规、相关政策和规定。医学数据共享和应用应保障数据利益相关者的权益，明确利益相关者的责任。利益相关者应履行相关的责任，做到权责利统一。

（2）符合伦理要求原则

数据共享应用应该符合国际伦理准则中规定的生命和医学基本伦理原则，参照国际共识。数据共享应用应符合国家相关伦理要求。

（3）权益兼顾平衡原则

数据共享应用应该兼顾个体权益和公众利益；对数据共享应用进行风险收益评估，既不能损害个人权益，也不能损害群体和国家权益。

（4）个体权益保障原则

数据共享应用审查应该遵循个体权益保护优先原则，除法定情况下外，有助于群体或社会公益，不能在明知对个体损害的情况下共享或使用数据。

（5）分类分级审查原则

数据审查应该根据数据类型和涉及的相关信息的隐私敏感性、数据价值和数据安全等进行分类分级审查，根据风险等决定审查方式和审查重点内容。对涉及敏感数据、遗传资源的数据，或者弱势人群（参照涉及人体的医学研究界定）的数据，以及具有个人可识别信息或重新识别潜在性的数据应严格审查标准，避免造成损害或安全问题。

（6）促进数据共享原则

对于无风险的去识别数据和/或重新识别风险很小的数据，应该促进共享应用，应该促进现有数据的共享应用，促进充分发挥数据的社会价值和科学价值，以及经济价值。

（7）独立审查决定原则

审查机构应独立做出科学、合理和公正的审查决定，审查结果不受任何机构、组织和个人的干预。审查委员存在利益冲突的，应该主动申请回避。

三、审查形式和审查决定

1. 审查形式及其要求

审查形式分为书面审查（包括函审）和会议审查（包括在线会议）。

匿名化数据，或者去识别信息数据再使用计划，经评估对个人信息主体无风险或无，且不涉及人类遗传资源、国际合作等，可以采用书面审查形式；

不符合前述情况，或涉及数据量较大，数据潜在价值较大，或涉及潜在争议较大的问题的申请，应该通过会议审查。具体审查形式可参考本节申请材料、审查内容和标准，以及第七章第三节隐私分类分级等综合判定后决定。[14]

（1）书面审查要求

书面审查应该由符合专业领域和人数要求的委员完成书面审查意见，建议1～3人出具书面审查意见；对于初步审查时认为有一定潜在风险或数据共享应用的目的或主题等具有潜在争议的数据共享应用计划，不少于3个委员出具意见。

具有重要伦理问题的，如涉及个人隐私泄露风险较大或弱势人群的申请，或者涉及国际合作或对外提供数据的，不能采用书面审查的形式。具体将来可参考科技部科技评估中心建立的科技伦理活动清单。

书面审查未能达成一致意见,或经书面审查委员提出应会议审查的,应该通过会议审查做出审查决定。

(2)会议审查要求

参与会议审查的委员总数超过总数三分之二的单数时有效。

审查委员会应该达成一致意见后做出审查决定。无法达成一致意见的,按照超过 2/3 成员的意见做出决定,出具审查意见。应记录不同意见及其理由和其他修改建议。

有法律法规或规定有不同审查要求的,按照相关法律法规或规定执行。

2. 审查决定

经书面审查或会议审查,做出审查通过、修改后通过、修改后再审或驳回申请的审查决定。审查决定文件的基本要求如下:

①审查通过决定,应该包括申请的数据集(库)名称或申请数据量(必要时可以附简要介绍)、共享范围或使用目的、共享或使用方式,以及审查决定结果等。

②修改后通过或修改后再审的决定,应该提出需要修订的内容和理由。

③驳回申请决定,应明确驳回申请的理由,告知提出异议的程序,或需要提交上级审查的程序。

根据相关规定可以豁免伦理审查的,可以申请伦理审查豁免,是否允许伦理审查豁免建议由会议审查做出决定。允许伦理审查豁免的,仍应保障数据安全、数据价值和知识产权等符合国家相关法律法规等相关规定。

四、申请和材料准备

(一)申请提交

一般由申请人向其所在机构授权的科研管理或数据管理部门提出共享申请或使用申请;直接申请其他机构的数据,或者申请第三方专门从事数据共享服务机构数据,申请表应提交加盖其所在机构的公章。

通常提交机构负责数据共享应用管理部门,通常也是授权的审查委员会挂靠的部门,如数据管理部门、科研管理部门等;审查委员会设置秘书处的,也可以提交秘书处。由专门负责人员或秘书处进行格式审查。大数据平台或机构(包括企业)可以成立数据审查委员会。对于涉及较大伦理问题或伦理治理高风险的数据应用也可以委托符合要求的 IRB 或区域伦理审查中心进行单独伦理可接受性的审查。

研究机构或医疗机构研究数据和临床诊疗业务数据用于非营利性(公益性)研究的

数据共享应用计划提交审查申请的方式根据情况有以下两种选择。大数据服务第三方平台或机构（包括企业）可以参照建立数据应用计划的审查程序以及审查内容和标准。

（1）前瞻性数据共享应用（包括再利用）计划

①研究实施数据收集前根据资金资助要求，可单独提交共享计划的审查申请，也可以在提交研究伦理审查申请的同时提交数据审查申请。可根据国家和机构相关规定，或根据基金资助项目的要求拟定共享和再利用数据计划及其方案，可作为审查内容之一，在项目立项或项目实施进行的伦理审查申请中一并提交。

②数据共享应用计划明显超出项目任务书或者实施后新增的数据共享应用计划，以及数据安全等潜在风险较大，或者数据潜在价值较大的，或者涉及后续营利性使用的，应单独提交审查申请。

③其他基金资助的项目，或自主研究项目，在实施前可参照拟定数据共享和再利用数据计划，在数据收集之前完成数据共享应用的审查，避免完成数据收集后履行知情同意困难或成本过高。

④临床数据等业务数据收集前，有使用该业务数据用于非营利科学研究计划时，可以依托研究计划申请。

（2）现有数据共享再利用计划

现有数据是指已完成收集的研究数据和临床诊疗数据等业务数据，超出初始收集目的的数据共享应用的审查，应单独就现有数据的共享或使用提交数据共享应用方案提交审查申请。

（3）伦理审查豁免的申请

提交伦理审查豁免申请，应说明申请伦理审查豁免的理由，以及保障数据安全的措施；数据潜在价值评估情况和知识产权保护措施等。

（二）申请材料

1. 申请表

申请表内容应包括数据共享应用的基本信息和审查重点内容的简要说明。

①申请人或收集人等基本信息应包括：申请人或收集人（前瞻性收集数据）的个人信息及其个人及其所在机构的信息，具体包括申请者姓名、职称、研究方向；单位名称和科研管理部门或数据管理部门；

②申请表应对重点审查内容和风险内容有简要说明。包括数据总量，是否涉及人类遗传资源，是否涉及脆弱人群，是否多中心和合作单位和是否对外提供，以及是否网络实时共享等审查要点。

申请表应根据机构的数据来源、数据种类拟定申请表中的审查重点提示内容，并提供申请表模板。详见申请表参考模板示例：涉及生物样本及其数据共享计划（附录6-3）。

2. 申请正文

申请材料正文是审查内容的具体阐述和详细说明。一般包括对数据共享应用计划方案，具有数据量、数据种类等；潜在风险及其预防措施等。应包括以下内容：

（1）数据共享应用（包括再利用）计划

具体包括数据共享应用计划信息重要内容，数据共享应用目的，数据类型、数据总量，数据用途或共享应用范围（基金资助要求或对外共享等），具体包括数据共享形式（公开实时共享、限制共享形式和限制条件，如元数据和样例数据共享，协商、共享除外等），必要时应提供样例数据便于审查。

（2）伦理审查相关内容

①数据详细信息，数据结构，是否涉及可识别信息，涉及可识别信息的，数据共享方案应说明采取何种保护措施，数据是否涉及个人敏感健康信息，是否履行知情同意及其履行方式等；

②潜在伦理问题和解决方案，如阐述详细的具体的隐私保护方案，包括数据去识别化方法；数据传送以及使用后的处理方案；如共享或使用涉及个人识别信息、个人健康敏感隐私信息和/或个人生物识别信息的数据，应提出风险控制措施和潜在风险发生的应急预案。明确知情同意履行方式提供知情同意书模板（版本号应与申请表一致）；如果知情同意申请豁免须阐述理由；如涉及脆弱人群的，应提供脆弱人群保护的方案等，以及其他利益相关者的权益保障措施等。

（3）数据安全和人类遗传资源

①详细阐述数据安全保障措施，数据储存、传送和使用的数据安全措施；网络实时共享的数据类型和安全技术保障措施；

②应详细说明涉及人类基因遗传资源的数据种类、单量、总量，涉及人类全基因组信息及其总量，涉及重要家系或特定地区人类遗传资源情况等，涉及国际合作的外方单位情况，数据使用限制和销毁方法和时间等。

（4）数据及其知识产权归属和收益分配

数据合作或外部单位、个人申请，应就数据潜在知识产权和经济收益分配等协商确定。

3. 审查申请的辅助材料

申请应提供重要审查内容必需的辅助材料，一般以附件形式提供。一般包括以下几个方面：

（1）申请人所在单位及其储存和使用数据的资格材料

如法人资格、人类遗传资源储藏资格证明，科技计划共享计划书等；

（2）正文材料中必需的相关附件

如符合版本要求的知情同意书；

（3）涉及人类遗传资源的辅助材料

如利用人的生物材料产生数据，或涉及人的遗传信息的数据。应根据法律法规规定提交相关材料，如需要提交国家相关部门审批、备案或备份，应附相关申报材料或审批决定材料。

（4）涉及数据共享计划或数据应用合作的辅助材料

应附数据转移或数据使用协议。协议应明确合作双方权益义务分配，包括但不限于数据使用条件、范围；数据使用后销毁方案、数据使用的成果方式及其产权分配等。

涉及以下情况的，必须附数据转移或数据使用协议，且须包括相关重要条款。

①涉及数据潜在价值较大，或具有潜在知识产权，或根据法律法规需要明确专利权等知识产权比例的，重要条款应包括数据产权和知识产权归属及其收益约定。

②涉及敏感信息和/或特定人群数据的，其重要条款应包括隐私保护和/或特定人群数据的相关权益保障条款。

③涉及人类遗传资源的转移或使用的，并明确允许使用范围和隐私保护保障等的相应条款，重要条款还包括生物样本及其数据的销毁期限和销毁方式等。

④国际合作科学研究或对外提供数据的，产权分配比例应合理，应注意避免单纯用数据资源换取经费，避免数据相关产权和收益损失；并符合国家有关数据安全和个人信息出境的相关管理规定。

国际合作涉及人类遗传资源的，协议中应包含前述所有的重要条款，且必须明确生物样本及其数据的保存机构、保存期限，具体的销毁时间和销毁方式，违规赔偿条款等，以保障数据安全、遗传资源安全。

涉及人的生物材料及其数据转移&数据使用协议（模板）参见附录6-4。

五、审查

（一）形式审查

由数据管理部门的专门管理人员，或者审查委员会设置的秘书处人员进行审查。主要审查申请人是否具有申请资格，申请材料是否齐全，是否具有明显格式和内容缺陷（如缺乏去识别化数据方案，或涉及人类遗传资源没有提供备案或审批相关材料等），以及研究目的是否涉及明显伦理问题或研究方案具有明显重大安全问题，并决定是否返回申请人修改，或提交进一步审查采取的方式。

经过形式审查，如果申请人无申请资格，可以退回或直接驳回申请。有明显格式或内容缺陷的，应返回申请人修改。符合格式要求的，可以初步确定采用书面审查或会议审查，提交数据审查委员会或授权 IRB。经初步评估，如研究目的没有显著伦理问题，研究方案无明显重大安全问题，且不涉及脆弱群体、个体权益受损害风险无或很小时，可采取书面审查。数据涉及个人健康隐私敏感信息或涉及脆弱人群数据，或者具有隐私泄露较大隐患的（具体参考第七章隐私分类分级）应考虑会议审查；数据实体涉及数据量较大，使用目的或结果对特定敏感人群潜在危害的，涉及重要人类遗传资源，涉及互联网公开披露、实时共享或涉及国际合作等具有数据安全隐患的情况，应采用会议审查的形式。

（二）实质审查

实质审查应根据审查委员会职责对下列内容进行详细综合审查。

1. 符合伦理要求的审查

（1）一般审查内容

数据共享应用必要性：数据共享的目的和意义，科学价值和社会价值；数据总量是否符合最小化方案。如社会或科学价值、科学有效性？尊重个人和知情同意、公平的个人信息主体选择、有益无害、风险收益评估，具体审查内容和标准有一定差异。

知情同意注意内容：一般共享应用计划中数据涉及敏感信级别，知情同意履行方式是否符合敏感级别相应要求；知情同意书模板是否充分告知、体现自愿和自主原则，以及可随时退出；不能随时退出的是否明确告知；

申请知情同意豁免的应审查其理由是否充分；是否满足有关知情同意豁免的条件。涉及生物样本及其数据共享应用，采用的知情同意模式是否能保障个人自主决定权。

隐私保护方面注意审查内容：有关数据共享应用方案、数据去识别化方法和数据传送以及使用后的处理方案等是否现有技术可预见范围保护隐私；风险应急预案和个人信息主体隐私泄露的补偿措施等是否有效合理等。综合评估健康隐私信息敏感以及重新识别风险及其管理要求具体参见第七章隐私保护。

（2）现有数据再利用审查侧重

现有数据参考前述的审查内容，但应重点审查知情同意的必要性、可行性；必要时可以单独就知情同意豁免进行审查。[15] 匿名化数据根据《个人信息保护法》不属于个人信息，原则上无须履行知情同意。因此，匿名化数据的处理主要对科学性、合理性，以及数据价值和数据安全等进行审查。伦理审查方面相对简单，主要考虑是否涉及特别脆弱人群，使用结论是否危害相关特定人群等。

去识别数据的应用进行备案管理。重点审查重新识别风险的大小，降低风险的措施和预案；或对个人信息主体的潜在风险是否明显超出个人原有预期风险的判定；科学价值，以及与数据初次使用知情同意书内容的关系等。

数据使用过程必须涉及个人健康隐私信息的，应重点审查是否具有替代方案？数据使用的不可替代性；或替代方案损失或代价太多；

曾经履行知情同意的，应审查数据再使用与最初数据收集（伦理批准）使用目的趋势的一致性；重新签署或补充签署知情同意的必要性和可行性；

涉及个体敏感健康隐私信息和遗传信息的，数据再利用具有潜在公共利益和科学价值，[16] 在前款审查内容的基础上，应该严格审查个人信息主体权益保护的方案和应急方案；首先保障个人权益。

（3）特别群体及其权益保障

审查时对涉及 CIOMS 国际准则有关需要给予特别保护的人群，如未成年人、孕产妇等权益的保护，参照相关伦理规范的规定。涉及敏感健康隐私信息数据的个人信息主体，如心理障碍和精神疾病、性传播疾病、传染性疾病和遗传病等，参照伦理规范前述规定，加强相关个体的权益保护。[17]

与研究审查不同的是，应在保障个体权益的基础上促进脆弱人群的现有数据共享和应用，但具有损害特定人群的潜在风险的除外。

2. 其他审查内容

（1）数据安全审查

针对数据是否涉及国家秘密、需要保密的其他情况，如涉及人类遗传资源的数据或收集数据研究的备案或审批材料是否符合要求；是否有数据安全考虑的数据提供或传输、使用预案？是否签署数据转移或数据使用协议，协议中是否具有数据安全，或约定中有关数据传送、使用、销毁等是否满足隐私保护要求等。数据安全审查重点对于对外提供数据，包括国际合作、发表文章等要求上传到互联网网站等数据的安全前置审查，以及审查是否符合个人信息出境相关规定。

《人类遗传资源管理条例》第二十八条规定，将人类遗传资源信息向外国组织、个人及其设立或者实际控制的机构提供或者开放使用，不得危害我国公众健康、国家安全和社会公共利益；可能影响我国公众健康、国家安全和社会公共利益的，应当通过国务院科学技术行政部门组织的安全审查。

将人类遗传资源信息向外国组织、个人及其设立或者实际控制的机构提供或者开放使用的，应当向国务院科学技术行政部门备案并提交信息备份。

利用我国人类遗传资源开展国际合作科学研究产生的人类遗传资源信息，合作双方可以使用。

（2）数据价值和知识产权权益审查

数据的潜在价值评估，是否具有潜在知识产权，产生的知识产权排名及其收益分配是否合理，是否可能损害数据持有人或提供者，数据收集者的知识产权。

应该对数量较多、稀有资源，以及其他具有潜在知识产权及其经济效益等进行必要评估和审查。

具有潜在价值的数据，应审查是否充分考虑了利益相关者权益，特别是是否考虑了数据提供者（个人、机构）和贡献者（个人信息主体，如果有）的权益，包括体现数据提供者的知识产权以及权益归属是否合理；国际合作中数据产权分配是否合理。

政府基金资助的项目共享计划，是否满足相关资助部门和任务书研究内容的要求，共享方式或独占期是否合理等。

审查上述内容，审查委员会还应根据数据涉及的信息等，由法律专业委员审查必要的协议，及其是否包含对数据接收方的隐私保护、数据使用后的处理等内容，以及是否合理。

3. 审查通过参照标准

审查通过应该满足以下相关要求：

①共享应用（包括再利用）一般情况和数据安全：申请人具科研诚信且符合数据申请目的资格要求；申请目的和潜在研究结果符合国家法律法规要求；申请目的具有一定科学和社会价值且不违反伦理原则；使用方案合理；共享应用方案，包括国际合作，不会对国家和/或公众造成损害或带来不良影响。

②个人信息主体权益保障方面：申请要求获得个体授权方式合理，能够保障个人知情同意切实履行；或属于非授权使用的数据范围；或符合知情同意豁免的条件和/或不违反个人信息主体或其监护人初次使用数据已签署的知情同意书所提示的同意范围；且对个人信息主体没有明显的风险；不会对群体造成伤害。

③利益相关者权益分配（包括产权和后续成果知识产权及其收益）和责任归属合理。

④有关个人信息主体隐私保护、知识产权等必须使用数据使用协议的，具有相关条款，且能达到相关保障目的。

⑤涉及国家现有规定的，已按照相关要求完成相关程序，如涉及人类遗传资源信息的数据已按照国家规定的程序完成审批或备案；或同时提交了相关审批或备案材料。

⑥根据法律法规或规定，需要满足的其他要求。

六、跟踪管理和再审查

对数据共享应用审查通过的申请应该进行跟踪管理。根据不同情况做如下处理：

（1）数据共享应用范围变化的备案或再审查

实施中变化未超过获批的共享和再利用方案范围的，原则上无须另行提交审查申请；变化的原因和变化方案应备案管理。后续数据共享应用范围超出原有审查范围的应重新审查。

涉及可识别信息或共享数据量或数据内容（粒度）增加，或者涉及增加个人信息主体隐私或其他损害潜在风险内容的，应该提交审查委员会会议审查方式再审。

跟踪再审的程序等可参考涉及人的生物医学研究伦理审查办法的相关规定。

（2）数据共享应用个体重新识别的风险和损害事件上报和处理

因大数据等分析手段日益增强，对个体重新识别能力逐渐增加。对于具有潜在隐私风险的数据，特别是风险较大的（参照第七章第三节隐私分类分级）数据应该定期进行风险评估，必要时调整管理分级；发现个人信息主体隐私泄露事件应该及时上报和应急处理，并暂停或终止相关数据的共享或使用。

附录 6-3（资料性）

数据共享计划审查申请表

附表 6-1　国家资助项目的前瞻性数据共享计划立项审查附数据共享计划申请表模板

（一）基本信息概况				
项目名称				
项目资助来源				
项目负责人姓名		职称	研究员	
所在科室	*申请所在机构（单位）的数据			
所在机构（单位）	*专门汇交数据和共享服务平台，申请专门数据平台或第三方数据填写			
联系人		联系电话（手机号）		
电子信箱				
主要研究合作单位 （多中心研究项目可自行增加） 如无，不必填写		研究合作单位负责人		
研究开始日期		预计研究所需时间		
研究地点	（*数据收集地点）			
研究方案编号：（*具体研究方案本表略） 版本号：　　　　　版本日期：				
知情同意书：　　版本号：1.0　　版本日期：				
是否具有数据共享计划 *是，请填写数据共享方案和（三） 相关内容	□是；　□否；			
数据共享方案编号： 版本号：　　　　　版本日期：				
知情同意书：（*与研究知情同意同时签署，注明同上） 版本号：　　　　　版本日期：				
本项研究是否是多中心研究	□是；	□组长单位 □分中心		□否；
是否涉及国际合作	□是；　□否；			
是否涉及遗传人类资源 （*是，详细填写下述内容三）	□是；　□否；			

续表

(二) 资助者情况	
1. 资助类型	□省部级以上课题；□基金会；□公司；□国际组织； □其他（说明）：
2. 资助经费来源	
3. 资助者联系人及联系电话	
4. 数据是否要求汇交，汇交方式和地点	数据信息是否上传到境外服务器？！
(三) 数据共享应用（包括再利用）计划概况	
数据共享应用计划信息重要内容	
数据用途或共享应用范围 是指除本项目研究以外的其他用途	□原有项目组及其合作单位 □对外共享
数据总量	
是否网络实时共享？ *只有去识别数据且重新识别风险无或极小的情况下允许	□是　　□否
伦理审查重点信息	
数据是否涉及可识别信息 *涉及可识别信息的，数据共享方案应说明采取何种保护措施	□是　　□否
数据是否涉及个人敏感健康信息	□是　　□否
是否履行知情同意	□是　　□否
履行方式：①在研究知情同意书中增加数据共享应用的相关条款；②单独就数据共享和在使用签署知情同意书	□①　　□② 注：知情同意书可以是逐项研究或泛知情同意书。
是否涉及脆弱人群 *涉及脆弱群群的，共享方案应明确如何保障脆弱人群的权益	□是　　□否
数据安全和人类遗传资源	
是否涉及人类基因遗传隐私信息且数量超过3000条； *是指具有逆向个体重新识别的信息，如基因组信息或基因检测信息与检测机构、检测号、实践等组合具有重新识别个体的情况	□是　　□否

续表

是否涉及人类全基因组信息，且共享数据总数是否超过3000条	□是　　□否
是否涉及重要家系	□是　　□否
是否涉及特定地区数据	□是　　□否
涉及人类遗传资源的数据，是否已经按照要求进行备案、备份	□是　　□否
数据价值和知识产权	
是否具有重大研究价值或潜在知识产权（软件著作权、专利权）	
数据共享再利用是否涉及国际合作 * 包括针对性向外国组织、个人及其设立或实际控制的机构开放使用	□是 □否
是否具有数据转移或数据使用协议	□是　　□否
其他需要说明的情况：	

项目负责人（PI）签名：　　　　　　日期：

科室（机构）负责人签名：　　　　　日期：

附录6-4（资料性）

涉及人的生物材料及其数据转移 & 数据使用协议（模板）

甲方：数据提供方

名称或姓名

机构社会代码或个人身份证号

乙方：数据申请方（包括接受方）

名称或姓名

机构社会代码或个人身份证号

注：涉及人类遗传资源生物样本数据不能由个人持有者提供，除个人信息主体仅提供其个人数据外

为了节约涉及人的生物样本（以下简称"生物样本"或"样本"）、促进相关数据的共享和再利用，对疾病机制和诊疗方法发挥更大价值；同时，依法保障个体权益和数据安全，根据我国《民法典》合同编，以及《人类遗传资源管理条例》《数据安全法》《个人信息保护法》等相关法律法规，约定双方的权利和义务。

1. 甲方责任和义务

1）提供者承诺：根据国家相关法律法规规定，收集生物样本及其产生数据。已经根据《人类遗传资源管理条例》进行了审批和/或备案，并在储存、共享和提供过程中，用于涉及人的相关生物医学相关研究方面符合我国有关伦理治理要求和管理规定；相关数据收集、提供符合国家法律法规。

2）提供的数据涉及的生物材料信息包括以下内容：

产生数据的生物样本类型和数量（必要时做元数据描述），具体包括：具体数量，涉及生物样本类型；是否附个体-水平背景信息，是否去识别信息。

主要数据类型和数量（必要时元数据描述），需要明确的数据类型及其描述（是否涉及重要遗传家系；是否基因型、分析、汇总数据还是原始数据等）

3）提供数据的去识别化处理义务

提供数据（组学）前应进行去识别化处理，删除所有个人识别信息，禁止提供直接可识别个人信息，避免提供多个间接识别信息。

4）其他责任或需要满足的要求

为了确保相关数据的机密性和安全性，应在储存、处理和传送数据时保证数据安全，相关数据及其可识别信息应避免一起传送。

收集、提供数据应按照要求提交符合规定的数据审查委员会或机构授权的机构伦理委员会并获得批准。

履行了数据收集、储存和共享应用的知情同意（必要时可附上正在使用的模型的副本），或者符合要求的知情同意豁免获得批准。

知情同意包括本协议中涉及的特定用途；知情同意包括本协议中描述的研究或范围；或者是包含本协议用途的泛知情同意。

注：涉及国际项目或使用需要按照《人类遗传资源管理条例》先行完成审批或备案（数据）。

2. 乙方责任和义务

1）申请者（包括接受者）承诺：这些数据将仅用于本协议中明确的所述研究或项目的范围，未经甲方书面同意，不擅自超范围使用；未经甲方书面同意，不泄露或提供给任何第三方，包括但不限于合作、无偿分享或者收费提供。

2）本协议中数据/样本将用于以下目的和范围，具体包括：（*可根据实际情况填写）

_____ 提供数据使用申请表，包括以下内容：

申请使用人员的资格；

涉及生物样本产生数据的共享应用，应保证目标和使用方案明确，包括数据需要保存的时间，生物医学研究项目（或联合项目）的描述。

有关结果反馈约定：确保按照数据收集（提供者）签署的知情同意书中个人信息主体意愿返回与个人健康有关的结果或保障个人信息主体的不知情权。对潜在结果或应返回的结果进行说明，如数据类型。

承诺研究结果，包括但不限于文章、研究报告、成果申报或原始结果上传或发布确保不会伤害提供生物样本产生数据的个人信息主体。

3）有关数据使用的禁止条款和条件

使用条件包括：

遵守相关法律和体制政策；

禁止重新识别，包括试图重新识别参与者；

应遵守批准申请中规定的使用限制；超过本协议约定时间的，应另行申请或经甲方书面同意；

未经提供者（机构）书面授权，不得向任何第三方提供数据或样本，包括无偿共享/收费提供；

不能擅自申请由数据直接产生的专利等知识产权，基于数据的成果产生的二次知识产权归属，双方协商；

告知与数据完整性和/或参与者的隐私有关的问题；

遵守最初的知情同意和伦理审查范围。

4）涉及重要遗传信息或者可识别信息数据的数据申请者机构应提供的文件：由数据使用申请者及其授权数据接收人提交其所在机构的数据申请表中，应附隐私保护措施和应急措施；数据使用后的确切处理日期和销毁数据的具体方法。数据申请者及其安排数据人员所在机构数据审查委员会或机构伦理委员会的审查批件（副本作为协议附件）和日期。

需要提交的国家相关法律法规文件，涉及允许使用敏感和健康数据，包括遗传数据进行研究的适用法律。

3. 知识产权约定

提供方提供的生物样本数据的现有和数据直接产生的知识产权归属甲方，不因为提供给乙方而共享。提供的数据完成本协议的项目范围的用途的后续数据产权和知识产权的归属及其比例分配双方协商结果；对于有潜在研发或转化成果的应明确后续成果的收益分配。

乙方应用甲方提供的生物样本或者数据分析挖掘后，乙方计划经出版物发表结果的，特别是发表期刊要求数据共享的，在文章投稿前应告知甲方获得甲方书面同意；禁止可识别信息数据的上传；涉及敏感数据或生物遗传信息原始数据上传之前，应提交甲方，必要时经甲方提交审查委员会对出版物进行事先审查（例如，确保数据的隐私/保密，结果不会对个人或者群体产生歧视或明确等损害）。

经甲方本协议中同意条款或者单独书面同意后，数据申请方应在任何出版物/演示（或其他条款）中标注生物库/数据提供者，并应遵守双方的产权和署名约定。

4. 数据处理和销毁

双方约定在项目结束时或在本协议有效期结束前销毁有关的数据；乙方在完成本协议特定研究后应不可逆的销毁数据，并应书面告知甲方。

5. 报告的义务

数据分析过程中发生潜在隐患应及时告知，双方协同应急解决。

6. 违法协议的责任

为了确保个人信息主体的隐私安全，发现乙方任何违反本协议约定义务和违反法律法规的行为，甲方有权终止/更改与研究人员/机构的协议。接到甲方终止协议或提出异议的通知，乙方应立刻暂停数据使用，向甲方提供相关书面说明。甲方仍然终止协议的，乙方应销毁数据，并书面告知甲方。

乙方应自行承担其违法、违约行为产生的损失，并赔偿受损害个人参与者以及甲方的损失。

7. 协议有效时间

本协议自双方签字盖章后有效。生效截止日期为 XXXX 年 XX 月 XX 日。

8. 纠纷处理方式

甲乙双方在协议履行期间产生纠纷的，应协商解决。

协商不成的，双方同意提交"XXX 仲裁委员会"仲裁。

甲方：数据提供方	乙方：数据申请方（包括接受方）
名称	名称或姓名
数据持有人	机构社会代码或个人身份证号
机构负责人	机构负责人或个人（签字）
时间	时间

注1：本模板为涉及生物材料数据的转移或使用协议书，不涉及生物材料的可删减相关内容。

注2：协议双方在相应的盖章处盖章，并应加盖骑缝章。

参考文献

［1］KNOPPERS B M. Framework for responsible sharing of genomic and health-related data［J］. Hugo J, 2014, 8（1）：3.

［2］MURTAGH M J, BLELL M T, BUTTERS O W, et al. Better governance, better access: practising responsible data sharing in the METADAC governance infrastructure［J］. Hum Genomics, 2018, 12（1）：24.

［3］SHABANI M, KNOPPERS B M, BORRY P. From the principles of genomic data sharing to the practices of data access committees［J］. EMBO Mol Med, 2015, 7（5）：507-509.

［4］SHABANI M, DOVE E S, MURTAGH M, et al. Oversight of genomic data sharing: What roles for ethics and data access committees［J］Biopreservation and Biobanbing, 2017, 15（5）：469-474.

［5］ROBERT L, KLITZMAN R L.How IRB view and make decisions about consent forms［J］. J Empir Res Hum Res Ethics, 2013, 8（1）：8-19.

［6］关健.法律框架下构建医学科学数据共享机制和保障体系［J］.中国科技导刊, 2020, 52（2）：62-68.

［7］SCHEIBNER J, RAISAROJ L, TRONCOSO-PASTORIZA J R, et al. Revolutionizing medical data sharing using advanced privacy-enhancing technologies: technical, legal, and ethical Synthesis［J］. Journal of medical internet research, 2021, 23（2）：e25120.

［8］GENTRY C. Computing arbitrary functions of encrypted data［J］. Commun nications of the ACM, 2010, 53（3）：97-105.

［9］YAO A C. Protocols for secure computations［C］//Proc. of the 23rd Annual Symposium on Foundations of Computer Science, 1982.

[10] BONEH D, GENNARO R, GOLDFEDER S, et al. Threshold cryptosystems from threshold fully homomorphic Eencryption [M]. Cham: Springer International Publishing, 2018: 565-596.

[11] ZHENG W, POPA R, GONZALEZ J, et al. Helen: maliciously secure coopetitive learning for linear models [Z]. 2019 IEEE Symposium on Security and Privacy, 2019: 724-738.

[12] RAISARO J L, TRONCOSO-PASTORIZA J R, MISBACH M, et al. MedCo: enabling secure and privacy-preserving exploration of distributed clinical and genomic data [J]. IEEE/ACM Trans Comput Biol and Bioinf, 2019, 16(4): 1328-1341.

[13] ESAYAS S. The role of anonymisation and pseudonymisation under the EU data privacy rules: beyond the 'all or nothing' approach [J]. Eur J Law Technol Vol, 2015, 6(2): 1-28.

[14] 关健. 医学科学数据共享与使用的伦理要求和管理规范（五）隐私分类分级的初步建议及其依据的确认 [J]. 中国医学伦理学, 2020, 33（8）: 915-920.

[15] 关健. 医学科学数据共享与使用的伦理要求和管理规范（六）机构伦理管理的专家建议 [J]. 中国医学伦理学, 2020, 33（9）: 1031-1034, 1045.

[16] BURTON P R, BANNER N, ELLIOT M J, et al. Policies and strategies to facilitate secondary use of research data in the health sciences [Z]. Vancouver: Oxford University Press, 2017.

[17] 关健. 医学科学数据共享与使用的伦理要求和管理规范（四）伦理要求：基本伦理原则的创新解读 [J]. 中国医学伦理学, 2020, 33（6）: 645-649, 683.

第七章　隐私保护

本章概要

隐私保护是法律和伦理的共同要求,是个人信息主体核心权益之一,是医学科学数据伦理治理、机构管理和审查的重要内容和难点之一。随着互联网应用与数据共享实践与发展,隐私及其相关的术语或概念及其含义不断扩展,需要隐私保护管理和技术规范的指导和依据。本章介绍我国有关隐私及其相关数据,比较美国和欧洲隐私规范术语概念的演化,重点根据我国《个人信息保护法》提出隐私分类分级拟订方案,隐私分类分级的建议及其判定标准和判定参考依据、判定方法,并提出基于隐私的数据共享应用原则和知情同意要求。参考国际经验和规则,阐述适合我国使用的"安全岛"方法,解读"专家判定"。

本章要点

1. 涉及医疗健康和遗传信息等的医学数据属于个人敏感信息;
2. 隐私分类分级考虑了隐私保护具有规范和技术两面性;
3. 结合共享价值和实践可行性,医学科学数据分为可识别和去识别两类;
4. 根据涉及的信息内容敏感性进行医学数据隐私分级及其判定;
5. 根据重新识别的风险程度对去识别医学数据分级;
6. 重新识别风险定性分级,判定标准采用一般技术人员和现有技术;
7. 为适应技术的发展,分级标准及其适用应该定期评估和修改;
8. 去识别方法"安全岛"和"专家判定"的应用和解读。

第一节 个人健康隐私和隐私保护

一、隐私权及其进展概述

信息隐私法的早期先驱是1890年沃伦和布兰迪斯的一篇题为"隐私权"的文章。[1]隐私权是一个规范性的概念，植根于哲学、法律、社会学、政治和经济传统中。早期关于隐私的原则性讨论可以追溯到亚里士多德对公共和私人生活领域的区分。[1]隐私权是宪法保护的公民的基本权利。《中华人民共和国民法典》（以下简称《民法典》）第四编人格权第六章规定隐私权和个人信息保护。《民法典》第一千零三十四条规定"自然人的个人信息受法律保护。个人信息是以电子或者其他方式记录的能够单独或者与其他信息结合识别特定自然人的各种信息，包括自然人的姓名、出生日期、身份证件号码、生物识别信息、住址、电话号码、电子邮箱、健康信息、行踪信息等。个人信息中的私密信息，适用有关隐私权的规定；没有规定的，适用有关个人信息保护的规定。"提示，医学科学数据涉及个人隐私的首先适用《民法典》隐私权的规定，这是数据共享应用中隐私保护的法律依据。

受试者保护和隐私保护是涉及人体的生物医学研究最重要的伦理审查原则。可持续的负责任的数据共享，隐私保护是数据主体核心权益之一。数据中保护的个人健康隐私内容，是数据储存、数据共享应用管理的分级管理的重要依据之一。

隐私权保护的客体是个人私密信息，包括个人敏感信息。用户画像或特征标签，能够单独或者与其他信息结合识别特定自然人身份或者反映特定自然人活动情况的，属于个人信息。根据《中华人民共和国个人信息保护法》（以下简称《个人信息保护法》）明确"匿名化的医学数据不属于个人信息"。

我国《科学数据管理办法》要求保障数据安全的前提下促进数据共享，且要求分级共享。但是没有具体的分级共享的细则和指南，特别是医学领域的科学数据极具挑战性、特殊性和代表性。现有的个人信息安全规范和科学数据的通用分类无法对医学科学数据的管理和共享应用的伦理审查提供直接依据。医学科学数据亟须专门的隐私相关分级管理和审查依据。我国《信息安全技术 个人信息安全规范》（GB/T 35273—2020）规范所有个人信息安全，具有包容性，但无法直接指导医学科学数据共享应用中保证数据安全的分级管理和应用伦理审查实践。[2]隐私分类分级是机构数据管理和审查的依据。国际上，目前主要是科学数据共享实践中针对隐私保护提出的去识别共享原则要求和共识。美国健康保险便携性和责任法案（Health Insurance Portability and Accountability Act,

HIPAA）隐私规则有关个人数据和去识别数据指南（Guidance Regarding Methods for De-identification of Protected Health Information in Accordance with HIPAA Privacy Rule）提出了去识别的两类方法，也没有针对医学数据专门的隐私保护指南和分类标准。欧盟《通用数据保护条例》（General Data Protection Regulation，GDPR）提出了有关个人数据的定义和及去识别化应用的原则。GDPR 的贡献还在于区分了匿名数据和假名数据的规则适用。GDPR 不适用于匿名数据。匿名数据被定义为与已识别或可识别的自然人无关的信息。相反，假名化数据仍然属于个人数据，受 GDPR 的保护。欧盟法院（EU Court of Justice）也有先例的支持，即如果 IP 地址与其他数据结合可用于重新识别用户，则 IP 地址就是个人数据。[3] 但没有提出针对医学领域相关个人健康数据的具体指导意见或专门指南。

促进数据共享的前提是保障作为数据主体的公民——个人信息主体的权益。数据共享具有个人隐私泄露风险。医学科学数据不仅与公民的隐私相关，更面临医学领域所独有的隐私内容。[4] 医学科学数据共享应用涉及个人健康生理、病理信息、个人生物识别信息和个人遗传信息等。这些信息不仅与个人信息主体自己生活和工作相关，且一些疾病信息因对社会其他人的健康的潜在风险不同，一旦泄露对数据主体及其家人的生活、工作等均有不同程度的影响。因此在隐私内容及其保护、分级方面，均与其他领域的科学数据有所不同，需要符合医学科学数据特点的细化标准。

二、我国相关术语及其理解

我国《个人信息保护法》和国家标准《信息安全技术 个人信息安全规范》（GB/T 35273—2020），提出了几个与隐私信息相关的概念，对这些概念的理解有助于对数据共享应用中隐私保护内容的理解。

（1）个人信息主体（personal information subject）

个人信息主体是个人信息所标识或者关联的自然人。在医学科学数据共享应用中也称为数据主体或个体参与者（individual participant），一般包括但不限于涉及人体的生物医学研究的受试者和患者。

（2）个人信息（personal information）

以电子或者其他方式记录的能够单独或者与其他信息结合识别特定自然人身份或者反映特定自然人活动情况的各种信息。需要理解的是，个人信息中包括能够直接识别个人的信息，即直接识别信息，如姓名、身份证件号码、个人生物识别信息、详细住址、通信通讯联系方式、账号密码等。个人信息中还包括一些事件记录或状况表达的信息。如出生日期、通信记录和内容、财产信息、行踪轨迹、住宿信息、健康生理信息、交易信息等。这些信息经过处理删除可识别信息后单独出现并不能对个人信息主体造成损害时，这些信息是可以共享的信息。但是，这些信息公开共享时，经过与其他信息整合可能重新识别个人信息，应注意评估和避免。

（3）个人敏感信息（personal sensitive information）

隐私信息是个人不愿被他人获知的信息，且与个人及其家庭成员的社会生活和工作密切相关的隐私内容。通常一旦泄露、非法提供或滥用可能危害人身和财产安全，或极易导致个人名誉、身心健康受到损害或歧视性待遇等的个人信息。因此，个人敏感信息是隐私保护的内容。个人敏感信息包括身份证件号码、个人生物识别信息（包括个人遗传信息）、银行账户、通信记录和内容、财产信息、征信信息、行踪轨迹、住宿信息、交易信息、健康生理信息、个人病理信息、14岁以下（含）儿童的个人信息等。

三、医学科学数据中的个人信息

医学科学数据涉及的个人健康相关隐私信息属于个人敏感信息，是受保护的健康信息（protected health information，PHI）。根据《个人信息保护法》，我国将个人信息分为一般个人信息和敏感个人信息，敏感信息处理需要遵循专门的规则。在个人信息中医学科学数据主要涉及两个方面：①个人健康生理、心理、病理信息（如健康体检、临床医疗相关数据等）；②个人生物识别信息，包括但不限于个人遗传信息（如疾病相关遗传信息基因检测和基因组数据等），具体如疾病筛查信息及疾病预测、诊断或预后信息及其相关的疾病易感遗传信息等。这些敏感信息一旦泄露，将对其个人和/或其家庭其他成员带来个人名誉、身心健康产生损害或遭受其他人的歧视性待遇等不良影响，因此，个人信息主体和/或其家庭成员希望保密，法律则规定未经授权不能披露或泄露，未经授权擅自披露或泄露时对个人信息主体涉嫌侵权。现有的《信息安全技术 个人信息安全规范》中没有列出重要的受保护的健康相关隐私信息——心理、病理信息，遗传信息也没有明确。

对于具体的个人可识别健康信息（包含健康信息的医学科学数据集、数据库，包括从个人收集的人口健康信息）包括两种情况：①能直接确定个人身份；或②有合理理由相信有关资料可能识别出有关个人。后者往往需要借助技术，或者需要与其他信息相结合。

更确切说，医学数据中涉及的个人敏感信息中包括三种信息：①个体信息主体单独识别信息，即通过其中单条信息可以直接追踪到公民个人。全基因组信息单独可完成对个人信息主体的识别，与身份证号、指纹等属于个人信息单独识别信息。②联合可识别信息，一些信息，单独无法识别个人信息主体，但是，与其他一些信息联合，可能识别个人信息主体，如业务来源数据主要涉及就医地址、就医时间等。③信息内容敏感，但是只有与个人信息主体同时出现，才能对公民个人造成损害。通常为具体的医学科学数据，如疾病信息，与疾病相关的遗传信息等。这部分数据经过适当处理，是可以共享应用的。医学科学数据共享应用的主要是这部分数据。通俗说，去识别化就是删除个人信息中的单独识别信息，以及删除非必要的联合可识别信息的过程。

四、隐私保护概念的"两面性"

互联网和基因组时代的难点是在于如何界定隐私术语及其与隐私保护规范的关系，进而，才能确定医学科学数据共享应用的隐私分类分级的基础和依据，拟定隐私保护相应的管理、审查和技术标准等。

需要了解的是，个人健康隐私与其他个人敏感信息一样，只有与个人信息主体直接对应，即可识别时，才对个人信息主体构成潜在不良影响的风险。因此，从健康信息中删除标识符的去识别过程，减轻个人的隐私风险，从而支持数据的再利用。

Nissim K 和 Wood A[1] 在讨论数据隐私问题时，分析在统计计算中保护隐私的技术方法与作为许多隐私法规基础的去识别和匿名化概念之间的差异，提出隐私作为规范的概念和隐私作为技术的概念。两个方面的概念中都使用去识别这个术语。数据共享应用的规范，无论是 HIPAA 隐私规则还是欧盟 GDPR，隐私保护定义隐私相关的术语或概念之外，都提出数据应用，特别是非授权数据的应用（包括用于公益性研究）都要求去识别或去隐私化的使用。[5]

我们认为应关注隐私定义的两面性——管理规范性和技术实现性，即隐私标准具有管理规范的目标标准和技术实现标准两个方面。前者是原则要求和管理目标。后者是保护隐私的技术实施手段。规范性定义突出不能泄露隐私信息、不能识别到个人的原则性目标和要求，技术上提出实现隐私保护的信息技术保障标准。技术层次在国际上也体现多个术语，包括匿名化、去隐私化等。HIPAA 对机构提供有限数据集的要求，实质也是要求去标识化。隐私规则去识别指南中的两个方案——根据"专家判定"或"安全岛"内容删除或保留情况，进行去识别数据标准的拟定。专家标准倾向于技术主观性标准；"安全岛"则是明确的技术的客观性标准。

构成遗传信息需具有 6 个显著性的特征，[6] 具体包括：①与健康和行为的相关性（隐私）；②随时间变化的不变性（重新识别潜在性）；③人与人之间的独特性（隐私和重新识别）；④公众意识中的神秘感（隐私和探究兴趣）；⑤关于血亲的亲属关系信息（对家庭和亲人的影响）；⑥信息内容之价值（社会、科学和经济价值）。这些特征正是数据共享中的个人隐私或健康隐私的共通性，是作为数据主体的个人信息主体不希望被其他人所知晓、具有被重新识别的潜在性和希望被分享的因素，这些隐私特征也体现了隐私标准的规范性和技术性标准两个方面。[2]

隐私概念管理规范和技术规范的统一性还体现在隐私管理规范和技术规范的相互影响。技术发展使隐私规范的调整势在必行，而规范变化反过来又影响技术规范的完善和提升。如，全外显子和全基因组测序的基因检测手段和大数据分析，提高了检测和发现信息的能力，使隐私规范需要考虑遗传检测的技术，提出管理要求。反过来，遗传检测技术的再发展，因对隐私泄露风险提高，需要进一步加强管理。

因此，隐私保护规范通常提出不同角度和范围保护隐私的目标要求；再提出去除这些隐私信息（可识别个体）的技术要求——无论是匿名化、假名化、去识别化，以及其所设想的数据格式方面如何，都更侧重完成隐私保护的技术标准。汇总美国和欧盟管理规范和技术术语规范及其含义详见表7-1。[7] 隐私的规范概念和技术概念之间虽相互联系但具有差异性。技术语言通常是数学的、精确的和有点僵化的，而描述社会规范的语言通常是定性的和相对灵活。

表7-1 美国和欧盟有关隐私信息术语或概念及其含义

规范术语或概念	定义或含义
可识别信息	"特定身份识别"，如姓名或社会保险。 "可与可识别信息相关联的个人数据"，无论是通过"特定身份识别"，如姓名或社会保险号码，还是"因为它们包括个人特征，因此能够合理确定地识别个人"。是数据共享应用中隐私保护的原因因素 （US，HEW）
个人数据/信息	任何直接或间接与已识别或可识别的人有关的信息，包括推断出的关于一个人的信息。广义上，包含识别信息和与识别信息相关的其他信息或数据 （EU，GDPR）
个人可识别健康信息	个人可识别健康信息是健康信息子集的信息，包括从个人收集的人口信息，确定个人身份，或者有合理理由相信有关资料可用来识别有关个人。修订或修改是指部长通过法规对标准或实施规范进行的变更 （US，HIPAA 隐私规则）
受保护的健康信息	是以不同形式或媒介（包括电子、纸质或口头）持有或传输的所有个人可识别健康信息。具体是指包括人口统计数据在内的个人所有身体或心理健康或状况，向个人提供医疗保健，或者向个人提供医疗保健的付费等有关的信息。 实质是可识别的健康信息 （US，HIPAA 隐私规则）
匿名（信息）	匿名数据被定义为与已识别或可识别的自然人无关的信息。通常收集和储存时就无个人可识别信息的数据或无法重新识别，不受隐私法或隐私规范保护 （EU，GDPR）
匿名化	使数据不能直接或间接用于识别个人的过程，一定条件下可以恢复或重新识别，通常不受数据保护立法的管制 （Both）

续表

规范术语或概念	定义或含义
假名化	从数据中删除标识符的过程，在没有这些标识符的情况下就不能重新标识数据。受数据保护法规监管 英国假名化数据不属于去识别数据
去识别化	从健康信息中删除标识符的过程，该过程减少了个人的隐私风险，从而支持将数据二次用于有效性研究、政策评估、生命科学研究和其他工作（Both）
重新识别信息	当以任何媒介或任何来源获得的额外信息能够识别个人身份时，非个人识别信息可以成为个人识别信息（US） 兼具规范和技术定义（Both）

注：US 指美国；EU 指欧洲；Both 指美国和欧洲相关规定中均包含。

在数据科学和精准医学时代，健康数据的再利用成为生物医学研究的重要研究模式和组成部分。在 FAIR 原则的基础上，不同国家或国际组织通过强制共享研究数据，以及在法律规定和伦理框架规范调整等不同方式支持数据共享。如全球开放、可查找、可访问、可互操作和可重用全球 FIAR 计划（GO FAIR）。[8] 在这种情况下，数据的个人信息主体（患者、受试者）个人隐私保护至关重要。数据共享实践中的隐私保护原则主要体现在去识别化。目前，去识别化和匿名化是两个最常用的术语，用于指保护隐私和促进健康数据再利用的技术方法。然而，很难就概念的定义或用于应用这些概念的技术的可靠性达成共识。

我国目前的法律规定与前述共识基本一致。根据《个人信息保护法》，个人信息不包括匿名化处理后的信息。匿名化和去识别化是不同的。匿名化，是指个人信息经过处理无法识别特定自然人且不能复原的过程。去识别化，是指个人信息经过处理，使其在不借助额外信息的情况下无法识别特定自然人的过程。要求个人信息处理者采取措施确保个人信息处理活动符合法律、行政法规的规定，并防止个人信息泄露、篡改、丢失。采取相应的加密、去识别化等安全技术措施。去识别数据并不是完全无隐私潜在风险，结合多个数据集，去识别化通常有潜在重新识别的可能。[9] 去识别化是数据共享应用的基本要求，特殊或必要情况下需要匿名化处理。

第二节　隐私分类分级构建方案及其作用

一、隐私分类分级拟订方案概述

1. 总体思路

根据《民法典》隐私权属于人格权。第一千零三十二条规定自然人享有隐私权。任何组织或者个人不得以刺探、侵扰、泄露、公开等方式侵害他人的隐私权。

隐私是自然人的私人生活安宁和不愿为他人知晓的私密空间、私密活动、私密信息。

医学数据属于个人健康信息，涉及公民的私密信息。隐私分类分级能够把数据共享应用的复杂问题简单化而指导具体实践具可操作性。对于机构医学科学数据隐私保护的管理规范和技术规范均具有指导作用，明确规定能够共享应用的数据的要求，促进依法包含个人信息主体的隐私保护。隐私分类分级是为了促进科学而有效的管理和技术支撑，促进在满足保障个人隐私风险最小的前提下的数据共享和应用。

医学科学数据来源极其广泛，而且富有异构性。因此无法拟定定量的分类分级标准，分类分级标准只能确定原则性或者定性标准。对于海量数据，分类过于细化不利于现有数据应用的管理和审查。因此，无法拟定定量的分类分级标准，将确定原则性标准和定性标准。具体将根据我国法律法规对于隐私权和个人信息处理的相关规定，参考国际原则、共识和经验，结合医学数据的相关信息特点和我国的传统道德文化，提出医学数据基于隐私的定性分类和分级标准。同时提供判定标准、判定方法，并提供示例来便于理解有数据应用的管理和审查。

2. 分类的依据及其确定的相关考虑

分类依据既要保留数据价值又要保护个人信息主体的隐私，有利于个体隐私保护的基础上促进数据再利用。因此，根据数据的隐私信息的可识别状态，即医学科学数据和医学科学数据实体是否能够识别个人信息主体（即是否含有可识别个人信息）来进行分类，作为共享应用中医学科学数据的管理规范和技术规范的共同分类界定依据。以下简称"隐私分类"。

基于与隐私相关的术语或概念及其演化，我们认为现有规范中隐私定义具有规范标准和技术标准两个方面，这与分级管理和技术支撑相一致；识别信息具有规范标准和技术标准的双重性和一致性。我们认为以识别信息作为数据隐私分类的主要依据，进而，进一步根据医学领域背景下数据的内容和特点等对可识别信息和去识别信息两类隐私数据进一步分级。数据的隐私级别，以及重新识别的可能性，也是医学科学数据共享隐私保护伦理审查的两个切入点或重点。这一点，我们将在数据共享应用的伦理审查专家共识中进一步体现。

目前，数据共享实践中的隐私保护规范与可识别信息密切相关。数据共享中的隐私保护包括两大方面，含有受保护个人信息的访问和/或披露问题和去识别数据共享的重新识别风险。因此，我们建议医学科学数据管理规范上的分类首先分为两大类：可识别数据和去识别数据。

可识别信息作为数据共享应用中隐私信息的管理规范和技术规范的分类界定标准相对科学和合理。隐私信息（可识别个体的）的界定，指导技术标准的去识别化共同完成隐私保护。两者通过是否可识别和重新识别成为一体。事实上，拟定隐私保护的规则和标准，明确个人信息的变迁和识别信息的发展发挥着核心作用。在数据共享中，隐私与识别信息概念更为紧密。尽管受保护信息的类型和所需的保障措施方面有很大的不同，识别信息通常与个人身份信息、个人专有信息相关联，且通常被保护而不被披露，或在满足一定条件下才能披露。但是只要相关数据没有识别信息，即使是个人水平的信息或数据，仍然对个人不会造成任何损害。因此，前述 HIPAA 和 GDPR 中，涉及被确认或分类为非识别或匿名数据的信息一般排除在个人信息的定义之外，可以更广泛地共享，甚至在一些情况下可以公开披露，而无须进一步限制使用或再披露。因此，以是否包含个体可识别信息作为分类基础，有助于机构进行管理和确定审查的初步分类原则。

3. 隐私分类应遵循原则

①科学性：分类应该符合可持续医学领域数据共享的本质特征，即数据共享保障个人信息主体权益，并充分考虑医学科学数据涉及的隐私特点。

②实用性：针对和解决医学科学数据共享应用中的突出问题，能够切实指导适用机构在医学科学数据共享应用数据管理和伦理审查实践，提高实效和效率。

③稳定性：分类及其原则能够适应医学领域科学数据共享应用的长期适用。

4. 隐私分级的原则

①合理性：分级结构应该与分类衔接，并与目标协同一致。

②可行性：应该有助于实践中通过管理规范和/或技术规范进行落实，具体实践管理和审查可操作性。

③适应性：适应医学特点和我国的传统文化和风俗对于隐私的影响，以及加强特殊人群的权益保护。

④可扩充性：具体分级应该能够具备数据后备容量或者分级后备容量，以适应医学科学技术及其数据不断扩充的需要。

二、隐私分类分级作用

《科学数据管理办法》要求保障安全和分级管理。数据分类分级的目的和作用是为了国家层面确定的数据共享规则，在机构数据管理落实和执行时提供切实可操作的标准。

我国开启医学大数据建设战略规划和促进科学数据共享以来，在医学领域的科研机构、医疗机构和专门提供数据共享服务的第三方平台或机构中已积累了海量医学数据和科学数据。但是，对于这些数据是否允许使用，如何使用，缺乏具体的规则和指南，阻碍了合理的数据共享和再利用。超过限度的过度隐私管理会降低数据的再利用，影响现有数据发挥应有的价值。分级共享和管理是数据共享的一项基本原则，也是管理策略。

医学数据隐私分类和进一步细化分级，促进机构和审查委员会基于隐私内容及其潜在损害风险，确定和采用适当的管理规范和技术规范，保护个人信息主体权益：①避免受保护个人隐私敏感信息未经适当授权被披露或泄露和判定数据对个人信息主体的潜在危害；②及时合理判定去识别数据重新识别风险，避免共享数据重新识别对个人信息主体造成潜在危害。

对于管理规范，作用包括两个方面：①指导机构基于隐私分类分级数据管理，包括确定数据共享计划申请的审查方式（函审、会审）；②指导数据申请者和数据审查者，判定隐私保护的措施是否合理，指导判定知情同意履行模式是否适当，即是否采用与损害风险相对应的知情同意模式。

隐私分类分级可为受保护的涉及的具体的个人健康信息履行知情同意的模式选择提供重要决定因素。医学科学数据涉及的隐私敏感信息对个人信息主体的潜在损害风险不同，需要根据隐私泄露及其潜在损害风险的程度，确定知情同意的履行方式，来切实保护数据主体的权益。共享应用计划方案中，隐私保护措施也决定个人信息主体将面对的隐私泄露的潜在损害风险。因此，对于一旦泄露，涉及的敏感信息对数据主体的潜在损害风险较大的数据共享或应用，对于去识别化的处理要求和知情同意的履行要求，都应该更为严格。

对于技术规范，主要指分级管理相对应的技术支撑，主要是针对隐私保护的技术规范。不同的隐私内容需要不同的管理，同时需要与管理相对应的技术支撑。[3]

隐私的分类分级是数据共享应用中细化管理和相应技术保障实施的基础和依据。隐私分类分级是为了促进科学而有效的管理和技术支撑，促进在满足保障个人隐私风险最小的前提下的数据共享和应用。保障安全和分级管理是需要成本的。隐私保护需要不同级别的技术支撑，不同的配置需要的技术成本不同。提供数据共享应用的机构或者第三方平台需要根据数据情况拟定适当的隐私保护计划，并采用相应隐私保护级别的系统和软件，科学合理的隐私分类分级标准将对机构数据的分级管理和审查提供指导和依据。

三、基于隐私的医学数据共享应用原则

隐私分类分级是为了分级管理提供依据。无论可识别个人数据的分级如何，根据法律法规的规定，包括法定范围或个人授权下使用，为了保障个人权益，在提供或用于共享应用前应进行去识别化处理。即可识别医学数据不能直接进行数据共享和应用。在这个总原则基础下，可以参考以下应用原则。

1. 可识别数据应用限制

依法获取知情同意后收集且用于知情同意范围内的共享应用（包括再利用）的数据，仍须按照隐私分类的要求，采用包括去识别化处理等方式保障隐私安全。具体分别详细列举一些参照如下：

可识别数据应用范围和要求

——可识别数据不能直接共享或应用（包括再利用）。

——可识别数据可以用于数据持有者为保存数据价值和可溯源性的原始数据保存。

——数据持有者应该采取符合要求的管理办法和现有技术提供隐私保护的保障。

在保证数据安全的情况下，储存数据保留可识别数据有助于数据后续再利用时寻根溯源，重新履行知情同意，保障个体知情同意的权利，也有助于节约成本。这不包括业务来源数据的初始目的需求，因为医学业务数据有相应的业务数据管理规定和要求。

2. 去识别数据应用的原则和要求

（1）原则

并不是所有的去识别数据都能直接提供共享和再利用。

——去识别数据满足一定的条件和要求可以进行共享和再利用。

——去识别数据的共享应用（包括再利用）应该经过符合要求的机构的审查委员会审查通过后才能实施共享应用计划。具体可根据相关规定、国家标准，或参考团体标准，如伦理审查是数据审查的重点内容，可参考中关村国基条件科技资源共享服务创新联盟团体标准《医学科学数据共享应用伦理审查要求》。

——去识别数据的共享应用应该保障个体权益，根据个人健康隐私敏感信息分级和重新识别风险分级进行分级管理和审查。

——去识别数据的共享应用应该考虑保障数据实体相关的特定群体的权益。

（2）具体的数据管理要求

——根据隐私分类和分级提出数据分级管理要求；机构应该根据数据实体的个人健

康隐私信息分级提出数据收集、储存、传输和共享应用后的处理的管理规定。

——根据隐私分类和分级确定审查内容和重点；机构应该根据隐私分类分级确定数据共享应用申请提供申请材料，以及审查方式、审查重点和审查标准；

如，经判定确为匿名化数据，无需进行隐私风险审查，但是需要审查其他内容，如潜在价值；是否涉及特殊规定；是否引起特定群体的歧视等。

——根据隐私分类分级提供技术或信息系统支撑。对于涉及严重敏感隐私信息的数据的储存、传输和使用处理等应该提供现有技术中的相对应的隐私保护。

3. 定期评估和调整

——去识别化数据重新识别的风险应该定期重新评估，因技术进步导致重新识别的潜在风险可能变化时，应该重新讨论评估分级。

数据进行分级管理。管理和审查适用相关国家标准、行业标准或团体标准。

——对于可识别数据个人健康隐私信息敏感分级和去识别化数据重新风险的分级应该定期评估和调整。

——去识别化数据经评估具有重新识别风险，数据的管理按照个人健康隐私信息的敏感度分级进行管理。

第三节　隐私分类分级及其判定

一、医学数据隐私分类

医学科学数据根据上述依据和原则分为可识别个体数据和去识别化个体数据两大类。

可识别个体数据（individual identified data）也称为被保护的个人健康信息，是指以电子或者其他方式记录的数据及其信息，可以单独或者与其他信息结合能够识别特定个人信息主体（身份或者反映其特定活动）的数据。

去识别个体数据（individual de-identified data），是指以电子或者其他方式记录的数据及其信息经过假名化或其他去识别化处理后，单独不能识别个体的数据形式，或者现有技术下难以通过与其他数据的组合进行个体识别的数据。

这里采用广义的去识别化数据，包括匿名化数据和去识别化数据。去识别化的信息处理需要删除的识别信息，包括从数据或数据实体中删除具有识别个人信息主体的相关信息或标识符，具体参见第四节去识别化方法，以及参考《信息安全技术　个人信息安全规范》（GB/T 35273—2020）附录 A 表 A.1。

二、医学数据隐私分级

1. 隐私分级依据

医学数据隐私分级的依据主要是数据内含信息内容对个体信息主体的潜在危害性。

即医学科学数据涉及的信息内容一旦泄露或重新识别对个人信息主体及其家庭成员的潜在危害。通过数据个人健康隐私信息的敏感性,具体依据为相关数据未经授权的披露或泄露对个人名誉、身心健康产生损害或歧视性待遇的严重程度。一般可以体现为几个方面:

①个人信息主体和/或其家庭成员希望保密的迫切程度,相关信息一旦泄露后对个人信息主体及其家庭带来潜在不良影响,如心理压力、受歧视等的严重程度;

②社会他人获知后的敏感和反应程度,具体体现为社会他人获得信息后对个人信息主体及其家庭的远离、排斥、拒绝或打击程度。

①和②与个人健康隐私信息内容及其对个体及其家庭的生活、工作或者其他社会活动密切相关。

2. 数据隐私分级及其具体参考标准

1级:涉及的信息暴露不会对个人参与者及其家庭造成压力,或者不会对他人健康产生影响的疾病的相关数据。

主要指一般健康信息,一般健康体检信息或常见病的诊疗信息。如,常见一般疾病的常规诊疗或研究数据;不涉及导致对个人参与者名誉或者其个人及其家庭成员的歧视性待遇等健康隐私信息。

2级:涉及可能导致对个人名誉或者其个人及其家庭成员活动一定程度歧视性待遇的健康隐私信息,但是损害较小和/或持续时间有限。

通常是涉及通过治疗可以治愈的或者控制的疾病,不会对个人造成严重影响或者长期影响。但是对个人名誉或声誉或者他人健康具有短期潜在危害的疾病;如常见的一般的性传播疾病,轻度心理障碍或情感障碍,影响身体素质的其他慢性疾病,如肿瘤、心脑血管疾病等;通过密切接触可能传染的感染性疾病,但是现有医疗条件下能够治愈,如甲型肝炎、肺结核。

3级:涉及对个人名誉潜在损害较大,或者对其个人及其家庭成员活动歧视性待遇可能较严重的健康隐私信息。

例如,严重的心理障碍或精神疾病,如严重抑郁症、精神分裂症;具有密切接触传染性的慢性疾病,且对身体具有较大损害的。如,乙型肝炎;严重的性传播疾病,如梅毒、获得性免疫缺陷综合征(acquired immune deficiency syndrome,AIDS)。

4级:涉及对个人名誉潜在损害极大;他人获知对个人信息主体及其家庭成员获得

歧视性待遇可能非常严重的健康隐私信息；或者3级数据且涉及脆弱人群或者特定人群。具体包括但不限于具有以下条件：

①涉及遗传性疾病，且涉及全基因组数据；
②涉及家族遗传性罕见疾病；
③涉及传播性强，或具有威胁生命或严重损害健康的重大传染病；
④严重性传播疾病且涉及特定人群或弱势人群，如未成年人患AIDS；
⑤其他潜在损害极大或影响极大的情况。

3. 判定参考因素

医学数据隐私分级判定时要综合考虑数据内容涉及的信息对个人及其家庭的影响。具体包括对个体可识别信息的身份信息信息量、包含疾病信息的敏感程度、如是否包含对个体及其家庭带来生活（婚姻、保险、交往）和工作等带来歧视的信息。以疾病为例，疾病基本类型和相关疾病对个体或潜在传染的严重程度。疾病类型如个体比较敏感的涉及心理和精神方面的疾病；传染性疾病；遗传性疾病或具有遗传倾向的疾病等；疾病对他人影响的严重程度，如传染性疾病，涉及具体的传播途径是密切接触后传染还是非密切接触即可传染；性传播疾病的严重性，如现有医疗方法和技术可治愈的普通性传播疾病，还是缺乏有效治疗方法的严重疾病，如晚期梅毒或AIDS。医学数据隐私分级判定的参考依据及其影响因素参见表7-2。

表7-2 医学数据隐私分级判定参考因素及其影响因素示例

分级依据	具体表现	影响因素
个人信息主体敏感程度	具体涉及个人信息主体或其家庭成员希望保密的迫切程度；相关信息一旦泄露对个人信息主体及其家庭带来的潜在不良影响，如心理压力、受歧视等的严重程度	疾病对个人名誉或声誉的影响，如性传播疾病 严重影响身体健康的慢性疾病，如心脑血管疾病、代谢性疾病和恶性肿瘤等
社会他人、机构获知后的敏感程度	具体体现为社会他人获得信息后对个人信息主体及其家庭的远离、排斥、拒绝或打击程度	对他人健康的影响，如重大传染病或无症状病毒感染者
与个人信息主体和社会他人均相关的敏感因素	对个人或其家庭成员造成心理压力，同时会造成歧视	对于个人生活和工作造成歧视的潜在风险，如心理障碍、精神疾病或遗传性疾病（特别是单基因遗传病，包括但不限于罕见疾病） 对于个人社会生活及其他活动的歧视或不良影响，如健康保险等

续表

分级依据	具体表现	影响因素
特定人群相关因素	对特定群体具有潜在伤害风险,或者数据的研究成果对于特定人群具有潜在歧视风险	研究结果对于相关特定人群有较大影响,如特定区域内或某类遗传性疾病等
	对特定群体具有名誉影响,主要与个人信息主体相关的其他因素,如风俗文化	避免群体歧视的特定群体,如同性恋等
其他因素	主要与数据实体相关	涉及特定地区或特定人群人类遗传资源全基因组信息;数据实体价值较大;数据实体数据量巨大

注:1. 脆弱人群,可以参考涉及人的生物医学研究伦理审查中,受试者涉及的脆弱人群。

2. 有关数据实体、数据价值和数据量,目前无特别定量性规定;实践中,可以由经机构授权的审查委员会结合数据来源、数据的罕见程度、数据获得的难易程度和数据类型等综合判定。

三、去识别化数据隐私风险分级

1. 去识别化医学数据隐私分级依据

虽然数据共享应用,数据处理人员会采用"安全岛"方法对数据进行去识别处理。但是去识别化数据不等于匿名化,数据仍具有不同程度被重新识别的风险。去识别化医学数据隐私的分级依据为重新识别个人信息主体的潜在风险,即去识别化处理的数据被重新识别个人信息主体的风险大小和容易程度。

具体与去识别的处理情况和重新识别人员掌握的技术相关。为了统一判定标准,我们引入一般技术人员和现有技术两个概念。

一般技术人员是为重新识别数据风险判定的一种假设的"人"。假定他了解所属技术领域所有的普通技术知识,能够获知该领域中的所有现有技术,具有应用常规实验手段解决该领域一般技术问题的人员。即水平达到这个领域一般人员的技术水平,能够解决该领域与身份识别或重新识别问题相关一般技术问题,但解决不了疑难技术问题。

对于医学科学数据共享应用实践,一般技术人员所属领域包括信息技术领域,信息安全、生物信息学领域,数据科学和数据管理、分析和挖掘领域等重新识别相关技术领域。

现有技术,是指数据共享应用计划申请提交或共享应用计划实施(包括但不限于提供数据、传输数据)以前,公众能够得知的技术内容。包括在国内外出版物上公开发表、在国内外公开使用或者以其他方式已经为公众所知的相关领域的技术。

对去识别化数据的重新识别风险的定性分级。现有技术和一般技术人员是借鉴参考了新颖性和创造性判定中现有技术和所属技术领域的技术人员的概念（专利审查指南，第三章2.1和第四章2.4）中用于判定专利申请的新颖性和创造性的所属技术领域的技术人员结合本文件的判定目标和方法的提出的概念。

"专家判定"或"安全岛"两种方法的共同目标是平衡披露风险和数据效用。但即使应用得当，也会产生保留一些识别风险的未识别数据。虽然风险很小，但不是零，而且有可能去识别的数据可以链接回与之对应的个人信息主体的身份，因此去识别数据根据可重新识别的潜在风险进行分级。

2. 去识别化数据隐私分级

与医学数据隐私信息分级相对应，去识别化数据根据重新识别风险大小也分为四级。为了与隐私信息分级区别，用去识别化英文de-identification的首字缩写"D"代表去识别化。具体分级标准如下：

D-1级 匿名化数据，现有技术下无法重新识别；

D-2级 较全面去识别化后的数据，单独或与其他信息组合重新识别的可能性很小，甚至无；

D-3级 单独或与其他信息组合对于相应领域一般专业技术人员无法识别；

D-4级 单独或与其他信息组合有重新识别的可能，一般技术人员可以完成重新识别。

3. 判定标准和方法

（1）判定参考标准

一般技术人员利用现有技术对去识别数据重新识别的风险大小或难易程度。

（2）具体判定方法

具体判定通过一般技术人员利用现有技术对去识别数据重新识别的风险大小或难易程度。

具体判定采用"专家判定"方法，由领域内技术专家，或必要时成立技术小组，根据前述定性标准，由专家结合数据的实际情况，参考重新识别风险的相关因素，推定一般技术人员能够完成重新识别数据的风险提出分级建议。

去识别个体数据重新识别判定参考特征性因素和示例参见专家判定和表7-4。

四、去识别方法

1. 概述

去识别方法是数据共享应用过程中保障隐私保护的具体操作方法。

个人健康隐私信息被泄露或者不负责任使用将对个人信息主体自己及其家庭的生活或

工作产生不良影响。因此，去识别要求是数据共享应用的国际共识之一。我国2021年施行《个人信息保护法》在法律层面提出了个人信息处理者应采用去识别的安全技术措施。

目前，国际上去识别数据处理方案比较成熟之一是美国的相关体系和方法。根据1996年HIPAA隐私规则实现去识别的方法和途径的指南。一些国家和学者的去识别数据处理多数参考美国的隐私规则相关的去识别方法指南。该指南提出了去识别信息的两种方法，"安全岛"方法和"专家判定"。[10]

对于复杂、涉及敏感信息或具有重要价值的数据，应综合采取两种方法。事实上，实践中两种方法各有优势。"安全岛"方法通常是数据持有人或提供者在数据汇交和/或数据发布准备时，根据"安全岛"方法，删除直接个人标识符，以及结合、整合现有公共信息等可能产生可识别或者重新识别的信息，准备去识别化数据集。"专家判定"通常在"安全岛"方法的基础上进一步完善去识别数据，更多体现在审查环节，如数据审查委员会对数据共享应用方案进行隐私保护审查时可视为"专家判定"。实践中两种方法相互配合促进隐私保护。

参考美国较成熟的HIPAA隐私规则及其去识别指南，根据我国的《信息安全技术 个人信息安全规范》（GB/T 35273—2020）阐述去识别的具体原则，说明"专家判定"和"安全岛"两种去识别方法，为数据汇交人员和数据储存、数据共享等可提供具体指导。虽然我国没有明确提出"安全岛"和"专家判定"的术语定义，实际方法和实际审查中也应用了这两种主要方法。

2. "安全岛"方法

"安全岛"（safe harbor）方法是指通过删除指定的个人标识以及删除可单独或与其他信息结合使用能够识别个体的实际信息来达到去识别的目的。

"安全岛"信息中，如果与其他信息结合能够识别个人的，如职务、职业、罕见疾病，明确的家庭关系等，应该予以删除或避免。

相关机构和数据提供者须从自由文本字段中删除受保护的健康信息，以满足"安全岛"方法的要求。

受保护健康信息（protected healthc information，PHI）可能存在于不同类型的数据中，在相关机构中可能以多种形式和格式存在。这些数据可能存在于高度结构化的数据库表中，例如账单记录；也可以存储在由自然语言书写的一系列结构较少的文件中，如出院总结、病程记录和实验室检测报告或解释。这些文件可能因一致性和所涉实体采用的格式而异。

"安全岛"去标识标准不区分其数据的结构情况，无论是结构化数据还是非结构化文本信息，也不论信息的所在位置，只要是可识别的标识符，就必须删除"安全岛"标准中列出的标识符。

我国在《个人信息保护法》施行之前，先制定了国家标准《信息安全技术　个人信息安全规范》（GB/T 35273—2020）。其中，列举了敏感信息及其示例。本书根据我国的相关标准和传统文化、风俗习惯等，对个人健康隐私信息进行了修订，并重新进行编码排序归类整合，并与HIPAA"安全岛"直接标识符进行比较（表7-3）。

表7-3　"安全岛"隐私信息参照表

*根据我国修订建议重新编码排序归类整合	HIPAA隐私规则直接标识符[10]
最直接个人标识或唯一识别信息： 　A. 姓名 　H. 身份证号码 　J. 账号 　K. 证书/许可证号 　L. 车辆识别码和序列号，包括车牌号； 　B. 具体地址：县或区的地理分区。如果满足某些条件，邮政编码的前3位可以保留 个人联系方式： 　D. 电话号码 　E. 传真号码 　F. 电子邮件地址 个人健康信息： 　C. 除年份外，与个人直接相关的所有日期要素（如出生日期、入院日期、出院日期、死亡日期）。对于89岁以上的年龄和表示该年龄的日期（包括年份）元素，年龄和元素可以聚合为90岁或90岁以上的单个类别 　G. 社会保障号 　H. 病历号 　I. 健康计划受益人 与个人相关的其他信息： 　M. 设备标识符和序列号 　N. Web通用资源定位器（URL） 　O. 互联网协议（IP）地址 　P. 生物识别，包括指纹和声纹；完整详细基因组测序信息 　Q. 全脸照片和任何类似的图片，如特征肖像、剪影等 　R. 任何其他唯一的识别号、特征或代码，HIPAA"安全岛"章节（c）段允许的除外 　S. 适用机构并不知道该信息可以单独使用或与其他信息结合使用，以识别作为信息主体的个人	A. 姓名 B. 比州小的地理分区。如果符合某些标准，则可以保留邮政编码的前3位数字 C. 除年份外，与个人直接相关的所有日期元素（如出生日期、入院日期、出院日期、死亡日期）。对于89岁以上的年龄和表示该年龄的日期（包括年份）元素，年龄和元素可以聚合为90岁或90岁以上的单个类别 D. 电话号码 E. 传真号码 F. 电子信箱地址 G. 社会保险号 H.（医疗）病历记录号码 I. 健康计划受益人号码 J. 账号 K. 证书/牌照号码 L. 车辆标识符和序列号，包括车牌号 M. 设备标识符和序列号 N. Web通用资源定位器（URL） O. 互联网协议（IP）地址 P. 计量标识符，包括指纹和声纹 Q. 全脸照片和任何类似图像 R. 任何其他唯一识别号、特征或代码，HIPAA"安全岛"章节（c）段允许的情况除外 S. 适用机构并不知道该信息可以单独使用或与其他信息结合使用，以确定该信息的主体

*由本书著者进行适应性修订归类，为适合我国修订编码归类和HIPAA直接标识符比较。

使用"安全岛"去识别方法，概括和隐藏掩盖一些间接标识符。这种方法相对受主观因素的影响较少。而且，相对较为标准统一。去识别化/匿名化的研究可以统一处理，但是，随着时间的推移，技术、社会条件和信息可用性都会发生变化。因此，无论"安全岛"方法，还是"专家判定"方法。无论判定原则、参考技术和依据，以及判定标准，都应该定期进行修订或调整。持续共享应用的数据应该定期重新认定。

3. "专家判定"方法

"专家判定"（expert determination）是指由适当的专家对是否达到去识别标准或重新识别个人信息的风险情况进行判定。去识别的"专家判定"方法具体是指由具有适当知识和经验的专家委员会或团队，应用公认的统计方法、科学原则，确定潜在共享的数据可以单独或与其他合理可用的信息结合使用识别个体的风险非常小；并记录证明该判定是合理的分析方法和结果。"专家判定"可以依赖专门的去识别判定团队，也可以是数据审查委员会中的相关领域的专家履行该职责。

目前没有判定专家资格相关专业学位或认证程序等专门标准和要求，判定专家应该具有相关领域知识的一定积累或权威性。参照数据审查委员会，建议专家应该具有统计、数学或其他科学领域背景的副高职称，或者从业5年以上经验。此外，应该对相关专家进行涉及个人健康隐私的法律法规，以及去识别"安全岛"方法及其列举标识符等知识进行定期培训。首先，专家将评估拟共享数据或应用研究方案中能够（或不能）识别个人健康信息的程度。其次，专家可以向相关机构提供指导，调整方案或将统计或科学方法应用于健康信息减轻预期风险。然后，专家提出相关委托机构数据管理（即负责覆盖实体信息系统的设计和操作的官员）可操作或可执行的可接受的方法。最后，专家进一步评估相关方案中个人健康信息的可识别性，确定风险不超过非常小。调整方案和重新评估可能反复多次才能达到要求。专家借助知识和经验、科学原则和方法等，可根据希望披露信息的（目的、价值、重要性、使用、隐私级别，如是否敏感隐私，对个人信息主体及其家庭的潜在伤害程度等），考虑不同的避免"风险"措施和应急措施。可以多种方法结合，考虑为隐私保护需要提供综合保障体系。

如果"专家判定"识别风险大于非常小的风险，专家可以提出修改建议将识别风险降低到去识别标准要求的水平，包括通过调整数据中的某些特征或数据（如年龄、性别，单独，不与姓名、面貌特征等一起，只与临床诊疗疾病特征、基因组疾病报告信息一起，使重新识别风险降低；但是，如果年龄本身具有特别识别提示作用，则需要删除），确保不再有个体识别信息或元素。随着互联网和数据分析技术的不断更新发展，没有一个通用的解决方案能够解决所有的隐私和可识别性问题。对于去识别的判定，专家需要综合考虑隐私内容和影响隐私的技术、政策因素，隐私内容的潜在价值、获取兴趣等，进而做出判断。

"专家判定"方法，因为没有明确的识别风险数值水平被认为普遍满足非常小的水平的方法。而且，能够接收或获取数据的人或机构识别个人（即信息主体）的能力不同，取决于许多因素，专家在评估风险时需要努力考虑到所有影响因素，包括，在数据共享应用所处的特定环境的情况等。特别是，互联网大数据时代，数据共享范围无限空间，将"专家判定"方法应用于高维数据时存在着特殊的困难。多数多样性/封闭性模型在处理高维健康数据时失败，因为所需的非唯一性会导致过度的信息丢失，降低了数据分析效用，即实用性。数据持有人采用不同的去识别方法，以及数据初始收集目的不同，不利于不同来源的数据集的共享再利用；而"专家判定"因不同专家经验等限制，可能导致对相关方案的去识别和/或匿名化的判定依据和判定结果不同。

表 7-4 是主要基于 HIPAA 隐私规则去识别指南提出用于医学科学数据共享应用"专家判定"和确定健康信息识别风险的原则和示例。与"安全岛"不同，该表为专家提供参考，并不是确定的清单。

表 7-4　专家用于确定去识别个体数据重新识别判定参考特征性因素和示例

数据特征	具体要求	示例	备注
数据稳定性	健康信息在个人信息主体（个体）中持续不变出现的可能性，对重新识别风险影响较大	低：患者疾病诊疗监测数据，如血糖水平测试结果会有所不同 高：患者的人口统计数据（如出生日期、医院就诊ID号）相对稳定	
数据源可访问性	确定外部数据源包含患者个人可识别信息标识（参见 GB/T 35273—2020 附录 A）和健康信息中的可复制特征，以及允许谁访问数据源	低：实验室报告结果在医疗环境以外通常不披露身份 高：患者姓名和人口统计数据经常出现在公共数据源中，如出生日期、死亡日期和婚姻登记等重要记录	注1：可访问性是指数据是否开放获取，以及开放获取的程度 注2：直接或间接可识别，也与可获取性相关（获取路径和可储存）；特别是涉及个人健康隐私的信息，隐私相关性为高风险
数据个体可识别性	单独或经组合在健康信息中可以区分个人信息主体（个体）的数据	低：经组合的个人可识别性低，如在流动人口较多的城市或地区，出生年份、性别和3位数邮编的组合是独一无二的可能性较低。仅通过这些数据的组合就可以确定的居民寥寥无几	注：数据个体可识别性是指直接识别或重新识别个人信息主体的难易程度

续表

数据特征	具体要求	示例	备注
		高：经组合的个人可识别性高，如患者的出生日期、性别和邮政编码的组合	注：有文献研究提示，患者的出生日期、性别和邮政编码的组合对于50%以上的居民来说是独一无二的；这意味着在美国仅用这3个数据元素就可以识别美国居民，具唯一性。我国未见研究报道
隐私信息潜在价值	是指隐私内容本身是否构成研究目标所必须的研究内容；隐私内容本身研究价值、其自身和研究成果的潜在经济价值。如信息贩卖、产品市场等	低：隐私信息本身对于研究或商业没有价值；数据结构和内容本身，隐私内容不是研究点	注1：潜在价值是数据共享的初衷，也是重新识别数据风险的潜在动机；针对医学科学数据研究挖掘增加原则。
		高：隐私内容本身具有研究或商业价值。如隐私内容是研究点或对研究目的非常重要，不可或缺；隐私内容具有商业价值	注2：商业价值，如药物推广或健康保险
风险评估	健康信息的可复制性、可溯源数据的可访问性和数据可识别性越强，识别的风险就越大	低：实验室值可能非常明显，但它们很少可独立复制或在许多人可以访问的多个数据源中公开	注：风险评估需要在综合考虑复制性、可访问性和可分辨性的基础上对风险进行评估
		高：人口统计学是高度区分，高度可复制，并可在公共数据源	示例：人口统计学如果去识别信息，直接识别符或者多个间接识别符则会降低风险

注：重新识别，往往删除了直接识别个人的未有识别信息，通常风险为组合后的重新识别风险。

基金资助：国家科技基础条件平台中心委托任务课题"科学数据管理计划等重点领域标准预研"（2020WT04）；科技部科技基础资源调查专项课题"中国人类遗传资源基础数据库建设"（课题编号2019FY100103，所属项目编号：2019FY100100）。

参考文献

[1] NISSIM K, WOOD A. Is privacy privacy？[J]. Philos Trans A Math Phys Eng Sci, 2018, 376(2128)：20170358.

[2] 关健. 医学科学数据共享与使用的伦理要求和管理规范（五）隐私分类分级的初步建议及其依据的确认[J]. 中国医学伦理学, 2020, 33（8）：915-920.

［3］SCHEIBNER J, IENCA M, KECHAGIA S, et al. Data protection and ethics requirements for multisite research with health data a comparative examination of legislative governance frameworks and the role of data protection technologies［J］. J Law Biosci, 2020, 7（1）: 10.

［4］TUCKER K, BRANSON J, DILLEEN M, et al. Protecting patient privacy when sharing patient-level data from clinical trials［J］. BMC Med Res Methodol, 2016, 16（1）: 77.

［5］Summary of the HIPAA Privacy Rule［EB/OL］. https: //www. hhs. gov/hipaa/for-professionals/privacy/laws-regulations/index. html.

［6］PHILLIPS M. International data-sharing norms: from the OECD to the General Data Protection Regulation（GDPR）［J］. Hum genet, 2018, 137（8）: 575-582.

［7］EU. General Data Protection Regulation［Z/OL］.［2018-05-24］.https://gdpr-info.eu/.

［8］GO FAIR Initiative［Z/OL］.［2021-01-12］. https: //www. go-fair. org/go-fair-initiative.

［9］PRICE W N, COHEN I G. Privacy in the age of medical big data［J］. Nat Med, 2019, 25（1）: 37-43.

［10］The Office for Civil Rights.Guidance Regarding Methods for De-identification of Protected Health Information in Accordance with the Health Insurance Portability and Accountability Act (HIPAA) Privacy Rule［EB/OL］.（2012-12-26）［2022-11-01］.https://www.ttuhsc.edu/research/documents/hhs_deid_guidance.pdf.

第八章　知情同意

本章概要

医学数据多属于个人敏感信息，个体数据的共享应用需要个体授权，具体履行方式是知情同意。知情同意也是科技伦理治理、管理和医学科技管理的重要要求，是机构数据管理和数据共享应用计划审查的重点和难点。本章介绍知情同意的履行随着医学研究和其他领域技术的发展，在基因测序、互联网和大数据分析时代，知情同意的履行方式、内容和形式发生的重大变化。针对传统的单一的知情同意程序已不能满足现有研究模式和数据共享，阐述利用生物样本的实践中发展形成的多种泛知情同意履行模式及各自优缺点，提出数据共享应用中知情同意策略，以及基于隐私分类分级提出知情同意履行模式的要求。

本章要点

1. 知情同意内容和程序随互联网应用和医学科技进展发生变迁；

2. 纸质知情同意书和逐项履行不适合多数数据共享应用（尤其现有数据）计划；

3. 电子知情同意书具有便利等优势，但有其限制性；

4. 泛知情同意是数据共享应用的潜在同意方案，应注意个体权益保护；

5. 生物样本收集应用实践探索形成的多种泛知情同意类型各具优缺点，数据共享应用可借鉴，其中退出选择对个人权益保护最弱；

6. 个体风险隐患较大和涉及全外显子组或全基因组数据可采用定期同意和分层同意模式；

7. 知情同意在线履行优势和风险并存，应考虑适用的范围，避免或减小风险。

第一节　知情同意变迁和发展

一、知情同意内容变迁

知情同意是医学伦理和法律的共同要求。只有在特殊情况下，个人信息才能在未经同意的情况下使用。在传统的特定的健康研究中签署知情同意，意味着研究者可以以受试者为研究对象实施干预性或非干预性研究，同时允许对受试者个人信息收集、查看、使用、披露、存储，以及研究需要在知情同意的特定范围内使用和分析数据。

与人类健康相关的研究计划通常由机构（伦理）审查委员会进行前瞻性审查后实施，以确保研究的设计和实施符合伦理原则及其要求，通过知情同意的履行保护个人隐私和自愿自主性参与，平衡风险和利益，确保科学选择公平。知情同意要求向潜在的参与者提供足够的信息，以便在知情的情况下做出自愿的决定。近年来，生命科学技术的快速发展，及其与互联网和大数据分析等前沿科技的融合发展，使医学研究发生了不可忽视的变化。互联网和大数据分析，通过分析商业、医疗保健、研究和政府数据库、社交媒体和移动设备中的积累的大量数据，以及越来越多的生物样本和临床基因组数据，既为数据共享提供了海量数据，大幅促进了疾病机制、疾病诊疗标记物等发现的速度，又引起知情同意履行的困难和挑战。原有单一的针对研究项目特定的知情同意书也不能满足现有研究和数据共享的需求。

知情同意内容和程序产生了变迁。内容方面，新一代测序技术及其应用，全外显子测序（whole exome sequencing，WES）和全基因组测序技术（whole genome sequencing，WGS）（以下统称"基因组测序"），理论上可以检测所有的转录序列（外显子）或全基因组序列信息，可以对导致疾病的所有位点的基因突变平行研究，极大提高研究和研发效率。基因组数据存在重新识别的潜在隐患（虽然很小，确实存在逆向识别的风险）。遗传信息的反馈中对不确定意义突变（variants of uncertain significance，VUSs）或偶然发现（incidental findings，IFs）的突变的信息如何披露等新的伦理问题。[1] 偶然发现，是指采取高通量检测方法，如芯片、WES和WGS等多基因检测方法，在医学研究和临床诊疗安排的遗传检测中发现了与疾病本身或检测目的基因之外的遗传信息，也称继发发现（secondary findings，SFs）。[2] 但是，目前或者近期对于多数基因组检测结果，包括偶然发现，无法对临床诊疗和预后提供实质性帮助。

涉及人体的研究，因为研究方法、研究目标和研究模式的改变，如基因检测、基因测序、大数据分析和转化研究、精准医学等，以及研究数据的共享应用等，使研究项目知情同意的内容已发生较大变化（表8-1）。

表8-1 涉及人体的研究知情同意内容简单比较

传统	互联网和大数据时代
研究目的或题目	题目本身； 后续：样本使用；数据共享
研究价值等	精准医疗、个性化诊断
受益和风险（单个研究）	后续研究样本和数据再使用； 分子检测、基因治疗等
潜在损害及其赔偿或补偿； 应急措施	隐私泄露风险更大； 疾病隐私、遗传隐私、家庭隐私和民族遗传资源 一旦泄露，应急措施有限
自愿原则	自愿原则－限制 二级数据使用
随时退出	一旦去隐私化；难以退出 ……
研究结果的反馈	分子检测－偶然发现和干预措施；不知情权

研究伦理审查内容也有所不同。传统的研究伦理，要求项目实施的范围不能超过知情同意的范围。但是数据共享和进一步的整合和/或挖掘，研究数据的价值可能远超最初的研究目的。生物样本和数据的共享再利用，使临床诊疗数据的价值和意义也不再限于个体诊疗。目前，为了保证共享数据的储存质量等，特别是及时履行知情同意，通常需要在研究实施前同时完成科技项目数据共享应用计划及其方案。如表8-1所示，这些新增的知情同意内容，包括后续研究样本和数据再使用以及研究方法的不同，使参与者收益和潜在风险变化，对参与者是否参与研究的决定具有较大影响。但是，实践中内容冗长的知情同意书可多达20页甚至更多，加上其中并没有对受试者不利的研究方案和数据共享潜在风险明显提示，并不利于参与者真正充分了解和理解参与研究和数据共享的具体风险。即使签署了同意书，参与者对研究信息通常仅有非常有限的理解，很难切实保护个人参与者的权益。因此，现行的适用逐项研究实施的知情同意无法满足数据共享的要求。

二、知情同意履行方式的变化

1. 传统和电子知情同意履行方式

传统的知情同意书是纸质版的。电子病历、互联网等技术进步推动了研究方法和信息传播的变化，为数据共享整合提供了技术基础。不仅健康信息存储在 EHR 中，无纸化办公逐渐推广和普及。创新研究和临床诊疗可以通过互联网进行，[3-4] 通过远程访问参与者，而不受时间或地点的限制，履行知情同意的新方式以及获取知情同意的新选择。电子化的调查问卷通过互联网和自媒体设计小程序，可以快速转发完成调研，并自动统计调研结果，高效便利。强大的技术支持数据挖掘和分析，以及多个来源的数据集成。数字技术已经改变了人们交流、学习和工作的方式；信息越来越多地通过在线或移动设备获取和交流。

知情同意的履行方式也因此有了更多选择。传统知情同意履行分为书面和口头两种方式。口头方式主要在一些紧急情况下采用，一般采用书面形式。传统知情同意通常为纸质版文书，称为知情同意书。此外，书面形式也包括通过邮件等方式电子签名的情况。从法律角度讲，通信记录，包括电子通信往来信息，如微信、邮件等也是书面知情同意的表达方式。推动研究方法和信息实践变化的技术进步影响知情同意的签署方式。互联网提供了在线研究和收集、使用数据的便利，互联网是收集数据研究的重要路径。由于研究领域的广泛性和数据来源的多样性，基于网络的健康医学研究本质上是跨学科的。新的研究路径、在线数据来源和创新的健康研究应用。传统的纸质版知情同意书无法满足这种在线研究模式。

传统的知情同意履行，研究者向潜在参与者介绍有关新的治疗、诊断或预防性干预的信息，然后要求参与者阅读并签署详细的书面同意文件，签署授权的方式已经不适应这种在线研究方式。技术允许广泛的标准化和简单的信息更新和实时存储。研究人员可以使用技术提供信息、与参与者互动、回答问题，并持续评估理解情况等。

目前在我国书面知情同意书纸质版仍为涉及人体的健康研究（包括生命科学和医学研究）履行的主要形式。即使使用电子或互联网路径发送，但签署知情同意的实质方式仍属于传统的书面签署形式，其内容与传统知情同意书类似。

医学科学数据共享及其再利用应该履行知情同意。数据共享使得科学数据不仅是科学研究的结果，也是潜在的研究资源。与生物样本类似，除了用于特定项目的研究，还可能被用于后续的研究或挖掘，但具体内容和侧重有所不同。因此，现行的或称为传统的知情同意也无法适用数据共享，因其无法满足后续研究或数据共享和再利用的要求。

2. 数字化知情同意优势风险并存

信息技术为创新实施数字化知情同意——电子知情同意书（electronic informed consent，eConsent）和在线履行提供了机会，且有研究表明，使用电子平台来补充或取代传统的纸质知情同意程序的趋势越来越大。[5] 最初，电子知情同意是由 2016 年 12 月美国食品要求监督管理局（Food and Drug Administration，FDA）颁布的《电子知情同意书使用》指南提出，"是指使用多种电子媒介，如文本、图像、音频、视频、网站、生物识别技术和读卡器等电子系统和程序来传达研究相关信息并获取和记录知情同意,为临床试验提供交互式服务的技术"。[6]随着应用程序、平板电脑、视频、交互式计算机、机器人、个人数字助理、手机和智能手机以及可穿戴技术有助于现代化、改变和改进知情同意的方法。电子通讯时代,不仅知情同意书的格式和形式更加多样化,同时,数字化和信息技术促进知情同意的方法可以采用绿色,互动,动态和生动直接的方式进行。但用冗长、复杂、技术性或合法的电子信息页面替换冗长、复杂、技术性的书面形式并不代表进步。其他工具包允许研究人员创建医疗研究应用程序,并包括可自定义的可视同意模板等。图8-1为传统签署形式与互联网普通应用情况下的签署形式的简单比较。

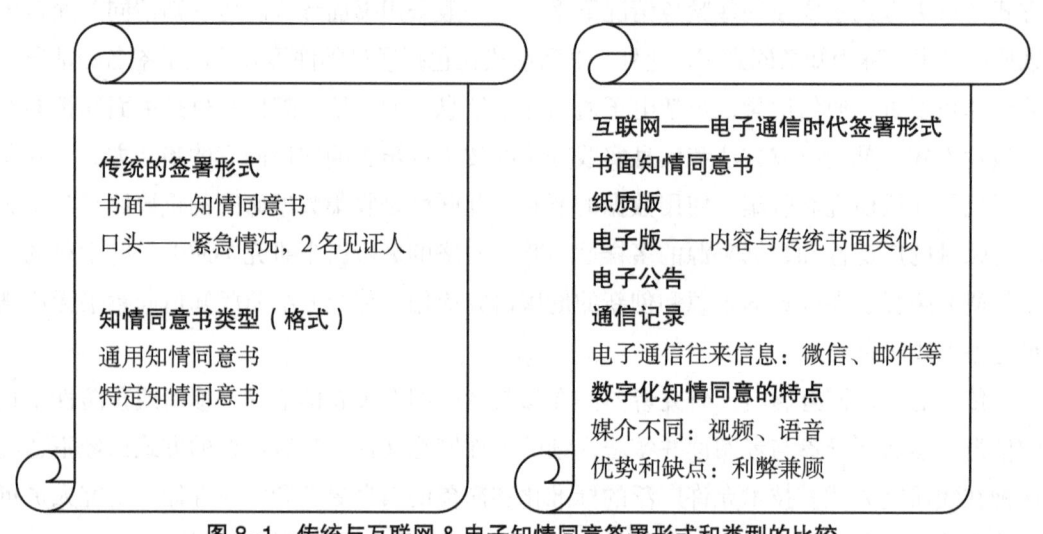

图8-1 传统与互联网&电子知情同意签署形式和类型的比较

电子知情同意的方式与传统知情同意履行相比利弊兼顾。电子知情同意可以兼顾视频、语音,有利于理解,但同时可能造成对实质内容和不利内容的忽视。

(1)电子知情同意优势

采用电子知情同意优势很多。①电子知情同意签署便捷,便利,且通过多个电子组件与受试者偏好相结合的互动,能够解决知情同意书日益冗长的问题。[7]电子知情同意的优势是可以提供具有可视性交互方法的同意工具可以更加生动和直接的了解知情同意需要了解的内容,包括潜在风险等。数字化知情同意"知情"的优势非常有利于知情同意内容过多和冗长的情况。数字内容是实施电子知情同意的另一个关键。应使知情同意更以参与者为中心,而不是更专注于签署知情同意书保护研究者。②对于研究来说,通过互联网的电子知情同意潜在的优势包括:招募和实施便利;平台更加开放;不仅仅从临床实体机构招募患者;可以扩大招募范围,通过在线广告和社交媒体活动进行招募,并通过适当的许可,患者可以收到带有研究网站链接的电子邮件信息。③电子知情同意对于在线研究和在线收集数据的在线远程"同意"签署,可以不受地域和时间限制也是其重要优势。电子数字化的知情同意不完全等同于在线签署知情同意。此外，电子知情同意，包括在线签署知情同意作为一种便利签署路径。无论是否在线实施和收集数据，都可以应用在线签署电子知情同意的方式。对于公共卫生事件突发，尤其是重大传染病突发暴发情况，还可以采取前瞻性知情同意签署策略，具体我们将在大数据篇公共卫生大数据内容中进行详细阐述。

（2）电子知情同意缺点和问题

电子知情同意也有缺点。如，缺乏面对面的访问、交流；可能面对假身份和假信息等；损害后责任认定困难等。如，一般互联网服务的应用情况（购物、航空、共享服务等）特点，格式和内容既定，类似商业商品收据后面的格式条款，通常点击同意完成履行。这种同意的方法可能对保护研究人员和赞助商起到的作用要比告知参与者更多等等问题需要重视。[8]对于临床诊疗和临床研究的挑战较多，如何达到面对面履行知情同意过程中充分告知的要求？

此外，目前没有法律针对电子签名的法律效力的明确规定。电子签名是否有效，适用哪些法规，以及如何保存电子签名是需要探讨和解决的问题。

（3）发挥优势避免纠纷和隐患

对于电子知情同意书和相关电子材料的内容分配是需要考虑的重要问题。实践中，也可以采用电子"知情"和纸质版"同意"相结合的方式。无论哪种方式，涉及对个人参与者不利、风险和潜在损害的内容必须包含在知情同意书内。应利用视频和语音等方法完成面对面知情同意过程中的解释工作，特别是避免单击一个协议框这种相当于没有阅读的情况下签署同意书的情况，同时相关电子材料应该在数据或研究伦理审查材料中同时备案。应用在线知情同意签署应采取措施避免潜在问题。如采取一些措施对潜在参与者的身份通过其他方式确认，可以通过在线身份验证服务、传递手持身份证件的图像或生物特征上传等方式，或者个体参与者申请设立用户账号并使用密码或指纹在其账户中签名，从而尽量减少重复注册或在多种身份下欺诈参与的可能性。此外，知情同意作为一个尊重自主选择和保护个体参与者免受风险的过程，重要和难点在于必须提示对患者或受试者不利的信息。应避免"一刀切"，应根据具体情况进行调整。此外，应在确认采用电子知情同意之前对是否适合这种方式进行评估，对于一些隐私信息特别敏感，以及泄露信息或重新识别等潜在风险较大的情况，以及涉及脆弱人群和/或容易产生纠纷的情况，在相关法律没有明确之前，应考虑满足法律规定的相关要求，仍采用纸质版书面形式。

三、泛知情同意提出及其优势

如果继续采用现行传统的自主知情同意的标准，可能无法执行数据共享，也不利于后续先进技术或方法，对于同一问题的现有生物样本和数据的进一步利用持续研究。对个人权益的保障也面临困难。同意书越来越长、越来越复杂，模糊了重要的细节；标注重点内容又可能会淡化其他内容，毕竟不同个体的关注点可能相互并不相同。泛知情同意是为了应对技术进步和收集、储存生物样本的不断扩大的环境所带来的挑战提出的同意模式。[9] 所谓泛知情同意，即全面、广泛或普遍的同意，最初是指签署履行知情同意后对以后可能进行的任何类型的研究给予无限制的同意。泛知情同意对于科研人员收集生物样本用于未来研究的使用获得预先同意具有重要意义。采集样本之后往往有新的研究方法或技术可以进行一些预想范围之外的研究，泛知情同意有助于促进生物样本资源的有效利用。但是，因为个人信息主体在签署泛知情同意书时，并不了解后续的使用情况，有很多不可预知的情况，因此，对于个体参与相对不公平。

泛知情同意为数据共享和再利用提供了积极参考，但泛知情同意在应用于生物样本储存以备未来使用时就被一些伦理学家反对，认为泛同意的方式不利于个体参与者权益保护，其具有较多潜在隐患可能给个体带来损害。如前所述，做出是否参与研究或是否允许数据共享的决定过程中，个体在知情同意程序中实现自主选择权，需要三个关键性先决条件：信息披露、参与者理解和自愿。[10-11] 即信息披露和参与者理解是完成自愿的前提。知情同意被视为保护个体的主要手段。尽管知情同意可以用不同的方式来定义，但都要求有理解能力的个体在没有压力或胁迫的情况下，经过充分理解自主自愿所达成的参与意愿。而泛知情同意程序在信息披露和参与者理解方面均有不同程度的受限或瑕疵。公众对收集个体捐赠的生物库的相关研究结果表明，当泛知情同意是唯一的选择时，多数人同意支持，但当有其他的同意选择时，如包括"分层"或"逐项研究"同意，则只有少数人赞成泛同意。[12]

第二节　知情同意模式和应用原则

一、知情同意模式类型

研究方法的变化以及考虑泛知情同意的潜在隐患，为了促进研究和数据共享兼顾个体权益的保护，实践中泛知情同意的履行逐步调整和改进，泛知情同意已经发展了多种具体的签署类型。总体上，知情同意根据授权范围和时间分为特定知情同意和泛知情同意两大类，泛知情同意根据具体实施的情况可进一步分型。目前根据这些同意流程中个体参与程度从高到低，知情同意具体可以分为 5 种模式：①传统同意（traditional, opt-in consent）；②定期泛同意（broad, periodic consent）；③分层（或有条件）泛同意

（broad, tiered or conditional consent）；④经典泛同意，也称一次性泛同意（broad, one-time consent）；⑤选择退出同意（opt-out consent）。[11-13] 除了传统同意模式，包括选择退出同意的其他4种模式都可以归类为泛知情同意。

除传统同意外，其他4种泛知情同意类型为医学科学数据共享应用提供了知情同意履行的多重选择。传统的特定知情同意在一些特别的研究或者数据应用计划还是必需的，能够有效保护个人信息主体的权益。对于数据共享应用不同同意模式的优缺点详见表8-2。

表8-2 知情同意5种模式及其优缺点

同意模式	履行特点	优点	缺点	适用和要求
传统同意	根据研究或数据再利用的具体方案逐项同意	个人参与程度高，使用目的明确、风险预见明显，对个体权益保障较强	时间、费用成本较高；效率相对低下	个人信息主体损害风险较高的数据共享，或者对风险无法估计的情况
经典泛同意	在数据收集前或者收集后，与个人信息主体签署一次，全面授权未来的数据共享应用	促进生物样本和数据共享应用方面最高效	个人能自主决定是否参与。一旦同意，难以退出，对后续研究很难知情。对个人权益保障较弱	风险较小；规模较大；提供充分的告知，确保其理解和自愿、自主决定
定期泛同意	泛知情同意，但需根据研究情况、技术或风险等因素定期重新履行知情同意	兼顾效率和个人权益保障。能关注文化、个人偏好等特殊情况	相对于逐项同意，有些风险无法控制；相对于一次性泛同意，效率相对较低	不适合风险很小的知情同意；需跟踪管理以确保定期切实履行。避免形式主义
分层（有条件）泛同意	①提供有关研究项目类型或数据应用的类别清单；②提供范围、类型、风险的细化计划清单。有选择地同意	适度分层比较有利于个人信息主体根据偏好等进行选择	签署时比较费时；通常需要电子知情，在时间紧张时无法切实履行	大规模签署适用电子知情同意在线履行方式。但需要信息系统维护和跟踪管理。清单适度，避免过于冗长
选择性退出同意	视为一次性全面同意。通常提供一些对个人决定起决定或者重要作用的潜在风险或特殊目的，个体需要明确提出退出选择	促进数据共享应用的效率相对较高的知情同意模式	对个人权益保障相对最弱。如果不特别明示，容易被忽视	适合大规模数据收集，特别是常规业务数据收集风险较小或者紧急情况下，如重大传染病疫情期间

传统的同意模式是针对具体项目的，也被称为特定同意，逐项同意和实时同意（real-time consent）或逐项同意（study-by-study consent）。个人信息主体参与程度将最高。优点是对个体权益保障较强，缺点是费时费力，效率较低。适合相对风险较大，特别是涉及潜在可识别风险较大、全外显子组或全基因组数据和/或特别敏感健康隐私信息，以及脆弱人群的数据共享。不适合风险较小的大规模的数据共享应用，也不适应于紧急情况下的数据共享应用。与一次性泛知情同意模式相比，定期和分层同意模型对个人信息主体权益相对主动性强。这两种泛知情同意模式，均有助于促进个人权益保障，可适用于多数前瞻性收集数据。与经典泛知情同意相比，选择退出同意模式的个人信息主体参与机会更小。这种同意模式，意味着如果个人信息主体不主动撤销许可则视为同意，对个人信息主体的保护相对最弱。采用这种同意模式的前提是必须保证个人信息主体提前了解全面情况才是合理的，具体包括明确知道选择退出同意针对的具体情况（如公共卫生事件处理数据的共享应用），以及明确的退出路径（即提供给个体要求退出的权利和表达路径，并尊重选择退出的要求）。目前更多在生物医学伦理学文献中讨论，实践中应用较少，对于突发性的数据共享，如公共卫生数据，特别是重大传染病疫情相关数据的共享是一个潜在可行模式。

传统同意，定期泛知情同意，是按照时间给予个人信息主体重新签署同意或退出的模式。对于拟长期进行相关研究和签署泛知情同意，建议电子知情同意的方式，并建立知情同意系统，记录个人信息主体的联系方式长期跟踪管理，对有特殊要求的，如重新签署或定期签署的进行数字化系统规范管理。根据需要可结合电子数字化告知"知情"，必要时同时纸质版签署。

具体的知情同意履行模式，可根据数据状态、潜在风险，以及时间是否紧急等综合考虑和确定。单纯数据共享应用计划，可以采用一种方式也可以提供多种模板选择，但是要跟数据采集的参与人，告知其他替代知情同意方式，由个人参与者选择；研究计划同时涉及数据共享应用方案的，不同入组人群一般采用单一标准的知情同意书。

二、基于隐私分级的知情同意类型选择

隐私分类分级是决定知情同意履行模式及其要求的重要因素之一。一旦泄露隐私信息对个人信息主体将造成的潜在风险不同，相关数据或数据实体的共享应用的管理要求应有所不同。针对不同的隐私分级，数据共享应用也应该采用符合要求的知情同意履行类型，切实履行知情同意，保护个人信息主体的充分知情和自愿选择同意权。根据医学数据隐私信息分级对知情同意选择的原则要求具体建议见表8-3。

表 8-3　基于医学数据隐私信息的知情同意选择

隐私信息分级	知情同意选择和其他必要要求（*）
1 级	前瞻性数据共享计划应该知情同意。可以采纳所有泛知情同意模式。 现有数据共享或再利用经审查委员会审查通过知情同意后可以豁免。 * 去识别化后共享应用
2 级	前瞻性数据共享计划必须履行知情同意；履行方式可以采纳泛知情同意，选择性退出这种知情同意慎用；经审查委员会审查满足知情同意豁免条件的可以豁免知情同意。 * 同时要求去识别化处理且重新识别风险较小
3 级	履行知情同意，必须经过个人信息主体明示同意授权，不应采用退出性知情同意模式。建议采纳定期泛同意和分层泛同意模式。 * 去识别化处理且重新识别风险；应该附数据转移或数据使用协议，对使用后数据的处理方式和要求进行明确规定。 * 应该限制公开披露共享、避免互联网在线发布等网络传送
4 级	无论是知情同意还是隐私保护，在 3 级管理要求的基础上，应严格相应标准，具体应包括以下要求。 知情同意的履行必须经过个人信息主体明示和授权，对泛知情同意模式的应用应予以限制，如果使用泛知情同意模式，必须定期重新履行。明确要求一些目或用途时必须重新履行知情同意，包括但不限于涉及生物样本及其数据。 * 必须附数据转移或数据使用协议，协议中应明确约定数据使用后进行不可逆销毁等相关条款，进一步加强个人信息主体的保护。 * 禁止公开披露或互联网在线发布个体 - 水平数据，传送或使用的数据应在现有技术下达到匿名化标准；必要时专人加密传送

来源：关健执笔《医学数据隐私分类分级标准指南》标准草案（中关村国基条件科技资源共享服务创新联盟第一批立项团体标准）。

基金资助：本章内容由科技重点研发专项课题：多源异构病原微生物大数据整合标准与平台建设（2021YFC2302001）和科技部科技基础资源调查专项课题：中国人类遗传资源基础数据库建设（2019FY100103，所属项目号：2019FY100100）资助完成。

参考文献

［1］关健. 基因组时代分子遗传学检测和咨询法律和伦理问题［J］. 中国医学伦理学，2018，31（3）：273-277.

［2］KIM J, LUO W, WANG M Y, et al. Prevalence of pathogenic/likely pathogenic variants in the 24 cancer genes of the ACMG Secondary Findings v2.0 list in a large cancer cohort and ethnicity-matched controls［J］.Genome Med, 2018（10）：99.

［3］Cochrane Common Mental Disorders Group. Internet - based cognitive and behavioural therapies for post-traumatic stress disorder（PTSD）in adults［J］.Cochrane Database Syst Rev，2021（5）：CD011710.

［4］《远程心理服务管理规范和伦理指导原则专家共识》拟定专家组.远程心理服务管理规范和伦理指导原则专家共识［J］.中国医学伦理学，2019，32（5）：678-686.

［5］YUSOF MYPM，TEO CH，NG C J.Electronic informed consent criteria for research ethics review：a scoping review［J］.BMC Med Ethics，2022（23）：117.

［6］US Food and Drug Administration.Use of electronic informed consent，questions and answers：guidance for institutional review boards，investigators，and sponsors［S］.Silver Spring，MD：US Food and Drug Administration，2016.

［7］董昱，覃龙，吴卫平，等.电子知情同意书的应用与推广［J］.中国循证医学杂志，2021，21（7）：851-857.

［8］NEBEKER C，TOROUS J，BARTLETT ELLIS R J.Building the case for actionable ethics in digital health research supported by artificial intelligence［J］.BMC Med，2019，17：137.

［9］SIMON C M，WANG K，SHINKUNAS L A，et al.Communicating with diverse patients about participating in a biobank：a randomized multisite study comparing electronic and face-to-face informed consent processes［J］.J Empir Res Hum Res Ethics，2022，17（1-2）：144-166.

［10］SREENIVASAN G.Does informed consent to research require comprehension［J］.Lancet，2003，362（9400）：2016-2018.

［11］STRAUSS D.Changes to the common rule：implications for informed consent.［Z］.New York：Bronx，2017.

［12］DE VRIES R G，TOMLINSON T，KIM H M，et al.Understanding the public's reservations about broad consent and study-by study consent for donations to a biobank：results of a national survey［J］.PLoS One，2016，11（7）：e0159113.

［13］MANHAS K P，DODD S X，PAGE S，et al.Sharing longitudinal，non-biological birth cohort data：a cross-sectional analysis of parent consent preferences［J］.BMC Med Inform Decis Mak，2018（18）：97.

第四篇
数据标准篇

第九章　数据标准体系概述

本章概要

数据共享机制解决数据与数据的关系就是数据结构和标准的问题。具体实践中需要具化和落实数据共享交换的 FAIR 原则和去识别要求。数据标准是数据共享再利用的基础。本章介绍在具体实践中为实现数据共享 FAIR 原则和数据再利用的目标目前具体实施的一些标准。简要介绍数据标准现有体系概况，包括数据标准分类、数据标准构成；相对侧重介绍本体和医学领域相关代表性本体及其应用情况；重点介绍我国科学数据共享管理和实践中，包括在人口健康科学数据共享实践中形成的现有标准现状；讨论在数据标准方面需要迫切解决的问题。

本章要点

1. 数据标准由描述标准、数据交换标准、术语标准和执行标准等构成；

2. 本体术语标准为数据共享和大数据分析提供了人机共识，特别是计算机识别标准；

3. 医学相关数据本体及其应用在多种疾病，特别是罕见病疾病机制和肿瘤精准医学等方面发挥了重要作用；

4. 国际上，术语标准和语义标准相对成熟，为进一步细化提供了基础；缺乏具体解决专业领域交互性（包括医学领域）数据通用的结构标准；

5. 我国科技计划数据汇交和验收标准具有广泛适用的管理和原则性标准，缺乏专业性（包括医学领域）细化的和专门的标准结构标准和指南；数据汇交和发布需数据结构标准体系规范；

6. 医学领域共享数据标准缺乏具体指导实践的数据结构标准体系，特别是跨学科数据整合。

第一节　数据共享标准体系概况

一、数据标准分类

（1）根据标准的概括性以及应用范围分类

根据标准的概括性程度以及指导作用和范围，标准体系包括原则标准和具体实施标准。

原则标准一般为通用标准，包括国际通用标准。数据共享标准的原则标准是对共享数据的质量等提出原则要求。如 FAIR 原则、去识别标准和针对共享数据量的标准包括最低信息标准等。

具体标准为直接指导共享实践和数据治理、管理要求的标准，如审查汇交数据的具体技术、管理方案或要求等，一般具有具体实用性，包括具体要求和流程等的标准或指南。具体标准往往为专门标准、特定标准。

具体标准构成，具体标准往往由一个主题的多个相关标准或标准体系构成。如基因组组学数据共享标准的主要组成部分是实验描述标准、数据交换和建模标准、术语标准和实验执行标准。[1]

（2）根据标准规范的内容分类

根据规范的内容，标准分为结构和语义两个方面，或者说，数据标准最终简化为两个部分：结构和语义（本体）。[2]

结构是数据的排列，EHR 通常根据不同机构专科的特点进行诊疗信息的设置和排列。数据规范化建设和利用一般积累形成结构信息（个体－水平数据）为基础的结构化的数据库。医学科学数据结构层次包括个体－水平结构，数据集、数据库结构。

语义学指概念及其相互之间的关系。语义为结构化的数据术语、符号和代码等的具体解释。不同机构、不同研究人员的数据的整合需要等效术语完成联系和整合基础。不同机构和特定实验室或医院本地代码的临床实验室数据如果不进行等效术语的构建，很难与其他地方的相应数据进行比较。临床医学本身专业性等原因，复杂且不同临床术语系统化命名法一般由国际疾病分类（international classification of diseases，ICD）中类似命名统一。

术语标准是语义标准的重要代表。术语标准的范围通常由其旨在支持的用例和其旨在回答的能力问题来定义。用例是注释调查中生成的关于材料、程序和结果的数据，而相关的能力问题将包括数据挖掘中使用的问题（例如，"查找使用 Affymetrix 微阵列完成的所有癌症研究"）。其中，术语标准通常提供受控词汇表和某种程度的组织。本体（ontology standard）作为编码术语标准的机制在数据共享领域已应用较广泛，因为它们提供受控词汇表中术语的定义以及术语的属性和术语之间的关系。

术语标准对于不同领域的跨学科研究和促进数据再利用的作用非常重要。生命科学中的术语较多。科学家、生物信息学家和软件开发人员采用该方法，用于组学数据的注释。以某一领域为目标，描绘术语构建的最佳实践，最大限度地提高其内部完整性、可扩展性和重用性使标准术语容易获取非常重要。

术语标准的主要目标是促进研究领域术语的一致使用，从而通过在数据存储库内，特别是跨数据存储库、跨领域实现更好的查询和数据挖掘，促进数据整合和知识集成。

二、共享数据标准构成

共享数据标准的主要组成部分包括描述标准、数据交换标准、术语标准和执行标准等。

为理解研究结论是如何得出的，不仅需要提供基础数据，还需充分描述数据生成的细节。如产生数据的样本情况、程序方法和数据分析等，因此需要几种数据关联的标准类型。

①描述标准，需要报告或"最低信息"标准，以确保提交的数据足以供其他科研人员能明确解释和查询。如，描述数据的最低信息数据一般为元数据，类似于文章摘要、临床病历摘要，需要对数据集或数据库的重要信息进行简要描述。从管理准则到具体的数据库，许多现有的标准和准则是为收集数据和元数据而设计的。为理解研究结论是如何得出的，不仅需要提供基础数据，还需充分描述数据生成的细节（即样本、程序方法和数据分析）需要几种标准类型的关联数据。使数据使用者了解数据产生的基础和背景，包括收集数据相关研究实施过程的研究材料和研究方法、分析方法等。类似于撰写一篇文章，需要提供相关的思路，材料方法内容等才能使读者了解文章的前因后果。

②数据交换标准，为标准数据格式，有利于共享和利用不同研究人员整合数据所需的工作量。无论是共享直接提供全部数据集，还是提供样例数据，都应该符合交换数据标准。

③术语标准，包括用于描述研究和数据生成方式的术语标准有助于更好地理解给定的一组实验结果（数据），且有助于提高比较不同研究团队或机构进行的研究的能力。术语标准的代表是本体。国际上人体表型本体（human phenotype ontology，HPO）、基因型本体等，为国际通用标准。

④执行标准－执行标准是指数据产生、数据收集等过程中，标准参考材料以及数据

收集和分析的标准方法等，有助于开发可重复使用的数据质量指标。如技术标准，标准实验室程序（SOP）和参考材料可以创建指南、系统基准和实验室协议等；管理标准如ISO 9000，电子病历标准，如 Health 7。不同研究人员、组织和技术生成的数据依据执行标准有助于保障数据质量的一致性。执行标准根据其权威性分级，包括国际标准、国家标准、行业标准、专家共识、一般文献等。

三、本体及其作用

1. 本体及其产生背景

本体最初是一个哲学术语。后来被用来指在一个具体的学科领域中，由该学科的专业术语及术语间的关系构成的人与计算机都可以理解的一个复杂的知识网络体系。通过本体中的标准化术语，不同数据与元数据可以进行术语的统一，以消除认知差异，实现数据的整合与自动计算机分析。"本体"是研究什么类型或类别的事物可能被合理地认为存在于世界本身，而不是仅仅以我们想象的方式思考事物。[3]

术语标准的典型代表是本体。本体中的术语被组织成类，通常被放置在层次结构中。类表示可以有不同实例的实体类型。可以为术语提供加入号，以便对其进行跟踪并分配详细信息，如谁负责该术语以及定义的来源。如果本体基于知识表示语言，例如 web 本体语言（web ontology language，OWL）（http://www.w3.org/TR/owl-ref）可以对术语使用的限制进行编码。例如，可以要求术语之间的关联（例如，过程的输入和输出）。

互联网、计算机技术使生物医学研究产生的信息越来越多地得到数字化储存，并以结构化的电子格式获取，并通过公共数据库资源提供，作为对传统期刊出版物报告的补充。数据共享是全球趋势，特别是近年来精准医学的提出和实施，跨学科、跨领域的数据共享实践和需求越来越多。在此背景下本体赋予了新的使命。

例如，生物医学研究本体（ontology for biomedical investigations，OBI）解决了代表生物医学研究的跨学科标准的要求。最低限度地，提供研究中使用的样品、分析和数据分析方法的表示标准。[4]

再如，为了以受控的方式表示表型，创建了 HPO，以提供描述人类疾病表现的综合词汇和知识库。由美国国家人类基因组研究所资助的电子病历和基因组学（electronic medical records and genomics，eMERGE）[5-6] 研究表明，可计算表型算法可以用在不同 EHR 系统的医疗中心。本体通过根据相似的临床和"组学"特征，定义一组具有相同"诊断"的患者。可以帮助组织和分析规模大样本的大量数据。例如全基因组关联研究。本体完成了语义方面的衔接，对转化研究和罕见疾病的基因诊断做出了重大贡献。外显子组和基因组的测序已经发现了数百个新的疾病相关基因，在许多大规模外显子组或基因组测序研究中，一些疾病组的诊断率（获得分子诊断的患者百分比）现在至少为35%。在某些情况下，诊断结果会改变临床诊疗和疾病预测。

此外，本体的优势还在于通过正式编码医学术语的非专业同义词，可以将不同习惯、不同领域（如公共卫生、临床诊疗）的信息与标准医学术语相结合，拓展数据的应用范围。数据共享和数据驱动的研究和临床决策等的发展，本体发挥的作用越来越明显。如本体提供了一个强大的数据共享工具，同样适用于传染病数据共享。为有效应对突发公共卫生事件，如新冠病毒及其引起的疫情防控和感染患者的治疗，需要跨多个学科和数据系统的数据共享。已促进了传染病本体（infectious disease ontology，IDO）的构建和应用。IDO核心是只涵盖与传染病相关的实体和关系类型，由疾病和病原体特定本体模块扩展。[7]

2. 本体作用

共享再利用的基础是数据的可交互性。整合或机器可操作均需要以数据可交互性作为基础。要求数据进行分类、结构化。本体通过语义使来源于不同领域不同结构的术语形成本质联系。支持不同数据库系统之间的互操作性，以共同、共享和明确的方式描述研究的关键特征。

本体是人机一体的规范化。本体提供知识领域的概念化，不仅使研究人员之间用统一的术语进行交流，最重要的是使计算机对信息可读和"可理解"。可以用短语"机器可操作"（machine actionable）来表示可能状态的连续体，其中数字对象向自动执行的计算数据资源管理器提供越来越详细的信息。此信息使代理能够在一定程度上依赖于所提供的详细信息量，以便在面对从未遇到过的数字对象时具有以下能力：①识别对象的类型（与结构和目的相关）；②通过询问确定它在代理当前任务的上下文中是否有用元数据和/或数据元素；③在许可证、同意书或其他可访问性或使用限制方面确定其是否可用；④采取适当的行动，其方式与人类的方式大致相同。

四、代表性本体简介

1. 生物医学本体

生物医学本体（OBI）作为生物医学数据标准化的一种重要手段，本体广泛应用于生物医学数据分析、分享、检索、整合和再利用，是数据共享和杂志规范的工具之一，且公开免费提供。OBI解决了代表生物医学研究的跨学科标准的要求。特点是既宽泛又深入，既描述了从概念到结论的研究部分，又深入描述试管到转基因生物的实体。具体使用详见其网站（http://purl.obolibrary.org/obo/obi.owl）。[4]

作为一个本体，OBI是一个有附加逻辑约束的受控词汇表，重用基本术语来构建更复杂的术语。OBI 使用 OWL 2 Web 本体语言开发的，用 OWL 2 Web 本体语言表示（http://www.w3.org/TR/owl2-overview/）。元数据方案被实现为 OWL 注释属性。OBI 开发并一贯使用记录类（元数据）的信息约定是数据共享的基础，采用了许多记录的注释属性和填充符的形式。最初，元数据包括基本信息，如标签、同义词、定义、编辑器的属性和定义的来源。OBI 涵盖研究过程的所有阶段，如计划、执行和报告，代表参与这些过程的信息和物质实体，以及角色和职能。随着 OBI 开发的进展，OBI 广泛应用于基因组学、多组学、免疫学和服务目录等项目。OBI 还衍生了其他本体（信息人工本体）和导入本体部分的方法［引用外部本体术语的最小信息（minimum information to reference an external ontology term, MIREOT）］。[4]且 OBI 根据开发人员和用户的需求，添加了各种形式的附加文档属性，包括术语的用法示例、帮助用户理解术语的注释以及与开发过程相关的注释。[4]元数据方案作为 OWL 本体实现，详见 http://purl.obolibrary.org/obo/ontology-metadata.owl，关于最低可接受使用的规范，可访问 http://purl.obolibrary.org/obo/obi/policy/metadata。

2. 人类表型本体

（1）本体简介

人类表型变异的描述是医学研究的中心主题，表型特征是疾病的一部分。患病个体的表型可以说是该个体表现出的所有表型特征的总和。由于人类疾病的复杂性，如果没有标准，很难就收集和分析人类表型数据的共同语义和技术标准达成一致。加上高通量技术促进基因组等组学的发展，系统的人类和计算机可解释的表示是至关重要的，使用标准化的方法来捕捉表型异常非常重要。[8]

人类表型本体（human phenotype ontology，HPO）是比较成熟且不断发展的本体系统。[9]HPO 建立国际人类表型术语联合会（International Consortium of Human Phenotype Terminologies，ICHPT；http://www.ichpt.org）为研究人员提供标准，以实现包含人类表型特征的数据库之间的互操作性。

HPO 项目于 2007 年启动，旨在实现跨科学领域和数据库的表型信息的复杂集成。自 2008 年首次发布以来，该项目在覆盖范围、复杂性、使用以及与其他项目的交叉链接方面都有所增长，特别是来自开放生物和生物医学本体。HPO 为人类疾病和表型的分析提供了全面的生物信息资源，为基因组生物学和临床医学提供了计算桥梁。其目标是实现跨科学领域和数据库的表型信息集成。作为一种本体，HPO 支持计算推理和复杂算法，支持组合基因组和表型分析，已经广泛应用于临床、转化和研究，包括诊断的基因组解释、基因疾病发现、机制发现和队列分析，有助于精准医学开展和实现个性化医疗。[10]

人类表型本体由三个组成部分，具体包括表型词汇表、疾病表型注释和对其进行操作的算法，使用 HPO 表型谱对人类疾病的"可计算"描述（也称为"注释"）已经成为许多用于支持基因组发现和诊断的算法中的关键元素，是深度表型分析的基础，被用于计算深层表型分析和精准医学研究，以及将临床数据整合到转化研究中，且越来越多地被国际研究团体，如罕见病组织、注册中心、临床实验室、生物医学资源和临床软件工具等不同群体作为表型异常的标准，极大地促进了全球基于数据共享和数据交换的疾病病因和疾病诊疗的发展。

HPO 提供一个强大的和人工管理的资源，通过提供捕获、存储和交换表型数据的手段，支持发现疾病亚型，并将这些知识转化为临床应用。HPO 方式获得的临床数据是可计算的，并且可容易地集成到转化生物医学研究的计算算法中。HPO 涵盖了人类疾病的各种表型异常，定期更新，淘汰新增，附加子类关系，增加文本定义和同义词，为 HPO 类构造逻辑定义等。2017 年人类表型本体更新概述了使用 HPO 进行转化研究和诊断决策支持的外部工具和数据库。[9] 其 HPO 定义涉及生物化学、基因功能、解剖学和其他方面的本体，并允许通过自动语义推理进行跨物种映射。已有 123724 条 HPO 术语对罕见病的注释，132620 条 HPO 术语对常见病的注释。

2021 年最新发布的更新版本中，除了 HPO 本体及其全面的疾病 HPO 表型注释语料库（HPO Phenotype Annotations，HPOA）继续扩展，以罕见病为例，HPOA 已对应于近 8000 种罕见疾病。主要说明了 HPO 与其他临床术语在几个关键方面的优势。① HPO 比任何其他临床术语对表型的覆盖范围更广、更深。2014 年，Bodenreider 及其同事将 HPO 的表型覆盖率与联合医学语言系统（united medical language system，UMLS）中所有其他相关术语的综合覆盖率进行了比较，发现 UMLS 资源仅覆盖 HPO 中约 35% 的概念。② HPO 不是简单的术语，而是一个完整的 Web 本体语言（OWL）本体，因此是允许复杂分析的计算资源，包括逻辑推理。③ 基于 HPO 的计算性疾病模型在大多数（如果不是全部的话）当前表型驱动的基因组诊断软件中得到了应用。事实上，这次更新也包括了在临床 EHR 中的应用。[10]

（2）应用举例

英国国家健康研究所（National Institute for Health Research，NIHR）对 HPO 在不同疾病系统的成熟度进行了分析，主题涉及肿瘤、心血管、中枢神经系统、眼疾病、胃肠疾病、免疫异常、代谢和内分泌疾病等，其中，已经细化成熟度比较高的涉及眼疾病、非肿瘤血液疾病、儿科疾病、肾疾病、皮肤疾病。[9]

罕见疾病是 HPO 的主要应用领域。HPO 为在线孟德尔人类遗传（OMIM）定义的疾病提供注释（几乎所有这些疾病都是单基因疾病）。目前，在总共 108580 个这样的注释中，有 93885 个是从相应条目的临床概要部分挖掘出来的。14695（13.5%）条注释由 HPO 团队通过策展产生，通常包含额外信息，如发病年龄、受影响性别、临床修饰因素或特征的总体频率。共有 7801 种疾病以这种方式注释，相当于总共 108580 种注释（平均每种疾病13.9种注释）。[9] HPO是孤儿网核心——罕见病数据库内容的一部分。Orphanet使用HPO注释罕见疾病，并继续开发对广泛疾病的注释。注释包括关于频率信息，以及注释的HPO术语是否是罕见疾病的主要诊断标准或病理标志物。罕见疾病的孤儿命名法，欧洲委员会罕见病专家组建议采用该方法，以便在卫生信息系统中对罕见病（rare diseases，RD）患者进行编码（关于改进卫生信息中罕见病编码方法的建议）系统，用HPO术语进行注释，以便在健康记录和登记处对RD进行深入的分型。Matchmaker Exchange（MME）平台通过表型基因型数据库的联合网络提供了一种罕见疾病基因发现的系统方法，通过安全API实现数据共享和相关数据发现。HPO是传递表型数据的标准词汇表。MME连接了6个不同患者数据库中的30000多个罕见疾病病例。HPO在疾病病理生理学、诊断学和基因发现等方面有着广泛的应用。

随着个性化医学的最新进展，为表型驱动的基因组学分析和其他医学领域的其他转化研究提供计算基础变得越来越重要。HPO注意到EHR的巨大潜力，通过文本挖掘方法分析2014年PubMed语料库，将工作扩展到常见的人类疾病表型，已能推断出3145种常见疾病的132620个HPO注释。全基因组关联研究（genome-wide association study，GWAS）发现，共享一种或多种相关遗传变异的常见疾病之间存在统计学上显著的表型重叠，与这些基因相关的罕见病和常见病之间也存在显著的表型重叠。[11] 在复杂疾病和全基因组关联研究GWAS分析领域，HPO也被一些资源采用，包括GWAS Central和GWASdb，可被用于电子健康记录的全表型关联研究。[11] HPO开展临床应用。患者档案（patient archive，PA）是一个临床表型导向的平台，用于管理患者数据；PA能将HPO的丰富性与高度直观的用户界面结合起来，帮助临床基因组学背景下的研究发现和临床决策过程。PA使临床医生能够使用免费文本临床笔记作为以HPO为中心的结构化患者分型的起点，支持临床诊疗工作。患者报告的表型数据已越来越多地用于科学研究，包括回顾性或前瞻性收集数据。

此外，HPO应用领域方面，在药物基因组学方面引入术语来描述药物反应表型。添加到HPO中的新术语在术语异常药物反应（HP:0020169）下分支，旨在涵盖与药物代谢有关的一系列临床表型。潜在的HPO术语指药物血药浓度异常、疗效改变和药物不良反应。随着药物基因组学研究进入常规临床应用，这些术语在描述实验室研究或基因测序确定的药物代谢变异时可能很有价值。

3. 基因本体

基因本体（gene ontology，GO）是基于团体的生物信息学资源，使用本体来表示生物知识，提供关于基因产品功能的信息。[12] 本体不断扩展多个分支，促进更有效地传播GO，并从研究团体获取反馈、改进和更新。本体、注释和工具可通过互联网免费获得（http://www.geneontology.org）。

GO 的创建是为了解决跨不同物种提供基因产品的一致注释,从物种角度比 HPO 更宽泛。由于生物系统的惊人复杂性和需要分析的数据集的不断增加,生物医学研究越来越依赖于以可计算形式存储的知识。GO 项目提供了目前最全面的关于基因和基因产品功能的可计算知识资源,被生物医学研究界广泛用于组学和相关数据的分析。近期更新介绍了对本体、注释和工具所做的一些新特性和改进。包括促进 GO 知识库访问和应用的发展,资源的扩展,以及对生物系统和网络生物学因果模型描述的支持。[13]

GO 知识库由两个主要组成部分组成本体和注释,共同描述生物系统的综合模型。[13]

①基因本体(GO),提供了生物功能("术语")的逻辑结构及其相互关系。GO 项目为功能基因组学提供了一个全面的来源。该项目是合作努力的结果,个体基因组产品(如基因、蛋白质、ncRNA、复合物)进行分类,创建证据支持的注释,描述它们的生物学作用。如 2017 年更新版介绍所述,GO 描述了三个方面的功能:分子功能(由基因产物执行的分子水平活动)、细胞成分(与基因产物执行功能的细胞结构相关的位置)和生物过程(biological process), 由多个分子活动完成的较大过程或"生物程序"。[13] GO 关注前沿,往往邀请研究人员和计算科学家提交对本体中新术语或新关系的请求,不断发展。截至 2016 年 10 月,基因本体论前述三个方面的术语和关系数量分别达到分子功能(10417,14039);细胞成分(4-22,7854)和生物过程(29146,71372)。

② GO 注释的语料库(gene ontology annotation,GOA),是将特定基因产物(蛋白质、非编码 RNA 或大分子复合物)与特定本体术语相关的循证陈述。至关重要的是,GO 描述本体中的类与基因产品之间的关联,以及对支持关联的证据的引用,即每个注释都与支持该生物学结论的证据相关,通常是生物医学文献中的特定出版物(文献)。[14] 2004 年,GOA 数据库 UniProt 为近 60000 个物种提供注释条目,是 GOC 注释工作中注释的最大和最全面的开源贡献者。通过整合来自其他模式生物群的 GO 注释,GOA 整合了专业知识和专业技能。

GO 知识库的工作是基因本体联盟(Gene Ontology Consortium,GOC)合作努力的结果。GOC 的工作解决了在生物数据库中对基因产品进行一致描述的需要,不仅提供了生物概念的全面覆盖,而且还就如何使用这些概念来描述所有生物的基因功能达成了领域团体一致。近年来,GOC 扩大了本体领域,如细胞周期术语和多细胞生物过程、自噬等。[15] 实现了基于一组逻辑规则使用模板生成本体术语的新工具,并努力增加逻辑定义的使用。

GOC 工作除了前述①本体的开发和维护;②基因产品的注释,还包括③开发和持续改进工具和培训,以促进 GO 本体的创建、维护和使用。GOC 鼓励并欢迎研究界在所有生物领域的投入,继续努力改进基因本体。近 20 年的努力,使 GO 在 2015 年就成为涵盖植物、动物和微生物世界的 46 万多种物种(包括菌株)基因功能信息的综合资源。

GOC 为用户提供了新的改进网站，作为 GO 数据的门户，总结了新的发展和文件。用户可以使用全新的 AmiGO 2 浏览器执行 GO 富集分析，并在 GO 中搜索多个物种的术语、基因产品注释和相关元数据。[16]

4. 知情同意本体

知情同意本体（informed consent ontology，ICO）是评估和扩展用于表示临床领域权限的本体，虽然相对领域主题针对性较强，但是对于涉及人的医学数据，知情同意本体非常重要。数据共享过程中，知情同意既是个人信息主体的权利，也是个人信息主体重要权益保护的重要保障手段之一。

ICO 也是开放性生物医学本体（open biomedical ontologies，OBO）的重要组成部分。知情同意本体是涉及医学伦理学重要的内容——知情同意的本体，是表示知情同意的参考本体。[17] 作用是规范知情同意相关术语的语义。ICO 建模时 52 个类和 12 个对象属性。近期，原有主要用于表达临床许可的知情同意本体（ICO），经评估后进行了修订和扩展。研究证明了将 ICO 扩展到临床领域的适当性，包括重复使用剩余的临床生物样本和健康数据。这对涉及人的数据共享应用的知情同意履行方面具有重要作用。ICO 是一种机器可解释和可互操作的工具，可用于大规模重复使用残留临床生物样本和健康数据。从其他本体导入到 ICO 中 26 个额外的类，并建议开发 12 个新类。[18] 著者依托原国家人口与健康科学数据共享平台临床医学科学数据中心和肿瘤专题数据服务，牵头联合《中国医学伦理学》杂志和博奥生物集团有限公司转化信息研究院，在 2018 年共同组织翻译并达成中国首个知情同意本体（中英文双语使用系统）。这个项目本体包括知情同意程序和内容涉及的 450 个词条。在英文本体库的基础上，力争规范和标准地完成翻译汉语化，并构建了便于查询和使用的本体使用系统。这是中国首个医学伦理学知情同意本体库，这也是全球唯一中英文双语知情同意本体使用系统。系统由博奥生物集团有限公司转化信息研究院提供技术支持，将逐渐增加词汇适应知情同意的需求，早日与国际本体平台合作共享。近期根据国际上的修订和扩展，结合我国近期法律、伦理等方面的政策要求和规定，开展该双语使用系统的进一步完善和修订工作。

第二节 我国医学科学数据共享应用标准体系

一、科学数据共享应用和我国现有标准体系

1. 国家科技基础条件平台中心和全国科技平台标准化技术委员会

自 2003 年开始试点到 2005 年正式启动，我国科技资源平台建设工作积累一定经验，

并在大型科学仪器、自然科技资源、科学数据和科技文献等科技资源整合与共享上取得初步成效，增强自主创新能力。为了促进科技资源开放共享工作，2006年12月，正式成立了中国国家科技基础条件平台中心。国家科技基础条件平台中心是科技部直属事业单位，致力于推动科技资源优化配置，实现开放共享。其主要职责是"承担国家科技基础条件平台建设项目的过程管理和基础性工作；承担国家科技基础条件平台建设发展战略、规范标准、管理方式、运行状况和问题的研究，以及国际合作与宣传、培训等工作；承担科技基础条件门户系统的建设与运行管理工作；参与对在建和已建国家科技基础条件平台项目的考核评估和运行监督工作。"

2006年，科技部出台《国家科技计划项目科学数据汇交暂行办法（草案）》，共计十章内容，分别规定"总则、汇交科学数据的种类及范围、科学数据汇交计划、科学数据汇交义务人的权利和义务、科学数据汇交的程序、科学数据的审核、科学数据的保管、科学数据汇交的管理和奖励与处罚、附则"。国家科技计划项目，是指以中央财政投入为主的国家高技术研究发展计划、科技攻关计划、基础研究计划、研究开发能力条件建设计划、科技产业化环境建设计划等科技计划中安排的由科技部专项计划部门或由其委托的机构组织实施，由单位或个人承担，并在一定时间周期内进行的科学技术研究开发项目。适用"是指在执行国家科技计划项目过程中所形成的科学数据"汇交和管理的要求。

2009年11月成立了全国科技平台标准化技术委员会（SAC/TC486），主要负责科技平台建设、管理和服务等领域的标准化工作，秘书处设在国家科技基础条件平台中心。标准委员会构建了科技资源（包括科学数据）标准体系框架，包括六个部分。具体包括定义指南（术语、标准化指南、总体要求）、资源描述（元数据、数据元、分类与代码、资源标识）、资源获取与处置（资源获取、资源加工处理、资源汇交和资源保藏），资源服务（服务内容、服务治理、服务规程、服务模式和服务能力），评估评价（机构评价、资源评价、服务评价）以及信息安全（信息系统安全、信息资源安全、隐私保护和知识产权）。通过团体标准立项或申报国家标准立项正式发布逐渐完善主要针对全领域的科学数据标准体系。

2. 医学数据共享相关国家标准或部门规定

为了促进健康医疗大数据的使用，国家卫生健康委根据《中华人民共和国网络安全法》等法律法规和国务院《促进大数据发展行动纲要》《国务院办公厅关于促进和规范健康医疗大数据应用发展的指导意见》《国务院办公厅关于促进"互联网+医疗健康"发展的意见》等文件精神，就健康医疗大数据标准、安全和服务管理，制定《国家健康医疗大数据标准、安全和服务管理办法（试行）》。表明了健康医疗大数据作为国家重要基础性战略资源的作用。提出了"坚持以人为本、创新驱动，规范有序、安全可控，开放融合、共建共享的原则,加强健康医疗大数据的标准管理、安全管理和服务管理,推动健康医疗大数据惠民应用,促进健康医疗大数据产业发展"的要求。该办法本身更多对医学大数据标准管理、安全和服务等提出了国家层面对各级部门和机构的管理要求。该办法作为管理规定,使健康医疗大数据标准、安全和服务等有了依据,制定健康医疗大数据标准也有章可循,在标准管理方面,包括确定了国家和省级健康医疗大数据标准的分工,以及"健康医疗大数据标准起草、审查及发布的程序和要求,按照国家和行业有关规定执行。"目前,还没有具体的标准发布。

现有国家标准中,涉及健康医疗数据的国家标准包括《信息安全技术 健康医疗数据安全指南》(GB/T 39725—2020)。该标准在《信息技术 安全技术 信息安全管理体系要求》(GB/T 22080—2016),《信息技术 安全技术 信息安全控制实践指南》(GB/T 22081—2016)等信息安全技术和管理相关国家标准体系的基础上提出了健康医疗数据控制者在保护健康医疗数据时可采取的安全措施,主要从信息安全管理和技术方案指导健康医疗数据控制者对健康医疗数据的安全保护,或供健康医疗网络安全相关主管部门以及第三方评估机构等组织开展健康医疗数据的安全监督管理与评估。

3. 人口健康科学数据中心

(1)中心职能

我国科技资源共享实践先行,在数据共享方面,医学(人口与健康)领域的科学数据共享较早探索和实践。在数据共享的法规和规章颁布之前,科技部从2003年开始,从项目形式转为科技资源共享服务平台运行支持,到2019年认定人口健康科学数据中心,实践探索了20年。但是,医学领域因为数据来源过于丰富和庞杂,标准方面仍缺乏专门的数据共享标准体系,主要在国家针对科学数据,或者与医学科学数据相关的一些技术或安全规范下执行,缺乏具体的直接的规范和指南。在认定为国家科学数据中心之后,国家人口健康科学数据中心建立了人口健康仓储(population health data archive, PHDA)主要负责三个方面的工作。

①项目来源数据汇交。主要是按照《科学数据管理办法》和《国家科技资源共享服务平台管理办法》对各级科技计划(专项、基金等)项目数据汇交要求和科学数据中心建设要求,项目牵头单位和项目负责人应将项目数据汇交到科学数据中心,中心提供人口健康领域项目数据汇交服务并出具汇交凭证,帮助各级科技计划项目顺利验收。

②论文关联数据汇交。PHDA数据仓储被Re3data、Fairsharing等网站收录,通过CoreTrustSeal国际可信任仓储认证,是国内外期刊认可的发表论文关联数据公共存储的可信任数据仓储,为论文数据提供DOI标识、丰富的元数据描述、安全共享途径、规范引用格式和必要的论文数据关联等,有利于论文关联数据的规范管理、长期保存和共享利用。

③其他来源数据汇交。国家人口健康科学数据中心还支持人口健康领域相关部门长期采集和管理的科学数据、机构和研究者个人收集持有等多来源的科学数据汇交，汇交数据类型包括但不限于记录数据、观察数据、调查数据、计算数据和分析数据，有利于科学数据的规范管理、长期保存和增值服务。

（2）现有规范标准

人口健康科学数据中心为 PHDA 相配套的流程和数据共享计划模板，相应地录制了一些数据共享计划编制等主要事项幻灯视频。网站共享文档中标准规范主要有：2012 年编制的平台技术标准《人口健康科学数据共享服务平台 数据资源分类和编码方案》（征求意见稿），《国家科技基础条件平台资源元数据 核心元数据 国家标准（草案）》征求意见稿，2015 年 11 月编制的《资源核心元数据（征求意见稿）》，2016 年国家人口与健康科学数据共享平台工程技术中心完成的《国家人口与健康科学数据共享平台科技资源标识规范（征求意见稿）》。前述标准规范多为早期制定的征求意见稿；此外，PHDA 网站的标准规范还提供了 2020 年 12 月国家卫生健康委规划发展与信息化司、国家卫生健康委疾病预防控制局、国家中医药管理局规划财务司联合印发的《全国公共卫生信息化建设标准与规范（试行）》以及《国家人口健康科学数据中心仓储 PHDA 元数据规范 V1.0（试行）》。前者仍为技术标准，后者主要用表格形式列举了一些仓储元素集名称，及其元素中英文名称、限制条件，出现频次，以及说明、内容限制等。

（3）指导文件

人口健康科学数据中心，包括仓储和汇交数据的职能，在指导文件方面主要包括以下两个方面：①委托进行国家资助项目数据汇交的部门或机构的数据共享计划编制文件。②委托部门和机构主要包括国家卫生健康委医药卫生科技发展研究中心、科技部中国生物科技中心、中国医学科学院等科技计划项目科学数据汇交计划。如国家卫生健康委医药卫生科技发展研究中心编制的国家重点研发计划项目科学数据汇交相关指南文件（编制说明、参考模板和汇交流程）；中国生物技术发展中心主管的国家重点研发计划专项项目科学数据汇交相关指导文件（编制说明和参考模板），以及国家人口健康科学数据中心编制的针对科技部科技生物发展中心主管的《科技计划项目科学数据汇交流程》和《国家人口健康科学数据中心发表论文前的科学数据注册指南》等。举例如下：

①科技项目共享计划和验收。人口健康科学数据中心的汇交数据指导文件，为项目负责人和研究人员的数据汇交和文章数据备案提供了平台、系统，以及详见的流程和要求，包括数据共享计划编制要求和模板。但更多的针对共享计划与任务书的要求，以及项目负责人拟提交数据汇交类型的选择，共享方式（如协议共享），数据汇交方式（样例数据和全部实体数据）、汇交内容附带软件等，以及对数据产生的这些文件提出了数据汇交的要求、流程等。但是，没有具体指导项目负责人和机构研究人员准备汇交数据、

科管人员对机构汇交数据审核的指南。

其中，汇交内容包括编制说明和汇交计划编制模板。编制说明中有关汇交内容为"科学数据实体是在科技计划形成的原始数据及基于原始数据或研究分析数据所形成的完整数据库或数据文件"。这与国家冰川冻土沙漠科学数据中心网站的汇交内容描述类似。对数据共享计划拟定能够参考，但是没有体现医学领域数据特点，对于数据汇交验收和审查缺乏具体标准和指南。

中心提供共享数据计划编制模板（如下）中共享计划填写内容包括：

一、科学数据概述

简要描述科技计划项目拟产生的科学数据情况，包括但不限于数据内容、采集方案、采集地点、采集时间、设备情况等基本信息。主要是对于数据的元数据介绍内容和质量控制、管理的描述。

二、科学数据资源清单（清单及其描述内容如表9-1）

表9-1 计划汇交的科学数据清单

序号	科学数据集名称	数据类型	预估数据量/记录数	数据格式	共享方式	公开时间
1.						
2.						
3.						
4.						

三、科学数据的质量控制说明

描述科学数据生产所采用的相关数据质量控制情况，包括对汇交科学数据的来源、采集、加工、处理等各环节的质量控制措施等内容。

四、科学数据的软件工具说明

描述用于科学数据处理、加工和分析的专门辅助软件工具的基本信息，包括但不限于软件名称、用途、开发工具、运行环境、开发单位、所属项目、课题编号、备注等信息。

五、科学数据的衍生数据的使用原则

描述衍生数据的利用、再加工的政策。

六、科学数据的使用期限与长期保存

说明科学数据的保护期限及保护原因，并指明拟进行科学数据存档的数据中心。

七、科学数据汇交技术方案

说明科学数据汇交时拟采用的技术方案,包括但不限于数据目录及文件命名规则、安全策略等,以保证科学数据高质量且快速高效的汇交到科学数据管理方。

八、其他补充说明

上述未涉及的相关说明内容,可在此进行补充说明。

②发布文章数据汇交。发表文章数据汇交的流程中,除了对于汇交数据属于人口健康领域,根据《国家人口健康科学数据中心资源汇交与发布协议》和《国家人口健康科学数据中心资源存储协议》,与项目汇交类似,要求选择数据共享方式,并提出实体数据应进行去隐私化处理后提交;去除可识别的个人身份信息时,应确保数据可用性不被破坏。实体数据文件应按系统中示例进行规范命名。共享方式应先选择"协议共享","保护论文发表前数据"等,主要提出了元数据的具体要求,以及管理文件。

元数据要求:对支撑拟发表论文的科学数据集进行合理命名,数据集名称应准确表达科学数据内容,包括研究对象、主题、时间与地理范围、数据类型等,如"2016—2020年北京地区胃癌队列数据""西南地区呼吸系统疾病研究报告""10例小鼠动脉粥样硬化血管组织测序数据""精准医学数据管理系统用户手册""500例北京地区血管癌放疗患者CT影像图集"等;以中文为主,可有少量英文缩写。

管理附件,"当科学数据涉及伦理问题时,应提交伦理委员会出具的伦理审查批件,以及当科学数据涉及人类遗传资源(包括人类遗传资源材料和人类遗传资源信息)时,应提交人类遗传资源管理办公室出具的采集审查批件。"目前没有相应的模板和具体要求。

4. 临床医学共享数据标准探索实践

(1)临床医学数据分类

中国医学科学院北京协和医院承担原国家人口与健康科学数据共享服务平台临床医学科学数据中心和肿瘤专题数据服务,对于临床医学的规范和标准进行了一些探索。

共享数据目的是促进数据的再利用,科学的有效的数据信息和内容展示是非常重要的。首先,为了促进数据共享征集数据和网络共享数据,结合临床医学诊疗工作的业务专科设置和我国现有疾病谱的特点,设计了临床医学数据分类框架。分类原则是略有交叉、突出重点、涵盖临床医学内容。进而,基于该分类框架根据承担的任务分别设计和建立了网络服务平台:临床医学科学数据中心(原网址:www.ncmi_cc.com),肿瘤专题数据服务(中英文双语,原网址:www.transmed-oncology.com;www.transmed-oncology.com)。临床医学科学数据中心和肿瘤专题数据服务共享的数据各有侧重。临床医学科学数据中心为除肿瘤主题外的所有临床医学科学数据,包括健康医学、临床诊疗(真实世界研究）和临床与转化研究数据等提供共享平台，并确定了两个中具有绝对优势的重点方向——疑难复杂疾病和罕见疾病。专题数据服务则集中共享肿瘤为主题的临床与转化医学数据，兼顾应用基础研究数据、肿瘤组学等，服务模式包括数据服务、基地服务、应用服务模式。

（2）拟定临床医学数据汇交和共享数据标准

医学数据共享面对的技术挑战之一是解决不同来源数据的交互可操作性。与临床诊疗业务数据相比，考虑到不同机构的研究优势、研究者的研究方向、研究兴趣、研究优势和局限性等不同，研究数据更具多样性。即使是建立统一的标准的数据录入系统，也需要兼顾不同机构和研究者的不同需求。因参与单位除了完成统一规定数据录入的同时还有各自研究内容。

符合科研特点的科学合理的、可行的和可持续性的数据共享需要考虑交互可操作性和包容性，兼顾不同研究者研究内容相对独立性和特殊性。因此，临床医学科学数据中心和肿瘤专题数据服务对同一主题的数据采取求大同存小异的共享原则，以共同基本元素（数据结构）为基础相对独立的保留差异性的共存空间。确定临床与转化研究数据的基本数据结构分5个元素，包括基本信息、专业信息、诊疗信息、研究信息和其他（如样本信息），每个元素设定统一的条目最低标准。共享数据采取满足最低标准为基础的加法原则。基本信息、专业信息为相对统一的固定的结构化数据；诊疗信息根据不同专业和疾病特点而设定不同的诊疗指标，诊疗依据设定四个水平——临床诊断、生化或影像诊断、病理诊断和分子遗传学诊断。研究信息为不同数据集研究目的设定的内容，是体现科学数据的部分，也是各共享数据集的特殊性的部分，如基因检测和靶点筛选、询证调查、疾病筛查等内容。其他信息，包括样本信息，为促进科研资源的共享利用提供的非必须信息。这些对于数据结构标准的最初探索，反映在征集数据的汇交数据要求以及与数据持有人签署数据共享协议书中。汇交数据为去识别化数据，数据共享以元数据和去识别化的样例数据的形式，以保障隐私和涉及人类遗传资源信息安全。这些探索和实践的验证为第十章制定数据结构标准体系打下基础。

二、医学科学数据共享应用标准体系现状

在共享数据标准构成中，与语义–术语–本体标准国际化程度高相比，目前医学科学数据在数据结构标准很难达成数据结构的通用标准。医学的复杂性，总体原则要求和广泛应用的标准无法满足具体指导作用。数据储存、管理过程中目前缺乏医学科学数据的统一数据结构架构，前瞻性的数据管理系统也更多针对单疾病、单系统拟定。加上前述机构、研究者等兴趣不同，经对网络共享数据进行调研，发现目前能够搜索到的医学

科学数据集和数据库，一些数据集或数据库单独具有一定的挖掘和再利用价值，但即使相同或相关主题数据集之间也很难进行整合分析。

我国医学科学数据的共享应用，包括科技计划数据汇交缺乏两个方面的重要标准。①是缺乏数据汇交计划审查和伦理规范标准，详见本书第三部分伦理规范相关章节，具体阐述了数据共享应用的伦理治理和管理、审查规范。②是缺乏指导符合数据汇交和发布的通用数据结构体系，特别是涉及人的医学数据的数据结构体系。后者将具体指导符合数据质量和价值要求，为数据汇交审查和数据发布的具体数据指南。

一些与数据共享相关的国家标准作为上位标准一定程度上能指导医学数据共享实践，如《信息安全技术 个人信息安全规范》（GB/T 35273—2020）是与个人健康隐私相关的重要标准。规定了个人信息主体和个人信息、敏感信息并提供了示例。其规范面向所有个人信息安全具有包容性，但无法直接指导医学科学数据共享应用。类似地，全国科技平台标准体系面向所有领域的科学数据的基础标准，都是原则性的广泛适用的数据标准，无法直接指导医学科学数据的共享实践，对于不熟悉数据或标准领域的医学科研人员和科管人员来说，理解比较困难。

国家卫生健康委《国家健康医疗大数据标准、安全和服务管理办法（试行）》主要规定卫生健康行政部门、各级各类医疗卫生机构相关单位和个人所涉及的健康医疗大数据的管理。"提出了包括大数据标准起草、审查及发布的程序和要求，按照国家和行业有关规定执行。"并明确"国家卫生健康委员会鼓励医疗卫生机构、科研教育单位、相关企业或行业协会、社会团体等参与健康医疗大数据标准制定工作"。

我国相关管理部门和人口健康科学数据中心目前对于数据共享的标准更多集中在质量要求、管理要求和技术方案方面，缺乏数据汇交数据实践的具体标准和指南。缺乏直接指导对数据汇交验收和共享数据价值判定的标准。在数据验收审查实践中缺乏具体的标准，由于项目共享计划和数据验收仍然缺乏统一标准，数据验收很多情况下没有达到数据验收的目的。数据共享计划的审查，缺乏明确的审查标准，且作为数据验收的主要依据，一些项目共享计划编制时就明显没有达到科学数据共享的目的；但是，在数据验收时，因以共享计划为依据，因此，对于一些数据汇交明显不符合验收要求的，也通常能够通过验收。数据共享计划，以及数据汇交需要统一的医学领域数据结构标准体系，在通用原则框架的基础上符合不同来源、不同领域的数据特点和汇交要求。医学科学数据，特别是涉及人的数据，需要构建通用共享数据结构标准体系。

数据汇交落实到实处是应汇交能够被整合再利用的有价值数据。整合和再利用需要构建符合不同来源医学科学数据的数据结构标准，以及数据验收相关标准方面的文件或指南。与国际数据共享实践相似，缺乏指导医学科学数据共享汇交和发布的具体数据结构标准体系。

三、医学共享数据结构标准体系建立必要性

1. 规范科技计划数据汇交和验收标准

（1）具有广泛适用的标准

从 2018 年，我国施行《科学数据管理办法》和《国家科技资源共享服务平台管理办法》之后，科技部专项课题等已经逐步实施数据共享汇交计划。并在项目验收前先行汇交数据和验收。汇交最终目的包括两个方面，一方面促进国家资助的研究产生的科学数据共享和再利用；另一方面有助于审查验收项目的具体实施完成情况，促进高质量项目实施和科研诚信。

2021 年施行《科技计划形成的科学数据汇交通用代码集》（GB/T 39908—2021）、《科技计划形成的科学数据汇交技术与管理规范》（GB/T 39912—2021）、《科学计划形成的科学数据汇交通用数据元》（GB/T 39909—2021）等，从技术和标准数据元基础标准方面为所有领域的科学数据汇交、科技平台建设等工作提供了重要的技术保障。

科技基础条件平台中心建立了中国科技资源共享网。共享网站上对于科技计划项目科学数据汇交专门网页。作为国家所有领域的科技资源共享网，对于科学数据提出了广泛适用的数据汇交要求和数据汇交内容。

如：科学数据汇交内容包括科技项目执行过程中产生的科学数据实体、科学数据描述信息和科学数据辅助工具软件。对于具体的含义也进行了如下简单讲解。

①科学数据实体。科学数据实体是指科技计划形成的原始数据及基于原始数据或研究分析数据所形成的完整数据库或数据文件。数据库是结构化的数字对象的表述，可以是通用的数据库格式也可以是专用的数据库格式。数据文件是非结构化的一个或多个数字对象的集合。

②科学数据描述信息。科学数据必须提供相应的描述信息，各领域可根据科技计划项目的实际需要进行扩展。同时，各领域根据实际需要确定相应的数据说明文档及过程资料。

③科学数据辅助工具软件。科学数据辅助工具软件是指科技计划形成的用于科学数据处理、加工和分析的专门辅助软件工具等。项目实施中采购的工具软件可不必汇交，但需提供与汇交数据处理相关的工具软件使用说明。

提交的科学数据辅助工具软件包括软件工具本身或网络调用接口和属性信息，应符合相关软件安全规定。属性信息主要包括软件名称、用途、开发工具、运行环境、开发单位、版本号、使用手册等。

（2）医学领域缺乏细化的和专门的汇交标准和指南

目前，全球范围内因元数据标准相对成熟和本体术语的进展，数据共享 FAIR 原则

其中可发现（findability）在实践中基本上实现。元数据标准的作用是确保数据库的一致性和有效性。元数据标准或本体是为了支持特定数据库中的数据注释开发的。元数据标准可用于支持数字数据和元数据捕获，以及在整个数据生命周期中组织数字数据和元数据，从研究设计和实验执行到存储库中的发布和存储。但由于数据结构和（如研究干预或兴趣点）术语的差异、上传的可能性有限，现有海量数据的共享使用受到限制，目前共享数据平台无法发挥应有的作用。[19]科学数据汇交缺乏细化的标准。广泛适用的汇交要求和内容，其中主要是数据和信息领域比较熟悉的术语，对于非数据领域的项目负责人、管理人员等理解仍比较困难。各个科技具体的领域应该根据领域特点制定专门的汇交要求和指南。而且，医学数据来源广泛，具有敏感个人信息和遗传资源信息等，与其他领域相比需要专门的数据结构标准和管理规范等要求。实践中，数据共享计划和汇交用于验收审核的数据，主要根据项目负责人和科管人员的个人理解。不同机构，包括同一项目的不同课题之间，数据汇交质量和内容差异很大。

医学科学数据是具有特殊要求和特别影响的行业领域。前述科学数据的标准可以作为上位标准。国家人口健康科学数据中心对数据汇交提供包括一些专门针对人口健康科学数据一些标准规范材料和汇交指导文件，虽然对于医学科学数据共享汇交具有一定的提示和指导作用，但无法满足具体共享和汇交实践。这些指南作用和审查标准一方面主要是技术方案，而且，具体项目科学数据汇交的指导文件也主要针对管理、质量控制等摘要性条款要求等，基本上采用广泛适用的术语，仍然过于原则性。

《人口健康科学数据共享平台数据资源分类与编码方案（征求意见稿）》（人口健康科学数据共享平台技术标准，2012年）中，对人口健康科学数据曾进行分类，"主要是根据人口健康科学数据的属性或特征，将其按照一定的原则和方法进行区分和归类，并建立起一定的分类体系和排列顺序，以便更好地管理和使用。"提出"人口健康科学数据共享最小单元为数据集"。对于数据共享具有一定标准价值，最重要的价值实质是实现FAIR原则中的可发现性。科学数据中心需要医学领域专门的具体的汇交数据或发表文章共享数据集的结构标准和价值判定标准。现有标准体系对于汇交数据的主体——医学各领域的研究人员来说，实践指导价值仍然有限。

2. 促进共享数据整合再利用

相同主题不同机构的数据共享需要基础数据结构标准。尽管机器学习和数据挖掘领域有着日益增长的趋势，大多数分析都是在具有非常特定患者群体的个别机构中进行的。然而，如果要开发出可推广的解决方案，就必须使用统计和机器学习方法。跨多个站点的分析，必须在不同机构中形成一定的基础数据标准和数据集或数据库标准。

互联网和电子病历的应用，促进了数据驱动的临床决策。高通量筛选（high throughput screening，HTS）用于分析与基因、通路或细胞功能相关的多个分析终点，并适用于各种模型系统，促进了组学分析和精准医学。计算建模和机器学习是支持数据分析的关键组件。但是，无论数据驱动的临床决策系统，还是组学分析的数据，数据质量、数据粒度（详细程度）是有效决策、政策决策和分析的基础。医学数据来源广泛，更需要拟定数据标准。

以涉及人的遗传基础数据为例，在人基因组计划完成后，重点在于寻找疾病的遗传基础，进而形成诊断、治疗或预防、预测的生物标记或靶点。目前已积累了大量甚至海量数据，即使对于一些由国家政府科技规划资助项目或课题明确要求项目验收需要汇交数据，但对于促进有价值数据的共享和应用仍然没有发挥预想或理想的作用。医学研究和业务更是积累了海量数据。为了使这些数据和元数据可供研究人员、研发企业和监管机构重复使用，也迫切需要以结构化、协调和数字化的方式记录和提供这些信息。我们在参与验收等数据共享的实践中发现存在两个方面的限制。①缺乏数据共享汇交标准；包括项目验收、共享汇交和发布数据标准；②缺乏基础数据收集的质量标准。

跨学科、跨领域相同主题的科学数据，来源不同，整合需要结构基础和指南。如病原体导致的疫情暴发、感染者监测、临床诊疗和后续预后过程及其相关研究的全程，包括涉及公共卫生和流行病学、基础医学和生命科学、临床医学，以及人工智能、大数据分析等也需要探索跨学科的数据整合结构基础。

基金资助：本章内容由科技部科技基础资源调查专项课题：中国人类遗传资源基础数据库建设（2019FY100103，所属项目号：2019FY100100）和科技重点研发专项课题：多源异构病原微生物大数据整合标准与平台建设（2021YFC2302001）资助完成。

参考文献

［1］CHERVITZ S A, DEUTSCH E W, FIELD D, et al. Data standards for omics data: the basis of data sharing and reuse［J］. Methods Mol Biol, 2011, 719: 31-69.

［2］HAENDEL M A, CHUTE C G, ROBINSON P N. Classification, Ontology, and Precision Medicine［J］. N Engl J Med, 2018, 379（15）: 1452-1462.

［3］MISSELBROOK D. An A-Z of medical philosophy O is for ontology［J］. Br J Gen Pract, 2014, 64（620）: 144.

［4］BANDROWSKI A, BRINKMAN R, BROCHHAUSEN M, et al. The ontology for biomedical investigations［J］. PLoS One, 2016, 11（4）: e0154556.

［5］MARTIN-SANCHEZ F, MAOJO V, LOPEZ-CAMPOS G. Integrating genomics into health information systems［J］. Methods Inf Med, 2002, 41: 25-30.

［6］The eMERGE Network［Z］.［2013-03-28］. http://emerge.mc.vanderbilt.edu/.

[7] BABCOCK S, BEVERLEY J, COWELL L G, et al. The infectious disease ontology in the age of COVID-19 [J]. J Biomed Semantics, 2021, 12: 13.

[8] BIESECKER L G. Phenotype matters [J]. Nat. Genet, 2004, 36: 323-324.

[9] KÖHLER S, VASILEVSKY N A, ENGELSTAD M, et al. The human phenotype ontology in 2017 [J]. Nucleic Acids Res, 2017, 45 (Database issue): D865-D876.

[10] KÖHLER S, GARGANO M, MATENTZOGLU N, et al. The human phenotype ontology in 2021 [J]. Nucleic Acids Res, 2021, 49 (D1): D1207-D1217.

[11] GROZA T, KÖHLER S, MOLDENHAUER D, et al. The human phenotype ontology: semantic unification of common and rare disease [J]. Am J Hum Genet, 2015, 97: 111-124.

[12] The Gene Ontology Consortium. Gene Ontology: tool for the unification of biology [J]. Nat Genet, 2000, 25: 25-29.

[13] The Gene Ontology Consortium. Expansion of the gene ontology knowledgebase and resources [J]. Nucleic Acids Res, 2017, 45 (Database issue): D331-D338.

[14] CAMON E, MAGRANE M, BARRELL D, et al. The gene ontology annotation (GOA) database: sharing knowledge in Uniprot with Gene Ontology [J]. Nucleic Acids Res, 2004, 32 (Database issue): D262-D266.

[15] DENNY P, FEUERMANN M, HILL D P, et al. Exploring autophagy with gene ontology [J]. Autophagy, 2018, 14 (3): 419-436.

[16] The Gene Ontology Consortium. Gene ontology consortium: going forward [J]. Nucleic Acids Res, 2015, 43 (Database issue): D1049-D1056.

[17] LIN Y, HARRIS M R, MANION F J, et al. Development of a BFO-based informed consent ontology (ICO) [J]. ICBO Conference Proceedings. International Conference on Biomedical Ontology. 2014.

[18] UMBERFIELD E E, STANSBURY C, FORD K, et al. Evaluating and extending the informed consent ontology for representing permissions from the clinical domain [J]. Appl Ontol, 2022, 17 (2): 321-336.

[19] ELBERSKIRCH L, BINDER K, NORBERT RIEFLER N, et al. Digital research data: from analysis of existing standards to a scientific foundation for a modular metadata schema in nanosafety [J]. Part fibre toxicol, 2022, 19: 1.

第十章　数据结构标准体系构建及应用

本章概要

数据汇交和数据发布发表是医学科学数据共享再利用的路径，项目验收汇交数据和数据发表是科学数据的两个典型代表。FAIR原则和去识别标准是数据共享的原则性标准。实践中缺乏数据整合交互性的具体数据结构标准体系，以及对汇交或共享发布发表数据集、数据库价值进行判定的参考标准。本章探索和构建医学科学数据的数据结构标准体系，主要针对涉及人的临床医学数据，构建数据结构性标准体系，并建立示范性数据集定性标准附示例。数据结构标准可应用于科技项目数据共享计划，数据发布和数据发表相关数据质量的审查。

本章要点

1. 可交互性的数据结构标准包括数据结构模块标准和共享数据价值分级标准；
2. 个体-水平数据是涉及人的数据集、数据库的结构构成的最小单位；
3. 数据结构标准为最小单位的基础数据结构模块及其最低信息标准；
4. 数据结构模块标准及其信息标准基于数据收集路径分类制定；
5. 共享数据价值标准定性判定标准针对数据集或数据库；
6. 精品数据兼顾数据信息粒度和交互性；
7. 数据汇交和发布、发表数据，应以满足共享数据的结构化和最低标准为基础。

第一节 医学科学数据结构标准体系框架和要点

一、共享数据结构标准总体要求和构建考虑因素

1. 总体要求

总体要求是适应医学科学数据的特点，具有潜在价值、可交互，以及实践具有可操作性。

（1）同时满足有价值和可交互

①有价值，是指拟共享的科学数据应当具有科学价值和实用价值。共享数据应为有价值数据，其共享应有助于促进健康和提升诊疗水平，包括机制研究、新药研发和诊疗经验、政策决策、机构发展或企业研究研发决策等。根据数据潜在研究再利用价值，对共享数据在结构基础上分类分级。

②可交互，包括部分可交互。除课题组等合作组前瞻性统一标准收集数据外，不同来源机构、收集人或持有人的数据，不可能完全一致，即完全可交互。

数据整合实践中，不同研究的兴趣或目的也有所不同。因此，对于不同的数据使用者，可以从数据集或数据库中提取应用不同的有价值的数据信息。这是数据共享的实践初衷。

结合《人口健康科学数据共享平台数据资源分类与编码方案（征求意见稿）》定义人口健康数据集"有独立主题、规范格式，能够通过计算机采集、整合、存储和展现，应用于人口健康业务、科研、管理和公众服务等方面的信息服务资料。"可以理解为，整合数据往往在相同、相似或相关主题的数据集之间具有交互性。

（2）具有实践可操作性

无论从标准的结构设置还是标准内容，应该满足不同领域、不同来源医学科学数据的特点，兼顾不同区域、不同级别适用机构的数据水平，最大限度促进数据共享实践。此外，无论部分有价值和部分可交互都是从实践整合可操作性的角度考虑的。

医学科学数据汇交和发布发表需具有通用结构标准。与其他动植物、微生物资源相比，涉及人的数据，包括遗传数据来源不同，具有不同的数据伦理和法律要求。目前，人全基因组数据资源的有价值共享，除了一些全基因组数据库，已经进行分析的，特别是基因变异及其表达的基因型和分子表型，与疾病表型异常之间的关系，是精准医学和数据驱动的研究，以及个性化医疗的重要基础。

如单纯基因及其表达数据，不同的基因变异及其表达检测方法积累了丰富的基因型

数据，因为基因异常的丰度不同，突变率不同等因素，全基因组并不适用所有的疾病相关基因异常的检测。因此，不同检测方法、不同机构来源数据的共享需要一定的标准。

前瞻性构建表型－基因型大型队列数据库，耗时、耗力，而且，也是一个不断增加数据积累、不断增加数据粒度的过程。最终数据库也可能是多结构和相对结构化。如 UK 生物银行。即使进行前瞻性建设，质量控制，仍存在质量问题。

数据共享应用中，数据结构标准需要与其他现有标准结合使用，如元数据标准、数据交换&模型说明、术语以及数据字典等。此外，国家科技机构形成的科学数据汇交共享等需要遵循相关国家标准。具体包括《科技计划形成的科学数据汇交　技术与管理规范》（GB/T 39912—2021）、《科技计划形成的科学数据汇交　通用数据元》（GB/T 39909—2021）和《科技计划形成的科学数据汇交　通用代码集》（GB/T 39908—2021）。

2. 构建考虑因素

FAIR 原则和去识别标准都已经很成熟，语义术语本体标准也发展快速且应用广泛。对于数据共享实践，需要具体的医学，临床医学或转化研究的个体－水平数据数据结构通用标准，为临床数据与转化研究数据共享搭建数据库"楼宇"的结构框架标准。

①数据结构标准为医学数据交换，汇交和发布的通用结构标准体系。

②共享数据基础数据，即数据结构标准的最小单位为单条数据的结构和信息，涉及人的为个体－水平数据结构标准。

个体－水平数据是有价值数据集和数据库的基础。但是，共享数据的价值除了个体－水平数据结构及其信息，还需要结合数据总量，以及科学数据数据集、数据库与个体－水平数据及其相互之间的关系。

③共享数据价值应基于个体－水平数据和数据总量综合判定。

二、共享数据结构标准体系框架和要点

1. 体系总体框架

基于潜在共享研究价值和基于收集路径拟定具有实践可操作性指导价值的数据结构标准体系。

医学科学数据共享数据结构标准体系将包括共享数据最小单位的结构模块及其最低信息和共享数据价值分级两大部分（两个层面）。来源不同的科学数据的基本结构有一定差异。数据交换标准构建的方案，首先，从数据共享的角度，可发现性和可再利用的最低标准为基础的原则，并确定数据集结构的最小单位，即单条数据信息数据结构及其最低标准。构建最小数据单位的数据结构模块和最低信息标准是为了共享数据具有结构的可交互性。共享数据价值分级是针对数据集或数据库的整体再利用价值，结合个体－

水平数据结构和数据总量综合判定。

近期,一项目的确定纳米安全中特殊用途的适当描述标准和质量标准的研究。通过合并若干现有标准和准则的内容,产生了一个基本的描述性信息和质量标准目录,最终产生了一个最小信息清单(minimum information table,MIT),可以灵活和模块化的方式规定所需的最小信息以及工程纳米材料(engineered nanomaterials,ENM)在生物环境中的作用的实验结果。[1] 这与临床医学科学数据中心 2005 年开始进行数据征集汇交数据要求和数据共享的发布结构不谋而合。因此,标准的构建以最小信息清单为基础,结合不同来源数据的具体特点拟定。

对于涉及人的医学科学数据,数据集的最小单位为个体 – 水平数据。其模块基本结构因数据收集路径(即不同来源)具有不同的初始数据结构。因此,共享数据结构标准体系,首先确定数据集的数据最小单位,进而基于收集路径,即医学科学数据的来源两大类,根据总体要求分别建立研究数据和用于研究的业务数据(真实世界数据作为代表)①共享数据(结构化)个体 – 水平数据的结构标准——数据模块和最低信息标准;②数据集或数据库的结构包括数据基础结构(最小数据单位)和数量。进一步通过个体 – 水平数据标准(基础结构)和总体数据(数量),建立共享数据的价值判定标准和分级标准。基于涉及人的医学科学数据结构标准体系框架参见图 10-1。

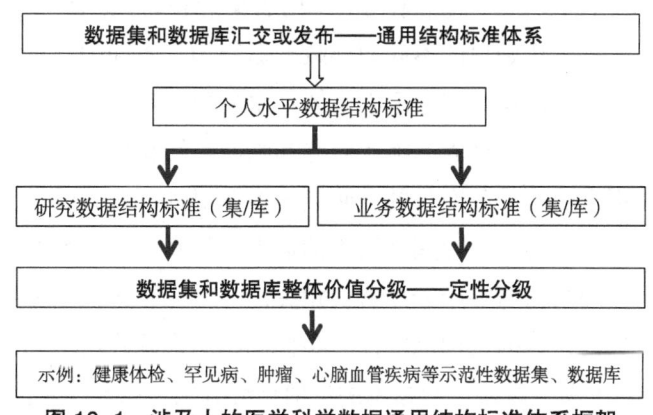

图 10-1 涉及人的医学科学数据通用结构标准体系框架

2. 标准体系的要点

(1)数据结构模块和最低信息标准

共享数据的最小数据单位(也可称为数据基础结构)的数据结构模块和最低信息标准。临床医学或生命科学数据结构模块和最低信息标准,是针对指个体 – 水平数据制定。具体根据数据收集初始目的需求和特点确定的基础结构模块构成。

共享数据个体 – 水平数据结构模块和各模块包含的一般内容,是共享数据结构基础要求。模块是共享数据结构化共享基础,类似于楼宇中房屋的格局设计。模块信息类似于房屋内的具体家具。最低标准是指能够用于共享具有潜在再利用的个体－水平数据结构模块及其各模块需要提供的最低信息量要求,是共享数据集、数据库的数据最小单位的构成及其最低标准。

对于每个模块数据构成及其是否满足最低要求,或者每个模块的研究兴趣点或可利用价值点等可以进行补充描述。

长期研究或长期收集的数据,可以标记数据集的版本号和日期,便于数据整体更新。也可以在数据模块中设置补充数据空白模块,提示将来潜在增加的数据信息,如用于随访或后续研究追加数据,也可以在整合时用于基础数据集中没有的模块信息使用。例如,疾病诊疗业务来源数据,更长时间的患者随访数据,如肿瘤,心脑血管疾病、代谢性疾病等,往往价值更高。

（2）个体－水平数据结构模块及其信息分类制定

数据收集路径即数据来源不同,数据收集的初始目的不同,收集信息构成和数据结构也不同。此外,不同来源的科学数据共享应用的审查内容和标准也有所不同。这种分类方案也与机构数据审查管理、伦理审查等相对应。

涉及人的医学科学数据为例,基于收集路径,即数据来源和初始收集目的不同分为两大类分别制定标准：健康相关研究数据和临床诊疗业务数据（Ex 真实世界数据）。基于不同来源分别制定个体－水平数据结构模块构成及其最低信息标准。

不同来源数据因收集初始目的不同而导致数据结构是不同的。虽然无论来源于研究过程还是业务管理过程的数据,临床医学个体－水平数据都可能既有表型数据又有基因型数据。研究数据,包括临床试验,临床研究和临床与转化研究产生的数据,其研究实施收集数据时往往更有明确的研究目的、研究内容针对性。业务数据主要指来源于健康体检和临床诊疗工作产生的电子健康档案中的数据,为真实世界数据,其初始目的是为了临床诊疗,数据基础结构与临床诊疗密切相关,与临床专科特点和疾病诊疗常规等密切相关。因此,拟定具体数据结构标准,需要根据不同来源确定研究数据和临床业务数据的数据基础结构和共享数据集、数据库的价值标准分级,以及代表性疾病示例。

（3）共享数据价值分级评估对象是数据集或数据库

在数据共享实践中,单纯个体－水平数据是最小单位,除了罕见疾病,一般很难具有特别的共享价值。共享数据的主要形式是数据集或数据库。数据集包括个体－水平数据和数据总量。数据结构模块最小信息标准,是只包含医学科学数据来源的可被整合再利用的最低信息含量。相同主题的数据集,个体－水平数据模块及其信息量越多,具有共享价值的总量要求越小。虽然个体－水平数据信息量少,但当数据总量或者包含数据使用者的信息时,也可能有数据共享价值。

我们构建共享数据的结构标准体系,重点包括两个方面：①共享数据最小单位"个体-水平模块及其信息";数据结构模块最小信息标准,规定可被整合再利用的最低信息含量。②数据质量分级标准以及"精品数据"标准的判定原则,即根据个体-水平模块及其信息和数据总量结合判定数据质量和价值。

第二节 数据结构标准体系

一、研究数据共享数据基础数据

1. 一般结构模块

研究数据具有一般结构模块,但是不同领域研究数据结构模块并不相同。

研究数据 MIT 结构模块可分为六个模块:一般信息、背景信息,研究目的或分析兴趣点,研究实施信息,结果信息,终点读出信息或统计或分析信息。不同的研究在此六个模块的基础上可以进一步详细具化。这些模块进一步划分为模块细分,以包含更详细的信息。

具体数据各结构模块信息因研究领域不同而有所不同。基础研究,如使用细胞系进行研究,一般信息和背景信息往往较少。研究实施信息相似,包括材料信息、方法(检测)信息等;结果信息、终点读出信息以及分析和统计因实施检测方法等不同。涉及人的临床与转化研究,不仅模块信息相对复杂,作为一般信息的个人基本信息和疾病背景信息等相对较多。

数据模块信息结构化,描述数据需要进行编码或结构化编号替代,一般与数据字典联合使用。

以下主要以涉及人的临床与转化(健康相关)研究为例,提出不同来源数据模块标准及其最低信息标准和示例。

2. 个体-水平研究数据结构模块最低标准具体内容

个体-水平研究数据针对涉及人的健康相关研究(生命科学和医学研究)。

个体-水平研究数据 MIT 分为六个模块(modules):个人一般信息、研究背景信息、研究目的信息、重要研究方案信息、研究结果、报告信息和/或分析和统计。这些模块进一步划分为模块细分(module subdivisions),包含更详细的信息,即各模块信息内容及其描述。

(1)模块信息具体内容示例

①个人一般信息:性别、年龄、民族、地区等;

②研究背景信息(非研究点之外的背景信息):纳入对照组和实验组的人相同信息,

如疾病诊断等；

如临床与转化研究，临床试验等，研究背景信息一般包括－疾病临床专科信息、生化检查信息、影像信息、病理组织诊断信息、临床分子诊断信息等。

③研究目的信息：试验组与对照组干预或比较点；

④重要研究方案信息：目的信息的具体实现（干预信息、兴趣信息）——材料信息、方法信息，如用药方案等；

研究方案（一般和研究结果信息相对应）一般包括：临床预后、诊断鉴别诊断价值、通常也可以应用包括生物检测信息、影像信息、病理诊断信息、临床分子分型等验证结果，且部分检测结果为多次检测结果。

⑤研究结果信息：目的信息的决定因素结果（Ex.一般研究内容的阳性结果、阴性结果）——如检测信息、治疗效果和预后信息等；

为解决研究目的对应的结果，根据结果能够明确研究目的是否可以达到，或者与预测结论结果是否一致。如疾病机制可以为表型的基因型异常解释，可以是干预因素，也可以是干预后的表型和基因型变化等。

研究结果信息的重点是要客观实际的完整的研究结果信息，无论阳性结果还是阴性结果。例如，乳腺筛查数据集，不是只提供阳性的报告（一般仅几例）结果，而是应提供经过去识别处理后的所有被筛查人员（包括检测结果）的个人健康信息。应避免一些研究人员在研究实施和发表文章后只保留阳性结果的问题。

⑥分析和统计信息：阳性率、阴性率；治疗有效率、无效比例等。

提供共享时，可包括其他需要说明的问题：如发表的期刊；数据使用要求等。

（2）模块信息和最低标准

模块详细信息：模块须根据具体研究及其方案列出信息，数据收集和储存各模块分别还可以包含很多详细信息。如临床新药研发研究方案一般包括新药验证的分组、研究对象纳入、排除、有效性的指标，安全、有效性验证需要进行的生化检测方法，终止研究（退组）的条件判定等。

最低标准：共享数据模块信息理想情况下是越详细越好，但共享数据价值需要与机构和数据收集人、个人信息主体等权益的平衡，因此，共享数据设立最低标准要求，即数据结构各模块包括与研究目的、方案、结果等必须包括的主要信息数据。研究目的为核心，研究内容、研究方案、研究方法等均围绕这个目的。如新药及其安全性、有效性。研究目的通常在数据集题目，或者研究题目中能够体现。为了促进较高标准的数据共享，数据共享可以通过协商的方式，便于双方共赢的基础下，促进数据再利用。

以乳腺癌患者中 BRCA1/BRCA2 阳性比例及其与预后的关系为例，研究干预方法或主要研究目的的检测方法，如 PCR 检测、芯片检测或基因测序（全外显子组检测、全基因组检测）等，以及 BRCA1/BRCA2 的结果是研究主要信息。但是，还需要一些背景信息，如乳腺癌检测样本来源患者的疾病相关个人基本信息和疾病临床病理分期等，使数据使用者了解上下文或前因后果。

各模块对应的具体内容及其示例最低标准信息和相关详细信息比较表（共享数据价值分级详见附录 10-1）。

二、临床业务来源科学数据模块标准及示例

1. 临床诊疗数据一般模块信息

临床诊疗真实世界数据一般可分解为 9 个模块信息。具体包括以下信息：

①个人基本信息：性别、年龄、疾病相关生活习惯等，既往史、家族史；

②一般临床信息：生命体征、常规医学检测信息，如血尿便常规、肝肾功能等；

③疾病临床表现：症状、相关体征；

④诊断相关信息：用于协助诊断或鉴别诊断的重要检测信息（也可视为狭义疾病表型，疾病相关症状和体征、生化检测信息、影像信息、病理组织学检测及其报告、分子检测及其报告）；疾病确诊信息、治疗及其预后信息；

⑤疾病确诊信息：确诊依据及其诊断报告 – 诊断 – 疾病名称及其分期、分型；

⑥主要治疗信息：如手术及其术式；化疗及其方案；

⑦主要治疗效果评价信息：最重要评价指标应设置 1～3 项，根据不同疾病诊疗常规确定；

⑧治疗效果其他评价信息：指评价有效或无效的疾病相关其他指标，如影像指标、生化指标等；

⑨长期治疗效果：随诊信息。

2. 作为真实世界研究的共享数据要求

与研究数据不同，业务数据结构模块与业务相关，且不同专业和疾病的数据构成复杂丰富，不同人员从不同角度所需要的有价值信息不同。

本书建议共享数据的基础数据结构模块至少包含前述临床诊疗数据一般模块信息中 6 个模块，且每个模块包括最主要的代表性信息，能够提示个人基本信息情况下的疾病诊疗信息最低标准，能够通过挖掘或统计分析解决一个问题。

共享数据基础数据模块及其信息的选择，建议必须包括①、⑤、⑥、⑦；此外②/③（包含其中之一），④/⑦/⑧/⑨（包含其中之一），可以根据主要兴趣点为诊断（包括与基因型整合用于研究 – 生物标记筛选），或者治疗评价（如作为真实世界证据）进行选择共享。

结构模块（括号内为可相互替代性模块）：个人基本信息；一般临床信息和/或疾病临床表现（对应于临床研究背景信息）；疾病确诊信息（对应研究对象主要限定）；主要治疗信息及其效果评价信息（对应干预研究及其反应或效果，如新药及其有效性、安全性）等。

3. 基于临床表型概念的数据模块信息

表型为精准医学中，针对基因型的概念。为促进涉及人的研究数据，包括转化研究及其基因型数据的整合，真实世界数据可以根据整合需要进行表型数据分解，进行基础数据结构模块设置：

临床表型信息或表型特征指疾病相关的体征、检测产生的数据、图像等特征和/或报告结果等。

临床表型信息具体包括疾病相关症状、体征、疾病诊断相关检测及其表型特征、疾病治疗方案及其预后表型特征（体征或检测指标的变化等）；分子表型属于表型特征，多为涉及诊断、疾病亚分型和预后等重要表型。临床诊疗与表型数据来源之间的关系见示意图（图10-2）。

临床表型具体分解后模块信息如下：

①个人基本信息（年龄，性别、民族、既往史、家族史－家庭成员情况）

②一般临床表型信息：生命体征、身高、体重，常规医学检测信息，如血尿便常规、肝肾功能等；*对于一些疾病，身高体重等是疾病临床表型信息。

③疾病临床表型信息包括三类

a. 体征表型信息：疾病密切相关特征性体征；如黄疸，腹部膨隆；腹部压痛点和，一些疾病体征可以体重、特殊外貌、肤色、体态等；患者体征表型信息完整重要，往往是共病表型分析和表型重叠研究的基础；

b. 诊断检测表型信息：生化检测结果；影像检查、病理组织学、分子检测，全基因组等检测结果。

不同疾病的重要诊断表型不同；一般表型信息对于一些疾病为疾病诊断重要表型信息，如21三体综合征面部体征特殊外貌；小脑损害的特殊步态，肝病腹水腹部膨隆体征等，以及肿瘤晚期恶液质等。

疾病诊断表型信息中，分子表型具有一定特殊性，对于疾病表型－基因型整合分析时，将作为单独表型模块。

c. 治疗表型信息：进一步分为治疗干预和治疗结果两部分。治疗干预可以进一步分为一般治疗信息，如手术、化疗、放疗，综合治疗方案和详细治疗信息，如化疗具体方案和药物；手术具体术式信息；放疗，具体放疗范围等；治疗结果一般信息：治愈、缓解、转为慢性或死亡；详细治疗效果：包括肿瘤随访、生存期等。

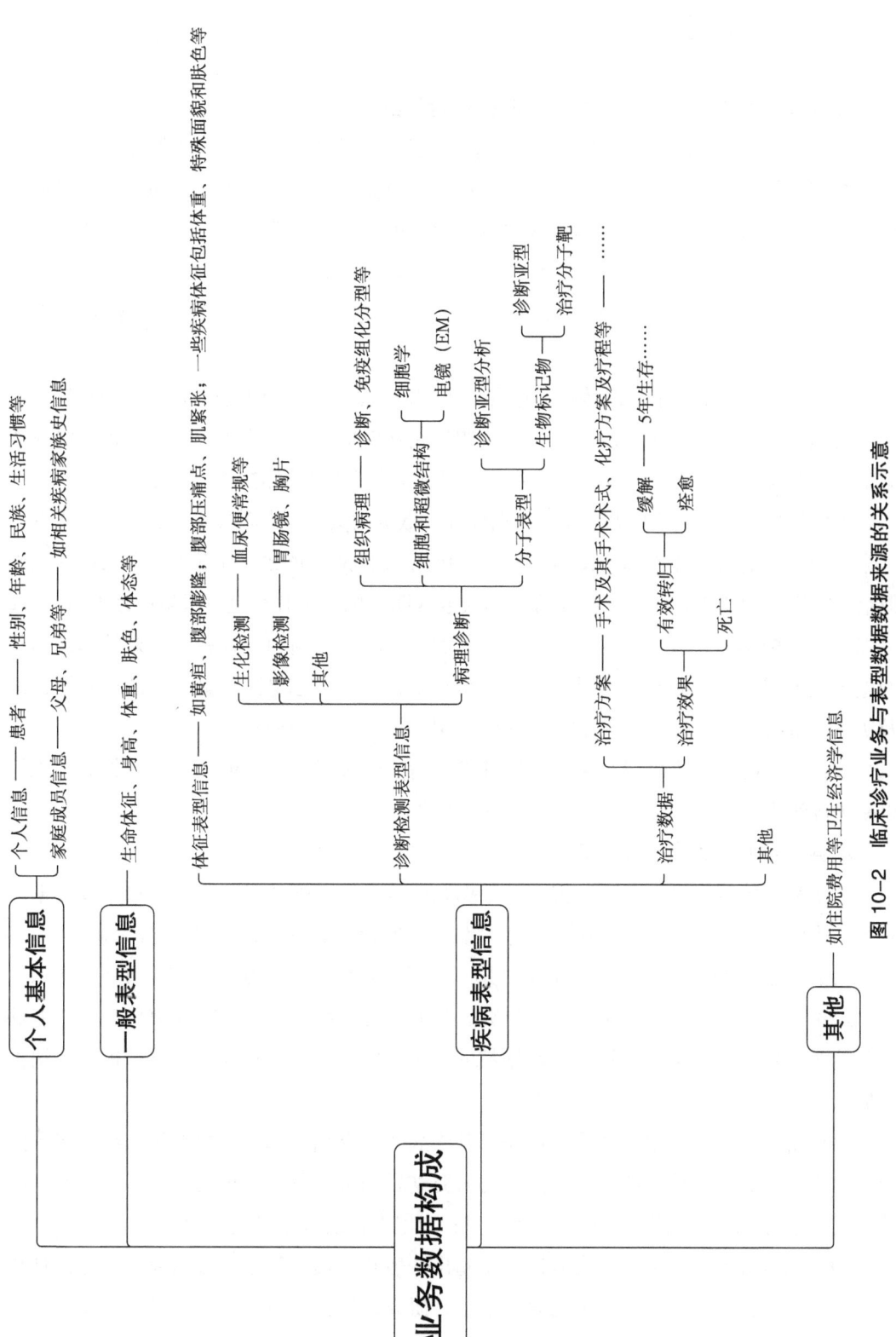

图 10-2 临床诊疗业务与表型数据数据来源的关系示意

三、共享数据价值分级

1. 共享数据的价值分级针对共享数据集或数据库

除了罕见病，数据集为最小共享数据单位，共享数据往往以数据集或数据库的形式，因此共享数据的价值分级的评价对象是数据集或数据库。数据集（data set）是可以标识的数据集合。基于结构数据标准对数据集和数据库的理解，数据集可以认为是相对单一数据结构形成的数据集合，数据库（database）根据形成基础包括两种类型：

①多个主题相同但结构不同数据集集合，如乳腺癌相关筛查、诊断、治疗多个数据集；

②结构相同但主题不同的数据集结合，如罕见病检测结果报告信息相关多个数据集。

实施研究产生数据库可以是由相同主题且相互衔接或有关的多个研究内容的研究数据集。一个具有多个研究内容的项目或课题通常由多个数据集构成数据库。

临床诊疗数据为例说明数据集、数据库和大数据的关系。临床收集的真实世界数据，一个专家治疗的所有相同诊断患者的诊疗数据可以形成数据集；科室所有专家诊断相同但治疗方案不同的患者的诊疗数据可以构成数据库；机构所有科室、医生诊疗 EHR 一起可以构成结构化的大数据库（阶段截止），加上无时间限制的各种检测结果的非结构化的电子文档报告，如病理组织报告、影像检查报告、原始心电图、脑电图的检查图，以及历史的纸质版电子病历，就构成典型的健康医疗大数据（动态）。

数据库中的数据集可以是来源于个体参与者（受试者）产生的同一大数据集，也可以是来源于不同个体参与者产生的多个小数据集。

2. 共享数据价值分级与判定

共享数据价值取决于共享数据基础数据结构信息和数据总量。共享数据集或数据库按照结构模块及其信息含量、数据总量，潜在整合再利用的价值综合判定分为 4 级。

1 级 最低标准：能够回答单独问题的研究数据；或能够对诊断或治疗等有一定提示。

2 级 价值一般：①具有进行一般研究、相同主题研究或业务的较完整信息；②能够与其他数据集友好整合再挖掘。或数据粒度较小，但是数据总量大时，能够进行数据再挖掘。

3 级 价值较高：数据集数据总量满足其疾病或研究相关的一般数据集；数据集数据粒度丰富，且数据完整；涉及或与前沿的研究结果相关，研究结果真实可靠；真实世界数据具有丰富的表型，附一定的基因型信息；有潜在深度表型分析价值。

4 级 非常有价值：①数据集数据总量超出一般数据集；数据集数据粒度丰富，且数据完整；②具有前沿或热点兴趣的研究结果，研究结果真实可靠；③且具有潜在供分析的原始全外显子，或全基因组数据。

该价值分级为定性分级或原则分级，不同结构的信息可以在不同级别数据间有所交叉，主要根据级别重要表型、表型相关信息、级别干预及其反应，基因变异及其表达数据的粒度和质量、价值。具有生物样本的数据库作为资源升级 1 档。

在不同收集路径的基础数据模块中均可以补充数据模块，用于随访或后续研究追加数据，也可以在整合时用于基础数据集中没有的模块信息使用。

共享数据的价值不同分级涉及人的研究或真实世界数据（遗传基础数据）示例参见附录 10-1。

"精品"数据是可交互的高质量数据。

"精品"数据是具有较高再利用价值以上的数据集或数据库，前述分级 3 级和 4 级的数据为精品数据。在保证数据收集客观性、准确性等基础上，分级的重要依据或重要评价因素的两个方面是个体－水平数据信息和数据总量。

从共享再利用的角度，"精品"要求具有较高再利用价值同时具有可交互性。从数据内容上粒度丰富或者数量巨大。从数据格式方面是结构化数据，具有可交互性，具有整合或独立挖掘－再利用的价值。围绕主题的信息，保证质量和数量（数据总量），包括每一条信息的质量（完整、真实、客观）和粒度能够保证数据的质量。数据粒度是指数据库中（个体－水平）数据的细化和综合程度。根据数据粒度细化标准：细化程度越高，粒度越小；细化程度越低，粒度越大。

"精品"共享数据重要的是能够被整合和／或再利用。因此，共享数据集信息内涵丰富本身就具有再挖掘利用的价值；另一方面，虽然数据集信息有限，但是具有整合再利用的机会较多，也可以成为精品数据。共享数据的质量（价值）分级，是在数据集（或库）层面针对能够整合再利用的价值进行评价，因此，信息丰富且具有友好交互性的数据是理想的"精品"共享数据。

共享精品数据应该避免理解误区。所谓"精品"不是数据收集人或其初始目的的重要价值，是具可交互性的高质量数据。"精品"数据的结构完整性和信息完整性需要兼顾。临床与转化研究，基于大数据和数据科学的深度表型分析等，特别是共病表型分析使共享数据表型数据的潜在价值增加。与单独的生物样本相比，具有完整个人健康信息的临床表型信息的生物样本的科技价值、后续研究价值的优势尤为明显。类似地，一些发表价值较高的研究数据，因提供的共享数据缺乏基本信息和背景信息，再利用的价值并不高。具有明确研究对象或明确主题的数据集，也需要满足基本结构模块要求，才具有共享再利用价值。例如，研究数据，不仅包括研究结果和结论中重要的阳性数据，更包括这些研究的背景信息。共享实践中，往往因为数据缺乏研究个人基本信息或背景信息，无法在整合数据后进行进一步的分层挖掘，这也是目前数据共享实践中尤为需要优化和完善的部分。以临床试验为例，不仅是新药及其实验组和对照组的差异结果，更需要新药临床试验所有对照组、实验组所有受试者的一般个人信息、临床分期,甚至受试者的个人基本信息、年龄、体重、生活所在地、生活习惯等,这些在数据整合再利用时往往是非常重要的信息。除了不同研究者兴趣点不同,也是对相同主题研究结果是否一致的潜在可分析因素(干扰因素或者关联因素)。

"精品数据"特别需要个人基本信息和研究背景信息,有价值数据或"精品"数据并不一定是数据持有者的最初收集目的价值。目前,现有共享数据的情况,个人一般信息和研究背景信息内容相对不足。研究材料、研究方法、报告目的结果比较明确、清楚和完整。不利于其他研究人员,特别是相同疾病的其他研究挖掘困难。以研究数据为例,实践中研究目的和研究内容的直接结果数据(研究者的兴趣信息),一般比较完整,但是研究背景信息和个人基本信息往往不完整,甚至缺如。但是,数据整合应用时,不同的研究者往往"兴趣"不同。特别是作为共病分析时,表型信息的完整性,与数据的整合分析直接相关。

四、数据结构标准体系的应用

(1)作为数据汇交和发布数据审核依据

数据结构标准可以指导数据共享实践中数据价值和潜在利用结构等评价的结构依据。具体如,①项目验收和成果发表数据汇交要求和审查:项目验收、发表文章等。审核通过是项目验收、发表文章的数据集、数据库的最低标准要求。示范性数据库在数据结构的基础上考虑支撑项目和文章研究方案的科学性、对研究结果、结论的可行性。

②作为数据共享再利用数据质量价值评估依据。对拟共享数据进行个体–水平数据结构及其模块信息粒度,以及数据总量等综合评价判定潜在整合再利用的价值,促进有价值数据共享服务。

(2)为跨学科、跨领域数据共享提供数据结构基础

跨学科提供数据被视为多学科数据共享和改进数据重用的先决条件。[2] 医学业务来源科学数据根据不同数据来源的具体领域,也并不完全不同,如基础医学、临床医学和公共卫生领域。而且,基础医学(生命科学)的发展,已经逐渐应用于临床医学和公共卫生领域的研究、业务和防控,以及在重大突发传染病的防控过程中,三个领域的数据共享需求和作用尤为明显。因此,医学研究基础背景信息共病表型分析的基础,而个人基本信息和疾病背景信息是不同领域信息整合的基础。不同学科领域如医学与计算机、数学等数据存在结构和语义差异,即使卫生健康领域,如临床诊疗与公共卫生、基础医学之间的数据整合需要考虑结构差异,不同领域、学科数据整合时往往因为结构的差异而使数据受损。不同学科领域如医学与计算机、数学等数据存在结构和语义差异,即使

卫生健康领域，如临床诊疗与公共卫生、基础医学之间的数据整合需要考虑结构差异，不同领域、学科数据整合时往往因为结构的差异而使数据受损。建立基本衔接或对接结构的基础上，进行不同来源数据的扩展和整合。

跨学科、跨领域医学数据共享有两个典型例子。①精准医学，表型 – 基因型数据整合为基础的深度表型分析和生物标记物筛选；②突发重大传染病的暴发或疫情持续期间产生的监测、诊疗和研发等不同来源数据的共享。

基金资助：本章内容由科技部科技基础资源调查专项课题：中国人类遗传资源基础数据库建设（2019FY100103, 所属项目号 :2019FY100100) 和科技重点研发专项课题：多源异构病原微生物大数据整合标准与平台建设（2021YFC2302001）资助完成。

参考文献

［1］ELBERSKIRCH L，BINDER K，NORBERT R N，et al. Digital research data：from analysis of existing standards to a scientific foundation for a modular metadata schema in nanosafety［J］. Part fibre toxicol，2022，19：1.

［2］KARCHER S，WILLIGHAGEN E L，RUMBLE J，et al. Integration among databases and data sets to support productive nanotechnology：challenges and recommendations［J］. NanoImpact，2018，9：85-101.

附录10-1 数据基础结构标准－涉及人的研究或真实世界数据（遗传基础数据）共享数据的价值分级（示例）

此表基础结构标准能够进行整合再利用的数据按照数据质量和价值分4级（共享同时遵守其他要求，如去识别信息）+是指在分级前一级基础上增加相关信息。

分级只是原则分级，不同结构的信息可以在不同级别数据间有所交叉，主要根据级别重要表型、表型相关信息、基因变异治疗等有一定诊断或治疗信息的粒度和质量、价值；具有生物样本的数据库作为资源升级1档；逐级增加内容见下划线。

应、基因变异及其表达数据的粒度和质量，仅供参考。

此表中例子具体以肿瘤，如乳腺癌、肺癌为例，仅供参考。

数据分级	数据结构	生物样本	备注
1级：基础标准 具有进行一般研究、能够回答单独问题的研究数据；或能够对诊断或治疗等有一定提示。	①个人简单信息（性别、年龄） ②疾病重要表型信息（*疾病名称和主要诊断或鉴别诊断信息，如病理诊断和组织分型） 示例：如，病理组织学（肺鳞癌、腺癌）或细胞形态学（如胸水非小细胞癌） ③研究信息或临床诊病干预（治疗）及其反应（是否有效*有价值分析点）或 ④临床常规检查基因变异及其表达 示例：乳腺癌HER-2, P53; 肺内分泌癌相关检测	无④结果，但有可提供相关检测肿瘤组织切片或尿液等	具有通用数据结构要求，共享数据结构最低标准；数据总量最大时有一定共享价值；③④可根据聚焦点而任选1项
2级：一般标准 具有进行一般研究、相同主题研究或业务的较完整信息，能够与其他数据集支持较好整合挖掘。 或数据粒度较小，但是数据总量大时，能够进行数据再挖掘。	①个人一般信息（性别、年龄、民族、身高、体重、基础健康情况）或所在地区 ②疾病表型信息较完整 主要表型信息（*疾病名称和主要诊断或鉴别诊断信息，如病理诊断和组织分型），此外， 加以下信息任一： A. 相关重要表型信息，如增加肿瘤-影像学（CT-MRI） B. 疾病进展信息（进程时间－肿瘤临床分期信息 ③研究或治疗&干预及其效果或反应结果数据（*主要研究或治疗方案、周期、疗效） ④临床常规检查基因变异及其表达数据 ⑤实施项目课题研究的变异及其表达结果；或数据挖掘分析偶然发现	无；血清、血浆④+可提供提取DNA，或提供全血、瘤组织切片或尿液（尿液、胸腹水、脑脊液等）	较好，一可以进行疾病主要表型分析，对一些表型的基因型变异及其表达分析或地区差异分析

244

第十章 数据结构标准体系构建及应用

续表

数据分级	数据结构	生物样本	备注
3级：价值较高 数据集数据总量满足其疾病或研究相关的一般数据集完整 数据集数据粒度丰富，且数据集完整 涉及与前沿的研究结果相关，研究结果真实可靠； 真实世界数据具有丰富的表型，附一定的基因型信息。有潜在深度表型分析价值。	①个人一般信息（性别、年龄、体重、身高、民族等特征）+所在地区、环境、基础健康情况 ②疾病表型信息完整 主要表型信息（*疾病名称和主要诊断或鉴别诊断信息，如病理诊断和组织分型）加以下两方面信息： A. 相关重要表型信息，如增加肺癌 – 影像学（CT-MRI） B. 疾病进展信息［进程时间 – 肿瘤临床分期和详细肺肿瘤转移概括信息（如腹腔淋巴结转移）（*肿瘤转移），皮肤浸润，血管侵润，远处器官转移）］； ③研究或治疗 & 干预及其反应数据（*主要研究或治疗方案、周期、疗效，随访最终结论信息，如治愈、死亡） ④临床常规检查基因变异及其表达数据 ⑤实施项目课题研究的变异及全基因组检测分析信息兴趣基因结果，但无法提供原始数据 ⑥芯片、全外显子、全基因组部分生物样本。 ⑦具有部分生物样本。	⑤+可获得全DNA，或多种生物样本	（很好）–单疾病相关研究整合，地区差异等环境因素分析；对表型异常进行深度分析
4级：非常有价值 数据集数据总量超出一般数据集 数据集数据粒度丰富，且数据集完整 具有前沿热点兴趣的研究结果，研究结果真实可靠； 且具有潜在供分析的原始全外显子、或全基因组数据。	①个人一般信息（性别、年龄、体重、身高、民族等特征）+所在地区、环境+重要多代遗传家系（家庭信息）3代5人 ②疾病表型信息完整 主要表型信息（*疾病名称和主要诊断或鉴别诊断信息，如病理诊断和组织分型）加以下两方面信息： A. 相关重要表型信息，如增加肺癌 – 影像学（CT-MRI） B. 疾病进展信息［进程时间 – 肿瘤临床分期和详细肺肿瘤转移数据（如腹腔淋巴结转移 3; 皮肤浸润，血管侵润 2. 远处器官转移，如肝脾转移，骨转移等）］； ③研究或治疗 & 干预及其反应数据（*主要研究或治疗方案、周期、疗效，随访详细信息） ④临床常规检查基因变异及其表达数据 ⑤实施项目课题研究的变异及全基因组检测分析信息兴趣基因结果；或数据挖掘分析偶然发现 ⑥芯片、全外显子、全基因组检测原始数据 ⑦可以提供芯片、全外显子、全基因组检测原始数据	⑥+可获得全DNA，如全血等生物样本	（非常好）– 能够进行疾病相关性血等生物关性表型深度分析

245

第五篇
医学大数据篇

第十一章　医学大数据总论

> **本章概要**
>
> 医学大数据是医学科学数据的重要来源，医学大数据的来源与分类与医学数据相似，但并非所有的医学大数据都具有数据共享和应用的需求和价值，并非所有的医学大数据都是科学数据的重要来源。医学大数据及其应用具有独有的挑战和要求。本章将概述医学大数据共享应用相关概念，技术基础及大数据突出的优势和挑战；重点解读医学科学大数据的属性特征，讨论大数据概念及其应用的理解上的误区，以及重点讨论大数据的共性问题——产权问题，并提出医学大数据产权界定一些建议。

> **本章要点**

1. 大数据具有公认的属性特征，是医学科学数据的重要来源；

2. 价值属性是医学科学大数据的属性的综合体现，容量、速度、多样性、可变性和准确性共同成就价值属性；

3. 在医学大数据中提取有价值数据的过程，既是医学大数据的应用过程，也是医学科学数据产生的过程；

4. 典型医学大数据包括健康医疗大数据、公共卫生大数据和组学大数据，具有不同的构成特征，具有交叉和应用整合趋势；

5. 大数据产权是大数据突出的共性法律问题，但医学大数据产权认定具有一些特殊特点；

6. 大数据具有产权认定基础，医学大数据的产权及其归属应考虑医学数据的社会和伦理因素。

第一节　概念和理解

一、定义和特点

对于大数据目前还没有一个被广泛接受的定义。2012年8月，美国国会发表的一份报告将大数据定义为"大容量的高速、复杂和可变数据，需要先进的工艺和技术，以实现信息的捕获、存储、分配、管理和分析"。[1] 国际医药信息协会（International Medical Informatics Association, IMIA）"数据挖掘和大数据分析"工作组提出的定义为"大数据是其规模、多样性和复杂性需要新的架构、技术、算法和分析来管理并从中提取价值和隐藏知识的数据"。[2-4] 此外，有学者认为大数据可以被视为：大量数字数据、大型数据集、工具、技术或现象（文化或技术）。[5] 至今，虽然有关大数据的定义范围广泛且存在差异，但是提出了大数据的共同特点，即大数据因过于庞大和异构，变化太快，无法通过以前的技术进行存储、处理和转化为价值。[6] 这些共同特点是大数据公认属性的基础。

大数据可以被视为通过与在线技术交互产生的大规模、持续生成的数字数据集。大数据为规模如此之大的数据集，对传统存储和分析技术构成挑战。2015年，Baro等[7]在综述196篇文献的基础上，尝试基于医疗保健大数据提出关于医学大数据定义的建议。建议当数据集$\log(n \times p)$超过或等于7时限定为"大数据集"，将与定义匹配的数据集称为"大数据"。该定义并没有获得广泛认可。确切说，其定义的是"大数据集"，可以延伸到"大数据库"，并不是大数据。但该定义让我们对医学大数据有一个"量"的基本界定，且提炼出三类典型医学大数据的构成特点。该文献中解释，其中统计的个体数n不一定是自然人，也可以是基因序列；变量p的数量可以是用于分类氨基酸的物理化学性质的数量，用于评估模型性能的性能指标，或者医疗索赔的特征数量。此外，该文章还总结出对于医学大数据的三个定义相关问题——数据再利用、错误知识的发现以及隐私问题。这三个问题事实上提出了医学大数据及其应用的目标和质量要求、优势和意义以及潜在法律和伦理问题。

从医学大数据的上述"定义"来看，大数据的特点可以概括为2个层面：

①不同个体相同类型的医学数据的实时整合或集成大数据。例如，相同疾病的不同患者在临床诊疗过程产生的临床医学数据；相关群体，如社区居民的个体健康档案集成产生的社区健康医学数据，以及公共卫生监测数据等。

②个体数据大数据化及其整合。基因测序为代表的分子生物学技术发展，基因组组

学等各组学等产生数据,使针对个体数据的分析也超出研究者和临床医生的人力能力范围,即个体数据的"大数据化"。两种数据还可以进一步整合,集成更大范围和广度的大数据。

二、大数据属性特征概述

在描述大数据时,该术语更多地指的是一种现象,而不是特定的技术。因此,更多的作者不是定义这种现象,而是通过赋予大数据特征来描述大数据。

目前对于大数据概念是由公认的属性来界定的。最初由 Doug Laney 描述大数据具有的"3V"特点获得公认,即大容量(volume)、速度(velocity)、多样性(variety)。并不是所有符合"3V"特点的大数据都是有价值数据或者科技资源。一些从业人员和研究人员还引入了准确性(veracity)作为大数据的第四个特点并被接受。现在人们普遍认为大数据是由这四个要素组合而成,"它们的联合出现代表了一种前所未有的组合",[8-9] 被称为大数据的"4V"特征。

通常,大数据术语在生物医学领域被扩展为"6V"特点,甚至更多。[2, 9-10] 不仅包括准确性,还提出可变性和价值属性,即"6V"可以被认为是有价值的医学大数据的界定标准。目前对于医学大数据也是基于共同的理解以属性特征进行界定。我们将医学大数据定义为医学领域,以及医学与其他科学领域融合交叉产生的大数据,其具有被公认的所有领域大数据共同的属性特征。此外,考虑医学领域的特点,对于医学大数据逐渐接受了6个重要的属性特征,其属性特征的内涵与其他领域的数据相比,也有独特的内涵。从增加大数据的准确性属性特征开始,已向科学数据——有价值大数据转变,这与大数据应用时基础数据的质量要求——科学价值密切相关。

三、医学大数据具体属性特征

1. 容量属性

大容量是大数据公认的第一个属性特征。互联网时代,在一分钟内能传输 640 TB 的数据、创建 10 万条新推特,通过互联网发送 2.04 亿封电子邮件;Facebook 每小时上传 1000 万张照片,每天 30 亿条点"赞"或评论,YouTube 每秒增加 1 小时的视频,总的来说,每天约创建 250 万字节。医学大数据具有大容量属性特征。以健康医疗数据为例,通常以兆字节、兆兆字节甚至兆兆兆字节来衡量。[10] 随着数字化诊疗数据存储和电子病历的普遍应用,一个大型综合卫生系统如 Kaiser Permanente,通过其电子健康记录(elected health record, EHR)系统可以管理多达 44 千兆字节的数据,是存储在美国国会图书馆数据的 4400 倍。[11] 早在 2011 年存储的磁盘上的医疗数据已经超过 150 个艾字节（一千六百一十亿千兆字节）的医疗数据。物联网和互联网产生的海量数据也是医学大数据的重要来源。我国具有人口基数庞大的优势，医疗数据的大数据资源更是无法计量。[1]

2. 多样性属性

多样性是公认的大数据第二属性特征。医学大数据具有典型的多样性特征，并体现在来源多样性、内容多样性、个体数据多样性等多个层面。总体资源多样性且数据涉及不同的维度尺度，包括从分子尺度（如基因组学数据）到群体尺度（如公共卫生疫情防控监测数据），以及数据产生从毫秒到年的不同时间尺度（如物联网移动监测、公共卫生统计数据）等。

不同来源的数据各具多样性。继续以健康医疗数据为例。随着各种检测技术和设备的发展，健康体检和临床诊疗数据内容是极其多样的。例如，结构化和自由文本数据捕获的电子病历，生化检验结果，诊断影像和数据，以及从社交媒体和移动应用程序流，其数据多样性随着检测方法的更新不断增加。虽然电子病历被广泛推广，大多数的电子数字化的健康医疗数据为结构化和易于分析的电子表格或数据库格式。有文献提示在 2016 年仍然只有不足 15% 的电子健康数据进入结构化的数据字段并允许用于传统的检索和分析方法进行分析。[1] 传统纸质版和互联网时代下，健康医疗工作产生数据主要仍为多种格式存在非结构化格式存在，存储的数据包括非结构化和结构化的文本、图像和视频、传感器衍生的信息、基于点的数值、元数据等。[1] 随着电子病历的普遍应用推广，结构化的数据比例逐渐增高。

生命科学技术的快速发展丰富了组学数据。基因组学、转录组学、蛋白质组和代谢组学等分子组学的发展，丰富了医学科学数据的内容和多样性；[12] 公共卫生数据随着职能范围和区域全球性、大数据管理等呈现多样性特点日趋显著，不同来源的整合数据类型比例不断增加，异构存储导致大数据分析的复杂化。这是建设、管理和应用规划大数据过程中规范大数据的原因之一。

规范大数据必须通过统一标准，进而采纳分析多样大数据。结构化大数据有助于大数据的分析应用。

医学大数据，即使大数据的基本形式、内容一致，在部分来源的大数据，构成大数据的个体数据间，如诊断为同一疾病的不同患者的生化检查和影像学，以及基因表达的差异性等仍然表现为多样性。个体-水平数据的多样性是指即使结构化大数据的基本形式、内容一致，构成健康医疗数据、组学数据的个体-水平数据之间的差异性。这在组学数据上更为明显，没有 100% 重合的组学数据。

3. 速度属性

速度是公认的大数据第三个属性特征。无论是移动通信商业服务数据，还是互联网为主的物流、气候，增量的速度都是前所未有的。医疗服务的数据呈现指数递增的快速增长。健康监测仪（2014年估计为4.2亿）数据被整合后仅医疗保健数据就会爆炸式增长。随着生命科学和组学技术发展和巨额基金投入等，组学数据的样本量正逐渐增加，我国于2019年启动了10万人类基因组研究计划，全球或区域性多国合作等也逐渐扩展。全球基因组学与健康联盟（Global Alliance for Genomics and Health, GA4GH）利用其提出的粗略模型估计全球由医疗保健资助的基因组的比率，到2025年将有超过6000万的患者在医疗环境中进行基因组测序。[13] 公共卫生事件的全球合作使公共卫生数据在原有的区域性数据积累，重大传染病近年来的全球频发，WHO成为全球数据共享数据发布平台。

对于大数据的速度属性，不仅指数量增加的速度，也指分析处理的速度。[14] 日益多样化的信息需要创新的存储技术和先进的工具和算法来分析大量的数据。即使传统健康医疗和物联网传感器网络组成的大数据的筛选、决策需要及时处理大量生成的数据流，应用程序所需的速度（例如传感器）以秒或毫秒计。基于组学大数据可以进行不同目的的分析挖掘，如生物信息学分析基于大数据加快了对药物靶点分析发现的速度。因此除了在传统的数据，如数据库、存储、管理和检索系统之外，大数据还具有海量的数据的快速应变能力。因此，在数据中寻找不同元素之间的关联方面有巨大优势的机器学习（machine learning，ML）在大数据应用中发挥越来越大的作用。[15] 举个简单的例子，739名接受DIEAP皮瓣游离乳房再造术的妇女入院时的所有数据。检查患者完整的中期护理报告、实验室资料、手术报告和用药计划（约7405359个数据点）。[16] 每次有新患者入院时，从每个患者身上都会收集大量的数据。当大量的数据超出了医生的处理能力，往往无法被充分利用。因此医学大数据和机器学习成为人工智能的领域之一。

4. 准确性属性

大数据的准确性是指数据收集、记录的客观性和真实性，进而分析和结果的真实可信。真实性具有两面性：一方面是基础数据的真实性，即客观性；另一方面是目标和结果接近于真实。随着大数据样本量的增加，研究结果只能无限接近于真实。准确性与数据质量问题密切相关。准确性在医学大数据领域更被强调。以医疗保健为例，准确性受到密切关注有2个原因：诊疗业务数据的准确是诊疗数据质量规范管理要求，疾病诊治效果，预后取决于具有准确的信息为基础的高质量的诊断和治疗水平；基础数据的准确性是后续大数据价值，包括基于数据的决策的个性化医疗和数据驱动的临床诊疗决策实现的基础和前提。这是数字化电子病历和结构化诊疗数据的优势，也是原有纸质版和非结构化的大量数据无法应用的重要原因。如医学电子手写处方如果字迹不清时可能导致不准确的"辨认"。避免错误的高品质的数据不仅有助于提高医疗质量，对于基于这些数据的决策研究和应用更加重要。

5. 可变属性

可变性 (variability) 是大数据的重要属性，是大数据不同于大数据库的关键属性之一。正如前面所述，单单以数量定义的是大数据集、大数据库。与大数据集或库不同，大数据需要同时具有快速增长和可变性的属性。可变性是大数据与大的数据集或数据库的不同特征。而可变性则涉及数据随时间的变化，可以理解为大数据的动态属性。[17] 可变性决定了医学大数据产生的技术基础和进一步发展所必须面对的技术挑战。一些大数据系统已经证实更灵活和快速地管理数据成为可能。但这些工具除了必须管理大量多样的不同性质的数据，包括原始信号、注释、图像、表型和文本报告及其导致的容量和速度的挑战之外，[18] 在数据大量的不断刷新、连续生成且动态可变情况下需要确保信息的实时变化中确定可访问性数据的准确性。如，当分子信息与成像（如神经成像遗传学）以及表型数据相结合时，或者诊疗数据监测和分子诊断等，这种需求变得越来越重要。目前国内大多数传统的健康信息管理系统是不能够实时处理和分析这种动态的不同格式的孤岛储存的大数据。可变性是医学大数据产生的技术基础和进一步发展所必须面对的技术挑战的属性特征，决定了大数据系统需要更灵活和快速地管理数据。

6. 价值属性

价值属性是大数据的综合评价特征，大数据的其他属性共同成就价值属性。大数据的价值属性通常需要通过大数据分析来实现。倡导以大数据为基础的共享、应用，及其将对疾病机制、治疗的研究研发，发挥和诠释大数据的价值属性是大数据共享应用的初衷和目的。数据的多样性导致大数据分析复杂性，也是大数据与原有研究数据相比的优势所在。正确地管理和利用各种数据来解释和分析数据与管理海量数据一样复杂。[19] 正如 IMIA "数据挖掘和大数据分析"工作组的定义所述，大数据的可变性与多样性、速度共同构成了其复杂的资源特性，决定了大数据无法用传统的工具进行分析管理、提取价值和获取隐藏的知识。不断增加的各种信息，需要创新的存储技术、先进的工具和新的算法来分析海量的数据。大数据分析能够将生物信息学、医学影像学、传感器信息学、医学信息学、健康信息学和计算生物医学等多个领域交织在一起，利用数据中的模式来获取有价值的信息。因此，大数据一般还指机器学习在分析数据集的应用。[14]

近年来，将机器学习方法应用于医学的需求急剧增加，同时面临着前所未有的大量临床相关特征和高度特异性的诊断检测的挑战。数据存储技术的进步和基因组研究的进展使得收集大量的患者的临床细节成为可能，从而允许提取有价值的信息。将机器学习的方法应用于医学领域人工智能既可以用于临床决策支持，也可以用于精准医学实践的疾病的个体风险因素来预测个性化预防。发挥医学大数据的作用，需要用大数据分析的方法,由数据科学使不同格式的数据有效建立联系和分析来回答特定的业务实践或研究领域的问题。

7. 不同属性之间关系

医学大数据的不同属性之间存在相辅相成和相互矛盾的关系。容量是指数据量,而速度是指运动中的数据以及数据创建、处理和分析的速度和频率。多样性既表现为数据集的复杂性和异构性,又表现为数据的质量、相关性、不确定性、可靠性和预测值。速度和多样性决定了医学大数据的显著高容量。易变性与多样性和速度密切相关,充分体现大数据的复杂性和动态特点。但是,高速度、多样性和可变性在分析和决策之前可能阻碍数据清洗的能力,降低准确性,放大数据的"信任"。[20]

大数据收集通常会因来源不同,其可靠性和信任度不同,因此并非所有的大数据具有应用价值。在其应用、共享中提取有价值信息是医学大数据发挥作用的终点,使大数据成为医学科学数据的重要来源。与传统的科学数据相比,医学大数据的价值正体现通过大数据分析而利用大数据的高容量、多样性、快速增长、准确性和可变性的优势,使分析结果和结论更具有代表性,无限接近于客观事实。同时,大数据的这些属性特征又构成医学大数据共享应用的障碍。因此,医学大数据优势需要的不仅是容量、速度、多样性、可变性,更需要准确性共同成就价值属性。只有满足"6V"属性特征的医学大数据是医学科学数据的重要来源,其疾病机制探索、临床诊疗验证,以及疾病预防等价值的实现,需要通过大数据分析而提取有价值信息。

四、医学大数据分类

医学大数据的分类原则与医学科学数据一致,且具体共享应用的数据处理规则及其法律依据也一致。

在根据《中华人民共和国个人信息保护法》,个人非匿名化的医学数据属于个人信息,如患者个体诊疗原始数据,归属机构或团体的私有数据,准确说是个体数据综合汇总的总体数据,其中的涉及个人信息的数据,理论上归属个体,科学研究和决策等使用个体数据,应该在知情同意的基础上使用去隐私化后的数据。

根据来源,医学大数据分为健康医疗(临床医学)大数据、组学大数据和公共卫生大数据、其他等四大类。其他主要是指来源于物联网移动监测和媒体数据等是其他医学大数据。互联网和自媒体来源的数据过于庞杂,且无法或者非常困难获得有价值的个体-水平数据的知情同意,因此再利用,特别是整合再利用价值相对较小或者对于一般研究者的合规应用成本较高。此类数据本书不做重点阐述。

其中前三类是代表性的医学大数据,不仅来源不同,因为产生来源不同具有不同的数据构成比例和内容特征，并有一定的融合整合趋势。

Baro E 等[5]尝试提出医学大数据定义的贡献在于提出了医学大数据的"量"及其整体构成特点，将有助于我们后面理解大数据产权界定和特别规范管理等内容。更重要的是 log（p）作为 log（n）的函数的定义方式，适用于健康医疗、组学和公共卫生，能够很好地解释健康医疗、组学数据、和公共卫生数据三类典型医学大数据的数据共同特征，以及各自的构成特点上的差异：健康医疗关注特定人群相对高或较高样本和高变量，且样本大小与变量构成与临床专科的特点和特定人群的兴趣变量相关；组学大数据关注海量数据收集为有限数量个体的数据，特点是小样本大变量；公共卫生研究关注的重点通常是大样本数量和个体低变量。

三类医学大数据的归属也略有不同。公共卫生数据多数为公用数据，通常是需要或可以公开发布的数据；健康医疗大数据和组学数据多为私有数据。

第二节　大数据应用技术基础以及优势

一、大数据应用和数据科学

大数据应用是有价值数据提取和发挥大数据科技资源的过程。大数据建设的目的不是储存，而是应用，即大数据管理、应用关注从这些数据中创造价值的过程，即提取和分析及其形成的成果。

"数据科学"（data science）通常是指"统一统计、数据分析及其相关方法的概念"，用数据来理解和分析实际现象。根据 Cao 等人[21]"数据科学是数据的科学"或"数据科学是对数据的研究"。数据产品可以是任何数据科学活动的产出，具体可以是可交付的数据，或数据支持或引导的发现、预测、服务、建议、对决策的洞察、思想、模型、范式、工具或系统。

数据科学就是大数据应用的科学。"数据科学"是一个总括术语，包括高级数据分析、数据挖掘、机器和深度学习建模，以及统计等其他相关学科，从数据集中提取见解或有用知识，并将其转化为可操作的业务战略。Cao 等人[21]从学科角度将数据科学定义为"数据科学是一个新的跨学科领域，综合并建立在统计、信息学、计算、通信、管理和社会学的基础上，以研究数据及其环境（包括领域和其他上下文方面，如组织和社会方面）通过遵循从数据到知识再到智慧、思维和方法，将数据转化为见解和决策"。类似地，Sarker 等人[22]对"数据科学"提出了一个全面的观点，包括可用于增强应用程序智能和能力的各种类型的高级分析方法。理解数据科学建模，解释解决方案视角的不同分析方法及其在各种真实世界数据驱动应用领域中的适用性。

数据科学是应用高级分析方法和科学概念从数据中获取有价值信息，是大数据应用的具体方法。分析中使用的模型和工具不同，但多数大数据应用程序都涉及描述性、诊断性、预测性和规定性（descriptive, diagnostic, predictive, and prescriptive）。数据结构标准化是数据科学的基础，数据科学是共享数据整合挖掘的具体方法。

"描述性分析"回答发生了什么的问题；"诊断分析"回答为什么会发生这种情况的问题；"预测分析"预测未来会发生什么；"规定性分析"规定应采取的行动。[22]

描述性分析：它是对历史数据的解释，可以回答"过去发生了什么？"例如，通过分析趋势、模式和异常等，使用描述性分析，临床诊疗的历史数据可用于预测临床诊疗的误诊率或疾病的发生率。因此，描述性分析可以发挥重要作用，利用临床诊疗真实世界数据，准确地描述临床诊疗的预后、并发症，以及急诊流程的使用情况等。管理者和决策者可以确定其业务中的优势和劣势，如临床诊疗方案的优劣，流程是否科学等。并最终采取更有效的管理策略和业务决策。

诊断分析：这是一种高级分析形式，它检查数据或内容以回答"为什么会发生这种情况？"诊断分析的目标是帮助找到问题的根本原因。在医疗保健中，可能有助于找出患者的症状，如高烧、干咳、头痛、疲劳等，是否都是由同一传染源引起的。诊断分析能够通过提出正确的问题并对答案进行深入调查，从数据中提取价值。它的特点是采用向下钻取、数据发现、数据挖掘和关联等技术。

预测分析：预测分析是一种重要的分析技术，也是一种高级分析的形式，通过检查数据或内容来回答"未来会发生什么？"因此，预测分析的主要目标是识别问题并回答该问题。数据科学家可以使用历史数据作为来源，利用各种回归分析和机器学习技术提取洞察，以构建预测模型，这些技术可用于各种应用领域，以获得更好的结果。临床医生可以通过预测有疾病风险的患者来做出有效决策。预测分析可以被视为数据科学领域的核心分析方法。

规定性分析：规定性分析侧重于通过可操作的信息推荐最佳的前进方向，通常回答"应该采取什么行动？"规定性分析往往被视为最后一步。强调可操作的洞察，而不是数据监控。

描述性分析和诊断分析都着眼于过去。预测分析和规定分析使用历史数据来预测未来会发生什么，以及应该采取什么措施来应对这些影响。数据驱动临床决策系统，可以认为与四种分析都相关。描述性分析和预测分析都相关其模型，通过规范分析从多个描述性和预测性来源收集数据，用诊断学分析寻找潜在原因，并将其应用于决策过程。规定性分析可以被视为描述性分析的反面，后者在事后检查决策和结果。通过整合大数据、机器学习和业务规则，规范性分析帮助人员或机构、组织做出更明智的决策，以产生推动最成功的业务决策的结果。

二、技术基础

1. 数字化存储

数字化存储是大数据的技术基础。日常生活中几乎一切都以数字方式记录为数据。[20]当前的电子世界是各种数据的财富,如商业数据、金融数据、医疗保健数据、多媒体数据、物联网(internet of things,IoT)数据、网络安全数据、社交媒体数据等。

电子病历是数字化存储在医疗领域的应用。数字化存储使数据共享和可利用的大规模化数据积累成为可能,电子病历的普及则为健康医疗大数据积累了丰富的海量数据基础。

只有数字化储存的技术,使来源于不同机构、不同地区、相同主题的数据有了整合的结构化基础。

2. 大数据分析

集成以结构化和非结构化格式存储的数据可以为机构增加大数据的潜在价值。目前是大数据、数据科学和大数据分析的时代。与健康和医学相关的数据构成的医学大数据。数据可以是结构化的、半结构化的或非结构化的,大数据的属性特征决定了其必须经过分析才能发挥价值。大数据异构性等属性特征要求必须以不同的方式处理非结构化数据。计算机和大数据分析、机器学习则为大数据分析超强能力的技术基础。一旦问题得到明确说明,数据科学家就可以定义解决问题的分析方法。

医学大数据分析集成了多个科学领域的分析,如生物信息学、医学成像、传感器信息学、医疗信息学和健康信息学。大数据分析技术可以分析数千名患者的大型数据集,识别数据集之间的聚类和相关性,并使用数据挖掘技术开发预测模型。进而还通过前瞻性验证,确定临床最佳方案;也可以通过确定最佳的单个患者特定治疗方案来帮助实现个性化医疗,减少医疗资源的浪费,节约医疗成本。作为技术基础,大数据分析的引入在范围、灵活性和可视化方面提供了新的分析可能性。

数据挖掘(大型数据集中的计算模式发现过程)等技术促进了探索性数据的归纳推理和分析,使科学家能够识别独立于特定假设的数据模式。因此,预测分析和实时分析成为可能,使医务人员更容易开始早期治疗,降低潜在的发病率和死亡率。此外,文件分析、统计建模、发现文件收集和 EHR 数据中的模式和主题,以及归纳方法,可以帮助识别和发现健康与疾病之间的关系。

大数据分析是用于分析和提取大数据信息的技术和工具。大数据分析的结果可以用来预测和提升能力,也可以通过回顾性分析总结和发现问题。对于医疗诊疗工作,可以允许分析数千名患者的大型数据集，识别数据集之间的聚类和相关性，并使用数据挖掘技术开发预测模型。

对于公共卫生事件，包括重大灾害和重大传染病的防控，不仅可以用于事件爆发的精准处理和防控，也可以基于回顾性分析和预测加强后续类似事件和疾病的预防。

3. 与大数据分析相关的技术和概念及其理解

（1）数据分析和数据挖掘

"数据分析"是指通过传统（如经典统计、经验或逻辑）理论、技术和工具对数据进行处理，以提取有用信息并用于实际目的。"数据分析"一词也指能够深入理解和探索可操作数据洞察的理论、技术、工具和流程。数据的统计和数学分析是这一过程的主要关注点。

"数据挖掘"即从"数据中挖掘知识"。[23] 总体而言，数据挖掘被定义为从大量数据中发现兴趣模式和知识的过程。数据源可以包括数据库、数据中心、互联网或Web、其他数据存储库或通过系统动态流传输的数据。

（2）高级分析、机器学习和深度学习

"高级分析"可以定义为使用高级技术和方法对数据或内容进行自主或半自主分析，以发现更深入的见解、做出预测或提出建议，其中基于机器学习的分析建模被视为该领域的关键技术。高级分析通常超越传统的商业智能或分析。

"机器学习"是人工智能（artificial intelligence, AI）的一个分支，是高级分析中使用的主要技术之一，可以自动化分析构建模型。机器学习基于这样一个前提，即系统或程序可以从数据中学习，识别趋势并做出决策。

"深度学习"是机器学习的一个子领域，讨论了受人脑结构和功能启发的算法，称为人工神经网络。医学是人工智能进展最快的领域之一。

三、应用优势和价值

1. 大数据对社会全方位影响

大数据开创了技术、生活、工作和思维的新模式，且对经济运行机制、社会生活方式和国家治理能力产生重要影响。广泛应用于医疗保健、移动通讯、交通管理、零售和支付等领域，极大提高效率、精准和便利。作为科技资源和创新来源，促进科技发展。国家和企业在战略规划或计划占领不同领域大数据高地。

大数据提高医学服务和医学研究的精准和效率。通过现有医学大数据的共享、整合与分析，提高服务精准和研究研发的效率。大数据有助于时间纵向数据积累或者横向范围兼顾。因此，基于大数据的结果更加精准。现有大数据的应用节约时间成本，提高数据基础的效率，为制定政策，服务均能够提供有效信息，提供工作效率。临床表型数据和基因组等组学大数据的共享和整合被认为是精准医疗的重要基础；基于大数据的研究研发，以基因组学等组学分析为例，大大缩短了新药靶点的发现、验证时间。医学大数据将是健康科技的重要资源，对于疾病机制研究、诊疗新方法和新药研发，以及疾病预测预防等等均有巨大优势和价值。

大数据的技术基础决定了大数据应用的优势。技术融合、跨学科合作的研究模式不断融合发展，从原有相对割裂的基础研究、临床研究，逐渐发展为转化研究、精准医学、系统研究，流行病学研究也从宏观向分子流行病学发展。医学研究数据和临床业务数据逐渐交叉融合。

随着分子生物学和生物信息学等技术的发展，医学研究数据和临床业务数据逐渐交叉融合。各种数据的共存和交叉数据，例如健康管理数据与临床医疗数据的纵向联系；流行病学与分子检测和组学检测的结合形成分子流行病学和组学流行病学；分子和组学检测直接与临床症状的联系产生的本体数据等等。我国兼具发展中国家和发达国家双重疾病谱，医学大数据具有量的绝对优势。大数据不仅是医学科技重要的科技资源，更具有巨大的潜在经济价值。特别是大数据分析和人工智能为大数据应用开拓了产业发展前景。

大数据让科学结果更接近于客观；大数据，特别是不同领域数据融合是创新科技的来源，而卫生领域是体现大数据特点及其对服务和科学发展的促进作用最明显的领域之一。医学大数据被寄予厚望，包括精准医疗服务、重大传染病防控、医药创新研发等方面提高效率和降低成本。大数据时代下，其对医疗服务、疾病预防和医学创新的作用相互影响，降低成本在服务、管理和创新方面均有所体现。

我国的大数据战略已经从"十三五"规划的建设积累向"十四五"推进应用转变，包括健康领域的数字化经济和大数据健康产业。我国一些企业已经开始与卫生行政部门进行合作推动医学大数据的应用。公众、资助者、研究者和使用者、个人信息主体将不同程度受益，特别是有利于最大程度发挥数据资源的社会价值和科学价值。卫生健康领域是发挥了大数据优势促进科技发展最显著的领域之一。不仅对于临床诊疗和研究研发，基于大数据和大数据分析已经在我国的新冠病毒感染的疫情防控中发挥了重要作用。

2. 基于大数据的服务优势

精准医疗是基于资源共享的信息化服务，对群体（广义）精准服务不仅提高医疗服务效率，也与经济学相关。通过信息平台、机人联网、分级诊疗等共同实现精准医疗服务。

基于大数据的服务优势在于资源分配合理，提高服务精准性。有助于解决资源分配不均匀，以及减少服务等候时间等作用。同时，基于大数据的服务过程中对于卫生经济学具有提示意义。

医学大数据不仅基于大数据和互联网形成智慧医疗服务和资源分配。大数据就诊预约提高整体服务效率。公共卫生重大传染病暴发期间的疫情监测与精准防控也属于基于大数据的公共服务。

医学大数据在临床医疗的意义可以概括为正确的服务、正确的价值、正确的人和正确的药物和时间，即精准的医疗服务（流程、费用等）和个性化诊疗过程。[24]大数据开启了数据驱动的临床决策支持。医学大数据使医疗决策从传统的知识－经验决策模式向更加客观的数据驱动的临床决策转变。依据大数据建立相似疾病诊疗模型，指导相似疾病的临床治疗决策。公民数字化叙事医学的发展，不仅有助于不同机构的诊疗记录共享，更促进公民个人形成个人健康、疾病管理和诊疗综合档案。

我国大数据战略对于医药原始创新，不仅有利于创新发展，也为我国的医改提供了依据和基础。基于大数据的医疗服务，让医联体内服务安排更合理和有效，如就诊预约和资源分配。在我国基于大数据的共享和应用，不仅通过互联互通，提高医疗服务效率，促进医疗共同体，如医联体的作用发挥，更能平衡资源差异，降低服务和创新成本。

3. 基于大数据的研究优势

大数据是研究资源来源，是科学数据和研究对象的来源。大数据让科学结果更接近于客观；大数据，特别是不同领域数据融合是创新科技的来源。

大数据开启了数据驱动创新的时代。医学大数据是医学创新的源泉。数据创新数据通过开放数据、数据的再利用、重组数据、可扩展数据等方式而发挥自己的价值。大数据本身也是医药创新和药物研发的重要基础、方法和源泉。通过预测模型、统计工具和算法结合各种不同格式和类型的现有数据，能提高设计，减少重复研究，更准确地发现疾病机制和药物。[21]与传统的小样本的医学研究相比，大数据基础所获得的结果更接近客观结果。例如，临床试验结果就具有一定的局限性，有效新药研发在临床Ⅲ期试验的结果还显示有效，而在更大样本量的Ⅳ期临床试验中却显示，与现有药物相比，没有任何优势。而大数据会避免和减少这种情况的发生。因此医学大数据基础将促进更科学有效的潜在诊疗方法、药物的研发。

大数据分析是整合、探索和分析大量不同性质的复杂异构数据，如生物医学数据、实验数据、电子健康记录数据和社交媒体数据的非常高效的过程。这些不同数据的整合使大数据分析通过多个学科融合，将临床表型数据，如医学影像学与基因组等组学通过医学信息学、健康信息学、生物信息学和计算生物医学等多个领域共同为疾病机制等发挥作用。传统的临床研究方法是由研究人员提出一个假设，然后从其可行的样本人口中收集数据进行验证。大数据分析确定兴趣主题、关键词，由机器学习算法通过大数据搜索集成完成假设，通过强力分类的过程（查找和匹配数据的相关性），结合学习和反馈的过程，不断完善修订，使处理更有效。机器学习通过算法在数据中寻找不同元素之间的关联方面有巨大优势。[21] 机器学习需要在线数据库为基础，因此数字化保存在线数据库是进行大数据分析的前提。数据库在结构一致的基础上，即使数据有一定参差，仍然可以处理。在异构化的大数据中提取挖掘规范的统一的数据库、数据集是大数据分析的功能之一。机器学习与数据仓储相互依赖。反过来，开发大数据技术，如大规模数据库和并行计算，对于拥有新一代基因测序设施的研究实验室是必要的，对于大型在线数据仓库的维护也是必要的。

临床表型数据和基因组等组学大数据的共享和整合被认为是精准医疗的重要基础；医学大数据与机器学习、人工智能的融合开创了数据驱动的临床决策和智慧医疗时代。

基于大数据的研究还体现在医学大数据交叉融合趋势。医学大数据的应用离不开大数据分析，必须与其他前沿科技交叉融合。医学大数据与机器学习、人工智能的技术融合开创了数据驱动的临床决策和智慧医疗时代。但大数据的研究优势更体现在更广泛的横向优势。数据的交叉融合不仅仅限于医学领域的数据。医学大数据与其他科学或专业领域也具有融合趋势，如地理数据、气象数据等。通过大数据共享整合，医学大数据与气象、生态环境等资源交叉融合，对于医学机制以及疾病预防等方面也具有巨大潜力。医学大数据是国家医学科技发展的战略和决定性资源。

四、大数据及其应用理解误区

1. 大数据理解误区

大数据成为包括医学领域在内的科技研发的重要科技资源。与传统相对规范、统一标准、结构化但小样本量的研究数据或繁杂、碎片化和难以整合利用的大样本量诊疗等业务数据相比，大数据具有样本量、观察或统计指标、不同区域融合等前所未有的宏观范围广度和微观深入深度的优势。但是并非所有的医学大数据都具有数据共享和应用的需求和价值，大数据本身的属性特征决定了并非所有的医学大数据都是科学数据的重要来源。目前存在对大数据及其应用的理解上的误区。

（1）大数据是万能的

近年来，大数据被近乎神话，被期待能用于解决所有问题，包括基于医学大数据能够实现精准医学。事实上大数据不是万能的。以科研结果为例，基于大数据产生的结果理论上也只能无限接近于客观事实，而且是处于统计学正态分布的群体结果。多数群体有特殊性个体，基于大数据产生的结果和结论并不能适用于所有对象或个体。如，血型与人的性格的分析，就是基于大数据基础上的统计学总结。不同的典型性格特点一般是正态分布中的人群的统计学分析。因为医学个体的遗传差异性和复杂性，对于医学大数据更是要考虑群体和个体差异之间的关系，做到真正的个体化医疗或精准医疗。

（2）大数据是大量数据

仅仅从字面解释大数据容易产生认识上的误区，大数据就是大量数据。事实上，大数据必须包含大量数据，但大量数据并不一定是大数据。大量数据具有相对性。大数据的量的要求于不同的领域和/或主题是不同的。例如，对于某些罕见疾病，上百条甚至几条数据就已经是大量数据了，但是仅仅上百条的临床表型数据并不是大数据。另外，具有特殊含义的单个数据或其结合也可以产生大数据，如全基因组组学数据。

（3）大数据是全体数据

有人认为，大数据不再是随机样本，而是全体数据。小数据时代的随机采样，最少的数据获得最多的信息；全数据模式，样本＝总体。大数据虽然更多是开源的、实时的，但是仍有主题和分类。大数据除了具有容量、速度和可变性属性，还具有准确性和价值属性。虽然，大数据不是随机样本，如小数据的随机采样的主观和一定原则下的代表性数据，但是大数据不是全数据。鉴于数据的复杂、繁杂和归属等问题，获得全体数据是不可能的，因此大数据也不可能达到全数据标准。大数据并非都是好数据。大数据时代数据庞杂，应用中更需要进行选择和筛选。

（4）大数据共享的曲解

在管理过程中，政府部门或其他人员，对数据共享平台的共享存在曲解。一些专家也认为，数据共享就要在网络平台上共享原始数据。数据共享并不是仅指数据本身的共享。大数据具有潜在经济价值和科学价值，因此，数据共享往往不是无偿的。数据共享包括对数据信息和大数据基础上获得的结论共享，特别是公共的开放性平台更多提供的是信息和数据结论，而不是数据本身。数据的产生往往需要大量人力、物力和财力的付出和支持，共享数据本身需要进一步的明确权利义务的基础上购买或达成一定条件下双方或多方共赢协议基础上地共享数据。有些有特殊价值、提升国力和经济价值的数据，还需要严格保密。这也是数据建设、服务和共享的管理中应该明确加强的能力和职能。

2. 与医学大数据相关的概念及其理解

（1）大数据与大数据库

我们在大数据概述中阐述了大数据的属性特点。这些特点提示了大数据与大数据库的区别。数据库（database）是按照数据结构来组织、存储和管理数据的仓库，为了管理等目的，无论数据库规模，数据库及其管理系统往往目标或主题相对单一、结构化，具一致性。数据库是一个有组织的数据集合。它是模式、表格、查询、报表、视图和其他对象的集合。而大数据处于变化中，动态，包含数据库、强调不同形式数据之间的应变关系。

大数据是一个概念，大数据与数据库不同，通常处于实时变化中，可视为动态概念。

大数据包含数据库、强调不同形式数据之间的应变关系和实时变化。大数据因多样性，特别是非结构化数据不适合典型的数据处理格式。大数据是无法使用传统工具存储、处理或分析的大量数据集。大数据为可供应用保持存储但不分析的资源形式。由于缺乏定义良好的模式，很难搜索和分析此类数据，因此需要特定的技术和方法将其转化为价值，即大数据提取和应用的过程。从另外的角度，也可以将大数据视为工具、流程和程序，允许组织创建、操作和管理超大数据集和存储设施。大数据被认为是一种从不同数据库和流程收集信息的工具，允许用户管理大量数据。

事实上，如 Ohlhorst[25] 提出了类似的大数据观点，他将大数据视为超大数据集，既不可能用传统的数据处理工具进行管理，也不可能进行分析。他认为"数据集越大，从中获取价值就越困难"。

大数据技术指的是新一代技术和架构，旨在通过实现高速捕获、发现和/或分析，从大量种类繁多的数据中经济地提取价值。数据库结构单一，背景信息和结构标准等的一致性而便于分析应用。大数据包括数据库，不仅是各种信息的量的积累和堆积，还包括对各种信息的复杂和快速的分析，因此，无论是分析、管理都有很大的不同。共享是医学大数据产生的基础。

大数据与数据库的关系密切。数据库则是大数据积累、存储和应用的一种形式/模式和方式。大数据的应用往往是通过数据库或数据集(data set)的方式。数据集或数据库是基于大数据管理等目的形成的产品或具化。数据库可以包含同一主题的相互关联的多个数据集。

（2）大数据与科学数据的关系

科学数据是解决科学问题的过程和结果所产生的数据，被认为是有效数据或有价值数据。大数据不一定是有效数据或有价值数据，但大数据是科学数据的来源之一。

大数据是资源，大数据的应用就是有目的的提取和发现有效数据或有价值数据的过程。大数据应用的实质是有价值数据的提取。有价值大数据需要是相对规范的和/或有效数据集成，只有这样，才能被分析产生和获得期待的结果。大数据是可以通过一定的联系进行分析的数据。

科学数据，包括提取大数据的规范，特别是共享数据的标准，都是为了促进大数据中有效数据或有价值数据的建设、共享和再利用。基于大数据的研究是一个复杂的过程。大数据与数据再使用（re-use）的关系。大数据通过容量被定义。[7] 大数据不能与数据重用混淆。数据可以是大数据，但因可变性或其他原因无法直接重用。相反，数据可以重用，无须大，例如，电子医疗记录（electronic medical records，EMR）数据的二次使用。因此，科学数据往往并不需要是大数据，大数据多数不是科学数据。大数据应用是对有价值信息提取和分析，可以产生科学数据。

五、大数据应用突出挑战

1. 应用技术挑战

大数据共享应用面临医学领域数据共享应用的所有挑战和问题,一些问题在大数据应用中尤为突出或更为艰巨。

大数据应用技术挑战与大数据的属性特征密切相关,换句话说,大数据的属性特征是界定大数据的基础。其中,容量、速度、多样性和可变性决定了大数据应用的技术挑战。准确性和价值是作为科学数据的必要属性特征,是有价值数据和大数据的要求。

以健康医疗保健产生大量数据为例,电子医疗记录的引入,以及各种传感器发送或患者在社交媒体中产生的大量数据,导致数据流不断增长,积累了大量数据,包括临床记录、医学图像、基因组数据和健康行为。这些数据的正确使用将使医疗机构能够支持临床决策、疾病监测。但临床诊疗产生的大数据处理带来的挑战不仅涉及数据的数量,还涉及数据处理的难度。

数据量结合速度(新增数据的速度,或产生新数据的速度)使大数据应用面临的技术挑战是须有效和实时地管理和分析数据,这可以通过大数据实时输入结构化的数据管理系统实现。单纯满足数据量和速度属性特征的并不是大数据,更确切地说,是大数据库管理和分析系统,是提炼有价值数据和持续分析的一种方法。

对于大数据应用,真正的技术挑战来自大数据的多样性和可变性。多样性表现为数据的异质性,来源、结构、内容和质量等等,须通过以整体方式查看所有可用的异质数据得出见解;可变性不仅指数据的数量变化,更多是指数据的不一致性,这些数据可能因上下文而显著变化,须不断纠正数据的解释,从中获取具有准确性(数据的可信度、数据质量)和发现隐藏的知识和价值,也被称为大数据的非结构化,不适合典型的数据处理格式,是无法使用传统工具存储、处理或分析的大量数据集。[26]因此大数据应用需要前述的数据科学等技术基础。

2. 隐私保护及其责任挑战

(1)隐私内容变迁明显

医学隐私及其变迁导致隐私保护任务艰巨。医学大数据和人工智能等开展,也与医学科学数据共享具有潜在的联系。科技部成立的国家新一代人工智能治理专业委员会发布《新一代人工智能治理原则——发展负责任的人工智能》,共计8条,其中一条明确对公民个体隐私保护,也提示隐私保护的重要性和建立医学科学数据共享隐私保护机制和保护体系标准的必要性。

医学隐私,与一般个人隐私相比,一旦泄露具有更大的危害性。因此,根据《个人信息保护法》医学科学数据多属于个人敏感信息。在临床诊疗过程中需要保护的医学隐私传统上包括个人信息和疾病隐私（包括敏感疾病的隐私等）。医学隐私的泄露，如一些疾病信息，特别是一些敏感疾病，如心理障碍、精神疾病或者性传播疾病、遗传性疾病等，一旦泄露对数据主体的声誉或者生活受到严重影响，且可能影响到家庭。

基因测序和大数据分析导致医学数据个体隐私内容增加和重点变迁。因为医学数据与人类自身的遗传物质密切相关使隐私内容具有独特的内容和特点。分子遗传检测对遗传病的诊断信息，会对其涉及家庭的个人婚姻、工作和保险等均造成不良影响。健康体检和临床诊疗信息的泄露会严重影响当事人的工作就业和健康保险。而新一代测序技术使广义上疾病，如心脑血管等慢性疾病，恶性肿瘤，甚至肥胖、老年痴呆阿兹海默症等均具有了一定的遗传基础。医学科学数据所包含的隐私内容不仅包含前述的传统上的个人信息和疾病隐私（包括敏感疾病的隐私等），还涉及个体或家庭的遗传信息。通过基因组测序结果逆推人的外貌特征已成为可能。遗传信息作为隐私的逆向识别将带来对个人、家庭、工作和生活的威胁，如基因歧视。有研究报道，在线个人图像服务与大型基因数据库（如 23andme）共存，将基因组数据与身体特征（如眼睛和肤色）联系起来获得特殊的相关性；通过基因组数据建立模型可以预测三维面部结构、声音、生物年龄、身高、体重、体重指数（BMI）、眼睛颜色和肤色等。甚至可以高精度预测遗传上简单的性状，如眼睛颜色、肤色和性别；结合现代的面部和语音识别系统达到了重新识别人类的性能；尽管仍处于初期，但提示根据基因组可能对面部实现预测和识别个体。[27]

虽然该成果在某些领域，如刑侦领域具有一定积极意义。但是基因测序产生的基因组数据不仅是个体隐私的重要内容，较大人群或者特殊人群，如家系等遗传信息，还可能涉及种族遗传资源信息。相关科学数据的共享，以及数据通过互联网传送等过程中可能具有数据安全隐患，关系到国家安全。《人类遗传资源管理条例》规定，遗传资源不仅包括生物材料，还包括生物信息、数据。重要家系等遗传资源的发布或共享，特别是涉及国际合作的，需要严格按照《人类遗传资源管理条例》规定的程序进行审批，安全审查和/或备案。

（2）责任归属确定困难

医学数据共享隐私保护面临的另一挑战是隐私保护责任归属问题，在大数据共享应用过程中更为突出。医学科学数据共享涉及利益相关者众多。除了个体参与者和数据持有者，还包括数据使用者和提供数据共享服务的第三方服务平台等。目前互联网和大数据时代，个人隐私信息泄露严重。如子女教育信息、购物和商业信息等，生活中公民个体经常面对教育广告、银行贷款的骚扰，严重的遭遇网络诈骗。医学科学数据共享实践中，个体参与者的疾病隐私和遗传隐私泄露，将带给个体及其家庭更多更大的伤害或损害。医学科学数据共享的可持续发展，必须保障个体参与者的隐私保护，提高个体参与者自愿参与的积极性。针对不同的利益相关者，应该明确规定其相关隐私保护责任和保障隐私的相关管理和技术支撑要求。

隐私泄露的范围和内容动态增加中,而且被侵权和损害后的法律救济——路径不清,维权困难。医学数据共享首先要面对的挑战是如何明确各方隐私保护的权利和义务问题,

3. 知情同意履行困难或履行不能

知情同意与隐私保护呈矛盾关系。与研究立项不同,数据共享中隐私保护与知情同意呈一定的矛盾关系。在研究立项和实施过程中,知情同意是在研究实施和数据收集之前,其相关隐私保护内容是知情同意的内容之一。研究实施过程中,按照知情同意签署的要求和标准,在数据收集过程中进行对数据采取保密措施,在数据使用中去隐私化处理,才能完成知情同意的目标和本分。但是,数据收集后的数据共享和再利用,数据共享的内容越完整,数据价值越大。对于一些必需的个人信息,是一些研究本身的研究对象;此外,个人信息是纵向研究,如诊疗效果的观察,纵向研究,不同时间,不同药物或方法,对于研究对象的前后对比和观察极其重要。但数据共享中隐私保护是基本原则,共享数据隐私保护的国际共识是去识别化。数据共享中隐私保护和知情同意既相关又互为矛盾。共享数据的隐私保护级别越高,再利用时知情同意履行越困难。

去识别化数据的共享和再利用导致两个问题。其一,将大大降低共享数据的再利用价值。其二,去识别化数据的再利用如超出第一次知情同意的范围,将很难再履行知情同意。实践中知情同意履行困难或履行不能是现有共享的科学数据,特别是大数据二次利用的普遍问题。

知情同意与隐私保护是数据共享中个体参与者的基本权利,也是个体权益保护的重要内容。在数据初次目的和再利用过程对隐私保护的要求是一致的。但是,大数据应用中知情同意履行面临巨大挑战。实践中,大数据应用,特别是利用现有数据,或者是非控制性数据增量(如物联网和监测数据,或重大传染病暴发期间的疫情数据)时,知情同意履行非常困难,甚至无法履行。

数据共享涉及的个人信息主体超过一定限度,知情同意履行需要在保证个体信息主体权益的基础上制定策略,需兼顾可行性和成本,可参考第九章不同知情同意模式的优缺点进行选择,满足必要条件并经审查委员会审批通过可以豁免。现行的知情同意原则,未重新履行知情同意,要求项目实施的范围不能超过原知情同意的范围。在《科学数据管理办法》提出数据共享要求之前,研究项目或临床诊疗过程中签署的知情同意书中没有有关数据共享的内容。如果严格遵循该原则,事实上现有海量数据重新履行成本过高,将使大部分现有共享(已经收集的)的科学数据和潜在科学数据(如临床诊疗数据,包括临床实验室收集的基因组数据)从个体水平上几乎无法进行整合和再利用,无法发挥应有的价值。基因组测序和大数据分析的应用及其泛知情同意的伦理问题是目前的伦理前沿之一。[28]

4. 大数据产权的多维性

医学领域具有大数据的应用面临的一些共性问题。其中包括亟须解决的是大数据的产权认定问题，直接关系到大数据应用的权益归属。目前，虽然包括我国法律在内，开始承认数据的价值和受益权利，但对于大数据缺乏统一公认的产权形式和明确的法律规定。大数据及其成果具有多维性，在学者中也没有达成共识。医学大数据因与公民健康福祉和社会公益的相关性，在产权及其受益的认定上要考虑更多因素。一旦确认产权和知识产权体系，在强制许可等方面也应有特殊规定或要求。

第三节　大数据产权认定

一、大数据产权认定意义

有价值大数据，作为医学科学数据的重要来源，共享机制的核心也是明确利益相关者的权益分配和责任归属。在医学大数据的应用过程所形成法律关系中的各利益相关者之间需要具有合理分配权益的法律依据和客观衡量标准，才能不断提高有价值大数据的应用，不断促进发挥大数据的应用价值和促进医学科技发展。这是医学大数据应用面临的大数据的共性问题和挑战，即产权界定。

数据共享中的权益分配是否合理对能否保障数据贡献人的权益，提高数据共享积极性具有决定性作用。医学大数据的建设通常是数据持有者（个人或机构），经过长期积累形成的。医学大数据应用中的权益分配是否合理，直接影响数据共享积极性。而数据产权形式及其归属是数据权益分配的依据，也是保障个人和机构数据权益的基础。目前，国际区域性规则和我国的法规或其他规定对数据共享应用过程中的一些个体权利和数据服务机构和使用数据的原则、责任义务进行了相应规定。但更多是对个人信息安全和个人隐私保护、数据安全和数据完整性和修改权等相关的规定。

大数据应用发展中，数据产权及其归属能够避免数据被恶用和滥用。但目前更多是对数据，特别是大数据产权认定挑战和问题的相关讨论，罕有对数据的产权，特别是所有权方面的明确规定和经验。[29]

自从大数据及其应用成为创新和经济战略发展点以来，对于大数据产权及其认定成为法律学术讨论和争议热点之一。国内外缺乏相对被公认的明确的大数据产权认定原则、方式和体系，对于产权认定原则和体系至今无法达成共识。因为不仅数字本身，文字、语言、位置及其相互联系等都是数据的表现形式，加上大数据的来源、种类、结构、信息量等使大数据产权的认定方面遭遇前所未有的困惑和困难。大数据具有现有产权标的所没有的特征和多维性特点，传统的单一产权方式无法简单适用。大数据产权认定是法律需要探索解决的新问题。多数讨论大数据对现有产权，包括知识产权的挑战的研究认为现有产权对大数据不具有适宜性。[30-31]

二、大数据产权认定基础

大数据具有了商品的属性和具备赋予产权的属性。这是大数据产权需要认定的原因，也是其产权认定的基础。[32]

商品的基本属性是价值和使用价值。使用价值是指商品能够满足人们某种需要的属性，价值是指凝结在商品中的无差别的人类劳动。基于大数据已形成了与传统知识－经验驱动的模式相并行的数据驱动的研究和服务模式。此外，大数据的精准服务、创新研发具有巨大的经济价值。大数据能够带来经济价值和效用，具有了商品的属性，因此具有了权益分配的要求。进而，大数据通过共享应用（即交换）发挥价值，其交换过程之中的利益关系人之间形成民事法律关系。除法律规定以外，数据共享商业用途的实质是通过商品交换实现大数据价值和使用价值的过程。

产权是指财产所有权，即数据产权的所有权人享有依法对自己合法的财产享有占有、使用、收益和处分的权利。产权还指与财产所有权有关的财产权，即能与所有人发生分离的基础上产生的，非所有人在所有人财产上享有、占有、使用以及在一定程度上依法享有收益或处分的权利，包括基于产权数据产生的衍生的物权和知识产权。数据具有产权属性。计算机、互联网和大数据时代为大数据积累和共享应用提供了技术基础。数字化存储、传送技术，互联网传送技术，以及计算机数据整合分析使数据得以再提取和应用（复制、储存、整合和分析），使有价值数据，包括大数据具有市场经济条件下产权的属性，即产权的经济实体性、可分离性和产权流动的独立性。目前对大数据存在一些误解。如，一些研究人员在其课题立项的申请中滥用大数据概念作为申请的亮点，其研究涉及的往往只是数千或上万个病例，甚至只是研究者个人收集的数百或数十个常见病的某单项检测数据。但这也说明了大数据应用价值以及产权的标的往往不是大数据本身。

通过法律明确确认数据产权及其归属是产权人获取其财产权权益的有力保障。只有产权及其归属，以及以此基础明确数据共享中利益相关者财产权相关的权利义务，才能使数据申请者获得大数据交换的使用价值。同时，使数据贡献人，包括数据收集人和持有人获得大数据交换应用相应的财产权收益，完成商品交换的价值，促使产权权利人产生或保持进一步获取类似财产权收益的积极性，或动力。产权及其归属不仅能够促进切实保障数据持有人（包括机构）的权益，促进有价值数据的交换行为，促进有价值数据的可持续发挥作用，也是大数据应用中避免滥用、恶用的法律保障依据。

三、医学大数据的产权认定原则

1. 数据获取的合法性

产权是经济所有制关系的法律表现形式，是合法财产的所有权。数据获取合法性是大数据产权认定的首要原则。非法采集的数据不能获得产权，收集者（相关机构或平台）对数据无支配权和获益权。国家相关法律应该明确禁止违法手段收集和应用数据。未经允许收集数据，或通过限制服务等变相强行收集的数据都是违法的，无论是否为获得商业用途和经济利益。

依法收集是数据产权获取的前提条件，不是充分条件。个人信息已经成为网络服务强制收集的内容，一些服务收集的信息明显超过服务必要范围。以智能平台交通和购物服务为例，基于数据的服务已经渗透到公民日常生活。在登录银行、交通和购物等平台的过程中，被一些所谓验证等名目而索要个人信息明显超出必要范围。超出必要范围的数据为违法收集。平台在利用大数据服务提供便利的同时，获取大量公民个人信息。这些数据的收集，即使在必要范围内收集也仅限于这些平台在为个人自身提供对应服务的核对功能，原则上不允许存储和用于其他目的，更不能享有这些信息的数据产权。这些平台收集的信息更多为个人可识别信息，这些信息不是数据产权的标的。

涉及人的医学研究数据，包括生物样本及其阐述的数据，在知情同意的范围内收集的数据获取具有合法性；实体机构的诊疗业务需求收集的健康医疗数据，按照法律法规需要按照规定上报收集的公共卫生数据，以及应申请基因测序产生的基因组数据也属于合法收集。

2. 承认数据主体对其个人数据的所有权

大数据产权认定应承认公民对其个人数据的所有权。以医学大数据为例，无论来源如何，数据主体（个人信息主体）个体－水平的数据都是大数据的最小组成单位。个人对其数据的所有权及其支配权利是数据共享应用履行知情同意的法律依据。如前所述，基于大数据的服务打破了原有个体与社会公益之间的传统平衡，使个体处于更加弱势地位。在大数据应用中应该加强个人权益，包括其经济权益的保障。目前倡导的数据共享的初衷是促进不同来源数据依法再利用，即超出数据收集初次使用范围之外的再利用应另行经过个人授权。目前国际上，允许满足一定条件去识别数据用于公益性科学研究。欧盟 2018 年修订后的《通用数据保护条例》，允许临床诊疗数据不经授权应用于科学研究，包括商业用途。该条例在实施后引起了众多反对。[33] 根据《个人信息保护法》，除匿名化的数据外，作为个人敏感信息，一般需要个体单独授权。笔者曾经参加有关大数据应用的学术会议和闭门会，企业代表通常倡导医学大数据免费提供其进行商业研发，但是闭口不谈提供数据的个人或机构的未来收益。笔者认为公益性研究和营利目的的科技研发,在数据应用原则方面应有所不同。如一些基于医学诊疗数据进行数据驱动临床决策软件研发,企业或机构应该承诺其商业研发的成果,对于提供数据的个人信息主体能够给予可期待的明确的合理的益处。如,优先、免费,或较大比例优惠价格应用软件、药物等。

3. 医学大数据产权及其权益限制的伦理考虑

与一般"物"不同,大数据的产权界定关系到大数据应用的风险价值与个人权益之间,以及与社会公益之间的均衡关系,这一点在医学大数据尤为明显。医学大数据来源和应用与公民个人息息相关,其应用与公民健康和遗传资源相关。医学大数据产权界定与隐私保护和社会公益相互之间具有交叉和矛盾关系。产权界定需要考虑隐私问题,可识别个人信息不能成为产权标的。此外,产权权益需要考虑个体(包括机构)与社会公益的平衡问题。组学数据还需要考虑遗传信息和遗传资源保护的问题。因此,医学大数据产权认定原则和权益分配体系,以及个人授权等除了从法律角度考虑产权一般性质和特点,需要考虑伦理因素,兼顾社会公益。

医学大数据的商品属性,商品价值体现在其与大数据分析、机器学习等形成的产品和服务,如疾病诊疗软件和产品,以及智慧医疗、智慧护理等。但医学大数据不仅具有商业经济价值,更具有科学价值和与人类的健康福祉密切相关,营利目的的商业研发产品也与健康福祉相关。医学大数据及其应用的产权和知识产权,不仅要考虑个人和机构获取财产权,还要考虑促进和保障全体公民和/或一定社会群体的健康权。在促进医学大数据应用的科技研发和应用中不能损害个体权益。因此,与医学领域专利权等知识产权相似,大数据产权确立原则及其权益分配等需要在经济效益与社会公益的平衡,解决相互之间的交叉和矛盾关系。如,作为医学大数据的重要来源公共卫生和基因组检测,因涉及社会公益和人类遗传资源,在产权认定时应该有所限制。临床诊断和治疗方法,因涉及社会公益,如诊疗方法,按照我国法律的规定,是不能授予专利权的。基于医学大数据的产品,具体是否能够获得专利权需要具体问题具体分析,建议参照目前有关涉及诊疗的间接产品、方法等能够授权的规定,以及基因专利的实质性授权条件的建立相应的指南。

此外,确定医学大数据适宜的产权保护体系,还需要注意少数群体的权益。如罕见疾病治疗研发的机构的权益保障,以确保相关收益人群的疾病治疗平等权,如罕见疾病。这一点,可以参考欧洲体系承认特殊的特殊保护形式。为促进对治疗儿童("儿科扩展")或非常罕见的疾病("孤儿药")有用的特殊发明和应用的发展。应发挥大数据生物药靶分子等研发优势,对有价值的稀有数据的产权及其应用采取一定的特别权益优先考虑。

四、大数据产权潜在解决方案建议

各种不同的知识产权和特殊权利可能适用于大数据生命周期不同阶段，或不同应用成果的各个方面。[34-35]医学大数据的容量、速度、可变性等属性特征决定了大数据的资源优势。大数据应用的实质是不同主体、不同主题、不同角度和不同层次有价值信息的提取，决定了大数据产权的多维性。目前的知识产权制度中，单一的知识产权方式无法为大数据提供充分的保护和激励。解决大数据的产权方案是产权分解和协同保护，建立大数据产权的综合认定体系。在数据共享实践中，解决数据持有人的权利和责任的问题比界定谁拥有数据的问题可能更为重要。具体建议重点包括以下几个方面：

（1）个人数据所有权和整合数据所有权并行

承认对个人数据、整合数据的所有权，并确定其权利行使的条件和限制。应该对个人数据所有权、机构整合数据，包括大数据的所有权进行明确规定。通过法律法规提出个人数据所有权的处理方式和行使限制。提出整合数据，包括大数据的所有权获得的前提条件、所有权的处理权利和方式等，充分保护个人权益和体现贡献价值。无法律特别规定的情况下，个人数据所有权及其相关权利，通过严格的个人授权方式，有偿或无偿方式由个人自主决定。对于个人、机构持有的数据，提供数据使用的独占期，以及提供有偿数据转让和使用来实现数据的财产权。

（2）数据所有权及其衍生产品知识产权并行

大数据资源适用所有权。大数据本身无法获得知识产权，大数据处理和应用可以产生知识产权。大数据与其他研究材料相似，大数据只是科技创新的材料或资源库，大数据的知识产权在于利用大数据提取有价值信息，进而形成有价值的产品，无论是数据库、数据集，还是基于规范统一结构的数据库、数据集形成的软件，都不是高容量、高速增长和不断变化的、结构不一的大数据本身。事实上，基于大数据的特点，其多元化、多结构、多来源，并不是所有的大数据都有产权价值，大数据的所有权也通常与有价值数据集、数据库相关联。目前，数据保护方式包括数据版权或数据集、数据库登记，类似著作权或版权；这种方式更适合数据期刊的数据发表。数据版权很难对基于数据的后续成果形成有效保护。因此，数据集或数据库登记或注册，应给予类似数据所有权的保护，赋予数据集数据库持有者对于数据应用的支配权和受益权。

欧盟对数据库内容的投资可以受到"数据库权利"的保护。例如，生物库包括以系统或系统方式组织的生物材料和相关数据的集合，或"系统生物学"（SysBio）项目中的数据库，可被视为受保护的数据库。美国没有同等的数据库法，数据库如果符合"汇编"的条件可以受到版权保护，但保护力度弱。著者认为欧洲这种所谓的"数据库权利"属于类似所有权对数据实体保护才有意义。

在缺乏明确规定的过渡期,可以对大数据应用过程中形成数据产品通过不同类型的知识产权进行保护,如文章、软件、产品等。不同阶段、不同特征的成果适用不同知识产权,通过版权、软件著作权、专利权等相互协同保护相关权益。数据持有人也可以根据数据所包含的价值信息通过商业秘密、技术秘密制定保护方案。同时,根据大数据及其有价值信息提取形成的创新、产品特点探索确定其他适当的知识产权保护方式,提出相关标准和要求。

(3)明确大数据相关的知识产权获得条件和要求

数据所有权归属并不需要判定数据是否具有价值。知识产权一般需要具有一定的要求或条件。而且,数据库权利对数据库参与的其他利益相关方,或者整合之前的数据库可能造成反向限制。因此,应明确基于大数据产生的成果的知识产权的获得条件和要求。

基于大数据经创造性劳动形成的作品、产品、方法等具有知识产权保护价值和知识产权认定元素,能形成知识产权。大数据与其他阶段性科学研究进展一样,丰富了知识产权的主题。但需要按照知识产权体系对这些新的产权主体提出相应的条件。如,生命科学技术的发展使基因及其表达产物、相关检测方法、应用创新产品等成为可专利主题,不同国家的专利审查体系对这些产品、方法等获得授权提出相应的要求。基于大数据及其分析应用等的知识产权获得,如专利权授权条件也将随着技术的发展而需要不断的发展和完善。我国国家知识产权局已在探索数据和人工智能的专利客体资格问题。

对于大数据的知识产权,并不需要创造新的知识产权类型,现有知识产权体系中相应的著作权(包括计算机软件)、专利权等传统的知识产权体系可以为大数据成果提供知识产权保护。对于数据库可以根据数据实体、数据信息和数据工具等分别予以符合现行规定的所有权和知识产权保护。

(4)医学大数据的产权权利限制和社会公益

医学大数据的公益性应用与产权获得不冲突,可以分别通过产权权利行使的限制、相应知识产权的保护期间,以及法律明确规定数据授权应用的例外情况,如应用的原则和条件等,来共同实现。不同来源医学大数据,健康医疗、公共卫生和基因组大数据在法律规定上具有不同的侧重和要求。医学大数据产权确认及其权利行使的特殊性,更多体现在法律规定的条件下的数据使用的例外情况,如公共卫生突发事件,以及满足一定条件的公益性科学研究使用得以获得个人授权的豁免,如疾病机制和诊疗方法的研究等。国际共识中对于医学数据非授权的使用基本上都是法定条件下对个人数据权利行使的限制等。

综上所述,大数据的产权及其归属的解决方案是产权分解和协同保护,基于现有产权和知识产权法律框架建立大数据产权的综合认定体系。重点是通过法律法规明确规定数据主体对其个人数据的所有权和机构等对其汇编或整合大数据的所有权;通过细则为大数据的成果获取相应知识产权提出获得条件和要求。而且，医学大数据的产权认定和权利行使需要考虑伦理因素，通过产权权利限制在个人权益和社会公益之间进行平衡。这些原则和方案同样适用医学科学数据。

参考文献

[1] RAGHUPATHI W, RAGHUPATHI V. Big data analytics in healthcare: promise and potential [J]. Health information science and systems, 2014, 2（1）: 3.

[2] RICCARDO BELLAZZI. Big data and biomedical informatics: a challenging opportunity [J]. Yearbook of medical informatics, 2014, 9（1）: 8-13.

[3] SMITHA T, SURESH K V.Applications of big data in data mining [J].International journal of emerging technology and advanced engineering, 2013, 7（3）: 44.

[4] PEEK N, SUN J, HOLMES J, et al. Biomedical and healthcare analytics on big data [R]. AMIA 2013 Symposium Proceedings, 2013: 1116-1117.

[5] BATKO K, ŚLĘZAK A. The use of big data analytics in healthcare [J]. Journal of big data, 2022, 9（1）: 3.

[6] RÜPING S. Big data in medicine and healthcare [J]. Bundesgesundheitsblatt gesundheitsforschung gesundheitsschutz, 2015, 58（8）: 794-798.

[7] BARO E, DEGOUL S, BEUSCART R, et al. Toward a literature-driven definition of big data in healthcare [J]. BioMed Research international, 2015, 2015: 639021.

[8] RICCARDO B. Big data and biomedical informatics: a challenging opportunity [J]. Yearb med inform, 2014, 9（1）: 8-13.

[9] EATON C, DEROOS D, DEUTSCH T, et al. Understanding big data [M]. New York: McGraw Hill, 2012.

[10] AUSTIN C, KUSUMOTO F. The application of big data in medicine: current implications and future directions [J].Journal of interventional cardiac electrophysiology, 2016, 47（1）: 51-59.

[11] CUSACK C M, HRIPCSAK G, BLOOMROSEN M, et al.The future state of clinical data capture and documentation: a report from AMIA's 2011 Policy Meeting [J]. JAMIA, 2013, 20（1）: 134-140.

[12] CHEN R, MIAS G I, LI-POOK-THAN J, et al. Personal omics profiling reveals dynamic molecular and medical phenotypes [J]. Cell, 2012, 148（6）: 1293-1307.

[13] BIRNEY E, VAMATHEVAN J, GOODHAND P.Genomics in healthcare: GA4GH looks to 2022 [Z]. BioRxiv, 2017.

[14] MCAFEE A, BRYNJOLFSSON E. Big data: the management revolution [J]. Harvard business review, 2012, 90（10）: 60-66, 68, 128.

［15］HANSEN M M, MIRON-SHATZ T, LAU A Y, et al. Big data in science and healthcare: a review of recent literature and perspectives［J］. Yearbook of medical informatics, 2014, 9（1）: 21-26.

［16］DEPYPERE B, HERREGODS S, DENOLF J, et al. 20 years of DIEAP flap breast reconstruction a big data analysis［J］. Scientific reports, 2019, 9（1）: 12899.

［17］RISTEVSKI B, CHEN M. Big data analytics in medicine and healthcare［J］. Journal of integrative bioinformatics, 2018, 15（3）: 20170030.

［18］LEDUC R, VAUGHN M, FONNER J M, et al. Leveraging the national cyberinfrastructure for biomedical research［J］. JAMIA, 2014, 21（2）: 195-199.

［19］MURDOCH T B, DETSKY A S.The inevitable application of big data to health care［J］. JAMA, 2013, 309（13）: 1351-1352.

［20］GALETSI P, KATSALIAKI K, KUMAR S.Values, challenges and future directions of big data analytics in healthcare: a systematic review［J］. Social science & medicine, 2019, 241: 112533.

［21］CAO L. Data science: a comprehensive overview［J］. ACM computing surveys, 2017, 50（3）: 1-42.

［22］SARKER L H. Data science and analytics: an overview from data-driven smart computing, decision-making and applications perspective［J］. SN computer science, 2021, 2（5）: 377.

［23］ISSA N T, BYERS S W, DAKSHANAMURTHY S. Big data: the next frontier for innovation in therapeutics and healthcare［J］. Expert review of clinical pharmacology, 2014, 7（3）: 293-298.

［24］SONNAD DK, MAJUMDAR J.Big data in science and healthcare: a review of recent literature and perspectives［J］. International journal for technological research in engineering, 2015, 2（12）: 2347-4718.

［25］OHLHORST F. Big data analytics: turning big data into big money［M］.Hoboken: Wiley, 2012.

［26］BATKO K, ŚLĘZAK A. The use of big data analytics in healthcare［J］.Journal of big data, 2022, 9（1）: 3.

［27］LIPPERT C, SABATINI R, MAHER M C, et al.Identification of individuals by trait prediction using whole-genome sequencing data［J］.PNAS, 2017, 114（38）: 10166-10171.

［28］FISHER C B, LAYMAN D M. Genomics, big data, and broad consent: a new ethics frontier for prevention science［J］. Prevention science, 2018, 19（7）: 871-879.

［29］GELLER A. How comprehensive is Chinese data protection law? a systematisation of Chinese data protection law from a European perspective［J］. GRUR international, 2020, 69（12）: 1191-1203.

［30］MINSSEN T, PIERCE J. Big data and intellectual property rights in the health and life sciences［EB/OL］.（2018-03-18）［2020-12-20］. https://www.cambridge.org/core.University of Florida.

［31］REICHMAN J H, OKEDIJI R L. When copyright law and science collide: empowering digitally Integrated research methods on a global scale［J］. Minnesota law review, 2012, 96（4）:

1362-1480.

[32] 关健.医学科学数据共享与使用的伦理要求和管理规范（十）大数据产权认定解决方案的建议［J］.中国医学伦理学，2021，34（1）：22-26.

[33] 关健.GDPR 及其实践的问题是拟定数据共享规则的重要借鉴［J］.英国医学杂志中文版，2020，23（10）：596.

[34] MINSSEN T，PIERCE J. Big data and intellectual property rights in the health and life sciences ［EB/OL］.［2022-11-01］.https://www.researchgate.net/publication/325347610_Big_Data_and_intellectual_property_rights_in_the_health_and_life_sciences.

[35] 孟祥保，钱鹏.数据生命周期视角下人文社会科学数据特征研究［J］.图书情报知识，2017（1）：76-88.

第十二章　健康医疗大数据

> **本章概要**
>
> 健康医疗大数据的应用对于医疗服务、医疗资源的分配,以及政策制定等均发挥重要价值。大数据应用的实质是提炼有价值数据,真实世界证据和数据驱动决策是健康医疗大数据的重要应用。本章简述健康医疗大数据及其应用和挑战。重点阐述健康医疗大数据作为真实世界证据的研究应用和伦理挑战。

本章要点

1. 健康医疗大数据是典型医学大数据;
2. 健康医疗大数据促进临床决策从知识经验模式向数据驱动决策转变;
3. 真实世界数据是健康医疗大数据的重要组成部分;
4. 真实世界研究是健康医疗大数据的应用路径;
5. 真实世界证据和临床决策系统研发是真实世界研究代表;
6. 真实世界证据具有伦理积极意义同时仍存在潜在隐患。

第一节　健康医疗大数据及其应用

一、健康医疗大数据来源及其特征

健康医疗大数据（也被称为"临床医学大数据"）的来源，根据初次收集的目的不同包括三大类：①实体机构或互联网诊疗活动产生的临床医疗保健业务数据，是健康医疗大数据的主要来源；②临床研究（包括临床试验）产生的数据；③与健康医疗相关的物联网监测或护理数据。健康医疗数据来源具体除了健康体检和临床诊疗产生数据的电子健康记录（electronic health record，EHR），[1-2]临床研究（包括临床试验），还包括数据库、事务数据、电子邮件和文档的非结构化内容、来自设备和传感器的数据。与其产生的速度相比，社交媒体的数据使用率相对较低。

临床医疗保健业务数据，即主要从电子医疗记录中获得的数据、来自医院信息系统、图像中心、实验室和提供健康服务的其他机构或组织的数据、患者生成的健康数据、医生的自由文本注释、临床基因组数据、生理监测数据。数据由患者提供（症状等主诉、既往史、现病史等），或者由医疗机构各种类型的监测设备、传感器或仪器记录储存。健康医疗大数据不仅限于数量庞大，而且在类型、数据格式和分析速度方面也具有前所未有的多样性。具体如：

患者提供的数据，包括偏好描述、满意度水平、来自活动自我监测系统的信息：锻炼、睡眠、进食习惯等。

从监测体重、压力等产生的个人健康基本信息，血压、心率等基本生命体征，各种类型的设备提供的生物测定数据，如血尿便等常规检测、葡萄糖水平、肝肾功能等生化指标，心电图、脑电图等器官功能指标，MRI、CT、超声、核医学等影像数据，临床病理学和分子病理学检测数据，临床遗传学、临床基因组检测产生染色体、基因、基因组数据等。

构成反映所开展诊疗活动的经济运行完整记录的财务数据，包括患者个体-水平的诊疗费用，机构设施投入、人员投入等。

来自科研活动的数据，包括临床试验药物研发临床验证，即研究结果，包括药物研究、医疗器械设计和新治疗方法等。

由于临床诊疗数据作为真实世界数据，成为真实世界研究和真实世界证据，研究临床疾病诊疗方案和新药研发，目前研究数据和临床医学业务数据之间不再有绝对的界限，互有交叉。而且，从前面具体数据列举也可以看出来，随着临床遗传学和临床基因组组学、药物基因组的发展，临床与转化研究、精准医学的推进，使临床医学数据也与组学数据密不可分。

健康医疗大数据的结构特征是丰富多样，不同来源的数据样本量大小缺乏固定特点，健康医疗关注特定人群相对高或较高样本和高变量，且样本大小与变量构成与临床专科的特点和特定人群的兴趣变量相关。[3] 健康医疗大数据的构成特点正是源于临床医学的数据来源广泛，同时受到专科特点、机构以及研究者个人的研究兴趣变量影响最为突出，反过来使临床医学数据共享实践中，数据整合困难，标准不一，再利用价值受到限制也较明显。因此，在临床医学数据共享实践中，对于数据共享的FAIR原则，可访问性不仅受到隐私保护等法律和伦理因素影响，结构多样性如何提高可交互性是临床医学数据共享实践目前面临的最大问题。因此，各国临床医学数据的整合再利用与合作相对较晚，空间较大。这与临床医学数据的这种构成特点，以及受到不同机构、不同研究者的兴趣影响较大也密切相关。

健康医疗大数据非结构化数据在现有数据总量中占绝对优势。传统的健康医疗业务数据以非结构化数据为特点，电子病历使用，使一部分非结构化数据逐渐转向结构化数据和半结构化数据。数字化存储积累了丰富的结构化数据。但是，数字化业务数据中仍具有独特论述的描述性病史、病程记录等仍然为非结构化数据，因此多数医学数据还没有得到充分利用，没有发挥改善健康或医疗保健应有的价值。组学检测，全基因组检测数据存储空间巨大，结构化的存储数据往往是有目的的分析结果。临床医疗诊疗护理数据的文本数据也主要为非结构化数据。如在EHR的高度结构化数据字段中，对于临床诊疗是特别重要的病历病程记录仍是非结构化的。不同医生不同机构的非标准格式的叙事文本使传统的数据分析程序难以解释。医学大数据是医学科学数据的重要来源，异构化更是其重要特征之一。因此发挥医学大数据的作用，需要用大数据的获取和挖掘方法，使不同格式的数据有效建立联系和分析以回答特定的实践，业务，或研究的问题。在医疗工作中引入大数据分析使患者治疗和健康管理有机会使用新技术。机构有机会使用结构化和非结构化数据，在行政、商业和临床领域进行分析，使机构向数据驱动的服务发展。[4]

二、大数据分析应用概述

1. 提高医疗服务质量

通过对患者资料的分析（例如，分段和预测建模），更好地指导个性化的预防、治疗。可以确定哪些人应该接受治疗、采取措施预防或应该改变他们的生活方式。医疗保健中大数据分析的一系列好处，包括：早期疾病检测、预测分析、成本效益、循证医学和患者治疗效果。

提高医疗服务质量通过两个方面:对医务人员诊疗工作的支持和对机构服务和管理的支持。

(1) 对医生诊疗工作的支持

医学大数据在临床医疗的意义可以概括为正确的服务、正确的价值、正确的人和正确的药物和时间,即精准的医疗服务(流程、费用等)和个性化诊疗过程。大数据开启了数据驱动的临床决策支持。医学大数据使医疗决策从传统的知识-经验决策模式向更加客观的数据驱动的临床决策转变。依据大数据建立相似疾病诊疗模型,指导相似疾病的临床治疗决策。

医疗保健基于数据的分析应用取得了很大进展。几个世纪以来,对患者的治疗是基于做出治疗决定的医生的判断,被称为知识驱动的临床决策或经验决策。大规模数字化以来,因与临床数据的系统分析和基于最佳可用信息的决策治疗相关,循证医学变得越来越重要。大数据分析可以提供对临床数据的洞察,从而促进有关患者诊断和治疗、疾病预防或其他方面的知情决策。临床决策从知识驱动向数据驱动转变。

基于处理大数据收集的决策支持系统,有利于医生对其做出的诊断和治疗进行自我及时评估比较;包括分析成熟人类基因组以引入个性化治疗。在疾病可以更容易和快速治愈的早期阶段检测疾病。提升医生预测特定疾病的发生或患者结果恶化的能力,提升医生预测疾病进展及其决定因素,预测并发症风险,及检测药物相互作用及其副作用等方面的能力。但疾病进展的个性化明显,数据驱动决策不能代替临床医生的所有工作。

(2) 对机构服务和管理的支持

医疗机构实施大数据分析,除了对于患者个体更好地诊断和预测疾病及其传播、改善患者诊疗和制定预防再次住院的方案。基于大数据的医疗服务,如就诊预约和资源分配,还可以促进精准服务,提高管理效率。[5] 具体如:

实时捕获和分析来自医院和家庭的大量数据、生命监测设备以监测安全性和预测不良事件;

降低成本,抵制滥用和咨询行为,更快、更有效地识别不正确或未经授权的服务项目开展或执行操作,以防止滥用和消除错误;

通过筛查诊疗费用较高的患者,或确定医生的工作、程序和治疗方法费用成本较高的医生或科室,并提供减少费用成本的解决方案,减少看病费用,识别不必要的医疗活动和程序,例如重复检测,制定机构诊疗标准。

大数据分析有助于提高医疗质量或降低成本。从给定关联规则、模式和趋势的多个方案中提取将允许医疗服务机构和医疗行业的其他利益相关者提供更准确、更深入的患者诊断、个性化治疗、患者监测、预防医学、医学研究和健康人群支持,以及更好的医疗服务和患者护理质量,同时降低成本的能力。

《国务院办公厅关于促进和规范健康医疗大数据应用发展的指导意见》（国办发〔2016〕47号）提出，"健康医疗大数据是国家重要的基础性战略资源。健康医疗大数据应用发展将带来健康医疗模式的深刻变化，有利于激发深化医药卫生体制改革的动力和活力，提升健康医疗服务效率和质量，扩大资源供给，不断满足人民群众多层次、多样化的健康需求，有利于培育新的业态和经济增长点。"医疗服务大数据分析的优势可分为五类：①信息化技术（information technology，IT）基础设施方面（减少系统冗余，避免不必要的IT成本，在医疗IT系统之间快速传输数据，更好地利用医疗保健系统，在各种医疗保健IT系统之间实现处理标准化，减少与数据存储相关的IT维护成本）；②运营效益（提高临床决策的质量和准确性，在几秒钟内处理大量健康记录，减少患者各个流程等候时间，快速获取临床数据进行分析，缩短诊断检测时间，减少与手术相关的住院）；③组织效益（比传统手动方法更快地检测互操作性问题，改善管理人员、研究人员、临床医生和IT人员之间的跨职能沟通和协作，实现与其他机构的数据共享，并添加新的服务、内容源和研究合作伙伴）；④管理优势（快速了解医疗技术改进和医疗疾病分布等需求趋势，为机构提供有关日常临床环境的可靠决策支持信息，优化与业务增长相关的决策）；⑤战略优势（基于技术趋势、服务需求等提供诊疗提升、机构发展的长期战略发展规划，满足未来需求，创造高竞争力的医疗服务）。[2]

2. 支持科学和研究活动

利用电子健康记录数据进行研究研发成为医学研究的重要方式。[6]

（1）基于临床医学真实世界数据的研究研发

由于可以分析真实世界数据而不再仅仅是选择检测样本，因此对于支持新药和临床试验工作具有很好的补充验证；

临床医疗的服务对象——患者是临床研究受试者的主要来源。其临床诊疗记录是识别具有将参与专门临床试验的特定生物学特征的重要依据，有助于筛选受试者，如选择一组受试药物可能具有预期效果且无副作用的患者；

可以基于健康医疗数据，使用预测分析用于正确诊断和对患有某些疾病的患者进行适当治疗，总结检测诊断和治疗患者的更有效和更具成本效益的方法，预测不同患者群体对不同药物（剂量）或新药（临床试验）的反应，预测风险，发现健康数据中的关系，并检测隐藏模式等，完善临床诊疗指南；

使用提炼建模和预测分析，完善临床诊疗方案，以及发现药物新用途，或完善现有药物方案和设备，或者创新产品。发现分析利用有关知识的知识来发现新的"发明"，如药物（药物发现）、以前未知的疾病和医疗条件、替代疗法等。

处方分析用于医疗保健的许多领域，包括药物处方和治疗替代品研究。个性化医学和循证医学都可得到处方分析的支持。

(2)作为表型和表型组数据与基因型数据整合研究研发

由于全球卫生系统的数字化，EHR 数据库已成为医学队列研究的主要数据来源。为了提取这些队列，越来越多地依赖于基于 EHR 的表型定义（也称为表型算法），其识别出具有某些表型特征的个体，例如相同的疾病、特征或一组共病。这些定义可以以多种形式表示，包括叙述性描述、伪代码，或者在某些情况下，可能已经可以直接执行。从概念上讲，可能从简单的代码列表，通过基于规则的算法，到更复杂的机器学习（machine learning, ML）任务和使用自然语言处理（natural language process，NLP）的高吞吐量方法。

作为表型信息的丰富来源，EHR 与遗传数据相结合，有助于准确诊断遗传性疾病或疾病遗传因素的判定，丰富对疾病发病机制的理解；深层表型可以提高临床 WES 分析的效率，并提高诊断率。[7] 表型的概念起源于对基因型的补充，表型被定义为个体可遗传特征的完整集合。随着大规模 EHR 数据库的出现，术语"表型"已演变为表示患者群体共享的特征，例如一个队列或一组个体的疾病或状况。这也可能包括其他复杂的特征、暴露或结果组合，包括共病、多药和人口统计学数据。近年来，临床业务数据表型数据的应用越来越受到重视，其科技研发的用途表现为两个方面：共病表型分析和深度表型分析。具体将在组学章节进行阐述。

3. 为国家政策制定或公共卫生预防措施提供支持

公民数字化叙事医学的发展，不仅促进了健康医疗大数据的发展，更对公民个人形成个人健康、疾病管理和诊疗综合档案。我国大数据战略对于医药原始创新，不仅有利于创新发展，也为我国的医改提供了依据和基础，并加强医联体的具体落实。通过互联互通，提高医疗服务效率，促进医疗共同体，如医联体的作用发挥，更能平衡资源差异，降低服务和创新成本。

基于大数据对疾病发生率的预测和监测导致社会健康和生活方式改善的趋势，监测流行病学风险并改进对致病点和反应率的控制，通过整理分析常见疾病的历史数据，识别预计具有最高特定威胁生命疾病风险的患者群，制定国家科技或健康投入等战略、规划，以及保险政策等；

基于患者单独的健康管理（个性化医疗）和整个区域的健康管理，结合季节、气候等因素，以及分析患者概况以确定相应预防的人群、生活方式改变或预防性护理方法，可以预测流行病的传播、预测服务类型和规划医疗资源，为公共卫生预防措施、国家健康投入等提供依据；分析大量数据以获得实用信息，有助于分析现有医疗保健决策、结果和质量，并做出明智的决策，确定需求、引入新的卫生服务、预防和克服危机。

健康医疗大数据还可以用于国家卫生资源分配、卫生政策制定等。[8] 对于疾病分布、成本效益分析，创新目标和医药创新规划，以及保险政策制定等。有助于数据驱动的决策对临床诊疗工作的支撑，获得关于预后和治疗反应的更好的个性化预测，比较预防、诊断和治疗选项的更有效方法。基于大数据的数据深入分析，也有助于了解影响整体患者层面、卫生系统和社会健康的复杂因素及其相互作用，包括修订临床诊疗常规，不仅促进创新检测和治疗方法的临床应用，也有助于促进医保政策有助于全民健康、促进用药公平。例如，罕见病的创新研究开发和用药政策倾斜提供数据支撑。

大数据分析对于医疗管理的价值，有助于适应全球医疗管理从以疾病为中心的模式转变为以患者为中心的模式，还可以通过实现数据潜力来提高医疗机构的效率。大数据分析使医疗机构能够改进和提高对数据中包含的信息的理解。有助于识别为当前和未来决策提供依据，改变管理流程，提高效率，降低成本。还可以优化员工比例、优化设备、预测医院床位需求、手术室、治疗需求和改善药物供应链。

三、应用挑战和规范重点

作为健康医疗的主要来源，临床医学大数据的应用挑战主要是基于其数据来源和数据结构特点，数据交互性较差。医学大数据异源性异构性是三个代表性大数据中最为突出的。虽然结构化数据有一个预定的模式，但仍是广泛的、自由的，并且有多种形式。不同机构的临床医学数据结构化仍缺乏统一和标准问题。

大数据的主要挑战是如何处理如此大量的信息，并利用它在更多领域做出数据驱动的决策。在医疗数据方面，另一个主要挑战是在临床环境中调整大数据存储、分析、分析结果的表示和基于数据的推理。医疗工作中实现的数据分析系统旨在以适当的方式描述、集成和呈现复杂数据，以便更好地理解。这将提高从医疗保健获取、存储、分析和可视化大数据的效率。[9-10] 规范方面，从法律角度，虽然根据《个人信息保护法》规定，匿名化的数据不属于个人信息。但是，临床医学大数据主要是医疗健康数据，属于个人健康敏感信息，安全性（数据安全、医疗数据的隐私和敏感性，存在与保密性相关的重大问题），[7] 没有达到匿名化的去识别数据应用必须考虑个人单独同意的授权和保证隐私保护。从伦理角度，应遵循"尊重""有益＆无害"原则，也应该履行知情同意和保护隐私。大数据建设应用合规、管理，数据治理等缺乏能够实时分析问题适当的分析技能（医疗保健能够实时利用大数据）和建设应用管理规范和经验。

大数据应用还面临许多挑战，数据标准化（数据以与所有应用程序和技术不兼容的格式存储）面临巨大挑战，如数据捕获、数据存储、数据分析和数据可视化方面的困难。主要挑战之一是大数据的数据结构繁杂、零散的、分散的、标准化的有价值数据比例较低，难以聚合和分析。存储和传输（特别是与非结构化数据的安全、存储和传输相关的）成本巨大。[7]

第二节 真实世界数据应用

一、概念及其关系

2020年1月，国家药监局发布《真实世界证据支持药物研发与审评的指导原则（试行）》。首先从概念上厘清了真实世界证据的定义、范畴和内涵。

①真实世界数据（real world data，RWD)，是指来源于日常所收集的各种与患者健康状况和/或诊疗及保健有关的数据。[11] 根据该定义，真实世界数据包括在临床诊疗工作真实世界环境下收集与健康有关的数据，也包括物联网和远程监测等来源的数据。并非所有的真实世界数据经分析后都能成为真实世界证据，只有满足适用性的真实世界数据才有可能产生真实世界证据。

②真实世界研究（real world research/study，RWR/RWS）是指针对预设的临床问题，在真实世界环境下收集与研究对象健康有关的数据（真实世界数据）或基于这些数据衍生的汇总数据，通过分析，获得药物的使用情况及潜在获益–风险的临床证据（真实世界证据）的研究过程。

③真实世界研究所产生的真实世界数据不仅可用于临床研究，也可用于支持药物研发与监管决策，即作为真实世界证据（real world evidence，RWE)。

根据该指导原则，真实世界证据主要用于支持药物监管决策、以临床人群为研究对象的真实世界研究，个别情形下也会涉及更广泛的自然人群，如疫苗等健康人群的预防用药。

虽然，RWE产生于临床诊疗实践，虽然RWE和临床实践的数据同源，RWE不等于临床实践本身。RWE是来自真实世界数据元素聚集和分析的证据。RWE来源于RWD，二者的共同点在于不干预临床诊疗及其过程，即无论是任何形式和方式，包括医疗记录，数据库，收集或存储，汇总或存储提炼，都不应该影响或改变患者的常规临床医疗，包括临床诊疗方案的选择。但只有可以作为药物和医疗器械审查的证据是有所要求的RWD才是RWE。

二、RWE概念的提出及其进展

基于真实世界研究并不是一个新的研究概念或方式。医学及相关领域科学的发展，使当前的临床实践中，针对一种疾病往往存在多种治疗方法和药物，因患者的个体差异或患者行使自主选择权会产生真实世界（非干预）自然分组，但完全依赖于这种小样本量临床实践数据的研究结果的偏倚性较大，这是最初建立理想化的临床试验的初衷之一。近年来，临床试验的费用急剧升高，药物研发的失败率极高，进入临床试验期超过 90% 的药物因为有效性，毒性，或可靠的生产等相关问题未能上市；且中长期临床实践证实，很多基于随机对照等原则精心设计的临床试验和前瞻性临床研究，其结果仍具有偏倚性。而电子病历的应用和普及，以及互联网和远程技术，通过数据共享，可以对不同机构、不同区域数据进行整合和挖掘，可以有效克服单机构小样本数据的不足和缺陷。

真实世界研究是电子病历的应用普及，以及互联网、大数据技术支撑下产生的。目前，全球使用真实世界数据对医疗产品进行安全性评价已经积累了丰富的实践经验。

美国是最早提出真实世界证据的国家。2008 年，美国食品药品监督管理局（Food and Drug Administration，FDA）启动了哨点计划，利用现有的电子医疗健康数据实现对上市后医疗产品安全性的主动监测。2009 年美国复苏与再投资法案对实效比较研究（comparative effectiveness research，CER）起到了巨大推动作用。基于 CER 的真实世界环境的背景，真实世界研究得以更广泛的应用。2016 年 12 月通过《21 世纪治愈法案》鼓励 FDA 开展研究并使用真实世界证据支持药物和其他医疗产品的监管决策，加快医药产品开发。在该法案的推动下，2017—2019 年美国 FDA 先后发布了《使用真实世界证据支持医疗器械监管决策》《临床研究中使用电子健康档案数据指南》《真实世界证据计划的框架》和《使用真实世界数据和真实世界证据向 FDA 递交药物和生物制品资料》。RWE 指南草案不仅对 RWE 和 RWD 进行了阐释，还明确和列举了 RWE 的六大应用方向：扩大适应症；上市后监测研究；作为批准条件的批准后设备监控；对照组；补充资料，以及目标绩效标准和绩效目标。[11-12]

真实世界证据用于药物监管决策最早由美国提出。2016 年，美国 FDA 等部门针对《21 世纪法案》中的指示和授权，联合制定了《美国企业和 FDA 工作人员指南草案》（征求意见稿），为不具约束力的建议。该指南草案中进一步明确和区分了真实世界数据 RWD 和 RWE 两个概念如下： RWD 是从传统的临床试验之外的来源收集的数据。这些来源可能包括大规模简单试验，或实用的临床试验，前瞻性或回顾性研究，数据库研究、病例报告、行政和医疗索赔，电子健康记录，这些作为一个公共卫生调查或常规的公共卫生监测的一部分和登记（如设备、程序或疾病登记）所获得的数据。这些数据通常来自医疗保健中使用的电子系统、医疗设备中的数据和 / 或在护理期间跟踪病人的经历，包括在家庭使用装置。

欧盟药品管理局（European Medicines Agency，EMA）于 2013 年参与的 GetReal Initiative 项目，于 2014 年启动了适应性许可试点项目，探索利用真实世界数据包括观察性研究数据等用于监管决策的可行性。2017 年药品局总部（Heads of Medicines

Agencies，HMA）与 EMA 联合成立大数据工作组，旨在使用大数据改进监管决策并提高证据标准，其中 RWE 是该大数据的一个子集，包括 EHR、登记系统、医院记录和健康保险等数据。[11] 日本药品和医疗器械管理局（Japan Pharmaceutical and Medical Device Administration，PMDA）在人用药品技术要求国际协调理事会（International Council for Harmonisation of Technical Requirements for Pharmaceuticals for Human Use, ICH）层面提出更高效利用真实世界数据开展上市后药物流行病学研究的技术要求新议题。其具有借鉴的方面是 RWR/RWS 作为一种新研究方法，逐步用于支持儿童药物的研发与审评，为新药注册、扩展儿童适应症、完善儿童剂量方案等提供支持。[11]

三、RWE 优势特点

真实世界数据是针对临床试验产生的数据提出的概念。之所以在互联网和大数据分析时提出真实世界证据，并逐渐获得一些国家响应并积累了经验，有两个重要因素：①是因为基于 RWE 与临床试验、临床实践相比呈现的特点和优势——既来源于临床实践等真实世界实际情况，又不干扰和改变临床实践。②数字化电子病历和临床诊疗业务过程和真实世界研究经提炼或规范设计，可以克服了以往真实世界数据的缺陷，为 RWD 产生的 RWE 用于支持药物研发与监管决策提供机会。在此之前主要用于早期研发决策和上市后的安全监督或有效性的比较研究。RWE 事实上可以用于治疗发现和研发的所有阶段，而且，RWE 纳入医学研究，特别是药物研发能够有效节约成本，并对我国现有一些长期使用的院内制剂、中药，以及罕见病人群的孤儿药等提供了药物研发的政策支持和机会。

RWE 能够为临床医疗决策发挥一定的作用，但是在药物和医疗器械审核中，一般作为现有临床试验的补充，不能替代临床试验的作用，而且其应用范围是有限的。RWE 反映了更广泛的使用，不同人群的异构数据，如从健康保险，患者登记，或电子健康和诊疗记录中实时获得，可以长期实施等优势，费用低廉或无须费用，现有海量数据的挖掘如果能够用于 RWE，将是数据共享的另一重要价值。但是，RWE 仍受较多的干扰因素或混杂因素控制。对于一些新药研发的早期阶段，特别是潜在安全性和有效性无法获得。典型的临床试验虽然关注短期终点，招募范围非常狭窄的患者选择，并进行控制环境，不反映临床试验以外的医学实践，但是临床试验规范和长期实践经验，通过试验干预，能够在进入临床应用前进行安全有效预测。而且，基于共享方案解决样本量偏倚的问题，仍存在多源性标准不一。因此，RWE 与随机临床试验（randomized clinical trial，RCT）在新药研发药物监管中，相互各有优势，互为补充。表 12-1 汇总 RWE 与临床试验、临床实践比较，包括各自特点、优势和限制。[12-13]

表 12-1 RWE 与临床试验、临床实践比较

比较项目	RWE	临床试验	临床实践
目的	支持药物监管决策，可用于临床研究，或新药研发、临床用药审查，或补充证据	支持药物监管决策，可用于新药研发、临床应用审批	支撑临床诊疗工作，如健康体检
核心	临床医疗决策产生；非干预需满足要求或一定条件	测试新药的安全性和有效性	临床医疗决策支持和临床诊疗效果评价
数据来源	多样化数据源，不同人群的异构数据，从电子病历、健康记录等获得；要求规范	理想化特定人群；严格控制（随机对照研究）	从临床病历等获得，受患者依从性、辅助治疗和其他因素影响
特点和优势	大规模数据，实践患者特有；更广泛的应用；可以长期实施；非控制性，对临床决策更具指导价值等	干扰和混杂因素控制；小样本优势；预测早期药物安全性、有效性	无研究考虑；完全临床实践，患者为中心
限制	对于研发早期，特别是潜在安全性不明的新药研发方面存在限制；不同来源数据标准不一	无法反映临床试验以外的医学实践；费用高，无法长期实施	用于研究的数据，如回顾性研究，质量标准不一

四、我国 RWE 政策进展和意义

我国从 2017 年开始探索，于 2020 年正式颁布相关指导原则用于引导和规范真实世界研究和 RWE 实践。真实世界证据对于我国的药物研发进展，特别是对于现有药物的新用途，儿童用药和罕见病用药，中药和院内制剂等具有重要价值。2020 年 1 月 7 日颁布的《真实世界证据支持药物研发与审评的指导原则（试行）》。该原则提出了前述真实世界研究和真实世界证据的定义，以及简要介绍了全球真实世界证据的一些进展情况，重点在于规范和监管作用。2020 年 9 月 1 日发布了《真实世界研究支持儿童药物研发与审评的技术指导原则（试行）》。2021 年 4 月 15 日，国家药审中心发布和施行《用于产生真实世界证据的真实世界数据指导原则（试行）》。该指导原则作为《真实世界证据支持药物研发与审评的指导原则（试行）》的补充，从真实世界数据的定义、来源、评价、治理、标准、安全合规、质量保障、适用性等方面，对真实世界数据给出具体要求和指导性建议，以帮助申办者更好地进行数据治理，评估真实世界数据的适用性，为产生有效的真实世界证据做好充分准备。

RWE 纳入我国的药物和器械审批的价值突出表现为两个方面。[12]①院内制剂尽快让更多的患者受益。很多医疗机构有自己的"拿手药",即院内试剂。院内制剂通常已经在该机构的临床上长期应用且效果良好;但因历史的原因没有经过国家药监局的药物申报程序。按照新药审批现行规定,院内制剂上市申请需要补充细胞、动物水平和临床试验证据。但院内制剂往往价格低廉,一般企业不愿投入,使这些院内制剂不能为更广泛人群受益。院内制剂已经在人体使用了数年,甚至数十年,安全性和有效性已经临床实践(相当于已经进入市场后临床应用)的 RWE 得以证实,再逆向进行临床应用前的临床试验显然没有必要。院内制剂已经进入临床应用阶段,补充细胞和动物水平的数据更是没有必要的。RWE 能够纳入到我国的院内制剂药物审批/药物上市审批程序中,不仅让这些成本低廉的药物造福更多患者,也能够节省时间和费用,降低医疗成本。②中医药。中医药的辩证和个性化特点,特别是中医辨证诊法,以及药方药剂的配伍等很难用临床试验的通用原则来验证。把中医诊疗方法和药剂配伍等 RWE 作为中医药的研究,特别是药物审查的证据或补充证据,将有效促进我国传统中医药的快速发展。

参考文献

[1] 袁杨, 关健. 健康体检数据共享现状与应用展望 [J]. 中国卫生信息管理杂志, 2018, 15 (6): 633-636.

[2] 刘倩丽, 关健. 中国电子健康档案的应用现状与展望 [J]. 中国健康教育, 2015, 31 (10): 969-970, 979.

[3] BARO E, DEGOUL S, BEUSCART R, et al. Toward a literature-driven definition of big data in healthcare [J]. Biomed research interational, 2015, 2015: 639021.

[4] BATKO K, ŚLĘZAK A. The use of big data analytics in healthcare [J]. Journal of big data, 2022, 9 (1): 3.

[5] WULLIANALLUR R, VIJU R. Big data analytics in healthcare: promise and potential [J]. Health information science and systems, 2014, 2 (1): 3.

[6] HARSH W R, WEINER M G, EMBI P J, et al. Caveats for the use of operational electronic health record data in comparative effectiveness research [J]. Medical care, 2013, 51 (8): 30-37.

[7] SON J H, XIE G C, YUAN C, et al. Deep phenotyping on electronic health records facilitates genetic diagnosis by clinical exomes [J]. American journal of human genetics, 2018, 103 (1): 58-73.

[8] 袁杨, 关健. 健康医疗大数据面临的伦理挑战和应对思考 [J]. 中华医学科研管理杂志, 2019, 3 (6): 405-408.

[9] THUEMMLER C. The case for health 4.0. [M] // THUEMMLER C, BAI C, Health 4.0: how virtualization and big data are revolutionizing healthcare. New York: Springer, 2017.

［10］TSAI C W，LAI C F，CHAO H C，et al. Big data analytics：a survey［J］. Journal of big data，2015（2）：21.

［11］国家药品监督管理局. 真实世界证据支持药物研发与审评的指导原则（试行）［EB/OL］.（2020-01-03）［2020-03-07］. https：//www.nmpa.gov.cn/xxgk/ggtg/qtggtg/20200107151901190.html.

［12］H H S，F D A，C D R H，et al. Use of real-world evidence to support regulatory decision-making for medical devices. Draft guidance for industry and food and drug administration staff［EB/OL］.（2016-07-27）［2017-08-30］. https://www.docin.com/p-1930580923.html.

［13］关健. 真实世界证据的医学伦理学价值和问题［J］. 医学与哲学，2017，38（352）：20-23.

第十三章　公共卫生大数据

> **本章概要**
>
> 　　随着医学研究实践战略前移，随着全球公共卫生突发事件频发，公共卫生伦理学得到一定的发展，公共卫生数据共享被认为是下一个伦理前沿，但是缺乏重大传染病数据共享应用的伦理和管理指南与经验。本章简要介绍公共卫生大数据及其共享应用的意义，根据我国相关法律规定，参考《CIOMS 准则》及其灾难、疾病暴发研究和数据相关条款，研究提出重大传染病相关数据共享应用的审查要求和具体建议。公共卫生数据和重大传染病相关数据共享还应该考虑我国科技伦理原则和伦理审查要求。

> **本章要点**

1. 公共卫生实践产生 4 类数据，人口层面监测大数据是典型公共卫生大数据；
2. 公共卫生和数据共享同是伦理学新领域，数据共享是公共卫生伦理学的热点和前沿领域；
3. 重大传染病等灾难和疾病暴发的数据共享呈现全球协同趋势；
4. 灾难和疾病暴发期间的研究和数据共享引起对内对外突出法律和伦理挑战；
5. 公共卫生数据共享需要遵循国际公共卫生政策约束和符合国际伦理准则的要求；
6. 重大传染病防控实践和研究数据共享对疫情防控和预防具重大意义，其数据共享应用审查程序和审查具有一些特别要求。

第一节　公共卫生大数据及其共享

一、公共卫生服务使命及其趋势

公共卫生目的是公共健康。其最早是 1920 年由公共卫生理论家查尔斯·爱德华·温斯洛（Charles Edward A.Winslow）定义的，即"公共卫生是通过有组织的社区努力来预防疾病、延长生命、促进身体健康和效率的科学……以及社会机制的发展，这将确保社区中的每个人都有足够的生活水平来维持健康"。[1] 1988 年，美国医学研究所（Institute of Medicine，IOM）将公共卫生定义为"保证人们身体健康的条件的有组织的社会义务"。[2]

公共卫生服务的目的是促进和保护人民及其生活、学习、工作和娱乐的环境的健康。与临床诊疗不同，公共卫生工作是努力防止人们生病或受伤，包括鼓励健康行为来促进健康。从科学研究到健康教育，公共卫生的目的都是努力保证人们的健康。包括突发公共卫生事件的预防和处理，跟踪疾病的暴发，预防伤害，并阐明机制并进一步提高防控水平等。[3-4] 具体包括对重大疾病尤其是传染病，如结核、获得性免疫缺陷综合征（acquired immuno deficiency syndrome，AIDS）的预防、监控和治疗；对食品、药品、公共环境卫生的监督管制，以及相关的卫生宣传、健康教育、免疫接种等。对重大突发性传染病，如重症急性呼吸综合征（severe acute respiratory syndrome，SARS）新冠肺炎等传染性疾病的控制预防、治疗属于典型的公共卫生职能范畴。

Dawson 等[5] 确定公共卫生中"公共"的主要含义。"公共"的主要含义，①涉及范围上指群体或整个人口，a. 一定人口范围或某群体的流行病学健康；b. 某人口中的健康分布；或 c. 影响每个人健康的潜在社会和环境条件。②行动上意味着集体完成，a. 政府或非政府的一些人和机构的一致行动；b. 公众的合作或参与，或 c. 为实现健康改善的公众共同参与。综合两个方面，即公共卫生的目的是公共健康，健康权和健康公平是公共卫生使命的核心。但公共卫生政策和实践可能导致个人权利和自由与促进公共卫生目标之间的冲突。

随着信息通信交通运输技术的发展，全球一体化的不仅是经济。近年来，全球重大公共卫生突发事件较频发。公共卫生突发事件需要区域协同，重大公共卫生突发事件，特别是重大传染病的防控呈现全球一体化趋势。2005 年，196 个国家为全球卫生安全共同努力达成共识《国际卫生条例》（International Health Regulation，IHR），在 2007 年、2016 年两次修订。作为具有约束力的国际条约，2007 年 IHR 对 194 个世界卫生大会成员国生效。[6] 发挥协调作用的世界卫生组织（World Health Organization，WHO）建立了全球疫情警报和反应网络、风险评估、国家能力监测和评估、支持国家立法和战略卫生行动中心等,促进各国公共卫生紧急处理能力和提供国际商榷平台和确保在发生公共卫生紧急情况时进行合作和及时反应。[7]

二、公共卫生产生数据及其共享特点

公共卫生大数据主要涉及疾病监控和慢性病防治等公共卫生职能范围。公共卫生大数据在构成上的特点通常是大样本数量和个体低变量。[8] 随着全球传染病的频发,重大传染病在疫情防控的过程中积累了丰富的数据资源,数据不再限于单一的公共卫生职能数据。基于大数据和机器学习等技术为重大传染病的防控、研究和数据共享提供了机会。但与原有的公共卫生数据相比,重大突发传染病大数据还涉及防控、诊疗等业务和病原体机制等研究数据,也充分利用组学、大数据分析的优势,因此,疫情暴发及其防控过程中产生四大类数据:①人口层面监测和防控数据;②确诊病例的临床诊疗数据;③生物样本检测产生的病毒(病原体)和人(感染者)的基因组等组学数据;④药物、疫苗研发和其他实验性(试验性)干预措施相关数据。其中,人口层面监测和防控数据属于狭义的公共卫生职能大数据。

随着基因测序技术的快速发展和降低成本,基因测序在公共卫生领域相结合,为疫情防控提供了新的方法,基因组学也比以往任何时候都促进识别疾病的传染源,发现新的病原体,且基因测序有助于进行抗病毒的药物和疫苗研发。同时,也促进了分子流行病学的发展,也使得公共卫生大数据有了新的构成特点。分子流行病学,对于公共卫生来说,是疾病分子的群体情况,包括相关疾病的同一基因异常情况和不同基因表达情况的群体数据。狭义公共卫生大数据主要指疫情防控监测大数据,具体包括疫情发展动态数据,疫情发展和疫苗接种等涉及大规模人群的数据,以及与组学整合的分子流行病学大数据。当疫情发展影响区域超过一定范围,如严重的全球性的重大传染病疫情,确诊病例的临床诊疗数据,已同时具有了健康诊疗大数据的特点,同时是公共卫生大数据的重要组成部分。

公共卫生大数据在共享中的另一特点是其共享适用专门的法律法规,在满足一定条件时属于法定共享数据。在紧急状态下属于法定未经授权可以共享和应用的情况。在我国,突发公共卫生实践数据共享作为卫生应急工作的一部分,须依照法律规范的报告制定进行。在《中华人民共和国突发事件应对法》《中华人民共和国传染病防治法》《突发公共卫生事件应急条例》《突发公共卫生事件与传染病疫情监测信息报告管理办法》等法律法规中,要求数据共享或信息发布应按照法定程序,并做到及时、准确、全面。其他一些国家政府也制定相应的特别法,如美国《罗伯特·斯坦福灾难救济与紧急救助法》，日本《传染病预防与传染病患者的医疗法》。[9] 在这些法规中所确立的卫生应急机制中均包含数据共享、信息透明的内涵，以美国为例，其利用公共卫生信息联络系统，使住院患者病例等信息达到实时共享。

三、共享意义及其发展趋势

公共卫生，特别是灾难和传染病暴发期间，数据共享直接影响疫情防控工作实效。人口层面的监测数据共享在重大传染病疫情期间有助于及时作出科学防控决策、更快更好的整体协调。实时大数据共享的价值在重大传染病暴发期间体现得尤为突出。2020年，我国利用互联网大数据分析技术的实时分析疫情，基于人口层面监测大数据的预警，及时采取防控措施，有力遏制了我国境内的新冠病毒引起的疫情。同时，监测大数据等传染病数据也为重大传染病数据驱动的研究开辟新的前沿。[10]

数据共享还有利于研究研发的快速顺利开展。新冠肺炎疫情暴发后不久，学术研究成果及时公布于相关杂志，对其他国家科研工作和临床工作提供数据方面的支持。疫情暴发期间，国内外多个具备学术搜索功能的网站，对"2019-nCoV"检索相关研究文献的数目过百篇，其中包括 Nanshan Chen[11] 等对武汉 99 例确诊患者的描述性分析；Huang Chaolin[12] 等报告确诊病例的流行病学、临床、实验室和放射学特征、治疗和临床结果；D. Paraskevisa[13] 等对 2019-nCoV 的全基因组进化分析等。数据共享有助于快速了解疫情病原体来源及其变化，药物的研发和疾病快速诊疗经验总结和推广、进而进一步促进及时作出科学防控决策。以"新冠肺炎病毒"引发突发疫情大流行的是新型冠状病毒，没有特效药物和成熟诊疗方案。科学研究为疫情防控提供依据，包括病原来源、分子机制、疫苗研发、诊疗方案等。快速研发并无缝链接生产快速诊断试剂盒进行病毒筛查和确诊，总结包括试验性治疗经验等更新诊疗方案，提高患者治愈率。为寻找有效药物或疗法，涉及化学药物、生物制品、中药、中西医结合、细胞治疗、血浆治疗等。疫苗和这些临床研究将为类似疫情提供宝贵经验和药物储备。

疫情防控呈现区域和全球范围的协同防控趋势，与协同防控相伴的是，重大公共卫生突发事件期间的国际合作研究和研究数据的共享。近年来，全球重大传染病疫情频发。作为公共卫生大数据的重要来源，重大传染病数据共享对疫情防控实践和研究均具有重要价值。全球科学家数据的共享加速了对重大突发传染病病原体及其疾病的认识。如 2019 年 12 月发现暂时命名新型冠状病毒（2019-nCoV）和新冠肺炎，2020 年 2 月，国际病毒分类委员会命名病毒 SARS-CoV-2，世界卫生组织 WHO 命名疾病名称为冠状病毒病（coronavirus disease）。传染病数据共享还有助于快速了解疫情病原体来源和致病机制，促进药物、疫苗的研发和疾病快速诊疗经验总结与推广。分离得到病毒毒株及时向全球分享也加快了全球多种有效疫苗的研发和应用，为进一步的全球疫情防控和全球免疫的努力发挥了重要作用。

四、公共卫生数据共享伦理

1. 疫情防控与隐私保护

公共卫生防控实践中难以避免区域内或跨区域的数据共享，尤以灾难和传染病暴发的伦理最具其独特性。首先，重大突发传染病疫情暴发时基于大数据的防控措施，不仅包含了大量的流行病学调查信息，因时间有限在对具体病例的描述时很难进行全面的去隐私化处理，尤其在对接触史的描述及患者在确诊前的一系列社会活动轨迹都会向社会公开。例如，在对确诊病例及密切接触者信息的数据共享，有些包含了职业、家庭住址、行程轨迹等隐私信息，同时也可能存在对从疫区出行或经过的人员名单进行实时追踪的隐私泄露情形。之外，一些软件或程序还能明确查询确诊病例、疑似病例的地理分布情况，甚至是精确到小区。而小区内，感染者或确诊患者及其家属更是无法遁形。积极方面考虑，这可以快速提高公众对疫情的重视，并根据实际情况和了解周边地区疫情而确定个人的防护计划。这些防控措施也有一定的法律支持，在卫生应急过程中，由于突发公共卫生事件的突发性和群体性特征，[12]个体的部分隐私权可以让渡给公众的生命健康权益具有合法性。但是另一方面，疫情的快速暴发，随着患病人数和死亡人数的快速攀升，对于公众也会造成一定程度的恐惧心理和对防护物资的过度储备。实践中，要考虑到从伦理原则和伦理实践中，应该对个体风险和收益进行评估，尽量降低对个人造成损害的风险。

2. 数据共享应用知情同意

对于知情同意，突发公共卫生事件防控中更多的是需要由政府相应部门予以考虑，一般情况，如疫情并非特别紧急，应该尽量履行知情同意，对数据共享的意义和个人风险等告知感染者和确诊者及其家人。情况紧急的情况下很难用常规的程序履行知情同意。一些对于急重症的试验性治疗，或者公共卫生研究（如集群随机试验），研究本身和收集数据共享都难以寻求常规的知情同意。此外，一些紧急施救但有利于整合经验指导进一步提升治疗方案的情况，如类似于无意识的头部创伤患者可能被随机分配到不同治疗方案中，而且每种治疗方案的相对有效性是未知的。重大传染病等紧急情况的数据共享再利用的知情同意须调整知情同意的可行方案，根据疫情的紧急情况，在疫情防控过程中兼顾知情同意权。

3. 突发传染病与慢性疾病伦理问题比较

突发公共卫生事件，与疾病的数据共享的潜在法律和伦理问题具有很多不同。比较两种来源数据的共享，其主要潜在问题虽然均存在潜在的隐私泄露和知情同意履行问题，对个人信息主体具有潜在损害风险，但是两类数据的潜在具体损害有所不同。

对于隐私保护问题，突发公共卫生事件，对个人及其家庭的影响瞬时伤害和生活歧视激烈、明显，疫情较严重时累及人群较大，但是受到歧视时间是有限的。无论是确诊病例、疑似病例及其家人的隔离；如前述病例小区的管控，以及区域性暂时管制、发病准确到小区的数据共享等，在疫情稳定控制，特别是疫情完全控制后将完全恢复。这是在疫情中共享数据，个体隐私权让渡给公众健康的伦理合理性之一。疫情防控中的伦理关注，如在疫情应急实践中所体现的，更多是给予这些个体及其家人相应的足够支持，包括日常生活、疾病防控等物质提供，以及疾病诊疗和心理支持等，尽量降低损害。对个人隐私，应该尽量予以保护，如疫情初期，确诊病例和疑似病例的信息应该尽量在一定范围内共享，如预防部门、医疗机构等，但是鉴于呼吸道传染疫情容易极快蔓延，对于疫情防控的重要部门、机构的工作人员应该通告信息。慢性疾病的信息泄露，如心脑血管疾病、肝炎等健康隐私和遗传隐私信息泄露，则与疾病的性质敏感性等密切相关。特别是涉及遗传病或者感染性，以及现有疾病有效治疗的药物或方法等。对于一些具有慢性感染或缺乏有效治疗疾病的信息一旦泄露，对个人及其家庭的损害可能时间较长，甚至长期影响工作和生化。当然，一些因特殊职业的健康要求需要披露健康状况的情况应该除外。

两类数据的共享，从符合伦理原则的角度，均应该在有利于隐私保护和知情同意方面做一些积极的工作，如根据数据收集、共享的不同方式等，采取一些不同的具体的措施。针对突发公共卫生事件与慢性疾病数据共享的潜在伦理问题差异性比较，可以提出一些潜在的解决方案，包括特别紧急情况下可以采取口头方式履行知情同意等。无论是突发公共卫生事件和肿瘤等慢性疾病数据，都应该进行风险和收益的评估，对个体的损害降到最低。[9] 伦理问题和一些潜在解决方案详见表 13-1。

表 13-1 突发公共卫生事件与肿瘤数据共享重要伦理问题比较

伦理问题	突发公共卫生事件数据共享	肿瘤等慢性疾病数据共享
隐私泄露	协调将公民个体权利让渡给公众生命健康权；个人、家庭、地区受短暂歧视	个人遗传信息泄露、基因歧视；个人生活、工作受长期影响
知情同意履行	疫情暴发期内难以履行	常规履行容易；二次利用超出首次知情同意范围时履行困难
潜在解决方案	明确个体隐私权让渡的范围、内容、方式和合理性；拟定数据共享细则，以区分（如疫情核心区和核心外围）不同数据共享要求；建立数据共享伦理预案系统；建立提前的泛化突发公共卫生事件知情同意机制；落实监管责任分配	遗传资源共享进行风险分级处理；高风险性涉及遗传资源数据共享审批和伦理审查机制；建立过渡期现有数据共享风险防控机制

来源：孙齐蕊，关健.突发公共卫生事件与慢性疾病数据共享的法律与伦理[J].中国医学伦理学，2020，33（4）：329-334。

第二节 共享应用的挑战和应对策略

一、法律挑战

法律相对于政策和实践往往具有滞后性。公共卫生数据共享的挑战之一是界定涉及公共卫生数据共享的法律框架,促进在不影响公民隐私的情况下释放这些人口层面数据集用于研究的潜力。[14] 尽管世界各国都在积极制定数据共享相关管理政策法规等,法律相对于政策仍具有一定的滞后性。

公民个体数据应用于疫情防控及其研究具有一定的义务。符合一定要求的数据共享属于法定的例外情况,不需要个体授权即知情同意。重大疫情的数据共享应用应避免该权利的滥用,并应该最大限度保护个体隐私。在可能恐惧和不信任为特征的公共卫生紧急情况下,作为处境不利群体的病毒感染者(确诊病例或疑似病例),往往面临"污名化"和歧视,重大传染病暴发期间会加剧遭受歧视和社会暴力的风险。[15] 因此,对于重大传染病疫情期间数据共享的可行性,以及个体隐私保护、知情同意权和确保所有涉及个体都得到公平和公正的待遇等应探索建立可行的长期机制,并通过法律法规进行明确和保障。共享和分析人口层面监测数据必要时可以豁免个人知情同意,前提是应该对这些数据建立适当的管理制度,[16] 对于在重大传染病特定背景下批准放弃或修改知情同意的数据共享可适用保护隐私和后续权利保障的附加条款。对于违反规定导致个体损害并造成严重后果的应该明确惩戒措施。

二、伦理困境和难题

公共卫生的数据共享具有突出或者独有的伦理困境和难题。近年来,公共卫生(包括疾病监测)数据共享作为伦理前沿,[14] 公共卫生数据共享的伦理问题被持续探讨,在实践中存在一些伦理困境以及伦理治理难题。而且,对于重大传染病的数据访问、质量监控和保证数据隐私的伦理治理和数据安全监管框架相对落后于技术发展。重大传染病疫情数据的共享应用要考虑对于个人隐私等权益的威胁和影响。

公共卫生政策和实践可能导致个人权利和自由与促进公共卫生目标之间的冲突。如果依据生物医学研究的伦理审查和管理标准,如严格知情同意程序签署书面知情同意书,一些重要的必要的研究将无法开展。与生物医学研究不同,公共卫生使命的核心是公共健康和健康公平，涉及的不仅是单个个体，而是利益相关者全体个体的权益。

公共卫生数据的共享应用挑战突出表现在一些敏感传染性疾病，如性传播疾病（如梅毒、AIDS），数据共享对个人及其家人的"污名化"和心理影响，以及近年来重大公共卫生突发事件，如呼吸道快速传播的重大传染病的防控和研究的区域合作和国际合作、协同处理的数据共享安全、和个人隐私保护方面的问题。

一些伦理问题在公共卫生突发事件中可能被放大或加急加剧。医学科学数据来源广泛丰富，一些即使尚未收集的研究数据，仍然面对知情同意履行困难的问题，这一点在重大突发事件中尤为明显。突发或急救事件防控实践和研究数据是医学科学数据的重要内容。一些对于急重症的试验性治疗，或者公共卫生研究（如集群随机试验），研究本身和收集数据共享都难以寻求常规的知情同意。由于紧急情况，这些数据共享和再利用的知情同意需要探索适当的可行方案。

生物医学伦理学中涉及个体权益的相关伦理问题在突发疫情中被放大，如隐私泄露风险或知情同意书签署豁免的滥用，具有侵犯群体隐私权和知情同意权的潜在风险。缺乏为重大公共卫生突发事件的科学研究的伦理管理和实践的管理规范体系。加上重大公共卫生突发事件防控研究的紧迫性，研究需要在短时间内必须完成从审查到决策和实施的过程，伦理审查程序、方式、审查重点内容，审查标准等与生物医学研究有所不同，后续研究结果共享等也面对特殊问题。

全球疫情频发的情况下，加强疫情防控和疾病诊疗和疫情预防等科研攻关的国际合作时，必须在保证国家安全的前提下，共享公共卫生的防控数据。公共卫生数据的共享最体现社会公益和个人权益，国际共享中国家安全和疫情全球防控的平衡问题。挑战和问题汇总起来在于以下两大方面：对内仍是公共卫生防控实践和研究引起的个人权益，隐私保护和知情同意问题；对外是数据共享国际合作的两个问题：①安全管控问题。数据和研究结果，包括生物样本和数据等，既是生物资源，涉及生物多样性和特异性、遗传资源保护，也涉及公共安全和国家安全需要保密的样本、资料或数据，一旦泄露或发布，对我国国防和生物安全等可能造成不可弥补的后果。②产权保护问题。一些研究成果或发现，既具有社会效益，还具有较大或巨大的潜在经济效益，产权保护对于国家经济发展和创新等具有重大意义，需要科技管理支撑和保障，避免相关损失。

三、应对策略

1. 平衡社会公益和个人权益

公共卫生防控实践和研究中的数据共享应用既要考虑公共卫生中"个人权益"的权利限制，又要避免研究中的告知和知情权的豁免权滥用，并建立我国符合伦理的并促进快速开展重大公共卫生突发事件研究知情同意等泛知情同意签署的合理可行机制。加强公共卫生领域基于数据的科技伦理治理,应建立符合重大公共卫生突发事件科技开展的专门伦理规范体系及指南和长期有利于每个个体权益保护的可行机制。促进符合伦理原则地开展研究,保护公共卫生研究中的所有利益相关者。无论隐私保护,还是知情同意履行的应对策略实质都是如何平衡促进数据共享的社会公益价值和个体权益保护之间的关系,除了加强隐私保护,对于知情同意履行有两个可借鉴的方案。无论采取哪种机制或方法,个体权益保障仍是知情同意履行首要原则。

（1）知情同意的豁免

为了社会公益,一些研究在满足一定条件下不寻求知情同意被认为是适当的。如国际医学科学组织（Council for International Organizations of Medical Sciences,CIOMS）和WHO共同修订的《涉及人的健康相关研究国际伦理准则》（International Ethical Guidelines for Health-related Research Involving Humans,2016版）第4条准则中提出的"一般情况下,如果不可能或者难以获得参与者的知情同意,研究干预措施或程序如果不提供任何潜在的个人利益,所造成的风险不得超过最低限度"。这对去识别化的医学科学数据的再利用,以及公共卫生实践和研究中无法获取个人信息主体知情同意的情况提供了一定参考。对于公共卫生事件,知情同意豁免适合重大传染病突发暴发等紧急情况,除了国家法定条件下的特别规定,对于相关研究数据共享,可以通过一定的快速审查程序,必要且满足一定条件时允许知情同意豁免,但应使风险降到最低限度。为保障个人信息主体（公民）的权益,必要时可在突发事件结束后补充签署知情同意书。

（2）选择性退出泛知情同意

重大公共卫生突发事件数据共享有助于疫情防控。还需探索一种长期可行方案,在政府层面可建立有效的长期机制前瞻性履行知情同意。具体可以采纳两种具体方式。①建立类似献血或捐献器官的自愿登记机制；②选择性退出机制。选择退出是生物样本为基础探索实践泛知情同意履行的一种模式。类似于建立反向登记机制和系统,即明确声明不参加研究和共享的人员登记备案。这两种方式,前者更有利于对公民个人权益保障,可以对一些涉及个人权益影响较大的数据,如急救过程中的需要干预或进行基因信息相关数据共享；后者更适合重大疫情发生时的大规模人群的知情同意预先性签署策略。两种机制都需要同时做好相关的知识普及和知情同意的管理登记与查询系统,以在保障个人信息主体自主权的基础上,完成这类研究及其数据共享的泛知情同意签署。

在确实无法获得同意的情况下,而研究又具有重要价值和意义的情况下的知情同意豁免,以及为促进共享数据的最大价值化进行泛知情同意签署,对于个人信息主体来说,个体权益保障均具有一定的潜在风险,比逐项的知情同意签署风险增加。保护个人信息主体是涉及人体的研究和数据共享伦理原则和伦理管理的首要。需要明确的是,知情同意是进行相关研究和数据共享的前提条件,不是充分条件,特别是获得知情同意豁免和泛知情同意的情况下共享数据的再利用。经验表明即使具有完全认知能力的个人信息主体有足够的时间考虑,也可能不理解同意内容中的部分信息;泛知情同意的方式更容易导致这类情况的发生。而且,全外显子组或全基因组学数据结合大数据分析等进展使重新识别个体的能力不断增强,无法真正实现匿名化。无法完全消除隐私泄露的潜在的风险。[17-20] 因此,知情同意不能成为保护研究参与者的唯一机制,有些数据即使已经去识别化处理,仍将需要对拟议的二次使用进行持续审查。例如,涉及一些人群,如儿童或孕妇和/或涉及罕见病更易重新识别个人信息主体等情况。[7] 涉及敏感疾病或者敏感信息的共享数据的使用,或具有其他个体潜在风险或损害时,不能因为有泛知情同意而免除 IRB 或数据访问(使用)审查委员会(Data Access Committees,DAC)进行风险和收益评估基础上做出合理决定的审查责任。

2. 对外加强数据安全和产权保护

公共卫生防控和研究的国际合作与数据共享过程中需要加强数据安全和数据相关产权保护。需要建立科技安全管控和数据产权保护合理的管理体系和运行机制,平衡国际合作与权益保护,加强安全和数据产权管理规范。根据数据的潜在社会价值、科学价值,以及经济价值进行分级共享和分级管理策略,提升基层科技管理人员的风险评估能力和管理水平,培养科研人员的产权意识。并以提高公共卫生突发事件相关研究科技成果发布和管理支撑能力为契机,促进重大公共卫生突发事件等研究成果社会公益和国家利益最大化。

第三节 共享规范与管理

一、我国现有规范体系概述

灾难和疾病暴发数据共享管理规范包括法律法规,有关伦理规范、数据共享规则等。

公共卫生数据和大数据不仅需要遵循医学科学数据共享应用的法律法规,如《中华人民共和国民法典》,以及近期施行的《中华人民共和国数据安全法》(以下简称《数据安全法》)、《中华人民共和国个人信息保护法》(以下简称《个人信息保护法》)、《中华人民共和国生物安全法》(以下简称《生物安全法》)、《人类遗传资源管理条例》等的相关规定,还具有专门的法律法规约束。

公共卫生数据满足一定条件属于法定的共享范围,其共享还需要遵循特别法,如我国《中华人民共和国传染病防治法》的约束。在我国,突发公共卫生事件数据共享作为卫生应急工作的一部分，须依照法律规范的报告制度进行。在《中华人民共和国突发事件应对法》《中华人民共和国传染病防治法》《突发公共卫生事件应急条例》《突发公共卫生事件与传染病疫情监测信息报告管理办法》等法律法规的相关规定。

对于一些紧急情况，需要遵守突发或紧急情况下，国家相关部门采取的政策和措施。与其他医学科学数据共享存在法律层面上的一定差异，突发公共卫生事件数据共享的及时性要求更高，法律对其的约束性更大，特别是传染病暴发事件，其相对更具有明确的法律法规规定和数据共享（上报）路径，而其他医学数据共享相对而言更多是遵循普通法，虽然，社会组织或学术团体等也会制定标准和共识对数据共享具体实施进行讨论和规范，但受管理办法的法规进行管理和调控。公共卫生突发事件，特别是重大传染病疫情暴发是可以进行个人信息处理的法定条件之一。在《个人信息保护法》第二章有关个人信息处理规则规定，第十三条第（四款）"为应对突发公共卫生事件，或者紧急情况下为保护自然人的生命健康和财产安全所必需"与"取得个人的同意"并列，是符合个人信息处理者可处理个人信息的情形之一。该条款提示，在应对突发公共卫生事件或者紧急情况下为保护自然人的生命健康和财产安全所必需时，即使没有取得个人的同意，可以处理个人信息。在第十八条规定，紧急情况下为保护自然人的生命健康和财产安全无法及时向个人告知的，个人信息处理者应当在紧急情况消除后及时告知。提示突发公共卫生事件个人信息的处理在突发事件结束后履行告知。法律方面，无论公共卫生数据，还是其他来源数据，当涉及人类遗传资源时须遵照人类遗传资源管理条例的相关规定。对突发公共卫生事件法定条件之外，数据共享将受前述我国施行的有关数据安全和个人信息境外提供等相关法律法规和管理办法等约束。此外，需要遵循国际上涉及突发公共卫生事件数据共享的国际法或条约，包括对缔约国具有普遍约束力的国际法或惯例，如《国际卫生条例》。

伦理可接受性是数据共享应用审查的重要组成部分。重大传染病数据的共享应用审查，在伦理方面可以参照现行《涉及人体的生物医学研究伦理审查办法》，遵循基本伦理原则和参考国际《涉及人的健康相关研究的国际伦理准则》（2016）、《传染病疫情伦理问题管理指南》和公共卫生伦理学要求，根据数据共享的目的和范围等参考相应的内容。

公共卫生数据共享应用还应该遵循医学数据共享应用规则的国际共识，如去识别数据共享和FIAR原则等；共享数据的客观性、完整性、信息的透明化等也非常重要。

二、公共卫生学伦理挑战和借鉴

公共卫生事件数据以不同的方式共享需要考虑伦理因素，包括存在社会公益与个人权益的冲突。来自公共卫生领域的数据在生命科学的发展中扮演着越来越重要的角色。公共卫生伦理是"根据伦理原则、价值观和利益相关者信仰,以及科学和其他信息,阐明、优先考虑和证明公共卫生行动可能的方针的系统过程"[21-22]。国际上提出公共卫生伦理学概念,并就研究中如何保证个体隐私权、知情同意权等相关伦理问题进行讨论。公共卫生实践和研究是生命伦理学基本原则应用实践相对较新的领域。在公共卫生实践中,伦理框架指导诸如传染病控制、初级预防和环境卫生等活动的决策,以及重大传染病疫情发生、慢性病控制和准备等公共卫生的新责任。[5]我国公共卫生机构和学者总结概括出"全社会参与、社会公益、社会公正、互助协同、信息公开"五条公共卫生伦理原则。

重大公共卫生事件影响大规模人口,须快速反应和决策。重大传染病疫情中快速影响大规模人口及其疫情防控的紧迫性,其公共卫生职能,如监测、病例发现、病毒特征描述、化验开发、健康和基础设施评估、数据收集和使用等使一些伦理问题被放大或加急加剧,也会产生特殊的伦理问题。公共卫生伦理学能够为重大传染病的数据共享提供一定的原则性支撑。但对于重大传染病"在数据共享、个人数据保护、利益相关者需求和公共利益之间取得平衡,以确保在实时紧急情况下有效的全球卫生响应仍然是一项重要挑战"。[2,14]重大传染病的数据共享应用应该尽快加强伦理规范协助法律进行引导和规范。

美国公共卫生协会(American Public Healch Association,APHA)2019年版《公共卫生伦理规范》(public health code of ethics)。其伦理分析指南的审查内容以及"在审议决策过程中,努力确保公共卫生领域的权威和权力不会以武断的、歧视性的或滥用公众信任的方式行使,在规划公共卫生干预措施、政策以及就此类干预措施和政策作出重大决定的环境中应考虑的8个因素",其中,"允许、互惠、尊重、有效、相称"等对重大传染病的数据共享应用的伦理规范有一定启示和参考作用,[23]但需要针对数据共享应用进行相应解读。

三、《CIOMS准则》(2016)

公共卫生数据挖掘再利用,作为利用数据的研究,灾难和疾病暴发的疫情防控和研究数据应用须遵守《CIOMS准则》(2016)所有准则。新增准则条款20是针对灾害和疾病暴发研究的专门伦理条款,提出了灾难和疾病暴发研究在国际伦理准则中其他不同条款的一些具体体现或要求。

准则20提出"地震、海啸或军事冲突等事件和疾病暴发等事件所引起的灾害,可能对受影响的大规模人口的健康产生突然和毁灭性的影响。为了确定有效的方法减轻灾害和疾病暴发对健康的影响，与卫生有关的研究应成为灾害反应的一个组成部分。然而，研究的开展不得对灾害受害者的反应产生不适当的影响。在开展灾害和疾病暴发研究时，必须坚持这些准则所体现的伦理原则。在这些情况下进行研究提出了重要挑战，例如需要迅速产生知识、维护公众信任以及克服实施研究的实际障碍。这些挑战需要与确保研究的科学有效性和在研究行为中坚持伦理原则的必要性进行认真平衡。"

具体要求研究人员、赞助商、国际组织，研究伦理委员会和其他相关利益相关者除了应确保研究方案的科学和社会价值、公平、风险和收益评估，知情同意，结果反馈等伦理要求，地震、海啸或军事冲突等事件和疾病暴发等事件所引起的灾害时，"赞助者和研究伦理委员会应评估并寻求将研究人员和卫生专业人员在灾难环境中进行研究的风险降至最低。发起人应在方案中包括一项缓解不良事件的计划。此外，缓解措施的适当资源应列入议定书预算。"

灾害和疾病暴发的研究及其数据共享，特别是疾病暴发疫情期间数据，不仅对于研究，对于疫情防控也意义重大。灾难和疾病暴发的数据共享在伦理管理的程序和内容均有特殊需求。准则 20 提出"对灾害和疾病暴发的研究最好提前计划。卫生官员和 IRB 应制定程序，确保适当、权宜和灵活的伦理审查和监督机制和程序。例如，IRB 可以预先筛选研究方案，以便在危机情况下促进和加快伦理审查。同样，研究者和赞助者可以预先安排好数据和样本共享，由 IRB 提前审查。"因此，该准则对重大传染病突发暴发疫情的数据共享计划的安排及审查程序，以及知情同意履行等具有原则性的借鉴或指导。

四、WHO 传染病伦理指南

随着医学研究实践战略前移，随着全球公共卫生突发事件频发，公共卫生伦理学成为伦理前沿并得到一定的发展。[14] 2016 年 WHO 发布了《传染病疫情伦理问题管理指南》（Guidance for Managing Ethical Issues in Infectious Disease Outbreaks）。[15] 指南涵盖公众参与、稀缺资源的分配、公共卫生监督、治疗责任，临床研究、实验性干预措施等系列生物医学伦理问题，以问答的形式进行了阐述。但是，该指南对数据共享的指导主要从及时共享的角度考虑。

《传染病疫情伦理问题管理指南》提出"一旦对发布的初步结果进行了充分的质量控制，就应分享这些信息，无需等待在科学期刊上发表"，且"期刊应允许研究人员迅速传播对公共卫生有直接影响的信息而促进这一过程，同时不丧失在期刊上发表的机会"。[15] 这是从传染病的快速传播特点，促进共享数据有助于合作有利于疫情防控出发，对利益相关者（数据收集者）的鼓励制度，以及对数据共享前的准备提出了质量控制要求。但是，这项鼓励制度对数据共享的准备和管理方面保障并不充分，仅仅满足数据共享应用审查中有关质量和数据价值的要求，[24]如数据的潜在科学价值以及共享对疫情防控有效性与研究价值。对于诊疗有益的一些研究成果或发现，不仅具有社会效益，还具有较大或巨大的潜在经济效益，对于国家经济发展和创新等具有重大意义，需要对相关科学数据加强保护，避免泄露和损失。严重全球健康需要时，共享相关数据或成果应该优先保证或争取我国公民的相应权益。[24]

第四节 重大（突发）传染病数据共享审查策略和规范要点

一、审查组织架构及其组成

重大传染病数据共享应用不仅涉及伦理要求，更需要考虑安全防控和产权管理以及疫情期间数据共享对社会的潜在影响等，因此，应该由数据审查委员会（国际上一般称为 DAC）履行审查职责更为适当。[25]传染病暴发期间的信息往往很复杂，DAC 应该由公共卫生相关专业业务专家和政策决策、管理、信息安全、法律和伦理领域的专家，以及流行病学和数据统计专家和社区代表等组成，以从不同角度进行评估审查并独立地做出是否同意共享应用的合理决定。

特别紧急情况下，至少应该组成由公共卫生业务专家、生物安全、信息安全、法律和伦理专家组成核心审查专家组。

二、适当的审查程序

重大传染病数据共享应用的审查应根据疫情是否结束而有所不同。要考虑全面审查的成本负担，对数据共享应用（计划）的申请分期或分类审查，并采取不同的审查程序。在疫情突发暴发或严重疫情期间应设置快速审查程序，以迅速处理紧急情况应对阶段可能出现的快速审查请求。涉及脆弱人群或者可能引起重大伦理问题或者数据安全风险的申请应该进行必要的跟踪审查，在疫情稳定后可对已快速程序审查的申请通过合理的审查程序进一步完善数据使用方案和个体保护方案等。

与疫情防控干预目的相关的数据共享应用需求在疫情期间应优先处理。当需要收集共享和应用去识别数据来评估和改善防控措施，应该允许快速审查或审查豁免，以及知情同意的豁免。对于应用于公益性研究目的的数据共享，可以经过 DAC 或者严重疫情期间审查小组审查批准知情同意豁免。

重大传染病数据共享应用的审查应该由 DAC 或其核心专家组独立完成审查并做出

决定。

三、审查内容和重点

数据共享应用符合伦理的具体审查方面可以参考借鉴 APHA 2019 年版《公共卫生伦理规范》。应结合公共卫生的使命，分析审查数据共享应用方案与防控实践或研究的公共卫生目标、识别数据共享应用与伦理相关的事实和不确定性、分析数据共享对受影响个人和群体的健康与权利的意义及影响。[5]重大传染病 4 种类型数据的审查应结合来源各有侧重。以人口层面的监测大数据和临床诊疗信息涉及公共卫生伦理最为突出，对个体权益影响如"污名化"或者歧视风险较大，既要考虑个人隐私保护和知情同意权利，又要考虑具有潜在被感染的群体中每个个体的健康权益。其他类型数据类似一般医学科学数据，伦理审查内容可以参考相关指南专家共识。[26]

重大传染病数据共享应用审查需要遵循医学伦理审查和数据共享实践的一些统一要求，如社会或科学价值、科学有效性、尊重个人和知情同意、公平的个人信息主体选择、有益无害、风险收益评估。[21]审查重点和需要考虑的因素因为申请所处的时间节点、共享范围等有所不同，并应该根据数据涉及的具体内容进行数据安全和产权的审查。

1. 疫情突发或者疫情严重期间的审查

公共卫生研究和数据共享某种程度上最体现社会价值，体现为社会公益和对疫情干预的有效性。疫情期间的快速审查，应该结合公共卫生使命特点等考虑审查。更多考虑是否对疫情防控具有重大社会和科学价值，以及审查个人损害风险是否明显或较大；可识别信息的潜在泄露风险、去识别信息的重新识别风险及其对个体及其家庭的影响。重点审查合法性（即是否符合法律规定），兼顾伦理可接受性。对于研究数据应重点审查潜在知识产权。应该重视数据共享应用方案的互惠原则，在风险评估中应该考虑群体风险或社会风险，如共享信息数据引起恐慌的潜在风险。要考虑到重大传染病的大部分数据是涉及身心损害（身体伤害和心理学）的流行病学数据，[15]应评估并避免对涉及个体或者群体造成再次身心伤害，以及受到歧视。疫情严重期间，不可能或者难以获得个人信息主体的知情同意，数据共享应以对个体的隐私泄露风险不得超过最低限度为前提。知情同意以及对于因疫情限制而无法审查的内容应该在疫情得到有效控制后进行完善和补充。

2. 疫情稳定或者疫情结束后审查

审查主要针对用于公益性科学研究的数据共享，更多考虑对防控措施评估和疫情预防等研究的数据再利用价值。

应该严格遵循伦理审查标准，对于知情同意、个体权益隐私权、共享数据的再利用价值和使用方案等进行综合评估审查。

除了对前述重要内容的审查，数据共享应用应该考虑其目的、数据共享应用方案的科学性和可行性，审查数据共享或应用方案是否合乎伦理、伦理问题和对应措施。

应该加强对个体隐私保护和知情同意等权益保障。可以参照医学科学数据的隐私分类分级标准进行分类审查，提出不同的个体保护要求。

3. 国际合作共享或公开发布数据的审查

重大传染病的数据应该避免未经审查进行共享或者发布。在国外期刊发表文章要求共享数据的应该在评估和必要时完成审查之后提供数据。

应该评估审查国家安全风险。重大传染病疫情防控数据、确诊病例的诊疗数据、研发数据涉及决策、政策、生物资源、遗传资源、数据安全等重要安全管理问题，都是数据共享或发布前应该审查的内容。应根据相关规定确定数据涉及的潜在安全风险问题和重要程度。对于有潜在经济效益的数据成果，在国际合作中应该审查潜在成果或产权形式及其收益分配情况。

四、重大传染病的特殊考量——弱势人群的特殊性

在重大传染病中，弱势人群的界定与临床医学或生物医学研究中有一定不同。越来越多的公共卫生和流行病学研究表明，个人的健康状况不仅仅取决于其基因组成、生物功能以及在其物理和生物环境中接触到的有毒物质或微生物，也取决于所处社会环境的影响。在重大传染病疫情这种特定情况下，应该考虑重大传染病的整体环境氛围对当事人的身体应急反应和心理的不良影响，所有面临感染危险的人群都是潜在弱势人群，在确定是否适合签署知情同意等能力的判定时也应予以综合考虑。

五、审查评估重点和难点

1. 准确判定数据共享应用目的采取适当审查方式标准

防控实践过程中，收集共享数据对于公共卫生事件总结分享经验和评估措施的有效性等具有重要价值。基于大数据分析和智能应用疫情防控往往属于法定的个体授权的例外情况，目的是更好地保护个体或相关群体免受伤害或者尽快从身体伤害、心理创伤或环境破坏中恢复过来。因此，紧急情况下这种数据共享应用可以允许审查豁免。而以公益性研究为目的的数据共享则通常可以在审查后批准允许知情同意的豁免。

2. 适度风险评估平衡社会群体和公民个体权益

公共卫生领域实践和研究是最体现个人利益和群体利益之间寻求平衡的过程。人口

层面的监测数据最体现个体权益与社会公益的矛盾。公共卫生政策和实践可能导致个人权利和自由与促进公共卫生目标之间的冲突。与生物医学研究不同，公共卫生使命的核心是公共健康和健康公平，涉及的不仅是单个或少数个体，而是涉及的区域、地区或国家的全体人口的个体的权益。在重大传染病期间对于风险收益评估应该客观科学适度、避免夸大风险。而且，疫情期间控制重大传染病的传播，需要在个人隐私、公民自由权和采取限制疾病传播的有效措施（如对接触人群的追踪和出行限制等）之间进行权衡。因夸大风险、过度谨慎不利于整体协调防控。对疫情防控数据共享应用措施的风险分析不当，数据共享不利于个人信息主体积极执行，或给确诊病例或弱势人群带来伤害。

3. 加强管理把握国际合作和数据安全产权保护的关系

适当的合理的国际共享将有助于全球疫情的防控。如，数据共享有助于快速研发并无缝链接生产快速诊断试剂盒进行病毒筛查和确诊，总结推广中医药在内的试验性治疗经验等更新诊疗方案提高患者治愈率，分离得到病毒毒株及时向全球分享有助于加快疫苗研发，促进全球疫情防控。作为地球村的一部分，只有全球疫情得到全面控制，我们国家才会完全脱离疫情威胁。但是，过于强调合作共享可能会损害国家和人民利益。基因组等组学数据既是探索人类疾病发病病因、研发诊疗药物和方法的钥匙，又承载着人类遗传和国家安全。遗传资源保护不力，个人或机构面临行政或刑事处罚，更重要的国家面临安全隐患。但保护过当则阻碍研究，阻碍医学发展和全球协作。掌握数据产权和知识产权与促进全球疫情防控更不矛盾，国家对于国际疫情防控的大国责任在拥有数据产权及其知识产权的情况下行使和赞助将更具有主动权。只有拥有应有的知识产权，才能更好地遏制国内疫情和帮扶其他国家。

重大传染病数据共享与应用对于疫情防控和预防具有重要价值。重大传染病数据共享应用的审查应遵循基本伦理原则和医学数据共享的通用管理规范，遵循公共卫生伦理和传染病暴发与流行的特别要求，参考国际经验。数据共享应用应该由DAC对符合伦理、数据安全、产权保护等内容进行全方位审查。疫情期间和疫情结束的审查内容和程序有所侧重。在疫情尚未稳定或者严重期间，应该设置快速审查程序做出审批决定。在保证个人权益损害风险最小的情况下，促进数据共享，允许在疫情得到有效控制后进行完善和补充。应该在保证数据安全和保护数据成果的基础上促进国际合作。

基金资助：本章第四节内容由国家重点研发计划课题多源异构病原微生物大数据整合标准与平台建设（2021YFC2302001）和科技部科技基础资源调查专项课题：中国人类遗传资源基础数据库建设（2019FY100103，所属项目号：2019FY100100）资助完成。

参考文献

[1] WINSLOW C. The untilled fields of public health [J]. Science, 1920, 51 (1306): 23-33.

[2] GOSTIN L O, BOUFFORD J I, MARTINEZ R M. The future of the public's health: vision, values, and strategies [J]. Health affairs, 2004, 23 (4): 96-107.

[3] 中国疾病预防控制中心. 中国疾病预防控制中心简介 [EB/OL]. [2020-03-07]. https://www.chinacdc.cn/jgxx/zxjj/.

[4] Public Health Functions Steering Committee. Essential public health services [EB/OL]. [2020-03-07]. http://www.cdc.gov/nphpsp/essentialServices.html.

[5] DAWSON A, VERWE J M. The meaning of "public" in public health [M] // DAWSON A, VERWE J M. Ethics, prevention, and public health. Oxford: Clarendon Press, 2007.

[6] World Health Organization. International Health Regulations (2005) [EB/OL]. (2008-01-01) [2020-03-07]. https://www.who.int/publications/i/item/9789241580410.

[7] WHO. Strengthening health security by implementing the International Health Regulations (2005) [EB/OL]. [2020-03-07]. https://www.who.int/ihr/gcr-workareas/en/.

[8] BARO E, DEGOUL S, BEUSCART R, et al. Toward a literature-driven definition of big data in healthcare [J]. Biomed research in ternational, 2015, 2015: 639021.

[9] 孙齐蕊, 关健. 突发公共卫生事件与慢性疾病数据共享的法律与伦理 [J]. 中国医学伦理学, 2020, 33 (4): 329-334.

[10] MOONEY S J, PEJAVER V. Big data in public health: terminology, machine learning, and privacy [J]. Annual review of public health, 2018, 39: 95-112.

[11] CHEN N, ZHOU M, DONG X, et al. Epidemiological and clinical characteristics of 99 cases of 2019 novel coronavirus pneumonia in Wuhan, China: a descriptive study [J]. Lancet, 2020, 395 (10223): 507-513.

[12] HUANG C, WANG Y, LI X, et al. Clinical features of patients infected with 2019 novel coronavirus in Wuhan, China [J]. Lancet, 2020, 395 (10223): 497-506.

[13] PARASKEVIS D, KOSTAKI E G, MAGIORKINIS G, et al. Full-genome evolutionary analysis of the novel corona virus (2019-nCoV) rejects the hypothesis of emergence as a result of a recent recombination event [J]. Infection, genetics and evolution, 2020, 79: 104212.

[14] KOSTKOVA P. Disease surveillance data sharing for public health: the next ethical frontiers [J]. Life science, society and policy, 2018, 14 (1): 16.

[15] World Health Organization. Guidance for managing ethical issues in infectious disease outbreaks [EB/OL]. [2021-01-14]. https://apps.who.int/iris/bitstream/handle/10665/250580/9789241549837-eng.pdf.

[16] CIOMS, WHO. International ethical guidelines for health-related research involving humans (2016) [EB/OL]. [2021-01-14]. https://cioms.ch/wp-content/uploads/2017/01/WEB-CIOMS-EthicalGuidelines.pdf.

［17］HANSSON M G, LOCHMÜLLER H, RIESS O, et al. The risk of re-identification versus the need to identify individuals in rare disease research［J］. European journal of human genetics, 2016, 24（11）: 1553-1558.

［18］LIPPERT C, SABATINI R, MAHER M C, et al. Identification of individuals by trait prediction using whole-genome sequencing data［J］. PNAS, 2017, 114（38）: 10166-10171.

［19］FULLERTON S M, LEE S S. Secondary uses and the governance of de-identified data: lessons from the human genomediversity panel［J］. BMC medical ethics, 2011, 12（1）: 16.

［20］ROTHSTEIN M A. Is deidentification sufficient to protect health privacy in research?［J］. The American journal of bioethics, 2010, 10（9）: 3-11.

［21］LEE L M, SPECTOR-BAGDADY K, SAKHUJA M. Essential cases in the development of public health ethics［M］//BARRETT D H, ORTMANN L W, DAWSON A, et al. Public health ethics: cases spanning the globe. Cham: Springer, 2016.

［22］MICHAEL J, SELGELID M A. Disease prevention and control［M］//BARRETT D H, ORTMANN L W, DAWSON A, et al. Public health ethics: cases spanning the globe. Cham: Springer, 2016.

［23］APHA. Public health code of ethic［EB/OL］.［2020-03-09］.http://www.apha.org.

［24］关健. 医学科学数据共享与使用的伦理要求和管理规范（十一）重大传染病数据共享应用挑战和潜在审核方案［J］. 中国医学伦理学, 2021, 34（2）: 131-136.

［25］关健. 医学科学数据共享与使用的伦理要求和管理规范（八）审查委员会职责和高效的审查机制探讨［J］. 中国医学伦理学, 2020, 33（11）: 1306-1310.

［26］关健. 医学科学数据共享与使用的伦理要求和管理规范（七）伦理审查指南专家共识［J］. 中国医学伦理学, 2020, 33（10）: 1159-1166.

第十四章　组学大数据

> **本章概要**
>
> 　　新一代测序技术等分子生物学技术发展结合大数据分析使基因组等组学大数据成为疾病机制研究的重要基础。组学大数据是精准医学的遗传信息及其表达信息基础,加速了疾病发生机制和药物靶点的发现和药物研发;同时,应用广泛,包括临床基因组学和药物基因组学等。本章简要概述组学及其产生的组学大数据的特点,组学及其大数据应用,以及共享的挑战等,重点讨论分析临床基因组学的伦理问题和挑战,并提出临床基因组学送检和解读的伦理规范性指南。

本章要点

1. 新一代测序、质谱分析和高通量筛查等组学的检测和分析的技术基础;
2. 组学大数据具有个体-水平数据大数据化的构成特点;
3. 生物样本及其产生数据是组学重要材料基础,涉及人类遗传基础材料和信息;
4. 临床表型和基因组等组学数据整合挖掘促进精准医学;
5. 组学数据隐私保护和知情同意具有特殊性和更大挑战;
6. 临床基因组学检测和数据共享须遵循伦理规范;
7. 临床基因组学检测解读机构和人员应进行资质认证并分工明确。

第一节 概述

一、组学数据特点

组学（omics）是统称，是指一套能够全面了解细胞中存在的分子和生物标记物的技术。[1]包括基因组学、蛋白质组学和代谢组学等领域，这些领域都提供关于细胞在给定时间的生物活性的宝贵信息。组学也是指研究结果为组学的生物学的领域，如基因组学和蛋白质组学，代谢组学，包含了生物样本中遗传物质及其不同表达阶段的分子概况。高通量的组学数据提供了对不同种类的分子概况、变化和相互作用的全面了解，从四种主要的组学测量类型（基因组学、转录组学、蛋白质组学和代谢组学）开始，出现了多种组学分支学科（表观基因组学、脂类组学、相互作用组学、金属组学、疾病组学等）。[2]

组学数据是生物样本经基因组学和后基因组学技术产生的大量关于生物体基因及其表达的复杂变化和调控过程的原始数据。随着基因组学、蛋白质组学和代谢组学等不断扩展和进展，产生了大量的分子生物学相关的组学数据。[3-4]这些组学数据体现个体-水平高通量的特点，即个体-水平数据的大数据化。因为组学检测成本高昂，因此组学大数据的整体特点是小样本（相对低样本量）大变量（单个数据高通量）。[5]这些组学数据不仅巨大而且是异构的，通常以不同的数据格式存储，因此个体组学数据呈现大数据化，需要进行高通量的检测和数据分析。

二、组学基础

1. 材料基础

生物样本库是组学研究的材料基础。同时，人体生物样本及其基因组数据等是重要人类遗传资源。生物样本及其数据的共享具有一些重要的专门要求。

组学研究的基础是生物样本库。长期以来，研究人员利用储存的生物样本以及相关的表型和临床数据，研究遗传和环境影响对疾病风险的相互作用。

生物样本收集和检测成为涉及人的健康相关研究的常用手段。包括临床药物研发的药物靶点预测和药物有效性、安全性验证，以及药物耐药性等机制研究。生物样本收集与基因检测芯片技术、新一代测序技术的应用促进了大规模基于生物样本的人群研究，目前实践中临床试验和其他临床研究越来越呈现更广泛和大规模的多中心研究，有的多达 150 余家医疗机构参与。此外，还有国家战略性的基因组研究计划，如中国 10 万基因组研究计划等，通常需要地理分布广泛的生物库的不同数据源进行整合，以获得更广泛的潜在研究用途。因此，基于生物样本库研究不仅带来巨大的科学效益和商业效益，同时，将创建大型合作机构网络和相应的大型国家数据库。生物样本及其数据的应用迎来空前规模。

不同组学数据的——遗传资源的关系。基因组与人类遗传资源的密切关系没有任何异议，但是部分专家认为转录组学和蛋白质组学等不属于涉及人类遗传资源的数据。

2. 技术基础和数据来源

组学发展基于一些重要技术基础，其中包括高通量分析技术，主要是基因测序、质谱分析等。

①高通量分析技术对研究的影响。高通量分析技术的快速发展带动了现代生物和医学研究，从传统的知识 – 经验 – 假设驱动的研究方案向数据驱动的研究转变。以往，健康和疾病状态通常使用有限数量的分析，分析少数不同类型的标记，如大海捞针。随着许多新技术的发展，不再只是分析几个组件，2010 年后已经可以分析超过 100 种以上的分子成分。高通量分析技术不断发展。

近二十年以来，高通量技术和系统方法得到实质性改善，现代高通量技术，如高通量测序和质谱，目前可以同时检测、监测和分析成千上万的分子，产生了大量的数据，记录给定的生物系统实时分子细节。通过认识、区分这些分子，以及它们相互之间关系形成的生物网络，或者一定基因的转录、翻译、代谢的动态关系网络，有助于分析生物样本采集时生物系统此刻的生理状态 / 表型整体或系统关系。

液相色谱 – 质谱（liquid chromatography mass spectrometry，LC-MS/MS）分析目前可以识别多达约 5000 表达的蛋白质，通常是样品中含量最丰富的蛋白。一个人的蛋白质组检测目前可以使用个人的参考基因组或转录组，能够更好地检测蛋白质的异常。与核糖核酸相似，蛋白质的表达也是与时间相关和具有组织特异性。越来越多的证据表明，RNA 的表达水平只与部分相关蛋白的表达是一致的和并行的。

高通量筛选（high throughput screening，HTS），通过使用机器人、数据处理 / 控制软件、液体处理设备和敏感探测器，高通量筛选使研究人员能够快速进行数百万次化学、基因或药理学检测。通过这个过程，人们可以快速识别调节特定生物分子途径的活性化合物、抗体或基因。这些实验的结果为药物设计和理解特定部位的非相互作用或作用提供了起点，特别用于药物发现；与传统的单浓度 HTS 相比，基于滴定的定量高通量筛选（titration-based quantitative high throughput screening，qHTS）在毒理学中尤其有用。[6]

②组学数据及其分析的质量评估不可或缺，通常需要以下基本步骤。[7]

a. 数据质量控制（data quality control）；

b. 计算模型研发和交叉验证（computational model development and cross-validation）；

c. 独立数据集的确认（confirmation on an independent dataset）；

d. 数据、代码和完整特定的计算程序向科学界的释放（release of data, code, and the fully specified computational procedures to the scientific community）。

三、基本组学（遗传过程）分类

1. 基因组学、转录组学

基因检测技术演变经历了三个阶段。①基因检测较早阶段的单基因检测，先后建立的限制性内切酶酶谱分析、核酸分子杂交、限制性片段长度多态性连锁分析等方法。成熟的单双（相同的引物，剪接不同）基因检测技术是1985年由美国Cetus公司人类遗传学研究室Mullis等创立并随后迅速发展起来的DNA体外扩增技术聚合酶链反应（polymerase chain reaction，PCR），至今在一些实验中仍发挥重要作用，已在临床工作中广泛应用。用于疾病基因异常，特别是一些罕见疾病和重要肿瘤癌基因检测。②发展为多基因检测技术，基因芯片和测序技术使基因检测从单一检测发展为多基因和全基因组检测。但是成本较高。③近年来新一代测序，又被称为二代测序（the next generation sequencing，NGS）技术的快速发展，更将分子生物学诊断技术提高到一个崭新的阶段。基因组序列可以采用两种方法：①检查疾病相关的风险预测的蛋白质编码基因的高外显率的罕见变异；②对于复杂疾病，通过低外显率多个变异的整合信息，进行风险评估预测。

新一代测序技术发展，使基因组测序成为研究的重要内容和手段。随着其检测成本的降低，已经开始逐渐进入临床应用阶段，促进了临床基因组学与分子流行病学的发展和直接针对个人的基因检测服务。全球多个国家开启了基因组共享计划，我国2018年也启动了十万人基因组计划。基因组数据既是探索人类疾病发病病因、研发诊疗药物和方法的钥匙，又承载着人类遗传和国家安全。遗传资源保护不力，个人或机构面临行政或刑事处罚，更重要的国家面临安全隐患；保护过当，则阻碍研究和医学发展。

基因测序也促进了转录因子组学的发展。目前信使RNA（mRNAs）基因表达水平的分析和他们剪接不同的异构体通常是转录组学的主要焦点，其他RNA还包括如rRNA、tRNA、miRNA、lincRNA。个体的核糖核酸表达的变化具有组织特异性和时间依赖性的。目前小分子RNAs，特别是miRNA，lincRNA受到越来越多的重视和发展。

RNA深度测序能对杂合变异体的表达更准确的量化，即等位基因特异表达（allele specific expression，ASE）。同样，这些RNA的变种，其在DNA水平上的缺失，表明发生转录后的RNA编辑（editome）的发生，通常在哺乳动物中是A→G或I、C→U。这些 RNA 变异中一些导致错义或无义的变化，也可以在蛋白质组水平上鉴定。

转录调控是细胞决策过程及其分配细胞转化和增殖所需资源的能力的基础。基因组测序和转录组技术揭示了转录基因调控相互作用的复杂网络，如转录子突变通常与疾病状态和异常代谢表型相关。[8-9]高通量筛选能够用于分析与基因、通路或细胞功能相关的多个分析终点，并适用于各种模型系统。[10]

2. 蛋白质组学、代谢组学

蛋白质组学（proteome）和代谢组学（metabolome）被认为与表型相连的更密切，从而提供更精确的一种生理状态的方法。蛋白质可以进行一些修饰，包括：磷酸化（通过激酶）、泛素化、甲基化、乙酰化、糖基化、氧化和亚硝基化，但其检测因现有方法受限。

代谢组学可以被认为是特殊功能蛋白组学。[11]代谢组学分析因代谢产物的化学性质不同而具有很大的挑战（如疏水/亲水性，碱性/酸性）。代谢组学可以是靶向/针对性的（例如，GC-MS）检测，可以检测几百个代谢物的分析；或非针对性的检测（LC-MS），可以揭示 > 4000 质谱峰。重要的代谢产物已证实与一些重大疾病，如 II 型糖尿病（葡萄糖和支链氨基酸）和恶性肿瘤相关。代谢组学分析通过确定心力衰竭中线粒体功能障碍的新循环生物标志物，可有望为临床心力衰竭中共享代谢损害的证据。[12]

3. 临床诊疗、分子临床转化应用和表型组学

表型异常的分析提供了从基因组尺度生物学到以疾病为中心的人类病理生物学的转换桥梁。详细的表型数据与不断增加的基因组数据相结合，具有巨大的潜力，可以加速确定临床上可操作的并发症、具有预后或治疗意义的疾病亚型，以及提高我们对人类健康和疾病的理解。[13]随着深度表型分析等研究模式，临床表型发挥越来越重要的作用，表型组学的概念及其研究也不断深入。深度表型对应分子异常，经过验证形成分子遗传表型。

表型组不是描述某人的遗传信息，而是捕捉其遗传组成和环境因素相互作用产生的所有可观察属性（表型），包括其人口统计信息，如身高或眼睛颜色，以及病史。随着全球卫生系统的数字化，电子健康记录（electronic health records，EHR）数据库已成为医疗队列研究的主要数据源。通过提取这些队列，依赖基于 EHR 的表型定义（也称为表型算法），可以识别表现出某些表型特征的个体，例如相同的疾病、特征或一组共病。因此，EHR 不仅是真实世界研究的重要数据来源，也是促进共病机制的重要基础。

4. 相互关系

对于单个个体，基因组是唯一的。随着技术的进展和应用，其相关发现包括单核苷酸多态性（single nucleotide polymorphism，SNP）、移码突变（插入或缺失；或索引）、拷贝数变异（copy number variation，CNV）和其他结构变异（structural variations，SVs）；

转录组进展包含在基因表达、转录表达、基因中融合和选择性剪接；表观遗传学知识包含在蛋白质 DNA 结合位点、组蛋白修饰模式和 DNA 甲基化模式中；蛋白质组学知识通过蛋白质表达、翻译后修饰和蛋白质－蛋白质相互作用来反映；代谢组学知识如代谢物丰度。基因组、转录组和表观基因组位于蛋白质组和代谢组的上游。由于表观基因组信息影响转录组学、蛋白质组学和代谢组学图谱，而蛋白质组和代谢组是功能学组，直接决定表型的建立，决定表型特征。基因及其表达到终末功能，在不同阶段均存在潜在的疾病机制。蛋白质组、代谢组功能组学与上游组学过程之间的相互作用是实现精确医学的关键。从体内代谢组学图谱反向工程转录调节因子（transcriptional regulators，TR）活性和预测代谢物和转录调节因子之间的翻译后调节相互作用，例如，能从癌细胞代谢组的代谢谱揭示转录调节因子和代谢之间的全基因组潜在交叉作用。[14] 通过共病表型分析也可以了解同一基因变异的表型。

四、现有组学类型及其研究目的

组学数据类型极其丰富，除临床表型数据外，其他高通量的组学数据来源于不同的组学研究过程。从四种主要的组学测量类型（基因组学、转录组学、蛋白质组学和代谢组学）开始，出现了多种组学分支学科（表观基因组学、脂类组学、相互作用组学、金属组学、疾病组学等）。例如，与人类相关基因组、表观基因组、转录组、蛋白质组、代谢组、相互作用组、药物基因组、疾病组等相关的知识。[15] 代表性组学及其主要研究目的详见表 14-1。

表 14-1 代表性组学类型及其主要研究目的

组学（omics）	研究目的
基因组学（genomics）	研究有机体的所有基因序列，广义背景下，DNA 的非编码部分也是研究的主题
表观基因组学（epigenomics）	细胞内遗传物质的表观遗传修饰研究（epigenomic modifications）
转录组学（transcriptomics）	研究在特定细胞或细胞群体中的所有 RNA 表达水平
蛋白质组学（proteomics）	研究蛋白质，即研究在特定的条件下、在特定的时间、在特定的细胞类型或生物体中由基因组表达的某单个蛋白质或全部蛋白质，以及其可能呈现的所有潜在相互作用
代谢组学（metalobomics）	对细胞、细胞器、组织、器官或有机体中全部代谢物（小分子化合物）的研究

续表

组学（omics）	研究目的
相互作用组学（interactomics）	研究特定细胞内蛋白质与其他分子之间的相互作用（包括物理和间接相互作用）及其后果。这些相互作用以图形的形式显示，称为生物网络
药物基因组学（pharmacogenomics）	结合药理学和基因组学来分析基因组在个体药物反应中的作用
疾病组学（diseasomics）	对生物体所有疾病和异常的研究，通常侧重于由基因改变引起的疾病和异常。其对个体的潜在临床价值更大，有助于对个人进行动态观测，也有助于对疾病之间的关系进行探讨
整合组学谱（integrated personal omics profile，iPOP）	通过整合个体基因组学、转录组学、蛋白质组学、代谢组学和自身抗体谱的分析方法，认为多组学或整合组学信息不仅决定着人的遗传易感性，而且还能实时检测其生理状态
表型组学（phenomics）	表型类型包括：形态（个人体征）、行为异常；病理检查（器官、组织、细胞）；实验室检查、生理检查、影像检查；与临床体征、生化检查、物理检查、影像学检查和病理检查相对应。深度表型对应分子异常——已经验证的分子遗传表型

第二节 组学应用与挑战

一、组学与精准医学

1. 组学是精准医学的具体实施

组学是精准医学的具体实施，是具体研究方法之一。精准医学目标是个性化医疗，即可以根据患者的分子特征明确诊断和分型并选择治疗方案进行治疗，并促进分子指导预测和预防疾病的发生。组学研究是精准医学的具体实践。高通量组学数据提供了对不同类型分子图谱、变化和相互作用的全面了解，组学数据类型涉及基因及其表达、功能实现全过程，包括基因组、表观基因组、转录组、蛋白质组、代谢组、相互作用组、药物基因组、疾病组、个体综合动态组学等。可以说，精准医学是通过组学结合大数据分析，不断解释和验证表型异常，进而通过转化应用解决临床问题促进个性化诊疗的过程。

快速发展的高通量技术和计算机框架，使生物系统的检测研究达到前所未有的信息量和细节。在组学水平研究生物学现象的能力产生于个性化和精准医学的重大进步。此外，组学技术具有改造传统医学从症状为主的疾病的诊断和治疗对疾病的预防和早期诊断的潜力。传统基于症状性疾病的诊断和治疗为主有明显的局限性,往往无法预防,更多是在疾病发病之后,甚至晚期才得到治疗,因此,临床工作中更多关注晚期症状,一般容易忽略基础病理表型(pathophenotypes)或危险因素,以及导致疾病产生的机制。精准医学正是克服了这种缺点,从大规模遗传和分子分析的进展中分析出疾病发生发展的潜在因素,影响疾病治疗和预后的生物标志物(biomarker),通过前所未有的分子水平细节预测疾病发生的可能性和概率,并在诊疗过程中解决个性化的差异,如肿瘤的亚型分析和靶向治疗方案,以及了解耐药机制等。[16-18]

不同组学研究共同促进疾病机制和疾病诊疗。研究和实践证明基因组测序及其分析疾病状态分析的作用强大。然而,基因组测序,或者说基因问题不能解释所有的与健康个人的疾病风险评估和病因问题。多数疾病的发生并不是单因素、单基因的变化导致的。涉及多个基因,还涉及基因异常表达、调控等系列变化,即涉及大量不同的基因及其生物途径,以及不能忽视却难以评估的环境因素。生命科学和生物信息学的发展,让科学家了解和认识到,如恶性肿瘤、糖尿病、神经系统疾病等这些疾病引起的不仅仅是单纯的基因组 DNA 的变化,更涉及基因表达的变化,mRNA 和蛋白质,以及小分子等。这些疾病是多因素的,但是个体都拥有自己特殊的基因及其表达变化的图,就像是掌纹或指纹,而这些特异的图谱,可以指导疾病的预防和治疗,这就是组学为基础的精准医学构想。因此,基因组信息与基因表达、调控等详细分子分析相结合,即不同的组学数据整合研究,对于预测、诊断和治疗疾病以及了解疾病状态的发病、进展和预测评估等非常重要。

组学发展已经从单纯的基因组学,到根据个人组学和多组学的整合的综合概况,组学发展及不同组学之间的关系(如表 14-1 所述的基因组、转录组、表观基因组、蛋白质组学和代谢组学)的综合目录,为精准医学提供了基础。特别是进入后基因组时代之后的精准医学,表型数据具有与基因组等组学等价的潜在研究价值。2001 年"人类基因组计划"完成后,生命科学技术快速发展及其与其他前沿技术(互联网、大数据、机器学习、人工智能等)的融合,医学研究进入"后基因组时代"。随着对基因组、转录组、蛋白组及代谢组等的深入研究,生命科学有了全局、系统化的认知,系统医学得到前所未有的发展,表型数据被重新重视。

人体表型是人体最终遗传表达功能的"集合体",也是一个极端复杂的动态过程,疾病的发生,特别是多基因 – 环境相关疾病,如恶性肿瘤(乳腺癌、肺癌、消化系统肿瘤等)的发生发展及其预后不仅与基因型,也与环境有密切关系。因此,近年来借助高通量的表型分析技术和平台,把表型组学与基因组学、转录组学、蛋白质组学、代谢组学结合在一起,已成为系统生物学的技术平台和研究趋势,对于多基因相关疾病的系统研究,以及提升疾病的临床诊疗和预后等具有重要意义。

临床诊疗的电子医疗记录应用的普及，以及大数据分析等技术的成熟，使数据共享和精准医学、表型组学研究成为可能。但表型组学需要大量人群的精准体检才能完成，这是金力院士牵头的上海立项的"中国人全表型组参比图谱"和"国际人类表型组计划（一期）"的重要工作。

现有健康档案和临床诊疗记录与基因组等组学数据的整合，与目前人类表型组四大表型研究模块（分子，细胞、影像和功能），对生物体的物理表型（体质、影像），化学表型（基因、蛋白质、转录组、代谢物、免疫因子等）以及生物表型（如肺功能、心功能和认知功能等）从"宏观"到"微观"具有潜在联系，能够完成表型组学的初步系统性测量和分析。

2. 代表性组学研究应用领域

目前代表性组学研究是深度表型分析研究，应用领域包括临床基因组学和药物基因组学，以及分子流行病学等。

深层表型可以定义为对表型异常的精确和全面的分析，观察和描述表型的各个组成部分。深层表型分析是精准医学新兴领域的一个重要组成部分，其目的是根据疾病的共同生物学基础，将每个患者分为疾病亚类，为其提供个性化的治疗。具有代表性且进展较快的是肿瘤。

基于 EHR 的表型分析：通过定义共病表型，并验证其以确保其准确性和普遍性，进行"表型分析"，发现共病表型。"基于 EHR 的表型分析"主要依赖于 EHR 中的数据。

"计算表型分析"（也称为"深度表型分析"），使用机器学习（machine learning，ML）技术来发现先前定义的队列的新成员，或使用无监督技术来发现全新的表型并研究其特性。深度表型分析是精准医学和个性化诊疗研究的重要路径。

深度表型分析与临床基因组学和药物基因组学密切相关，我们将以临床基因组学为例在下节重点阐述和规范。

分子生物学和遗传学的发展增加了生物标志物应用的机会。基于生物标志物的流行病学研究属于"分子流行病学"，其设计和分析问题与"传统"流行病学研究相同。生物标志物通过过渡性研究进行验证，在分子水平探求为克服流行病学的某些局限性提供了新的机会。分子流行病学的定义适用于与公共卫生和实验科学交叉的学科。

对于哪种类型的研究适合这门学科，目前还没有一个普遍接受的定义，目前很大程度上取决于所涉研究者的背景。对于一个流行病学家来说，分子流行病学包括任何基于生物学的测量（可能包括血压测量）的流行病学研究。而对于一个分子生物学家来说，在一组几十个受试者（个人信息主体）中寻找一个新的基因就可以称为分子流行病学研究。因为分子检测，特别是组学研究成本仍然巨大，且越来越多的分子（更普遍的是生物学）方法来测量可能与流行病学有关的变量。目前的组学基础的分子流行病学以后者为多。基于生物学的方法来测量流行病学有两个领域的研究实践数十年，已将纳入分子流行病学的标题是传染病流行病学和心血管流行病学。

二、精准医学对疾病认识的影响

随着基因组计划完成和新一代测序等技术的发展，提示几乎所有的疾病都受基因遗传因素不同程度的影响。深度表型研究则对传统遗传疾病的分类认识，特别是两类疾病的遗传基础和疾病的机制认识和精准治疗具有重大影响。

传统上，一般把遗传因素作为唯一或主要病因的疾病称为遗传病（genetic disorder），即是由完全或部分由于 DNA 序列或其表达异常引起的疾病。现代医学，遗传病的概念优势扩大，遗传因素不仅仅是一些疾病的病因，也与环境因素相互作用进而对疾病的发生、发展及转归起关键作用。

根据遗传方式将疾病分为遗传性不同的两大类：孟德尔遗传和非孟德尔遗传疾病。下面是两类不同遗传的特点。[19]

孟德尔遗传的特点：通常为罕见 DNA 序列变异，每个变异都具有相对较高的外显率，是导致罕见病遗传易感性的主要因素。遵循孟德尔遗传模式的疾病称为孟德尔疾病。大约 80% 的罕见疾病起源于遗传，这些疾病大多是单基因/孟德尔病。罕见病对个体来说是罕见的，但据估计，全世界有 4 亿人患有大约 7000 种不同的罕见病。

非孟德尔遗传的特点：指在总体人群中具有明显频率但相对较低的"外显率"（或相关变异携带者表达疾病的概率）的基因变异是导致常见病遗传易感性的主要因素。如高血压、糖尿病、精神分裂症、肿瘤等复杂疾病。

通常复杂性状表现出由许多低效普通变异产生的多基因结构，而罕见性状往往具有高效单基因决定因素。[19]但是，越来越多的证据表明，这两类表型在生物学上存在例外情况，有时候互有交叉。"常见病、常见变异"假说已被确定存在多个例外，为复杂的遗传缺陷及其分子表型；孟德尔疾病也被发现受到多个或常见遗传变异的影响。[20]这也可以理解为基因对于大多数疾病只是风险中的一个，但是风险程度不同。

根据基因对疾病的影响，疾病分为两大类：单基因疾病，一般为孟德尔遗传疾病，包括一些罕见疾病，单个基因致病风险或致病力强。多数疾病是多基因疾病，且受环境因素影响较大，如肿瘤，具有肿瘤发生的易感基因。环境因素也是通过引起遗传因素（如基因表达）发生变化而引起疾病的发生发展。在基因与疾病的关系中，许多常见的疾病是多基因疾病。如糖尿病、肿瘤、心脑血管疾病等慢性疾病，通常是多个不同基因 DNA 变异共同导致的结果。即使是单基因疾病，也具有不同的突变类型。[21]此外，与孟德尔疾病相关的基因、常见变异和拷贝数变异，以及复杂疾病和特征的遗传决定因素〔如帕金森病（MIM：68600）、肥胖、身高、耳毒性和其他］之间已发现具有重叠。

复杂性状的单基因形式（即表型匹配的孟德尔障碍）越来越多地被用作识别与复杂性状相关的基因以供进一步研究的起点。

单个基因的变化也可以导致多基因机制，个性化诊断和靶向治疗都需要多基因检测或全基因组测序的信息支持。此外，肠道菌群被认为与很多疾病有相关性。著者认为，血液系统相对为人体内环境，口腔与肠道与体外环境直接接触，受体外环境因素的影响较大。目前，肠道菌群研究发现与人类多种疾病相关，如自闭症。著者认为，肠道菌群对疾病的影响是环境影响的特殊表现。

三、组学研究趋势

组学研究是精准医学的具体实施。临床基因组学促进了一些疾病的诊断或者鉴别诊断。表型深度分析与疾病分型，进而指导一些明确疾病生物靶或者多因素中的重要疾病机制，促进靶向治疗，促进临床个性化治疗。药物基因组学也成为临床药理学的支撑学科。

组学研究呈现两个趋势，随着基因测序等组学技术的发展和成熟，逐渐推进单一组学的群体组学，如大规模基因组学研究，包括分子流行病学。另一趋势是对单一个体的不同组学数据的整合研究，即系统组学，如疾病组学、动态组学也有所报道。影像表型－基因组学得到发展，如放射基因组学。[22]

随着组学技术和数据分析能力提升，组学研究逐渐呈现大规模的整合组学和系统组学研究趋势。

表型－基因型组学整合进行深度表型分析是目前精准医学的重要研究模式。通过深度表型分析，有助于快速发现与疾病预测、诊断和治疗效果提示相关的生物标记，阐述疾病遗传基础和为靶向治疗和疾病预后提供依据。[23]

整合多种组学测量（如基因表达水平和代谢物浓度）是一个活跃的研究领域，研究生物系统多个组织层之间的相互作用。[24-25]

系统组学，如疾病组学的理解可参考系统生物学的概念。生物体，包括人是一个整体，不同的基因表达（包括组学）之间存在协调和平衡机制。

整合个体组学谱（integrated personal omics profile，iPOP），组学技术的发展，使精准医学和个性化医疗的基础，提供了基因组、蛋白质组等不同组学研究整合综合分析的机会。iPOP可以认为是动态组学。2013年的文献，提出iPOP的概念和糖尿病相关研究例子。通过整合个体基因组学、转录组学、蛋白质组学、代谢组学多个组学方法和自身抗体谱的分析方法，观察疾病个体动态组学变化。提示多组学或整合组学信息不仅决定着人的遗传易感性，而且还实时检测其生理状态。[7, 26] 到目前为止，综合性的整体组学分析还很有限，因研究成本等问题，仅用于少量研究，还没有应用于一般健康个体的分析。

四、组学数据应用总体挑战和问题

1. 数据异构和储存

虽然基因测序技术使基因检测成本大大降低，但是，其费用仍不能广泛承担和开展。组学数据不仅巨大而且是异构的，通常以不同的数据格式存储。组学数据异构明显。不同组学因其所处基因表达不同阶段，因数据检测不同异构性显著，采用不同的数据格式存储。组学数据单个样本检测结果就占据空间很大。因此，除了检测成本，组学大量检测还需要储存设施和空间成本。生物样本的收集也需要耗费时间、劳力成本。生物样本的储存，同样需要满足要求的储存设施和管理。特别是有些罕见疾病生物样本及其数据难以复制或很难收集。组学技术产生的大量数据往往缺乏标准化和管理。集成组学数据集需要为其收集的数据采用标准化格式，并制定所选择托管数据的管理方法。将组学数据纳入研究所面临的另一个重大挑战是需要但很难将原始数据与生物学背景联系起来。[27]

2. 数据共享及其管理挑战

数据共享可以促进组学研究和应用。但是，生物样本及其组学数据涉及人类遗传隐私，因涉及个人及其家庭隐私敏感信息，必须加强个体权益保障，特别是个人隐私保护和严格履行知情同意。同时，组学数据的共享应用，除了其他数据面对的个人隐私和知情同意等问题，生物样本及其组学数据的共享，在个人隐私方面涉及个人信息主体及其家庭的遗传隐私，必须获得书面知情同意，更须加强隐私保护管理。

满足一定条件的生物样本及其组学数据的收集和应用还涉及人类遗传资源材料和信息。需要根据《人类遗传资源管理条例》进行审批和/或备案。

在许多第一代生物定位研究中，研究人员选择通过两种方法之一来保护贡献者数据的机密性：匿名化（身份不可逆转地被切断以防止将来的重新识别）或对链接数据和样本进行去标识（编纂，但保留识别信息）。虽然一些证据表明，研究对象可能不容易区分这两种方法，但管理上通常倾向于将匿名化作为保护隐私和限制潜在滥用的主要手段。这符合目前的数据共享应用国际共识去识别和隐私保护。同时，全外显子组、全基因组数据涉及人类遗传资源信息，应审慎处理国际合作，对外提供需注意安全审查。

3. 缺乏统一规范标准

需要调整现有的监管和审查程序，适应组学特别是全外显子组学、全基因组组学等涉及人类遗传资源信息的监管和审查。国家卫生健康委《涉及人的生命科学和医学研究伦理审查办法》正式施行后，更重要的将是各机构之间的协调和统一（目前通过合同、章程和数据使用协议实现），对诸多需要统一回答的问题都需要标准以及具体的指南为机构的实践提供指导。以知情同意履行及其知情同意模式为例，需要统一标准的相关问题包括：①使用现有生物样本和数据的问题，如知情同意豁免？还是必须重新授权？②持续研究或共享计划，不同阶段使用的知情同意书模板方式、版本等不同？③不同级别的机构缺乏解决包括敏感数据，如全基因组测序（whole genome sequencing，GWAS）数据在内的共享问题统一协调的组织；知情同意，特定或泛知情同意重新获得知情同意是否需要重新履行同意，特别是需要联系和重新获得 GWAS 的同意等问题。尽管泛知情同意现在受到更严格的审查，但仍需要额外的保障措施，且不同机构的知情同意内容也会有所不同，很难获得共识使内容和标准统一。

第三节　临床基因组学及其伦理管理规范

一、临床基因组学发展

新一代测序可以同时进行系列信息的读取和分析，极大地提高了研究和研发效率，为研究和临床诊疗带来前所未有的机遇和成果。自 2007 年直接面对消费者的基因检测（direct-to-consumer genetic tests，DTC gt）第一次商业化以来，其应用迅速发展，逐渐进入临床应用，并促进即发展为临床基因组学发展。[28]

临床基因组学检测主要指：①靶向精准测序（targeted sequencing），用于检测目标基因和目标区域（gene panels, i.e. hearing loss/deafness）；用于检测疾病表型相关的外显子多重区域（ROI /clinical sub-exome, i.e. ASD/ID/DD's ROI）；用于检测临床相关的外显子测序（clinical exome）以及用于 WES。②全基因组测序（WGS），用于整个基因组测序。除特别说明外，以下原则适用于所有类型的基因检测。

二、临床基因组学应用领域

临床基因组学是基因组学在医疗保健中的应用。在临床医疗工作中实施基因组学主要在四大类疾病领域应用：罕见疾病、肿瘤、常见/慢性疾病和传染病。

1. 罕见病

可以说，在罕见疾病领域，基因组学在医疗保健领域的应用最为成功，许多报告的诊断率至少为 20%～30%，卫生经济研究证明了成本效益和诊断效用。自 20 世纪 90 年代初以来，临床遗传学家一直使用单基因或小基因面板测试（small gene panel tests）来支持这些疾病的诊断和一些治疗决策。包括外显子组和基因组测序在内的基因组检测技术及其分析成本大幅下降，对促进罕见疾病诊断和发现研究产生了重大影响。[29] 然而，由于7000多种罕见疾病影响到全世界3亿多患者。虽然基因组学用于诊断和改善症状管理可以使罕见病患者及其家属的疾病预测和预防效果显著改善，多数疾病仍缺乏有效的治疗方法。为促进全球知识交流，提高患者诊断率，了解疾病进展，并加强护理策略，全球很多罕见病团队已接受数据共享。如 Matchmaker exchange（MME）是一个罕见疾病基因发现平台。[30]

为了进一步取得进展，临床、研究实验室和卫生系统必须支持几个关键活动，以有效识别、诊断和最终治疗罕见疾病的遗传原因：①收集基因组和表型数据，以识别疾病和非疾病人群中的人群等位基因频率，并将新基因纳入罕见疾病；②使用一致的注释模型和术语对基因疾病关联的有效性进行分类；③共同建立知识库，以了解变异致病性；④确定罕见疾病的自然史，以预测疾病进展，并为开展临床试验奠定基础；⑤监测新兴疗法的治疗效果。

2. 肿瘤

肿瘤可以被认为是常见病。全世界1/5的男性和1/6的女性在一生中将有可能被诊断为肿瘤。体细胞基因组改变是恶性肿瘤的重要标志，通常与特定致病性突变相关。在一些具有遗传性恶性肿瘤综合征的个体中，种系变异可破坏肿瘤的相关路径，并增加发展为"可遗传"恶性肿瘤的风险。通过对患者的肿瘤基因组及其种系基因组进行测序来表征恶性肿瘤，可以深入了解了恶性转化的分子机制，并发现了潜在的治疗靶点。基因测序已在肿瘤的监测、诊断、预后和治疗反应（敏感性）的预测中的进行应用。以乳腺癌为例，BRCA1 或 BRCA2 突变的识别具有重要的临床意义，了解其存在对风险评估和患者的疾病管理很重要、携带 BRCA1[OMIM 113705] 或 BRCA2[600185] 种系突变的妇女患乳腺癌和卵巢癌的风险大大增加。对于 BRCA1 突变，乳腺癌和卵巢癌的平均风险分别为 57%～65% 和 20%～50%；对于 BRCA2，平均风险评估值分别为 35%～57% 和 5%～23%。[31-32] 肿瘤基因组学在临床上的应用比罕见疾病复杂。对于恶性肿瘤患者，特别是一些晚期肿瘤，生存期短的治疗策略周期通常以周为单位，很难把基因组信息整合到临床决策中。基因组学在肿瘤治疗中的应用更为复杂，可能包括对体细胞基因组和种系基因组的双重评估，确定可遗传的肿瘤发生进展风险，以及由于相应靶向治疗而改变的选择压力而对进化中的肿瘤基因组进行评估。

基因组信息在肿瘤的临床决策中越来越重要。肿瘤基因组信息促进肿瘤亚型，在个性化靶向治疗方案时最有用，一些成熟的生物标记和靶向药物已经成为临床个性化诊疗的重要基础，被纳入临床诊疗指南。[33] 跟踪结果数据（例如，进展和治疗反应），确定肿瘤患者中发现的变异的临床意义的关键因素。注释与致病性证据或相关治疗方案相关的肿瘤基因组变异等将进一步促进肿瘤基因组的临床价值。

3. 慢性疾病

"常见病"是一个通俗易懂的概念，描述了具有复杂环境和遗传病因的各种疾病。自人类遗传学诞生以来，通过遗传学准确预测常见疾病一直是研究的主题，但基因组信息仍没有广泛用于临床实践。大量遗传易感性位点（多基因结构）的发现支持常见病常见变异假说，并导致产生总结常见病风险的多基因风险评分。[19]研究通过对人群进行分层以部署疾病管理策略，证明在实践中应用多基因风险评分的临床益处。随着选择的分析从基因型阵列转移到测序，常见疾病和罕见疾病应用之间出现交叉整合，如已发现存在对乳腺癌或心脏病的易感性。当这种基因组信息可用于临床常见疾病时，对整个人群进行测序将更有意义。

4. 传染病

基因组学可以比以往任何时候都更加自信和精确地用于识别疾病的传染源，并且速度越来越快，从而可以快速解决感染病原体，以及识别可能逃避抗生素、抗病毒药物和疫苗的新物种的进化。在传染病防控诊疗中部署基因组学的主要挑战是管理成本和物流、跟踪疾病进展及其特征、实现精确的表型预测（如抗生素耐药性），以及与基因组检测相结合协调非基因组分析的历史知识库。新冠病毒感染大流行在某种程度上验证了基因组学的作用。诊断检测越来越普遍，病毒基因组测序可以跟踪菌株，对有症状的个体进行基因组测序有助于更好地理解新冠病毒感染重症的基因水平发生基础。

传染病基因组研究和监测主要依靠对细菌和病毒病原体及其携带和传播的生物体进行测序。这些基因组在大小、内容和相关元数据方面差异很大，因此为人类基因组数据创建的标准和 API 可能不足以用于传染病数据。推进病原体基因组学所需的具体数据标准与人类基因组学不同，但共享数据的机制仍有相当大的重叠。

通过与诸如基因组流行病学公共卫生联盟（PHA4GE；https://pha4ge.org/），国际 COVID-19 数据联盟（ICODA；http://www.icoda-research.org），以及欧洲 COVID-19 数据门户（http://www.covid19dataportal.org），GA4GH 正在努力确保基因组数据共享标准中的物种不可知元素转移到传染病领域。[33]此外，GA4GH 标准已开始探索如何适应支持传染病数据；例如，为了应对新冠病毒病大流行，改进了数据包（phenoppackets）标准，支持 2020 年以来传染病的患者-水平数据呈现。此外，最近在几个国家开展的大规模结核病测序、埃博拉和寨卡病毒株的快速鉴定和使用基因组追踪医院疫情等举措表明，研究、公共卫生机构和临床实践之间存在着活跃的功能接口。[33]

三、临床遗传基础数据及其分级标准

1. 临床遗传基础数据界定

疾病的遗传基础数据是指对于临床基本诊疗，或健康预测相关的基因及其表达相关的数据。包括但不限于遗传信息（如基因检测信息、全基因组数据），还应包括基因表达过程，如转录组、蛋白质组等组学数据，以及基因表达调控通路等相关数据。有价值疾病遗传基础数据是指对于疾病发生机制、疾病预测、预防和疾病诊疗、预后等过程有指导价值的数据。疾病遗传基础数据是在精准医学–个性化诊疗研究过程中经过验证，具有临床应用中指导诊疗、预后等的潜在价值的数据——（潜在 – 表型）数据。以肿瘤为例，恶性肿瘤等基因突变等异常、基因表达通路异常为中心的概念的基础上，目前抗肿瘤药物治疗的方法集中在具体的针对肿瘤发生和与耐药性有关的单个基因及其表达、调控的关键靶点，包括生物、分子靶点。

2. 临床遗传基础数据分级标准构建目的

临床遗传基础数据的分级，是针对临床转化研究、精准研究中临床转化应用中的数据（信息）在指导临床工作的潜在"权威性"进行分级。

转化医学和精准医学的诊断生物标记物或者治疗靶向分子的发现，最终目的是为了应用于临床，成为临床诊断、预测、预后、治疗等方案制定参考的疾病分子表型。

基因起决定作用的遗传病（与罕见病有一定的交叉）和具有一定遗传基础受环境影响的疾病（如代表性疾病恶性肿瘤等）。如罕见疾病的基因突变，或染色体变化；肿瘤或癫痫或其他代表性疾病发病预测，或疾病诊断，或治疗（靶向）或预后意义的分子变化等。但是，这些生物标记物或靶向分子在临床应用实践中的指导价值是不同的。一部分经过临床试验已经应用于临床，还有一部分虽然具有很大的潜在应用价值，但没有经过系统安全临床验证等。因此，这些临床遗传基础数据对于临床诊疗工作的价值不同。

构建临床遗传基础数据的分级，是对这些研究发现到临床诊疗应用过程不同阶段的生物因子，根据其作用、报告的来源等进行临床诊疗指导潜在价值分级，为临床诊疗、健康预测服务等提供一定依据。

3. 临床遗传基础数据（分子表型）分级及其依据示例

临床遗传基础数据（分子表型）分级是指根据遗传基础数据的验证基础，以及临床应用阶段，主要用于临床基因或基因组数据及其临床疾病诊疗证据的分子表型判定。

一级，经过系统验证，进入临床诊疗常规或指南，称为表型数据，包括基因异常及其表达。

1.1 级：不同指南基本无异议或完全无异议；

1.2 级：不同指南之间，大原则相同，但是在具体使用或解读细节，如用量存在一定差异；可能与种族、国家、区域性差异；可以具体问题具体分析。

二级，经过较权威验证，如临床试验，进入专家共识。

三级，其他，未经过一级二级相关要求的验证，一般多为文献报道，包括目前进行的表型深度分析等。

当有研究文献或研究结果对分子表型的临床价值提出异议或相反的证据，应适当降低价值级别，具体根据相反证据的权威性等确定。

四、法律和伦理问题

生物样本及其数据与人类自身的密切关系，以及检测技术及其应用发展限制，在临床基因组学中突出地引起以下几个重要问题。

1. 遗传隐私和基因歧视

基因组测序使涉及隐私的信息提高到人体的全部遗传信息，利用目前可用的分析技术，结合检测特定的基因型和染色体核型，可能有机会逆向识别个体。遗传信息泄露可能引起或面对在工作、保险过程的基因歧视。为了"充分保护公众不受歧视，减轻他们对歧视可能性的担忧，从而使个人能够利用基因测试、技术、研究和新疗法。"美国在2008年制定了《遗传信息不歧视法案》。互联网的全球互通网络存在群体遗传资源的泄露隐患，大规模的群体测序遗传信息数据泄露将涉及国家安全。因此研究实施中保障原始数据安全，处理好数据共享和遗传资源管理之间的统一和矛盾关系是大规模人类基因组研究面临的挑战。基因组测序数据的共享，需要处理好医学研究数据共享需求和保障被检测者隐私和个体、群体数据安全双重安全保障。

2. 遗传信息及其检测的知情权和不知情权

知情同意包含两个层面的权利——知情权和同意权（选择权），知情选择权更为准确。现有临床诊疗方法丰富的情况下，更多机会行使选择权。知情权是指委托人有权客观、全面地了解其所要进行的分子遗传基因检测相关内容，优势、缺陷、现有技术限制和替代方法等等。在知情权的基础上，委托人才能够行使选择权，即：可以同意，也可以拒绝。知情同意是指在客观全面了解的基础上选择同意。在重视知情权的同时，重视公民的不知情权。不知情权（right of ignorance）是指所有人，包括患者及其家属，对遗传信息以及遗传异常信息，有选择不知情的权利。

高通量检测技术及其分析大大提高了疾病相关遗传异常信息的发现，包括偶然发现，但包括全基因组测序在内的基因检测技术不是万能的。以 WES 和 WGS 为例，其检测结果与人体实际存在结果仍有一定差异。而且，在能检测到的海量的基因序列信息中，我们能够解释和解读的遗传信息量极少，对这部分遗传信息的解释仍具有一定的不确定性。

医学发展有限，即使是已知致病基因和预期致病基因，但临床上可能仍没有有效的干预或治疗方法。这种情况下，给接受检测者反馈或披露信息，特别是对一些到成人或老年时才发病的一些疾病信息，除了引起焦虑和绝望感，可能没有任何意义，这显然违反医学伦理学的受益原则。而已知致病基因的检测也有引起过度医疗问题的嫌疑。如有家族性遗传倾向乳腺癌筛查基因 BRCA1&BRCA2，基因检测对肿瘤风险预测的兴起，使为预防乳腺癌而行预防性乳腺切除手术的很多。事实上，乳腺癌的发生和发展是需要时间的，过早地切除乳腺对患者的生活包括婚姻都有不利影响，且浪费了卫生资源。

基因组测序和偶然发现及其反馈，即遗传信息反馈问题总体原则是应该遵循隐私保护、知情同意和患者利益等伦理原则。在临床诊疗中相对复杂，需要区别对待。已经成为临床诊疗常规的常规检测的目的基因，如一些单基因遗传疾病，应依照临床诊疗工作的相关法律法规履行告知等法定义务。如果因检测或解读错误对患者造成损害需承担医疗损害侵权责任。非常规检测的目的基因的偶然发现，临床上没有反馈或披露的法定义务。2013年，美国医学遗传学和基因组学学院（American College of Medical Genetics and Genomics，ACMG）制定了相应的指南并定期更新，提出了基因组测序偶然发现咨询披露信息的最小清单。我们建议在知情同意书中对偶然发现明确不返回研究结果，除非是已经明确并有利于优化受试者的临床诊疗方案的信息。

需要强调的是应该重视基因遗传信息的不知情权和自主权。法律法规和管理、伦理审查等实践，之前我们都更多地关注接受检测者的知情同意权，忽视了接受检测者及其家属对于包括偶然发现在内的疾病相关遗传信息的不知情权。在开展临床基因组学中，知情同意权、拒绝权和随时退出权利，以及不知情权加在一起本质是尊重患者的自主权，即根据自己的真实意愿决定是否接受检测和选择有关基因检测和咨询的权利。尊重接受检测者的自主权，核心是知情同意权的切实履行，在内容和程序上无瑕疵。

3. 遗传隐私权

促进和实现疾病机制研究、诊疗方法发现的精准医学和个性化诊疗目标，需要基因组和表型组数据的整合、共享。但涉及人生物样本（库）的研究的个人参与者担心其基因或个人健康信息被泄露或者不负责任使用对他们及其家庭的生活和产生不良影响。管理上通常倾向于将去识别化或匿名化后用于共享应用作为保护隐私和限制潜在滥用的主要手段。这符合目前国际数据共享应用的隐私保护要求和去识别化原则共识。然而，与其他受保护的健康隐私信息不同，基因测序产生的全基因组数据本身通过技术可以重新识别，应认为是可识别数据。因此，对其他数据可以完成匿名化的"安全岛"去识别的方法可能不适用全基因组数据，对于下一代生物定位研究而言，一般性的去识别化将不再是足以保护参与者隐私的手段，尤其是在预期广泛数据共享的情况下。以往单基因检测，或者多基因检测产生的数据，包括芯片，通过去识别化可以满足要求。但个人信息主体的身份完全可以通过基因组数据来确定,大多数传统去识别"匿名"方法对全基因组数据或包含全基因组信息的生物样本不再具有可行性。管理上对于全基因组数据更多以提供申请数据分析的研究结果或报告数据为主。

五、临床基因组学检测的伦理指导原则

1. 资质和能力要求

人员资质和能力:①基因组检测送检申请资格:有资格对分子遗传基因检测的提出送检申请的应该是具有遗传学背景或熟悉分子遗传检测及其进展的临床相关专业(如病理科、医学检验科、临床遗传学、内科、外科、妇产科、儿科、神经科、眼科、耳鼻喉科等)的注册执业医师。②遗传基因检测后结果解释和解读人员资格及其能力要求:遗传检测后咨询——结果解释和解读,应由具有足够的医学分子遗传学检测知识和经验的临床医师进行,必要时,由具有分子遗传学、生物信息学的专业人员共同参与。③培训和提升:从事涉及分子遗传学基因检测的相关专业的执业医师应该接受培训,如专科培训、毕业后继续教育或其他方式的定期或不定期专业技术培训,如医学遗传学、生物信息学、分子遗传学、相关法律法规和医学伦理学等,保持和更新相关专业的知识和能力。

检测机构:分子遗传基因检测应该在具有分子遗传学基因检测资格的医疗机构或国家相关部门或其授权部门认定的第三方医学检验机构中进行。依据国家相关部门和现行指南的程序和要求申请。

检测机构应该符合和遵照包括国家卫生健康委等颁布的分子遗传学基因检测相关规定的技术标准要求和国家卫生健康委组织制定的相关技术常规指南,并根据要求建立规范检测操作体系。检测机构应该配备专业检测技术人员、遗传咨询和对结果分析出具结果报告的专业人员,如生物信息学、分子遗传学专业技术人员。

检测机构应该提供用于保障被检测者检测信息的安全管理平台和建立安全管理制度和管理体系,并建立安全管理相应的应急预案系统和措施。检测只能使用已建立和实践的技术进行。公开技术路线、检测方法和分析方法。提供检测服务的实验室或组织应当按照既定的标准进行监测,并进行自身的跟踪研究,努力提高诊断的准确性。检测机构应客观公开其检测的设备、方法和检测咨询人员的资质等信息。检测机构应该结合申请目的提供科学性、实用性和简单通俗易懂的研究报告。报告中应结合检测的目的基因或基因群,对其使用的主要技术路线、技术方法和研究结果的分析应予以清晰说明。

2. 检测前评估和知情同意

检测前评估:送检临床基因组学检测前,临床医师应该对被检测者风险收益评估,评估内容包括进行基因组检测的必要性,风险与受益,是否为疾病病因或指导制定诊疗

方案所必需等。

基因组学检测的目的应该遵守国家法律法规和符合伦理原则。临床医师应拒绝违反法律法规目的的基因组检测，如非医疗目的的性别鉴定；亲子鉴定应在指定的机构进行。临床基因组检测的目的是临床诊断或有助于拟定治疗方案的制定等医疗目的。

遵守所在机构的规定和流程：评估和送检申请决定的过程中应该遵循所在机构的诊疗相关规章制度和伦理审查相关规定和流程。

知情同意：经过评估后，只有获得知情同意后才能送检临床基因组检测。应在充分告知的基础上，签署知情同意书，知情同意书格式和内容见附件1。

临床检测的知情同意书的内容应该包含以下内容：①具体基因组检测方法、基因组检测的目的和意义；②风险与受益；③与现有其他基因检测方法的优缺点，特别是MPS、WES、WGS等多基因检测方法的基因解读的限制和不确定性突变基因的情况等；④计划检测的潜在结果及后续医疗支持的客观情况，以及一些检测结果缺乏临床有效干预方法或预防方法等；⑤现有其他替代检测方法及其优势；⑥其他潜在的风险、不足和不利的限制：如无检测明确结果，特别是多基因异常疾病，或者受环境因素影响较大的疾病，如果不进行相关检测，可能不影响其现有的任何诊疗；⑦个人遗传隐私信息泄露及其影响等，以及机构采取的保障措施及应急预案等。

计划检测数据用于共享和再应用，应在知情同意书中增加基因组数据或其报告信息共享相关的隐私风险，以及潜在用途等；隐私保护措施，以及隐私泄露的应急措施等。针对数据共享和再利用，应采用适当的知情同意模式切实履行，不能使用退出选择这种方式，以避免侵犯被检测者的权益。具体参见知情同意（第八章）。

知情同意过程中，咨询解释应采用通俗易懂的语言。检测前咨询应该客观告知，不能夸大检测结果及其作用和做出诱导患者或客户的有利承诺。

利用互联网进行咨询和解读的人员应该了解远程咨询与面对面咨询的一些优势和不足，咨询人员采取远程咨询前应该提示并经过知情同意，用通俗语言和方式充分告知远程咨询的缺陷和不足，由被检测者自行决定是否使用这种方式。一旦计划采取远程咨询方式，应当充分发挥优势，采取措施防止信息泄露的安全隐患。

3. 检测报告

检测报告是检测机构出具的展现检测过程并对检测数据进行生物信息学分析后得出的数据结论。通常包含对检测原理、技术的描述，以及检测数据的整体分析结果。其内容和形式应该结合不同的专科及其检测目的而有所侧重。检测报告应该提供报告最低信息，实现检测的最初目的。研究目的申请的检测适用完整详尽的检测报告。临床目的申请的检测，检测机构应根据检测数据和生物信息学分析结果，对临床检测目的或问题，尽量提供明确的结果或结论，应有助于临床专科医师结合临床实际得出结论。

4. 结果解释和解读

检测结果和遗传异常的解释和解读的对象原则上首选是被检测者自身。无民事行为能力人或限制民事行为能力人的检测结果通常解读给被检测对象的合法监护人。

检测后应该做与疾病相关的明确的遗传异常的解释和解读，即使检测不成功或检测结果不一致，也应给予说明。不能仅出具检测数据报告而无明确的检测结论。检测结果解释和解读应该结合检测目的及被检测者的具体情况进行结果解释和解读；临床目的申请的检测结果应该结合临床专业、疾病特点和被检测者的临床诊疗具体情况进行解释和解读。

不同人员原则上应该在其责任范围内用通俗易懂的语言完成解释或说明。

①基因组检测和生物信息学的专业技术人员主要结合检测和分析技术及其原理针对检测技术、结果分析等进行讲解和咨询。②医学检验技术人员可以对检查报告及其结果的数据变化情况进行简要说明。③临床病理诊断医师应联合生物信息学技术人员，努力协助临床病理诊断，或结合病理组织学、细胞学、超微结构变化等进行分子病理学诊断；根据对被检测者的病因或治疗指导有明确意义的细化病理亚型。④医学遗传学医师或临床专科医师的解释和解读主要集中结合专科特点，解读检测结果及其结论，以及指导个体化预防、和治疗的价值，以及是否具有潜在干预措施等。如产科涉及产前诊断，耳鼻喉科涉及新生儿筛查，儿科涉及单基因遗传病，肿瘤内科涉及确定多基因检测的解读基因范围，以及结果是否能指导治疗的药物敏感和（或）靶向治疗药物选择等。

对于成人发病的遗传性疾病的症状前诊断，在进行每项检测之前应允许多次咨询；成人发病的遗传性疾病，通常为风险预测性，具有发病滞后性特点，当作为其他目的检测结果的偶然发现，遵照被检测者或其家属的意愿。

临床工作中偶然发现的披露应该遵循患者利益原则，根据不同疾病和疾病进展等设定偶然发现最小清单；对于目前没有任何干预措施的偶然发现，建议不披露或遵循被检测者的意愿。

5. 记录和剩余样本处理

与其他临床检测一样，临床基因组检测及其检测结果等记录应予保存一段时间。因基因组信息是个体稳定的个人遗传信息，其随着大数据分析技术的进展能够进一步发现与个体相关的其他疾病信息。建议比一般的记录保存时间要延长。知情同意书是检测记录内容的一部分，应与送检报告和检测报告等，以及按照病历书写和病历记录要求记录和保存。

为了将来给受检者及其家庭带来益处，送检剩余样本在征得受检者和/或其监护人的同意后可以存储。样品只能用于原来的目的。如果样本及其检测结果可能提供有关疾病或相关疾病的有用信息，则必须从受检者获得使用样本及其检测数据的书面协议，其中明确使用时将删除任何涉及隐私的可识别性个人信息。剩余样本的处理方案应该告诉被检测者或其委托人或监护人。

6. 其他

检测人员、临床医师或其他咨询人员应该对被检测者所有的个人遗传信息保密，除非经被检测者允许和/或经一定的程序（如伦理委员会决定）；或根据相关的法律法规规定，不能提供给任何第三方，包括被检测者的家属。

机构和相关人员要采取技术和管理措施，避免信息和数据的泄露。如果向其家属披露检测结果可能对被检测者不利或带来伤害，即使对其家属的疾病治疗或疾病风险预测和预防有明确的提示意义，应该首先保护被检测者的权益。

经被检测者允许和/或经一定的程序（如伦理委员会决定）；或根据相关的法律法规规定，遗传信息可能向被检测者的家属或其他人或组织披露。

如果检测结果对被检测者的其他家庭成员的疾病治疗或疾病风险预测和预防具有明确的提示意义，且不会造成被检测者不利或伤害，遗传咨询人员应该向被检测者告知，但是是否告知其他家庭成员，原则上由被检测者决定。建议在被检测者知情同意的基础上把检测的结果向家属披露。

被检测者在多次劝说后仍不向家人透露这些信息，应其家属要求，可由适当的伦理委员会对是否分享信息做出决定。

医学研究涉及的检测，可以由机构相关的伦理委员会审查决定；临床目的涉及的检测，可以参照上述伦理委员会组成；或由送检诊疗机构组织临床医师、分子遗传专业人员、法律和伦理专业人员共计3或5人组成。规模较大的医疗机构或检测机构可以建立临床专家库，根据需要与法律和伦理专业人员等随机组成伦理审查小组审查决定，保证审查能力和提高效率。伦理委员会审查应遵循尊重、不伤害和利益最大化等原则，对被检测者及其利益关系人等进行综合风险受益评估，结合相关法律法规等做出决定。在被检测者死亡后，可以告知其家庭成员，除非被检测者生前明确表示不予披露。

检测结果如果涉及群体利益，根据相关法律法规的明确规定而披露的，应该尽量保护委托人的隐私。为了被检测者的治疗方案制定工作需要等原因，必须向其他工作人员或机构披露时，应要求和确认信息接收方能够保密的基础上披露。

但是，检测和告知等应保证受检者或其监护人等委托人的自主权。不能为了临床诊疗目的之外的原因送检临床基因组学检测，包括免费检测。相关研究应该履行涉及人体的健康相关研究的相关审批和知情同意的程序等。

应加强无行为能力人和限制行为能力人，或其他被认为不能自主决策的主体，例如，主体是儿童、精神疾病或其他疾病的患者，为法定无行为能力人或限制行为能力人，由其法定代理人或授权代理人做出决策。医学上不能表达自己意愿或不能完全表达自己意愿的患者，如植物人、阿尔茨海默病等参照无民事行为能力人和限制民事行为能力人决策。如果被检测者曾经表达过明显意愿（如丧失行为能力前的决定）或者能够表达意愿（一般指限制行为能力人），应尊重其个人意愿。临床评估和伦理评价应基于临床伦理原则——兼顾益处和风险的平衡，基因检测的决定则必须以保护主体的最佳利益，即应遵循利益最大化原则。应避免对没有有效治疗或预防手段的成人发病的遗传性疾病进行儿童检测。

基金资助：本章内容由科技重点研发专项课题：多源异构病原微生物大数据整合标准与平台建设（2021YFC2302001）和科技部科技基础资源调查专项课题：中国人类遗传资源基础数据库建设（2019FY100103，所属项目号：2019FY100100）资助完成。

参考文献

[1] HORGAN R P, KENNY L C. 'Omic' technologies: genomics, transcriptomics, proteomics and metabolomics [J]. Obstet gynaecol, 2011, 13 (3): 189–195.

[2] GLIGORIJEVIĆ V, MALOD-DOGNIN N, PRŽULJ N. Integrative methods for analyzing big data in precision medicine [J]. Proteomics, 2016 (16): 741–758.

[3] BARO E, DEGOUL S, BEUSCART R, et al. Toward a literature-driven definition of big data in healthcare [J]. Biomed research international 2015, 2015, 639021.

[4] LI S, KANG L, ZHAO X M. A survey on evolutionary algorithm based hybrid intelligence in bioinformatics [J]. Biomed research international, 2014, 2014: 8.

[5] ATTENE-RAMOSC M S, AUSTIN P, XIA M. High throughput screening [M]. Encyclopedia of Toxicology (Third Edition) 2014, Pages 916–917. (Abstract)

[6] CHEN R, SNYDER M. Promise of personalized omics to precision medicine [J]. WIREs, 2013, 5 (1): 73–82.

[7] BARTEL J, KRUMSIEK J, SCHRAMM K, et al. The human blood metabolome-transcriptome interface [J]. PLoS Genetics, 2015, 11 (6): 1005274.

[8] CHEN J C, ALVAREI M J, TALOS F, et al. Identification of causal genetic drivers of human disease through systems-level analysis of regulatory networks [J]. Cell, 2014, 159 (2): 402–414.

[9] ELBERSKIRCH L, BINDER K, NORBERT R N, et al. Digital research data: from analysis of existing standards to a scientific foundation for a modular metadata schema in nanosafety [J]. Part fibre toxicol, 2022 (19): 1.

[10] FERRARA C T, WANG P, NETO E C, et al. Genetic networks of liver metabolism revealed by integration of metabolic and transcriptional profiling [J]. PLoS genetics, 2008 (4): e1000034.

[11] HUNTER W G, KELLY J P, MCGARRAH R W, et al. Metabolomic profiling identifies novel

circulating biomarkers of mitochondrial dysfunction differentially elevated in heart failure with preserved versus reduced ejection fraction: evidence for shared metabolic impairments in clinical heart failure [J]. JAHA, 2016, 5（8）: e003190.

[12] KÖHLER S, DOELKEN S C, MUNGALL C J, et al. The human phenotype ontology project: linking molecular biology and disease through phenotype data [J]. Nucleic acids research, 2014（42）: 966-974.

[13] ORTMAYR K, DUBUIS S, ZAMPIERI M. Metabolic profiling of cancer cells reveals genome-wide crosstalk between transcriptional regulators and metabolism [J]. Nature communications, 2019, 10（1）: 1841.

[14] GLIGORIJEVIć V, MALOD-DOGNIN N, PRžULJ N. Integrative methods for analyzing big data in precision medicine[J].Proteomics, 2016（16）: 741-758.

[15] KIM J, LUO W, WANG M Y, et al. Prevalence of pathogenic/likely pathogenic variants in the 24 cancer genes of the ACMG Secondary Findings v2.0 list in a large cancer cohort and ethnicity-matched controls [J]. Genome medicine, 2018, 10（1）: 99.

[16] OUE N, SENTANI K, SAKAMOTO N, et al. Molecular carcinogenesis of gastric cancer: lauren classification, mucin phenotype expression, and cancer stem cells [J]. International journal of clinical oncology, 2019, 24（7）: 771-778.

[17] BOUMAHDI S, DE SAUVAGE F J. The great escape tumour cell plasticity in resistance to targeted therapy [J]. Nature review drug discovery, 2020, 19（1）: 39-56.

[18] SCHORK N J, MURRAY S S, FRAZER K A, et al. Common vs. rare allele hypotheses for complex diseases [J]. Current opinion in geneticso development, 2009, 19（3）: 212-219.

[19] FREUND M K, BURCH K S, SHI H, et al. Phenotype-specific enrichment of Mendelian disorder genes near GWAS regions across 62 complex traits [J]. American journal of human genetics, 2018（103）: 535-552.

[20] SAMUEL. The bayh-dole act: a model for promoting research translation？[J]. Molecular oncology, 2009, 3（2）: 91-93.

[21] PINKER K, CHIN J, MELSAETHER A N, et al. Precision medicine and radiogenomics in breast cancer new approaches toward diagnosis and treatment [J]. Radiology, 2018, 287（3）: 732-747.

[22] HIRAI M Y, YANO M, GOODENOWE D B, et al. Integration of transcriptomics and metabolomics for understanding of global responses to nutritional stresses in arabidopsis thaliana [J]. PNAS, 2004, 101（27）: 10205-10210.

[23] BYLESJÖ M, ERIKSSON D, KUSANO M, et al. Data integration in plant biology: the O2PLS method for combined modeling of transcript and metabolite data [J]. The plant journal, 2007, 52（6）: 1181-1191.

[24] ZHU J, SOVA P, XU Q, et al. Stitching together multiple data dimensions reveals interacting metabolomic and transcriptomic networks that modulate cell regulation [J]. PLoS biology, 2017, 10（4）: e1001301.

[25] CHEN R, MIAS GI, LI-POOK-THAN J, et al. Personal omics profiling reveals dynamic molecular and medical phenotypes [J]. Cell, 2012, 148(6): 1293-1307.

[26] FINKELSTEIN J, PARVANOVA I, ZHANG F. Informatics approaches for harmonized intelligent integration of stem cell research [J]. Stem cells cloning, 2020, 13: 1-20.

[27] RAFIQ M, IANUALE C, RICCIARDI W, et al. Direct-to-consumer genetic testing: a systematic review of european guidelines, recommendations, and position statements [J]. Gnentic testing and molecular biomarkers, 2015, 19(10): 535-547.

[28] BOYCOTT K M, VANSTONE M R, BULMAN D E, et al. Rare-disease genetics in the era of next-generation sequencing: discovery to translation [J]. Nature reviews gehetics, 2013, 14(10): 681-691.

[29] PHILIPPAKIS A A, AZZARITI D R, BELTRAN S, et al. The matchmaker exchange: a platform for rare disease gene discovery [J]. Human mutation, 2015, 36(10): 915-921.

[30] CHEN S, PARMIGIANI G. Meta-analysis of BRCA1 and BRCA2 penetrance [J]. Journal of clinical oncology, 2007, 25(11): 1329-1333.

[31] KUCHENBAECKER K B, HOPPER J L, BARNES D R, et al. Risks of breast, ovarian, and contralateral breast cancer for brca1 and brca2 mutation carriers [J]. JAMA, 2017, 317(23): 2402-2416.

[32] LI M M, DATTO M, DUNCAVAGE E J, et al. Standards and guidelines for the interpretation and reporting of sequence variants in cancer [J]. The journal of molecular diagnostics, 2017, 19(1): 4-23.

[33] REHM H L, ANGELA J H, PAGE A J H, et al. GA4GH: international policies and standards for data sharing across genomic research and healthcare [J]. Cell genom, 2021, 1(2): 100029.

第十五章 医学人工智能

本章概要

医学人工智能是医学大数据与机器学习等融合交叉发展的代表，是前沿人工智能研发和应用的重点领域之一。尽管前沿人工智能在医疗领域的研究与开发具有很大潜力，但其应用所引发的挑战对治理管理提出了新的要求。为确保医疗和医学领域的人工智能健康发展和为人类健康带来更多福祉，我国颁布了新一代人工智能治理原则和伦理规范。本章简要介绍医学人工智能的发展史和国际代表性治理规范，讨论人工智能在医学和护理领域的应用和突出伦理问题，介绍我国的人工智能治理规范体系，讨论人工智能原则及其医学领域的特别关注，以及医学人工智能的治理管理体系。

本章要点

1. 医学人工智能分为虚拟、实体和两者的结合三个分支；
2. 医学人工智能为医学研究前沿热点，在研究和临床工作中具优势和潜力；
3. 人工智能的伦理挑战不仅在个体层面，还突出体现在社会（人类）层面；
4. 国际治理原则代表：人工智能伦理治理指南，还包括负责任的研究与创新（RI）框架等；
5. 我国新一代人工智能治理和管理规范；
6. 医学领域须兼顾医学伦理学原则和要求，发挥医学伦理治理管理体系的优势和作用。

第一节 医学人工智能应用与挑战

一、医学人工智能简单发展史

机器人可以溯源到达·芬奇的机器人素描本,他在 1495 年为一个仿人机器人设计绘制的人体解剖学草图在 20 世纪 50 年代被重新发现,是一代机器人研究者的灵感来源。人工智能从 1955 年人工智能术语的诞生,麦卡锡定义其为"制造智能机器的科学和工程",[1] 到被广泛应用到生活和工作,如搜索引擎、机器翻译系统和智能个人助理。

人工智能涵盖了更广泛的定义,它不仅是一种跨学科的方法,采用计算、数学、逻辑和生物学等各种领域的原理和装置,来解决理解、建模和复制智能和认知过程的问题,新一代人工智能对人类社会提出前所未有的挑战。因此,我国"新一代人工智能计划"是全面的人工智能战略,不仅具有研发和产业化的目标,还具有标准制定和法规、伦理规范、安全保障等方面的目标,不断完善治理和规范。2019 年 4 月,科技部新一代人工智能发展规划推进办公室成立新一代人工智能治理专业委员会,并组织有关专家研究起草《新一代人工智能治理准则(暂定)》,向政府部门、企业、高校和科研院所和社会各界人士广泛征集了相关建议,包括治理的理念、原则、重点领域及政策措施等;5 月,北京人工智能相关企业、机构和联盟等共同发布《人工智能北京共识》;6 月,科技部成立的国家新一代人工智能治理专业委员会发布《新一代人工智能治理原则——发展负责任的人工智能》,2021 年 9 月发布了《新一代人工智能伦理规范》。

新一代人工智能的开启和跨越性发展。企业研发活跃,2014 年,IBM 宣布了 TrueNorth,一种大脑启发的芯片获得突破,它有可能通过将类似大脑的功能集成到设备中,从而彻底改变计算机行业,并被用于进行深度学习。世界多国政府也开始规划与人工智能应用相关的计划和策略。[2-3] 2022 年 11 月 30 日,美国人工智能研究实验室 OpenAI 新推出 ChatGPT,一种人工智能技术驱动的自然语言处理工具。ChatGPT 能聊天和进行撰写邮件、视频脚本、文案、翻译、代码等任务,被认为"搜索引擎迎来了新时代"。2017 年 7 月,我国宣布了"新一代人工智能发展计划",计划到 2030 年成为主要人工智能创新中心。《2018 年人工智能指数报告》显示,2007—2017 年我国人工智能相关论文发表数量增加 150%。[4]

人工智能不仅为科学和产业注入了活力,更日益渗透到我们社会的各个方面,包括临床医疗工作和医学研究。随着电子健康记录(electronic health record,EHR)的广泛应用和包括神经科学在内的生命科学的快速发展,新一代人工智能在医学领域的应用也突飞猛进。追踪健康和医学领域人工智能研究的全球和历史增长，1977—2018年发表的27451篇文章中，84.6%的论文发表于近十年。[5]人工智能在医学领域引起变革性进展，从循证治疗计划的设计到科学创新研发，甚至被认为是医疗保健专业人员的一种增强或替代方法。人工智能在研发和应用的活跃领域之一，让我们对未来的医疗保健产生美好期许，但其自身以及在医疗保健和医学领域的应用也面对一些不容忽视的伦理挑战。这些挑战在新一代人工智能的一些前沿领域更加突出，主要涉及机器学习（也称为深度学习）、脑-计算机交互（brain-computer interaction，BCI）、大脑启发的计算机和生物杂交等，[5]这些领域需要专门的关注和治理。

二、人工智能在医学和健康照护领域的应用

大数据是智慧医疗的基础，可以用于在综合患者数据、疾病预防和远程医疗（特别是在使用实时警报进行即时护理时）的背景下进行更好的诊断、在家监控患者、防止不必要的医院就诊、整合医疗成像以进行更广泛的诊断、创建预测分析、减少欺诈和提高数据安全性，更好的战略规划，增加患者对自身健康的参与。

一般来说，医学人工智能可以分为三个主要分支，即虚拟、实体和两者的结合（虚拟和机器人之间的整合），这三个分支在研究和临床工作中都显示出非凡的优势和/或潜力。虚拟和实体人工智能应用相对广泛，在医学领域的具体代表是大数据和机器学习基础的精准医学研究及其应用、数据驱动的临床决策和机器人护理。[5-6]

机器学习是虚拟人工智能的典型代表，在医学领域不断促进遗传学和分子医学的研究。[7]基于高通量测序的DNA和蛋白质以及分子间相互作用的大规模信息，可以通过交互算法发现诊断生物标志物和治疗靶点，通过把EHR的表型数据和来自基因组等组学数据整合来促进个性化医疗。[8]人工智能技术还可用于优化创新药物和治疗的临床试验，使用数据驱动的精准治疗计划，预测临床结果，简化过程管理等。在数字医疗时代，人工智能更显示出巨大的价值。基于大数据的临床决策系统，可为医师做出临床决策提供积极的指导，可以用于提高不同级别机构，特别是基层的诊疗水平。目前在预测、成像和病理诊断和治疗方面都也有成功例子。2018年，美国食品药品监督管理局（US Food and Drug Administration，USFDA）批准了第一个基于人工智能的诊断系统IDX DR上市。其将检测糖尿病视网膜病变，并独立于临床医生分析云服务器上的眼睛图像，通过人工智能算法进行筛选决策。[9]实体人工智能最好的例子是机器人，护理机器人在老年护理中越来越普遍。[10]医疗工作中，机器人是医生的得力助手。2000年美国直觉外科公司制造的一种命名为达芬奇的外科系统经USFDA批准，由外科医生控制，使用微创方法促进完成复杂的手术。[11]我国"十四五"国家重点研发计划设立"智能机器人"重点专项，

资助辅助脊柱椎板切成手术机器人、肺部、肝脏、肾脏等软组织穿刺手术机器人等系统产品研发。

人工智能正迅速地应用于包括医学在内的广泛领域，并被认为是一种可以在初级医疗保健中增强或替代专业医务人员的方法。人工智能不仅对于临床疾病诊疗工作发挥作用，人工智能为健康照护和专科护理方面也带来机遇，已经有了越来越广泛的应用，提高护理效率，利用人工智能代替护理专业技术工作，减轻患者的痛苦，同时也减少护理人员的工作负担，提升护理质量，促进人文护理。

在护理方面，人工智能还在慢病管理、远程监护和养老护理发挥极大潜力。[10] 医疗保健面临的下一个挑战是全球老年人数量的增加和生育率的下降。甚至，生育率趋势有的低于保持人口稳定所需的最低生育率。[12] 人口负荷指标（即年龄增长和生育率下降）在不断增长。预测显示，在未来 20 年内，传统的和目前提供的医疗形式无法提供医疗保健需求，甚至将变得不可能。[13] 目前人口全球老龄化趋势。我国老年人口数量多，人口老龄化速度快。截至 2021 年底，全国 60 岁及以上老年人口达 2.67 亿，占总人口的 18.9%；65 岁及以上老年人口达 2 亿以上，占总人口的 14.2%。据测算，预计"十四五"时期，60 岁及以上老年人口总量将突破 3 亿，占比将超过 20%，进入中度老龄化阶段。2035 年左右，60 岁及以上老年人口将突破 4 亿，在总人口中的占比将超过 30%，进入重度老龄化阶段。且人口老龄化区域差异大。从城乡来看，城镇地区老年人数量比农村多，但农村地区老龄化程度比城镇地区更高。[14] 且呈现进程明显加快的趋势。慢性疾病，如心脑血管疾病等慢病管理成为卫生健康医疗和家庭的沉重负担。人工智能设备在慢病管理和远程监护中具有广泛的应用前景，基于医学大数据和远程移动设备等的智能老龄护理服务更是人工智能的应用方向之一。人工智能在康复和养老护理方面的优势凸显。并能对老年人突发的疾病也能起到很有效的监控与预警，一些与自媒体融合的智能管理软件，如美国国立卫生研究院（National Institute of Health，NIH）投资的一款 App，通过将手机摄像头和人工智能相结合，自动监控病人服药情况，提高用药依从性。智能机器人也将逐渐通过协助老年人完成日常事务、监测老年人的行为与健康状和提供陪伴方面对养老护理发挥越来越大的作用。

目前，虚拟和实体结合的人工智能应用活跃，在医学上有很大的应用前景，如 BCI，是计算系统在中枢神经系统和某些输出、设备或反馈给用户之间形成一条沟通途径。[15] 医学领域，其研发目的是提高患者的生活质量，在 2004 年首次植入式试验开始后，该领域发展迅速。最近研发的 BCI 控制机器人的尝试显示出在辅助机器人领域的潜力，为将来患有神经系统疾病的患者带来福祉，患有肌萎缩性侧索硬化症、脊髓损伤或中风等患者可望有一天能够根据自己意识重新站立行走。[16-17] 近年来，试图"从自然中学习"的努力是人工智能的发展趋势，如 IBM 的 TrueNorth。生物系统已成为人工智能创新解决方案的灵感来源,生物和人工系统之间的界限逐渐模糊,推动着人工智能"生物杂交"的研究。人工智能与神经科学领域之间的交流与协作变得越来越普遍。

三、伦理挑战

人工智能快速发展引发了一些挑战和伦理问题的关注。人工智能与一些前沿领域医学科技发展(如基因编辑技术)有共同点,具有特别的特殊伦理考虑,即人工智能的伦理问题在全人类层面和个体层面的问题同样突出。

1. 在人类社会整体层面的伦理挑战

在这一层面上,伦理必须审查特定技术和应用的目标、权利和错误(例如人工智能的作用、克隆技术和基因编辑),重点在于技术或其应用对人类社会的潜在影响。与此类技术相关的技术错误可能会导致问题,但在其无法控制的领域取得成功可能导致更严重的问题。之所以强调对科学发展所引起的伦理问题进行审慎审查的必要性,是人工智能和生物技术领域,遭遇在该层面上前所未有的挑战。此类审查的结果将为人工智能或生物技术在法律上的实施提供最终的"允许"或"禁止"答案,以防止此类技术可能给全人类带来的灾难。

新一代人工智能与分子生物学的发展类似地开创了科学和医学的新纪元,使患者能够获得新的治疗方法。一方面,人工智能与基因干预和干细胞治疗等是典型的双效创新技术。[18]双效创新是指对自然和人类的潜在破坏性技术。这些技术大大增强了人类改变自然世界、环境的能力,其风险、利益和未来影响尤其难以预测。[19]人工智能与基因干预和干细胞治疗是目前一些缺乏有效治疗疾病患者的福音,如帕金森病、糖尿病、脊髓损伤和癌症。另一方面,这些创新的不当应用潜在危害较大,即使是出于医学目的。如受到最大关注的基于人工神经网络(artificial neural networks,ANN)的BCI系统,BCI是一种"活的神经组织和人工装置之间的直接联系,在计算机(机器)和大脑(人类)之间建立了一个非肌肉性的沟通途径"。在很大程度上可能无法验证安全,人工神经网络的决策过程也多是不透明的,[20]根据现有知识和经验,科学家们还难以预测对长期环境和人类未来的影响;且这项技术很可能解码人们的心理过程,并存在可能直接操纵在个体意图、情感和决策基础上的大脑机制的风险,挑战涉及人格、情感和人类的未来。因此,尽管人工和生物整合技术可能需要数年甚至数十年的时间才能成为我们日常生活的一部分,但是已经引起广泛关注。因此,伦理治理对于人工智能系统建立信任至关重要,需要有效的治理框架和体系对这类人工智能进行管控和监督。

2. 个人层面的伦理挑战

这一层次的伦理主要关注具体项目的过程和产品(如人工智能、BCI和机器人)对个体的受益和风险。人工智能基于大数据和算法,[21]前者数据集的收集存在偏倚性;后者算法由人制定,因此存在人的主观和客观因素导致的误差甚至错误。也可以认为个人层面的伦理挑战更多基于人工智能技术及其成熟,以及技术后果的不稳定。

个人层面的伦理挑战主要涉及 AI 驱动应用程序收集和使用患者数据提出了隐私和数据安全问题;患者和医生对 AI 在健康保健专业性(health care professional,HCP)的信任问题,也同样表现出对人工智能的不信任,导致使用该技术的犹豫。例如,不同国家的医生停止使用 IBM 的沃森肿瘤学(Watson oncology),这是一种 AI 驱动的诊断支持系统。这些医生表示,沃森的建议过于狭隘地侧重于美国的研究和医生的专业知识,没有考虑到国际知识和背景。HCP 对机器学习程序难以理解和解释也产生了不信任。[21]

评估重点在于对个体的潜在不利影响。对于人工智能系统或产品而言,体现为即使以诊疗为目的,仍可能对个体造成特别的潜在损害。例如,基于深度学习的数据驱动病理诊断软件虽然报道提示比同一领域的专家或医生提供更准确的诊断,个人层面上仍面临误诊风险和挑战。大多数医学研究的可用数据量都低于机器学习的通用标准;系统可靠性是其医疗应用的一个重要方面;准确度是基于深度学习数据服从正态分布的理论。然而,人类存在个体差异,并非都在正态分布人群内。而且与机器不同的是,人类的健康和生命不能简单地归类为 1 或 0,诊断和治疗的失误可能没有补救机会。这也是为什么医学伦理原则个体权益优先,不能为了整个人类社会而牺牲任何个人的权益。人工智能对个体的另一个重要的伦理考虑是,人工智能研发的成果应用到临床实践时,要确保个人之间享有该成果的公平性。

3. 隐私安全群体挑战和群体获益公平问题

在人类整体和个人层面之外,人工智能在医学领域还有群体受益公平的问题。而隐私和安全挑战在大数据和人工智能时代,针对 AI 驱动应用程序收集和使用患者数据涉及群体隐私和数据安全问题。人工智能系统收集的信息可能会被黑客入侵,而且,关于患者数据的收集和使用的突出担忧是这些数据主体可能并没有履行知情同意。如 2016 年孟买的诊断实验室数据库被黑客入侵,期间泄露了 35000 份患者病历,其中包括患者人类免疫缺陷性病毒感染的情况。[22]

此外,群体问题还包括人工智能过程往往太复杂,人工智能技术的高度专业性可能导致因其使用而遭受损害时难以寻求补救理由,使用人工智能技术的责任和问责挑战。如谁应该为人工智能技术应用于临床和家庭护理中的错误承担责任。[23]医务人员是否(由公司企业提供人工智能软件产品)为医疗环境中的人工智能错误负责,特别是诊断和治疗决策中的错误存在争论。HCP 在法律上和专业上负责为患者的健康利益做出决策,因此应对人工智能技术辅助的决策的后果承担责任。然而,人工智能系统研发制造商的责任也应强调,包括我国的人工智能治理规范或者指南,要求保证人工智能系统的质量、安全性和有效性,以及应进行风险评估,[24] 并应对特定患者群体的需求和特征作出反应。[25]

第二节　医学人工智能治理和管理

一、国际人工智能治理规范代表

科学是一把双刃剑。与生物医学中的干细胞研究和基因编辑技术相似,新一代人工智能之所以备受关注,是因为暂时无法验证这些技术或方法的长期安全性,滥用或恶用可能最终会造成伤害。鉴于此,与所有创新科学技术一样,人工智能在医学领域的研发和应用都应遵循生物医学伦理学原则。生物医学伦理治理的核心和最终目标是确保所有受试者、患者的安全和利益,包括伦理管理实践中具体体现为知情同意、风险收益评估、隐私保护和安全、自愿参与、自主决策等。人工智能研发成功后的临床应用,还需要遵循临床医学伦理原则,包括参照 Jonsen 等提出的临床医学伦理框架中需要考虑四个方面的伦理问题——医学适应症,患者偏好,生活质量和情境特征,[26-27] 其涵盖了病例发生时的社会、经济、法律和行政环境。以 BCI 为例,Sullivan 等人提出应用户为中心设计(user-centered design,UCD)的理念,认为可以帮助研究人员了解使用者的想法,不仅考虑到科学、技术和费用问题,还要考虑到伦理问题。然而,对于人工智能的规范来说,仅仅遵循这些基本原则是不够的。

尽管前沿人工智能在医疗领域的研究与开发具有很大潜力,但其应用所引发的伦理挑战对治理提出了新的要求。为确保医疗和医学领域的人工智能健康发展和为人类健康带来更多福祉。人工智能发展中,在科学与人类社会整体、个人与人类社会整体、不同个体之间的三种关系在实践中得到平衡是至关重要的。伦理治理旨在评估和平衡这三种关系。伦理治理的第一个层次通常回答与给定视角相关的哲学问题。后面两个层次的治理根据第一级治理的决策,探索负责任的实践,验证伦理原则,做出值得信赖的选择。

伦理治理能够平衡和调节科学研究和实践应用中的风险和收益,是对法律的有效补充。人工智能应用的快速扩展,迫切需求建立人工智能在实践中的社会和伦理影响的治理框架和指南。一些伦理人工智能治理体系可能有助于解决现有生物医学伦理原则和临床医学伦理学之外的问题,对医学领域人工智能的伦理治理可以提供参考,具有代表性的如下:

(1)负责任的研究与创新(RI)框架

人工智能相关的伦理和标准曾经适用更广泛的负责任研究和创新(responsible

research and innovation，RI）总体框架，其中包括跨政策、学术和立法的倡议。RI框架的目的是识别和解决与创新科学领域相关的不确定性和风险。RI框架提出了研究和创新治理新程序，通过建立对机器人和人工智能系统的信任来考虑伦理治理。[20, 28]

（2）双重效应原理下的可接受条件

双效原则最初是从法律自卫行为的合理程度角度提出来的概念。后来逐渐应用到医学和研究，针对一些具有较大副作用或潜在危害的创新形成双效原则或双效创新。[29] 满足以下四个条件为伦理上可接受，可以用于临床应用和研究，也可以用以考虑医学人工智能。

①行为的主要目的和行为本身良好；
②不故意追求有害影响；
③有害影响不是行为的目的，良好影响不是有害影响的直接原因和结果；
④预期的良好效果与危害效果相同或者大于危害效果，并与危害效果成正比。

这个原则在无人驾驶人工智能系统设计面临伤害选择决策的问题中讨论较多。本书并不完全同意该观点，从伦理的角度，对一般个体来说，如果非自愿，无义务为任何人或社会整体牺牲自己。人工智能之所以面临难题是因为汽车制造商设定的方案，为了规避责任往往根据法律设定，而不会考虑自然情境下自然人驾驶员可能牺牲个人而对违法人员的救赎性的选择；而在自然情境下车祸中无论被伤害的是哪一方，都是偶然性结果，而非必然性选择，这才是人工智能面对的伦理难题。在医学领域，如在研发过程中遇到具有安慰剂方案的随机分组可能面临这个问题。

（3）人工智能伦理治理指南

欧洲机器人法律计划（European RoboLaw Project）完成了《机器人监管指南》（Guidelines on Regulating Robotics）的综合报告，综述了伦理和法律方面；涵盖权利、责任和保险，隐私和法律能力。手术机器人是该报告关注的主题之一。[30] 2016年4月出版的机器人相关的另一项工作是由英国标准协会技术小组委员会牵头制定的《机器人和机器人系统符合伦理设计和应用指南》。该委员会还阐述了广泛的伦理风险及其降低措施，为识别安全设计、保护措施和机器人设计和应用信息的潜在的风险提供了指导。这对医学领域人工智能制定专门的类似的明确规则和的指南具有一定参考。

欧洲委员会人工智能高级专家组于2019年4月发布了《值得信赖的人工智能伦理准则》，作为新的指南，它提出了"值得信赖的人工智能"的理念，并确定了在开发、部署和使用人工智能系统时应遵循的伦理原则，即"尊重人类自治、防止伤害、公平和可解释性"。此外，该指南还规定了七项关键要求，以确保人工智能系统在技术和社会方面都是合法、符合伦理和稳健发展的。开发、部署和使用可信赖人工智能的人工智能系统的要求包括"安全、隐私、数据治理、透明度、非歧视和公平、环境和社会福祉"，这与医学伦理学的重要原则是一致的。这些都能指导并构成医学人工智能的重要规则和规范的重要内容。

二、我国人工智能伦理治理体系

1.《新一代人工智能相关治理原则》及其医学领域特别关注或解读

2019年6月，科技部成立的国家新一代人工智能治理专业委员会发布《新一代人工智能治理原则——发展负责任的人工智能》（以下简称《新一代人工智能相关治理原则》或《原则》），提出了人工智能治理的框架和行动指南。《原则》强调在推动人工智能创新发展、有序发展的同时，及时发现和解决可能引发的风险，完善治理体系，对未来更高级人工智能的潜在风险持续开展研究和预判，确保人工智能始终朝着有利于社会的方向发展。

《原则》充分考虑和体现我国传统文化和道德理念与创新科技的融合，同时与国际人工智能治理原则相接轨。提出"和谐友好、公平公正、包容共享、尊重隐私、安全可控、共担责任、开放协作和敏捷治理"八大原则。

《原则》虽然文字不多，但是内容涵盖广泛。八大原则不仅从伦理治理角度治理规范人工智能，也在原则的具体内容中对于社会安全、个人隐私、合作共享、责任和风险评估和处理等方面进行了明确，是我国人工智能发展相关机构的治理指南，治理要求和责任基础之一。对于医学人工智能，这些原则具有医学领域的特别关注内容，需要结合医学领域的目的和特点进行具体解读。八大原则的具体内容、要求及其在医学领域重要内容注释见表15-1。

表15-1 新一代人工智能治理原则及其医学领域的特别关注

治理原则	具体内容和要求	医学领域的特别关注
和谐友好	人工智能发展应以增进人类共同福祉为目标；应符合人类的价值观和伦理道德，促进人机和谐，服务人类文明进步；应以保障社会安全、尊重人类权益为前提，避免误用，禁止滥用、恶用	医学人工智能与患者或公民密切相关。人工智能必须兼顾人类共同福祉和个人福祉。个人不能因公益而受到明显损害。风险评估是必须要求。法律上，误用是非主观故意，滥用和恶用均具有主观故意性，因此行为性质完全不同。因误用产生损害属于过失行为，滥用，特别是恶用人工智能，包括对人工智能基础——数据的应用，如果发生损害行为属于故意
公平公正	人工智能发展应促进公平公正，保障利益相关者的权益，促进机会均等。通过持续提高技术水平、改善管理方式，在数据获取、算法设计、技术开发、产品研发和应用过程中消除偏见和歧视	不同的人工智能类型涉及的利益相关者并不完全相同。公平公正在医学人工智能上包括两个方面：在研究研发过程中保证不同研究者、研发者的公平竞争；在研发成果产生后，则应注重不同人群享有成果福利，即获益的公平机会

续表

治理原则	具体内容和要求	医学领域的特别关注
包容共享	人工智能应促进绿色发展,符合环境友好、资源节约的要求;应促进协调发展,推动各行各业转型升级,缩小区域差距;应促进包容发展,加强人工智能教育及科普,提升弱势群体适应性,努力消除数字鸿沟;应促进共享发展,避免数据与平台垄断,鼓励开放有序竞争	包容共享对于医学领域不需要特别解读
尊重隐私	人工智能发展应尊重和保护个人隐私,充分保障个人的知情权和选择权。在个人信息的收集、存储、处理、使用等各环节应设置边界,建立规范。完善个人数据授权撤销机制,反对任何窃取、篡改、泄露和其他非法收集利用个人信息的行为	医学人工智能的发展,尊重保护个人隐私,充分保证个人的知情权和选择权,是医学伦理学的一贯要求。医疗健康数据和涉及人类遗传资源信息,属于个人敏感信息,必须加强个人隐私保护,且切实履行知情同意,保障受试者或个人信息主体自愿参与是医学伦理学审查的重要内容,也是《个人信息保护法》的法律要求
安全可控	人工智能系统应不断提升透明性、可解释性、可靠性、可控性,逐步实现可审核、可监督、可追溯、可信赖。高度关注人工智能系统的安全,提高人工智能鲁棒性及抗干扰性,形成人工智能安全评估和管控能力	安全可控在医学领域尤为重要。不同的人工智能类型潜在风险和利益均不同。例如,脑机交互人工智能,涉及个人受试者,类似传统生物医学研究,重点在于对受试者的风险收益评估,以及潜在损害的应急和救治预案等;基于大数据和机器学习的人工智能则与大数据应用的潜在风险密切相关,重点在于隐私保护,是安全可控的要求之一
共担责任	人工智能研发者、使用者及其他相关方应具有高度的社会责任感和自律意识,严格遵守法律法规、伦理道德和标准规范。建立人工智能问责机制,明确研发者、使用者和受用者等的责任。人工智能应用过程中应确保人类知情权,告知可能产生的风险和影响。防范利用人工智能进行非法活动	医学人工智能,不能因该原则而承担责任。对于医学人工智能,研发者和使用者(医生)都具有临床医学医生的责任,需要对受试者进行风险评估,使受试者的潜在风险不能超过临床常规风险
开放协作	鼓励跨学科、跨领域、跨地区、跨国界的交流合作,推动国际组织、政府部门、科研机构、教育机构、企业、社会组织、公众在人工智能发展与治理中的协调互动。开展国际对话与合作,在充分尊重各国人工智能治理原则和实践的前提下,推动形成具有广泛共识的国际人工智能治理框架和标准规范	医学人工智能是跨学科、跨领域、跨地区和跨国界的合作研究领域之一。但是,重点是合作能够有助于医学人工智能对疾病的认识和对诊疗具有积极意义

续表

治理原则	具体内容和要求	医学领域的特别关注
敏捷治理	尊重人工智能发展规律，在推动人工智能创新发展、有序发展的同时，及时发现和解决可能引发的风险。不断提升智能化技术手段，优化管理机制，完善治理体系，推动治理原则贯穿人工智能产品和服务的全生命周期。对未来更高级人工智能的潜在风险持续开展研究和预判，确保人工智能始终朝着有利于社会的方向发展	医学人工智能研究研发、临床试验或临床应用，应该注意不良反应、副作用的报告制度，潜在风险和损害的应急预案及救治措施等。同时，对于管理规范，应有限制研发和应用的规定

2.《新一代人工智能伦理规范》

为深入贯彻《新一代人工智能发展规划》，细化落实《新一代人工智能治理原则》，增强全社会的人工智能伦理意识与行为自觉，积极引导负责任的人工智能研发与应用活动，促进人工智能健康发展，国家新一代人工智能治理专业委员会制定并于2021年9月25日发布了《新一代人工智能伦理规范》（以下简称《伦理规范》），旨在将伦理道德融入人工智能全生命周期，为从事人工智能相关活动的自然人、法人和其他相关机构等提供伦理指引。《伦理规范》充分考虑人工智能涉及的隐私、偏见、歧视、公平等伦理关切，具体包括总则、特定活动伦理规范和组织实施等内容。《伦理规范》提出了"增进人类福祉、促进公平公正、保护隐私安全、确保可控可信、强化责任担当、提升伦理素养"等6项基本伦理要求。同时，提出人工智能管理、研发、供应、使用等特定活动的18项具体伦理要求。是对于人工智能依法研发、应用和符合伦理原则的进一步细化。

总则除了明确《伦理规范》制定的目的，确定了适用主体和活动。适用主体包括从事人工智能管理、研发、供应、使用等相关活动的自然人、法人和其他相关机构等。适用活动包括：①管理活动主要指人工智能相关的战略规划、政策法规和技术标准制定实施，资源配置以及监督审查等。②研发活动主要指人工智能相关的科学研究、技术开发、产品研制等。③供应活动主要指人工智能产品与服务相关的生产、运营、销售等。④使用活动主要指人工智能产品与服务相关的采购、消费、操作等。

通过提出"要强化自律意识、提升数据质量、增强安全透明、避免偏见歧视"研发规范，"加强质量管控、保障用户权益、强化应急保障"供应规范，以及"提倡善意使用、避免误用滥用、禁止违规恶用和及时主动反馈等"使用规范等提出了具体的规范要求。如，避免偏见歧视要求"加强伦理审查，充分考虑差异化诉求，避免可能存在的数据与算法偏见，努力实现人工智能系统的普惠性、公平性和非歧视性"，保障用户权益要求"在产品与服务中使用人工智能技术应明确告知用户，应标识人工智能产品与服务的功能与局限,保障用户知情、同意等权利。为用户选择使用或退出人工智能模式提供简便易懂的解决方案,不得为用户平等使用人工智能设置障碍"。禁止违规恶用明确"禁止使用不符合法律法规、伦理道德和标准规范的人工智能产品与服务,禁止使用人工智能产品与服务从事不法活动,严禁危害国家安全、公共安全和生产安全,严禁损害社会公共利益等"。

3. 我国医学人工智能治理管理体系

目前,我国还没有针对医学人工智能临床应用和研究研发的直接规范指南和经验。医学人工智能治理管理体系可以遵循以下相关规定和规范。

(1)相关法律法规和管理规定

医学人工智能基于大数据和机器学习,离不开数据的处理和应用。首先受《中华人民共和国数据安全法》和《中华人民共和国个人信息保护法》等数据规制法律法规的约束,其次受到收集或利用信息内容相应的法律约束。例如,面部是个人隐私信息中可识别信息的突出代表。同时,涉及个人肖像权的数据信息收集时还须遵守《中华人民共和国民法典》有关肖像权的规定,避免侵犯个人肖像权。基于基因,特别是全外显子和全基因组数据进行疾病诊断模型构建或生物药物标记物的筛选等,涉及人类遗传资源信息的须遵守《中华人民共和国生物安全法》和《人类遗传资源管理条例》。医学人工智能的临床应用必须遵循临床医学以及新技术临床应用的所有相关法律法规和管理办法和相关专业的临床诊疗常规。

(2)伦理治理和管理规范

我国人工智能的治理管理体系在伦理治理和规范方面不断完善,包括前述《新一代人工智能相关治理原则》和《新一代人工智能伦理规范》。此外,人工智能研究研发还须遵循《关于加强科技伦理治理的意见》及其提出的整体伦理治理要求和我国科技伦理原则,受科技伦理治理监管,而且,人工智能和医学领域都属于伦理治理高风险活动科技领域。

医学人工智能的研究研发必须遵守生物医学伦理原则、伦理要求以及伦理审查的所有规定。医学研究伦理保护受试者权益和个人参与者权益。医学科技伦理具有成熟的伦理审查和伦理管理备案经验。医学人工智能在伦理审查涉及三个方面——人工智能伦理、医学研究伦理,以及数据伦理。即应该遵循我国人工智能治理原则和伦理规范,加强人类福祉、群体公平和个体权益的保障,以及数据安全和价值等进行综合审查。

医学人工智能的研究研发应发挥医学伦理审查的优势和长期积累的经验。2022年3月,国家卫生健康委发布的《涉及人的生命科学和医学研究伦理审查办法(征求意见稿)》已经把利用人的数据的研究纳入伦理审查范围。但需要注意前述个体层面伦理挑战中,人工智能与自然境况下和医学实践的不同,通过伦理监管和伦理审查,保护医学人工智能中的个体权益，也为人类整体福祉保驾护航。基于数据基础的医学人工智能研究研发和应用的评估重点在于对个体的潜在不利影响。医学伦理治理的目的是确保良好的实践，避免对参与者产生不良影响。对于人工智能系统或产品而言，体现为即使以诊疗为目的，仍可能对个体造成特别的潜在损害，提示涉及人的医学人工智能研究的伦理规范应遵循医学伦理原则，且个体权益优先。人工智能对个体的另一个重要的伦理考虑是人工智能研发的成果及其应用要确保个人之间享有该成果收益风险的公平性。[30]

第三节　医学人工智能大健康产业

一、国家大健康战略

1. 大健康概念及其技术背景

大数据的技术基础，也是大健康的技术基础。大健康概念和重大技术发展密切相关，随着科技的发展及其应用而发展。近年来，生命技术、大数据分析、人工智能和互联网等技术的融合快速发展，此外，重大传染病全球传播及其防控实践，促进了宏观大健康概念。

21世纪被称为治未病和全面健康的时代。生命技术的发展对于人类遗传物质及其表达、异常及其与疾病的关系的了解和认识逐渐深入，提高了在微观水平疾病预测预防的能力和水平。互联网、电子病历可以建立个人健康生命周期全程管理，医学不再限于疾病诊治。

大健康理念从个人健康角度，不再限于生理和身体健康，而关注系统整体健康，既包括身体各器官功能的正常，也包括应对社会、工作等需要具有的抗压力能力、心理调节和适应能力，即心理健康。

大健康从人群范围是指全民健康。全民健康关注儿童健康、关注出生健康，关注老年健康。

互联网、大数据和人工智能从宏观能力为大健康从方法和手段角度提供支撑。基于大数据和机器学习的临床决策支持系统，不仅为临床医生提供诊疗决策的参考或指导，也为医疗机构相关部门对医生做出的临床诊疗质量的评估提供了相对客观的参考依据。手术机器人和护理机器人、物联网远程监测等方面更成为医护人员的得力助手，为智能医疗、智能防控提供支撑。智慧医疗成为智慧城市的重要组成部分，不再限于传统的区域管辖障碍。《中华人民共和国基本医疗卫生与健康促进法》从法律层面确定了健康促进全民健康，并规定了部门、机构等的相应的权利义务。全民健康在公共卫生防控方面进展明显,从公共卫生实践的处理、控制为主,转向更强调和加强"防",重视公共卫生的预防、预测、处理、控制全方位的公共卫生职能和使命。

大健康从地域范围是指全球健康及其协同合作发展。近年来,涉及全球的重大传染病频发,大健康在地域上,不仅包括区域健康、城区一体化,全球协同成为必然趋势。全球健康的协同,受到通讯(互联网)、交通现代化的影响。疾病、气候和自然生态环境的影响都不再受地域和国界限制。这种现代化交通的高度发达无法完全实现区域性控制是新冠肺炎疫情至今未能完全控制的因素之一。

2. 我国的大健康战略和部署

大健康针对个人、人群范围和地域界限等前所未有的壁垒突破,相应地,国家医学战略规划部署也进行了战略改变。我国的大健康战略的具体实施经过确定战略位置,制定规划纲要,实施意见和国民健康规划四个过程。"十三五"时期,党中央、国务院召开全国卫生与健康大会,印发《"健康中国2030"规划纲要》,国务院印发《关于实施健康中国行动的意见》。大健康理念在战略层面的体现在医学领域战略布局和规划实施前移战略和下移战略。前移战略及其实施的具体转变中,分别为预防为主、全民健康,跨医学的机制探索与跨领域合作。前移战略,主要指从以疾病为主导走向以健康为主导,是大健康战略的直接体现。

2022年4月27日,国务院办公厅印发了《"十四五"国民健康规划》,是最新的国家大健康&全民健康规划。规划基本原则中,"健康优先,共建共享。要求加快构建保障人民健康优先发展的制度体系,推动把健康融入所有政策,形成有利于健康的生活方式、生产方式,完善政府、社会、个人共同行动的体制机制,形成共建共治共享格局","预防为主,强化基层。要求把预防摆在更加突出的位置,聚焦重大疾病、主要健康危险因素和重点人群健康,强化防治结合和医防融合。坚持以基层为重点,推动资源下沉,密切上下协作,提高基层防病治病和健康管理能力",进一步体现了健康前移和下移的健康战略。

二、医学人工智能健康产业举例

医学大数据是人工智能的重要数据基础。大数据分析结合人工智能在医学领域的应用以及整合挖掘等具有广阔的健康产业前景。不仅为企业创造经济价值,更为我国的健康、医疗、护理和康养等提供智慧解决方案。为我国老龄化、卫生资源不均等问题的缓解提供思路。同时也是我国医学科技研发产业的基础和支柱之一。

1. 数据驱动临床诊疗决策和健康评估

促使智能机器和设备、软件等代替或协助医生完成部分工作。运用人工智能技术对医疗案例和经验数据进行深度学习和决策判断，显著提高医疗机构和人员的工作效率并大幅降低医疗成本，是智能医疗的核心目标。同时，通过人工智能的引导和约束，促使患者自觉自查、加强预防，更早发现和更好管理潜在疾病，也是作为临床诊疗过程重要补充的智能医疗在未来的重要发展方向。

核心技术基于表型组学数据与机器学习。典型例子是数据驱动健康评估软件和决策支持研发及其应用。

数据驱动临床诊疗决策、健康评估基于真实世界（临床诊疗）数据的研究的临床研究和数据驱动的研发。主要是指对按照现有临床诊疗常规积累的数据进行回顾性总结，或者以此为基础继续设计前瞻性预测模型，进行临床指南的修订、提升等和基于真实世界数据的软件研发。真实世界数据被广泛用于数据驱动的临床决策（data-driven clinical decision support system，CDSS）研究，以及数据驱动临床决策的相关软件研发等，具有一些成功的案例。医疗机构的决策越来越呈现数据驱动的趋势。

数据驱动的临床决策支持系统是基于数据的工具，可以用于：①管理复杂的任务，例如，组合按时间顺序排列的各种有证据的条件、症状、测试和其他数据类型，所有这些都可供临床医生使用；②在给定时间或沿时间轨迹快速提供患者健康状态的整体情况。

临床决策支持系统中可以嵌入多种不同知识库（遗传、组学、表观基因组、暴露组学性质等），通过算法交叉参考患者特征，可以进行组学数据转化为临床表型数据的发现和验证，是目前临床表型和基因组组等组学整合研究的热点之一。

2. 智慧医疗、智能家居作为智慧城市的组成部分

大数据和人工智能在大健康理念在智慧城市中是宏观大健康的一个具体实施。智慧城市需要综合基于大数据和人工智能通过智能安防、智能搜索完成城市范围的智能管理、智能服务和智能人居。智慧医疗是智能服务的重要方面，也是智慧城市的大健康保障之一。

无论智慧城市，还是智慧医疗核心基础和核心技术之一大数据及其处理，具体需要满足数据存储、数据查询、数据挖掘和安全可视化功能，能够提供在线数据检索、强大的数据挖掘以及基于多种隐私保护技术的共享服务，促进实现智能城市和智慧医疗的运行和监管。

互联网医疗和大数据结合，可以用于在综合患者数据、疾病预防和远程医疗（特别是在使用实时监测进行即时护理时）的背景下进行更好的诊断、在家监控患者、防止不必要的医院就诊、整合医疗成像以进行更广泛的诊断、创建预测分析、减少欺诈和提高数据安全性，更好的战略规划，增加患者对自身健康的参与。

智慧医疗，智慧康养将是智慧城市的重要方面。我国已进入老龄化，且人口基数大，人口结构方面构成使养老的家庭负担和社会负担加大，发挥远程健康、远程护理，特别是物联网技术的广泛应用，对于老年人健康监测、慢病管理等发挥巨大作用。另一方面，因疾病或意外致身体残疾躯体功能障碍的人群也将在智能家居和脑机交互等医学人工智能的进展和应用中获益。

参考文献

[1] SNIECINSKI I, SEGHATCHIAN J.Artificial intelligence: a joint narrative on potential use in pediatric stem and immune cell therapies and regenerative medicine [J].Transfusion and apheresis science, 2018, 57 (3): 422-424.

[2] DUTTON T. An overview of national AI strategies [EB/OL]. [2020-03-09].https://toinformistoinfluence.com/2018/07/14/an-overview-of-national-ai-strategies/.

[3] ROSEMAIN M, ROSE M. France to spend 1.8 billion on AI to compete with U.S., China [EB/OL]. [2020-03-09]. http://scientists.trendolizer.com/2018/04/france-to-spend-18-billion-on-ai-to-compete-with-us-china.html.

[4] CRIGGER E, KHOURY C. Making policy on augmented intelligence in health care [J]. AMA journal of ethics, 2019, 21 (2): 188-191.

[5] TRAN B X, VU G T, HA G H, et al. Global evolution of research in artificial intelligence in health and medicine: a bibliometric study [J]. Journal of clinical medicine, 2019, 8 (3): 360.

[6] CHING T, HIMMELSTEIN D S, BEAULIEU-JONES B K, et al. Opportunities and obstacles for deep learning in biology and medicine [J].Journal of the royal society interface, 2018, 15 (141): 20170387.

[7] BINI S A. Artificial intelligence, machine learning, deep learning, and cognitive computing: what do these terms mean and how will they impact health care? [J].The journal of arthroplasty, 2018, 33 (8): 2358-2361.

[8] WILLIAMS A M, LIU Y, REGNER K R, et al. Artificial intelligence, physiological genomics, and precision medicine [J]. Physiol genomics, 2018, 50 (4): 237-243.

[9] KAPOOR R, WALTERS S P, AL-ASWAD L A.The current state of artificial intelligence in ophthalmology [J]. Survey of ophthalmology, 2019, 64 (2): 233-240.

[10] VANDEMEULEBROUCKE T, DIERCKX DE CASTERLÉ B, GASTMANS C. The use of care robots in aged care: a systematic review of argument-based ethics literature [J]. Archives of gerontology and geriatrics, 2018, 74: 15-25.

[11] HAMET P, TREMBLAY J. Artificial intelligence in medicine [J]. Metabolism, 2017, 69: 36-40.

[12] BOERMA T, REQUEJO J, VICTORA C G, et al. Countdown to 2030: tracking progress towards universal coverage for reproductive, maternal, newborn, and child health [J].Lancet, 2018, 391 (10129): 1538-1548.

［13］BATKO K，ŚLĘZAK A. The use of big data analytics in healthcare［J］.Journal of big data，2022，9（1）：3.

［14］映像新闻.国家卫健委：2035年左右60岁及以上老年人口将破4亿占比将超30%［EB/OL］.［2022-09-20］.http：//news.hnr.cn/shxw/article/1/1572055386301685761.

［15］SULLIVAN L S，KLEIN E，BROWN T，et al. Keeping disability in mind：a case study in implantable brain-computer interface research［J］. Science and engineering ethics，2018，24（2）：479-504.

［16］NAM C S，WOO J，BAHN S. Severe motor disability affects functional cortical integration in the context of brain-computerinterface（BCI）use［J］. Ergonomics，2012，55（5）：581-591.

［17］TIDONI E，ABU-ALQUMSAN M，LEONARDIS D，et al. Local and remote cooperation with virtual and robotic agents：a p300 bci study in healthy and people living with spinal cord injury［J］. IEEE Transactions on neural systems and rehabilitation engineering，2017，25（9）：1622-1632.

［18］PETRINI C，MAURIZIO M. Bioethics of clinical applications of stem cells［J］. International journal of molecular sciences，2017，18（4）：814.

［19］BOYLE J M. Towards understanding the principle of double effect［J］.Ethics，1980，90：527-538.

［20］WINFIELD A F T，JIROTKA M. Ethical governance is essential to building trust in robotics and artificial intelligence systems［J］. Philosophical transactions of the royal society a：mathmatical，physical and engineering sciences，2018，376（2133）：20180085.

［21］POWLES J，HODSON H. Google deepmind and healthcare in an age of algorithms［J］.Health and technology，2017，7（4）：351-367.

［22］PAUL Y，HICKOK E，SINHA A，et al. Artificial intelligence in the healthcare industry in India［EB/OL］.［2020-03-09］.https：//cis-india.org/internet-governance/files/ai-and-healtchare-report.

［23］SHARKEY A，SHARKEY N. Granny and the robots：ethical issues in robot care for the elderly［J］.Ethics and information technology，2012，14（1）：27–40.

［24］DECKER M. Caregiving robots and ethical reflection：the perspective of interdisciplinary technology assessment［J］.AI & society，2008，22（3）：315–330.

［25］O'BROLCHÁIN F. Robots and people with dementia：unintended consequences and moral hazard［J］.Nursing ethics，2019，26（4）：962–972.

［26］TOH H J，LOW J A，LIM Z Y，et al. Jonsen's four topics approach as a framework for clinical ethics consultation［J］.Asian bioethics review，2018，10（1）：37-51.

［27］李骥，尤雯，刘爽，等.基于"四主题理论"的临床实践教学伦理问题分析：以患者拒绝医学生操作为例［J］.协和医学杂志，2021，12（2）：282-286.

［28］STILGOE J，OWEN R，MACNAGHTEN P. Developing a framework for responsible innovation［J］.Research policy，2013，42（9）：1568-1580.

[29] ALLAN L.The principle of double effect [EB/OL]. [2020-03-09]. https://www.Rational Realm.com/philosophy/ethics/principle-double-effect.html.

[30] GUAN J. Artificial intelligence in healthcare and medicine: promises, ethical challenges and governance [J]. Chinese medical sciences journal, 2019, 34 (2): 76-83.

附　录
我国法律法规和政策规定
（部分）

中华人民共和国数据安全法

（2021年6月10日第十三届全国人民代表大会常务委员会第二十九次会议通过）

目 录

第一章　总则
第二章　数据安全与发展
第三章　数据安全制度
第四章　数据安全保护义务
第五章　政务数据安全与开放
第六章　法律责任
第七章　附则

第一章 总则

第一条 为了规范数据处理活动，保障数据安全，促进数据开发利用，保护个人、组织的合法权益，维护国家主权、安全和发展利益，制定本法。

第二条 在中华人民共和国境内开展数据处理活动及其安全监管，适用本法。

在中华人民共和国境外开展数据处理活动，损害中华人民共和国国家安全、公共利益或者公民、组织合法权益的，依法追究法律责任。

第三条 本法所称数据，是指任何以电子或者其他方式对信息的记录。

数据处理，包括数据的收集、存储、使用、加工、传输、提供、公开等。

数据安全，是指通过采取必要措施，确保数据处于有效保护和合法利用的状态，以及具备保障持续安全状态的能力。

第四条 维护数据安全，应当坚持总体国家安全观，建立健全数据安全治理体系，提高数据安全保障能力。

第五条 中央国家安全领导机构负责国家数据安全工作的决策和议事协调，研究制定、指导实施国家数据安全战略和有关重大方针政策，统筹协调国家数据安全的重大事项和重要工作，建立国家数据安全工作协调机制。

第六条 各地区、各部门对本地区、本部门工作中收集和产生的数据及数据安全负责。

工业、电信、交通、金融、自然资源、卫生健康、教育、科技等主管部门承担本行业、本领域数据安全监管职责。

公安机关、国家安全机关等依照本法和有关法律、行政法规的规定，在各自职责范围内承担数据安全监管职责。

国家网信部门依照本法和有关法律、行政法规的规定，负责统筹协调网络数据安全和相关监管工作。

第七条 国家保护个人、组织与数据有关的权益，鼓励数据依法合理有效利用，保障数据依法有序自由流动，促进以数据为关键要素的数字经济发展。

第八条 开展数据处理活动，应当遵守法律、法规，尊重社会公德和伦理，遵守商业道德和职业道德，诚实守信，履行数据安全保护义务，承担社会责任，不得危害国家安全、公共利益，不得损害个人、组织的合法权益。

第九条 国家支持开展数据安全知识宣传普及，提高全社会的数据安全保护意识和水平，推动有关部门、行业组织、科研机构、企业、个人等共同参与数据安全保护工作，形成全社会共同维护数据安全和促进发展的良好环境。

第十条 相关行业组织按照章程，依法制定数据安全行为规范和团体标准，加强行业自律，指导会员加强数据安全保护，提高数据安全保护水平，促进行业健康发展。

第十一条 国家积极开展数据安全治理、数据开发利用等领域的国际交流与合作，参与数据安全相关国际规则和标准的制定，促进数据跨境安全、自由流动。

第十二条 任何个人、组织都有权对违反本法规定的行为向有关主管部门投诉、举报。收到投诉、举报的部门应当及时依法处理。

有关主管部门应当对投诉、举报人的相关信息予以保密，保护投诉、举报人的合法权益。

第二章 数据安全与发展

第十三条 国家统筹发展和安全，坚持以数据开发利用和产业发展促进数据安全，以数据安全保障数据开发利用和产业发展。

第十四条 国家实施大数据战略，推进数据基础设施建设，鼓励和支持数据在各行业、各领域的创新应用。

省级以上人民政府应当将数字经济发展纳入本级国民经济和社会发展规划，并根据需要制定数字经济发展规划。

第十五条 国家支持开发利用数据提升公共服务的智能化水平。提供智能化公共服务，应当充分考虑老年人、残疾人的需求，避免对老年人、残疾人的日常生活造成障碍。

第十六条 国家支持数据开发利用和数据安全技术研究，鼓励数据开发利用和数据安全等领域的技术推广和商业创新，培育、发展数据开发利用和数据安全产品、产业体系。

第十七条 国家推进数据开发利用技术和数据安全标准体系建设。国务院标准化行政主管部门和国务院有关部门根据各自的职责，组织制定并适时修订有关数据开发利用技术、产品和数据安全相关标准。国家支持企业、社会团体和教育、科研机构等参与标准制定。

第十八条 国家促进数据安全检测评估、认证等服务的发展，支持数据安全检测评估、认证等专业机构依法开展服务活动。

国家支持有关部门、行业组织、企业、教育和科研机构、有关专业机构等在数据安全风险评估、防范、处置等方面开展协作。

第十九条 国家建立健全数据交易管理制度，规范数据交易行为，培育数据交易市场。

第二十条　国家支持教育、科研机构和企业等开展数据开发利用技术和数据安全相关教育和培训，采取多种方式培养数据开发利用技术和数据安全专业人才，促进人才交流。

第三章　数据安全制度

第二十一条　国家建立数据分类分级保护制度，根据数据在经济社会发展中的重要程度，以及一旦遭到篡改、破坏、泄露或者非法获取、非法利用，对国家安全、公共利益或者个人、组织合法权益造成的危害程度，对数据实行分类分级保护。国家数据安全工作协调机制统筹协调有关部门制定重要数据目录，加强对重要数据的保护。

关系国家安全、国民经济命脉、重要民生、重大公共利益等数据属于国家核心数据，实行更加严格的管理制度。

各地区、各部门应当按照数据分类分级保护制度，确定本地区、本部门以及相关行业、领域的重要数据具体目录，对列入目录的数据进行重点保护。

第二十二条　国家建立集中统一、高效权威的数据安全风险评估、报告、信息共享、监测预警机制。国家数据安全工作协调机制统筹协调有关部门加强数据安全风险信息的获取、分析、研判、预警工作。

第二十三条　国家建立数据安全应急处置机制。发生数据安全事件，有关主管部门应当依法启动应急预案，采取相应的应急处置措施，防止危害扩大，消除安全隐患，并及时向社会发布与公众有关的警示信息。

第二十四条　国家建立数据安全审查制度，对影响或者可能影响国家安全的数据处理活动进行国家安全审查。

依法作出的安全审查决定为最终决定。

第二十五条　国家对与维护国家安全和利益、履行国际义务相关的属于管制物项的数据依法实施出口管制。

第二十六条　任何国家或者地区在与数据和数据开发利用技术等有关的投资、贸易等方面对中华人民共和国采取歧视性的禁止、限制或者其他类似措施的，中华人民共和国可以根据实际情况对该国家或者地区对等采取措施。

第四章 数据安全保护义务

第二十七条 开展数据处理活动应当依照法律、法规的规定，建立健全全流程数据安全管理制度，组织开展数据安全教育培训，采取相应的技术措施和其他必要措施，保障数据安全。利用互联网等信息网络开展数据处理活动，应当在网络安全等级保护制度的基础上，履行上述数据安全保护义务。

重要数据的处理者应当明确数据安全负责人和管理机构，落实数据安全保护责任。

第二十八条 开展数据处理活动以及研究开发数据新技术，应当有利于促进经济社会发展，增进人民福祉，符合社会公德和伦理。

第二十九条 开展数据处理活动应当加强风险监测，发现数据安全缺陷、漏洞等风险时，应当立即采取补救措施；发生数据安全事件时，应当立即采取处置措施，按照规定及时告知用户并向有关主管部门报告。

第三十条 重要数据的处理者应当按照规定对其数据处理活动定期开展风险评估，并向有关主管部门报送风险评估报告。

风险评估报告应当包括处理的重要数据的种类、数量，开展数据处理活动的情况，面临的数据安全风险及其应对措施等。

第三十一条 关键信息基础设施的运营者在中华人民共和国境内运营中收集和产生的重要数据的出境安全管理，适用《中华人民共和国网络安全法》的规定；其他数据处理者在中华人民共和国境内运营中收集和产生的重要数据的出境安全管理办法，由国家网信部门会同国务院有关部门制定。

第三十二条 任何组织、个人收集数据，应当采取合法、正当的方式，不得窃取或者以其他非法方式获取数据。

法律、行政法规对收集、使用数据的目的、范围有规定的，应当在法律、行政法规规定的目的和范围内收集、使用数据。

第三十三条 从事数据交易中介服务的机构提供服务，应当要求数据提供方说明数据来源，审核交易双方的身份，并留存审核、交易记录。

第三十四条 法律、行政法规规定提供数据处理相关服务应当取得行政许可的，服务提供者应当依法取得许可。

第三十五条 公安机关、国家安全机关因依法维护国家安全或者侦查犯罪的需要调取数据，应当按照国家有关规定，经过严格的批准手续，依法进行，有关组织、个人应当予以配合。

第三十六条 中华人民共和国主管机关根据有关法律和中华人民共和国缔结或者参加的国际条约、协定,或者按照平等互惠原则,处理外国司法或者执法机构关于提供数据的请求。非经中华人民共和国主管机关批准,境内的组织、个人不得向外国司法或者执法机构提供存储于中华人民共和国境内的数据。

第五章 政务数据安全与开放

第三十七条 国家大力推进电子政务建设,提高政务数据的科学性、准确性、时效性,提升运用数据服务经济社会发展的能力。

第三十八条 国家机关为履行法定职责的需要收集、使用数据,应当在其履行法定职责的范围内依照法律、行政法规规定的条件和程序进行;对在履行职责中知悉的个人隐私、个人信息、商业秘密、保密商务信息等数据应当依法予以保密,不得泄露或者非法向他人提供。

第三十九条 国家机关应当依照法律、行政法规的规定,建立健全数据安全管理制度,落实数据安全保护责任,保障政务数据安全。

第四十条 国家机关委托他人建设、维护电子政务系统,存储、加工政务数据,应当经过严格的批准程序,并应当监督受托方履行相应的数据安全保护义务。受托方应当依照法律、法规的规定和合同约定履行数据安全保护义务,不得擅自留存、使用、泄露或者向他人提供政务数据。

第四十一条 国家机关应当遵循公正、公平、便民的原则,按照规定及时、准确地公开政务数据。依法不予公开的除外。

第四十二条 国家制定政务数据开放目录,构建统一规范、互联互通、安全可控的政务数据开放平台,推动政务数据开放利用。

第四十三条 法律、法规授权的具有管理公共事务职能的组织为履行法定职责开展数据处理活动,适用本章规定。

第六章 法律责任

第四十四条 有关主管部门在履行数据安全监管职责中,发现数据处理活动存在较大安全风险的,可以按照规定的权限和程序对有关组织、个人进行约谈,并要求有关组织、个人采取措施进行整改,消除隐患。

第四十五条　开展数据处理活动的组织、个人不履行本法第二十七条、第二十九条、第三十条规定的数据安全保护义务的，由有关主管部门责令改正，给予警告，可以并处五万元以上五十万元以下罚款，对直接负责的主管人员和其他直接责任人员可以处一万元以上十万元以下罚款；拒不改正或者造成大量数据泄露等严重后果的，处五十万元以上二百万元以下罚款，并可以责令暂停相关业务、停业整顿、吊销相关业务许可证或者吊销营业执照，对直接负责的主管人员和其他直接责任人员处五万元以上二十万元以下罚款。

违反国家核心数据管理制度，危害国家主权、安全和发展利益的，由有关主管部门处二百万元以上一千万元以下罚款，并根据情况责令暂停相关业务、停业整顿、吊销相关业务许可证或者吊销营业执照；构成犯罪的，依法追究刑事责任。

第四十六条　违反本法第三十一条规定，向境外提供重要数据的，由有关主管部门责令改正，给予警告，可以并处十万元以上一百万元以下罚款，对直接负责的主管人员和其他直接责任人员可以处一万元以上十万元以下罚款；情节严重的，处一百万元以上一千万元以下罚款，并可以责令暂停相关业务、停业整顿、吊销相关业务许可证或者吊销营业执照，对直接负责的主管人员和其他直接责任人员处十万元以上一百万元以下罚款。

第四十七条　从事数据交易中介服务的机构未履行本法第三十三条规定的义务的，由有关主管部门责令改正，没收违法所得，处违法所得一倍以上十倍以下罚款，没有违法所得或者违法所得不足十万元的，处十万元以上一百万元以下罚款，并可以责令暂停相关业务、停业整顿、吊销相关业务许可证或者吊销营业执照；对直接负责的主管人员和其他直接责任人员处一万元以上十万元以下罚款。

第四十八条　违反本法第三十五条规定，拒不配合数据调取的，由有关主管部门责令改正，给予警告，并处五万元以上五十万元以下罚款，对直接负责的主管人员和其他直接责任人员处一万元以上十万元以下罚款。

违反本法第三十六条规定，未经主管机关批准向外国司法或者执法机构提供数据的，由有关主管部门给予警告，可以并处十万元以上一百万元以下罚款，对直接负责的主管人员和其他直接责任人员可以处一万元以上十万元以下罚款；造成严重后果的，处一百万元以上五百万元以下罚款，并可以责令暂停相关业务、停业整顿、吊销相关业务许可证或者吊销营业执照，对直接负责的主管人员和其他直接责任人员处五万元以上五十万元以下罚款。

第四十九条　国家机关不履行本法规定的数据安全保护义务的，对直接负责的主管人员和其他直接责任人员依法给予处分。

第五十条　履行数据安全监管职责的国家工作人员玩忽职守、滥用职权、徇私舞弊的，依法给予处分。

第五十一条 窃取或者以其他非法方式获取数据，开展数据处理活动排除、限制竞争，或者损害个人、组织合法权益的，依照有关法律、行政法规的规定处罚。

第五十二条 违反本法规定，给他人造成损害的，依法承担民事责任。

违反本法规定，构成违反治安管理行为的，依法给予治安管理处罚；构成犯罪的，依法追究刑事责任。

第七章 附则

第五十三条 开展涉及国家秘密的数据处理活动，适用《中华人民共和国保守国家秘密法》等法律、行政法规的规定。

在统计、档案工作中开展数据处理活动，开展涉及个人信息的数据处理活动，还应当遵守有关法律、行政法规的规定。

第五十四条 军事数据安全保护的办法，由中央军事委员会依据本法另行制定。

第五十五条 本法自 2021 年 9 月 1 日起施行。

中华人民共和国个人信息保护法

目　录

第一章　总则
第二章　个人信息处理规则
　　第一节　一般规定
　　第二节　敏感个人信息的处理规则
　　第三节　国家机关处理个人信息的特别规定
第三章　个人信息跨境提供的规则
第四章　个人在个人信息处理活动中的权利
第五章　个人信息处理者的义务
第六章　履行个人信息保护职责的部门
第七章　法律责任
第八章　附则

第一章 总则

第一条 为了保护个人信息权益，规范个人信息处理活动，促进个人信息合理利用，根据宪法，制定本法。

第二条 自然人的个人信息受法律保护，任何组织、个人不得侵害自然人的个人信息权益。

第三条 在中华人民共和国境内处理自然人个人信息的活动，适用本法。

在中华人民共和国境外处理中华人民共和国境内自然人个人信息的活动，有下列情形之一的，也适用本法：

（一）以向境内自然人提供产品或者服务为目的；

（二）分析、评估境内自然人的行为；

（三）法律、行政法规规定的其他情形。

第四条 个人信息是以电子或者其他方式记录的与已识别或者可识别的自然人有关的各种信息，不包括匿名化处理后的信息。

个人信息的处理包括个人信息的收集、存储、使用、加工、传输、提供、公开、删除等。

第五条 处理个人信息应当遵循合法、正当、必要和诚信原则，不得通过误导、欺诈、胁迫等方式处理个人信息。

第六条 处理个人信息应当具有明确、合理的目的，并应当与处理目的直接相关，采取对个人权益影响最小的方式。

收集个人信息，应当限于实现处理目的的最小范围，不得过度收集个人信息。

第七条 处理个人信息应当遵循公开、透明原则，公开个人信息处理规则，明示处理的目的、方式和范围。

第八条 处理个人信息应当保证个人信息的质量，避免因个人信息不准确、不完整对个人权益造成不利影响。

第九条 个人信息处理者应当对其个人信息处理活动负责，并采取必要措施保障所处理的个人信息的安全。

第十条 任何组织、个人不得非法收集、使用、加工、传输他人个人信息，不得非法买卖、提供或者公开他人个人信息；不得从事危害国家安全、公共利益的个人信息处理活动。

第十一条 国家建立健全个人信息保护制度，预防和惩治侵害个人信息权益的行为，加强个人信息保护宣传教育，推动形成政府、企业、相关社会组织、公众共同参与个人信息保护的良好环境。

第十二条 国家积极参与个人信息保护国际规则的制定，促进个人信息保护方面的国际交流与合作，推动与其他国家、地区、国际组织之间的个人信息保护规则、标准等互认。

第二章　个人信息处理规则

第一节　一般规定

第十三条 符合下列情形之一的，个人信息处理者方可处理个人信息：

（一）取得个人的同意；（5+3 教材已经补充[①]）

（二）为订立、履行个人作为一方当事人的合同所必需，或者按照依法制定的劳动规章制度和依法签订的集体合同实施人力资源管理所必需；

（三）为履行法定职责或者法定义务所必需；

（四）为应对突发公共卫生事件，或者紧急情况下为保护自然人的生命健康和财产安全所必需；

（五）为公共利益实施新闻报道、舆论监督等行为，在合理的范围内处理个人信息；

（六）依照本法规定在合理的范围内处理个人自行公开或者其他已经合法公开的个人信息；

（七）法律、行政法规规定的其他情形。

依照本法其他有关规定，处理个人信息应当取得个人同意，但是有前款第二项至第七项规定情形的，不需取得个人同意。

第十四条 基于个人同意处理个人信息的，该同意应当由个人在充分知情的前提下自愿、明确作出。法律、行政法规规定处理个人信息应当取得个人单独同意或者书面同意的，从其规定。

个人信息的处理目的、处理方式和处理的个人信息种类发生变更的，应当重新取得个人同意。

第十五条 基于个人同意处理个人信息的，个人有权撤回其同意。个人信息处理者应当提供便捷的撤回同意的方式。

[①] 著者注。

个人撤回同意，不影响撤回前基于个人同意已进行的个人信息处理活动的效力。

第十六条 个人信息处理者不得以个人不同意处理其个人信息或者撤回同意为由，拒绝提供产品或者服务；处理个人信息属于提供产品或者服务所必需的除外。

第十七条 个人信息处理者在处理个人信息前，应当以显著方式、清晰易懂的语言真实、准确、完整地向个人告知下列事项：

（一）个人信息处理者的名称或者姓名和联系方式；

（二）个人信息的处理目的、处理方式，处理的个人信息种类、保存期限；

（三）个人行使本法规定权利的方式和程序；

（四）法律、行政法规规定应当告知的其他事项。

前款规定事项发生变更的，应当将变更部分告知个人。

个人信息处理者通过制定个人信息处理规则的方式告知第一款规定事项的，处理规则应当公开，并且便于查阅和保存。

第十八条 个人信息处理者处理个人信息，有法律、行政法规规定应当保密或者不需要告知的情形的，可以不向个人告知前条第一款规定的事项。

紧急情况下为保护自然人的生命健康和财产安全无法及时向个人告知的，个人信息处理者应当在紧急情况消除后及时告知。

第十九条 除法律、行政法规另有规定外，个人信息的保存期限应当为实现处理目的所必要的最短时间。

第二十条 两个以上的个人信息处理者共同决定个人信息的处理目的和处理方式的，应当约定各自的权利和义务。但是，该约定不影响个人向其中任何一个个人信息处理者要求行使本法规定的权利。

个人信息处理者共同处理个人信息，侵害个人信息权益造成损害的，应当依法承担连带责任。

第二十一条 个人信息处理者委托处理个人信息的，应当与受托人约定委托处理的目的、期限、处理方式、个人信息的种类、保护措施以及双方的权利和义务等，并对受托人的个人信息处理活动进行监督。

受托人应当按照约定处理个人信息，不得超出约定的处理目的、处理方式等处理个人信息；委托合同不生效、无效、被撤销或者终止的，受托人应当将个人信息返还个人信息处理者或者予以删除，不得保留。

未经个人信息处理者同意，受托人不得转委托他人处理个人信息。

第二十二条 个人信息处理者因合并、分立、解散、被宣告破产等原因需要转移个人信息的，应当向个人告知接收方的名称或者姓名和联系方式。接收方应当继续履行个人信息处理者的义务。接收方变更原先的处理目的、处理方式的，应当依照本法规定重新取得个人同意。

第二十三条　个人信息处理者向其他个人信息处理者提供其处理的个人信息的，应当向个人告知接收方的名称或者姓名、联系方式、处理目的、处理方式和个人信息的种类，并取得个人的单独同意。接收方应当在上述处理目的、处理方式和个人信息的种类等范围内处理个人信息。接收方变更原先的处理目的、处理方式的，应当依照本法规定重新取得个人同意。

第二十四条　个人信息处理者利用个人信息进行自动化决策，应当保证决策的透明度和结果公平、公正，不得对个人在交易价格等交易条件上实行不合理的差别待遇。

通过自动化决策方式向个人进行信息推送、商业营销，应当同时提供不针对其个人特征的选项，或者向个人提供便捷的拒绝方式。

通过自动化决策方式作出对个人权益有重大影响的决定，个人有权要求个人信息处理者予以说明，并有权拒绝个人信息处理者仅通过自动化决策的方式作出决定。

第二十五条　个人信息处理者不得公开其处理的个人信息，取得个人单独同意的除外。

第二十六条　在公共场所安装图像采集、个人身份识别设备，应当为维护公共安全所必需，遵守国家有关规定，并设置显著的提示标识。所收集的个人图像、身份识别信息只能用于维护公共安全的目的，不得用于其他目的；取得个人单独同意的除外。

第二十七条　个人信息处理者可以在合理的范围内处理个人自行公开或者其他已经合法公开的个人信息；个人明确拒绝的除外。个人信息处理者处理已公开的个人信息，对个人权益有重大影响的，应当依照本法规定取得个人同意。

第二节　敏感个人信息的处理规则

第二十八条　敏感个人信息是一旦泄露或者非法使用，容易导致自然人的人格尊严受到侵害或者人身、财产安全受到危害的个人信息，包括生物识别、宗教信仰、特定身份、医疗健康、金融账户、行踪轨迹等信息，以及不满十四周岁未成年人的个人信息。

只有在具有特定的目的和充分的必要性，并采取严格保护措施的情形下，个人信息处理者方可处理敏感个人信息。

第二十九条　医疗健康处理敏感个人信息应当取得个人的单独同意；法律、行政法规规定处理敏感个人信息应当取得书面同意的，从其规定。

第三十条　个人信息处理者处理敏感个人信息的，除本法第十七条第一款规定的事项外，还应当向个人告知处理敏感个人信息的必要性以及对个人权益的影响；依照本法规定可以不向个人告知的除外。

第三十一条　个人信息处理者处理不满十四周岁未成年人个人信息的，应当取得未成年人的父母或者其他监护人的同意。

个人信息处理者处理不满十四周岁未成年人个人信息的，应当制定专门的个人信息处理规则。

第三十二条　法律、行政法规对处理敏感个人信息规定应当取得相关行政许可或者作出其他限制的，从其规定。

第三节　国家机关处理个人信息的特别规定

第三十三条　国家机关处理个人信息的活动，适用本法；本节有特别规定的，适用本节规定。

第三十四条　国家机关为履行法定职责处理个人信息，应当依照法律、行政法规规定的权限、程序进行，不得超出履行法定职责所必需的范围和限度。

第三十五条　国家机关为履行法定职责处理个人信息，应当依照本法规定履行告知义务；有本法第十八条第一款规定的情形，或者告知将妨碍国家机关履行法定职责的除外。

第三十六条　国家机关处理的个人信息应当在中华人民共和国境内存储；确需向境外提供的，应当进行安全评估。安全评估可以要求有关部门提供支持与协助。

第三十七条　法律、法规授权的具有管理公共事务职能的组织为履行法定职责处理个人信息，适用本法关于国家机关处理个人信息的规定。

第三章　个人信息跨境提供的规则

第三十八条　个人信息处理者因业务等需要，确需向中华人民共和国境外提供个人信息的，应当具备下列条件之一：

（一）依照本法第四十条的规定通过国家网信部门组织的安全评估；

（二）按照国家网信部门的规定经专业机构进行个人信息保护认证；

（三）按照国家网信部门制定的标准合同与境外接收方订立合同，约定双方的权利和义务；

（四）法律、行政法规或者国家网信部门规定的其他条件。

中华人民共和国缔结或者参加的国际条约、协定对向中华人民共和国境外提供个人信息的条件等有规定的，可以按照其规定执行。

个人信息处理者应当采取必要措施，保障境外接收方处理个人信息的活动达到本法规定的个人信息保护标准。

第三十九条 个人信息处理者向中华人民共和国境外提供个人信息的，应当向个人告知境外接收方的名称或者姓名、联系方式、处理目的、处理方式、个人信息的种类以及个人向境外接收方行使本法规定权利的方式和程序等事项，并取得个人的单独同意。

第四十条 关键信息基础设施运营者和处理个人信息达到国家网信部门规定数量的个人信息处理者，应当将在中华人民共和国境内收集和产生的个人信息存储在境内。确需向境外提供的，应当通过国家网信部门组织的安全评估；法律、行政法规和国家网信部门规定可以不进行安全评估的，从其规定。

第四十一条 中华人民共和国主管机关根据有关法律和中华人民共和国缔结或者参加的国际条约、协定，或者按照平等互惠原则，处理外国司法或者执法机构关于提供存储于境内个人信息的请求。非经中华人民共和国主管机关批准，个人信息处理者不得向外国司法或者执法机构提供存储于中华人民共和国境内的个人信息。

第四十二条 境外的组织、个人从事侵害中华人民共和国公民的个人信息权益，或者危害中华人民共和国国家安全、公共利益的个人信息处理活动的，国家网信部门可以将其列入限制或者禁止个人信息提供清单，予以公告，并采取限制或者禁止向其提供个人信息等措施。

第四十三条 任何国家或者地区在个人信息保护方面对中华人民共和国采取歧视性的禁止、限制或者其他类似措施的，中华人民共和国可以根据实际情况对该国家或者地区对等采取措施。

第四章 个人在个人信息处理活动中的权利

第四十四条 个人对其个人信息的处理享有知情权、决定权，有权限制或者拒绝他人对其个人信息进行处理；法律、行政法规另有规定的除外。

第四十五条 个人有权向个人信息处理者查阅、复制其个人信息；有本法第十八条第一款、第三十五条规定情形的除外。

个人请求查阅、复制其个人信息的，个人信息处理者应当及时提供。

个人请求将个人信息转移至其指定的个人信息处理者，符合国家网信部门规定条件的，个人信息处理者应当提供转移的途径。

第四十六条 个人发现其个人信息不准确或者不完整的，有权请求个人信息处理者更正、补充。

个人请求更正、补充其个人信息的,个人信息处理者应当对其个人信息予以核实,并及时更正、补充。

第四十七条 有下列情形之一的,个人信息处理者应当主动删除个人信息;个人信息处理者未删除的,个人有权请求删除:

(一)处理目的已实现、无法实现或者为实现处理目的不再必要;

(二)个人信息处理者停止提供产品或者服务,或者保存期限已届满;

(三)个人撤回同意;

(四)个人信息处理者违反法律、行政法规或者违反约定处理个人信息;

(五)法律、行政法规规定的其他情形。

法律、行政法规规定的保存期限未届满,或者删除个人信息从技术上难以实现的,个人信息处理者应当停止除存储和采取必要的安全保护措施之外的处理。

第四十八条 个人有权要求个人信息处理者对其个人信息处理规则进行解释说明。

第四十九条 自然人死亡的,其近亲属为了自身的合法、正当利益,可以对死者的相关个人信息行使本章规定的查阅、复制、更正、删除等权利;死者生前另有安排的除外。

第五十条 个人信息处理者应当建立便捷的个人行使权利的申请受理和处理机制。拒绝个人行使权利的请求的,应当说明理由。

个人信息处理者拒绝个人行使权利的请求的,个人可以依法向人民法院提起诉讼。

第五章 个人信息处理者的义务

第五十一条 个人信息处理者应当根据个人信息的处理目的、处理方式、个人信息的种类以及对个人权益的影响、可能存在的安全风险等,采取下列措施确保个人信息处理活动符合法律、行政法规的规定,并防止未经授权的访问以及个人信息泄露、篡改、丢失:

(一)制定内部管理制度和操作规程;

(二)对个人信息实行分类管理;

(三)采取相应的加密、去标识化等安全技术措施;

(四)合理确定个人信息处理的操作权限,并定期对从业人员进行安全教育和培训;

(五)制定并组织实施个人信息安全事件应急预案;

(六)法律、行政法规规定的其他措施。

第五十二条 处理个人信息达到国家网信部门规定数量的个人信息处理者应当指定

个人信息保护负责人，负责对个人信息处理活动以及采取的保护措施等进行监督。

个人信息处理者应当公开个人信息保护负责人的联系方式，并将个人信息保护负责人的姓名、联系方式等报送履行个人信息保护职责的部门。

第五十三条 本法第三条第二款规定的中华人民共和国境外的个人信息处理者，应当在中华人民共和国境内设立专门机构或者指定代表，负责处理个人信息保护相关事务，并将有关机构的名称或者代表的姓名、联系方式等报送履行个人信息保护职责的部门。

第五十四条 个人信息处理者应当定期对其处理个人信息遵守法律、行政法规的情况进行合规审计。

第五十五条 有下列情形之一的，个人信息处理者应当事前进行个人信息保护影响评估，并对处理情况进行记录：

（一）处理敏感个人信息；

（二）利用个人信息进行自动化决策；

（三）委托处理个人信息、向其他个人信息处理者提供个人信息、公开个人信息；

（四）向境外提供个人信息；

（五）其他对个人权益有重大影响的个人信息处理活动。

第五十六条 个人信息保护影响评估应当包括下列内容：

（一）个人信息的处理目的、处理方式等是否合法、正当、必要；

（二）对个人权益的影响及安全风险；

（三）所采取的保护措施是否合法、有效并与风险程度相适应。

个人信息保护影响评估报告和处理情况记录应当至少保存三年。

第五十七条 发生或者可能发生个人信息泄露、篡改、丢失的，个人信息处理者应当立即采取补救措施，并通知履行个人信息保护职责的部门和个人。通知应当包括下列事项：

（一）发生或者可能发生个人信息泄露、篡改、丢失的信息种类、原因和可能造成的危害；

（二）个人信息处理者采取的补救措施和个人可以采取的减轻危害的措施；

（三）个人信息处理者的联系方式。

个人信息处理者采取措施能够有效避免信息泄露、篡改、丢失造成危害的，个人信息处理者可以不通知个人；履行个人信息保护职责的部门认为可能造成危害的，有权要求个人信息处理者通知个人。

第五十八条 提供重要互联网平台服务、用户数量巨大、业务类型复杂的个人信息处理者，应当履行下列义务：

（一）按照国家规定建立健全个人信息保护合规制度体系，成立主要由外部成员组成的独立机构对个人信息保护情况进行监督；

（二）遵循公开、公平、公正的原则，制定平台规则，明确平台内产品或者服务提供者处理个人信息的规范和保护个人信息的义务；

（三）对严重违反法律、行政法规处理个人信息的平台内的产品或者服务提供者，停止提供服务；

（四）定期发布个人信息保护社会责任报告，接受社会监督。

第五十九条　接受委托处理个人信息的受托人，应当依照本法和有关法律、行政法规的规定，采取必要措施保障所处理的个人信息的安全，并协助个人信息处理者履行本法规定的义务。

第六章　履行个人信息保护职责的部门

第六十条　国家网信部门负责统筹协调个人信息保护工作和相关监督管理工作。国务院有关部门依照本法和有关法律、行政法规的规定，在各自职责范围内负责个人信息保护和监督管理工作。

县级以上地方人民政府有关部门的个人信息保护和监督管理职责，按照国家有关规定确定。

前两款规定的部门统称为履行个人信息保护职责的部门。

第六十一条　履行个人信息保护职责的部门履行下列个人信息保护职责：

（一）开展个人信息保护宣传教育，指导、监督个人信息处理者开展个人信息保护工作；

（二）接受、处理与个人信息保护有关的投诉、举报；

（三）组织对应用程序等个人信息保护情况进行测评，并公布测评结果；

（四）调查、处理违法个人信息处理活动；

（五）法律、行政法规规定的其他职责。

第六十二条　国家网信部门统筹协调有关部门依据本法推进下列个人信息保护工作：

（一）制定个人信息保护具体规则、标准；

（二）针对小型个人信息处理者、处理敏感个人信息以及人脸识别、人工智能等新技术、新应用，制定专门的个人信息保护规则、标准；

（三）支持研究开发和推广应用安全、方便的电子身份认证技术，推进网络身份认证公共服务建设；

（四）推进个人信息保护社会化服务体系建设，支持有关机构开展个人信息保护评估、认证服务；

（五）完善个人信息保护投诉、举报工作机制。

第六十三条 履行个人信息保护职责的部门履行个人信息保护职责，可以采取下列措施：

（一）询问有关当事人，调查与个人信息处理活动有关的情况；

（二）查阅、复制当事人与个人信息处理活动有关的合同、记录、账簿以及其他有关资料；

（三）实施现场检查，对涉嫌违法的个人信息处理活动进行调查；

（四）检查与个人信息处理活动有关的设备、物品；对有证据证明是用于违法个人信息处理活动的设备、物品，向本部门主要负责人书面报告并经批准，可以查封或者扣押。

履行个人信息保护职责的部门依法履行职责，当事人应当予以协助、配合，不得拒绝、阻挠。

第六十四条 履行个人信息保护职责的部门在履行职责中，发现个人信息处理活动存在较大风险或者发生个人信息安全事件的，可以按照规定的权限和程序对该个人信息处理者的法定代表人或者主要负责人进行约谈，或者要求个人信息处理者委托专业机构对其个人信息处理活动进行合规审计。个人信息处理者应当按照要求采取措施，进行整改，消除隐患。

履行个人信息保护职责的部门在履行职责中，发现违法处理个人信息涉嫌犯罪的，应当及时移送公安机关依法处理。

第六十五条 任何组织、个人有权对违法个人信息处理活动向履行个人信息保护职责的部门进行投诉、举报。收到投诉、举报的部门应当依法及时处理，并将处理结果告知投诉、举报人。

履行个人信息保护职责的部门应当公布接受投诉、举报的联系方式。

第七章　法律责任

第六十六条 违反本法规定处理个人信息，或者处理个人信息未履行本法规定的个人信息保护义务的，由履行个人信息保护职责的部门责令改正，给予警告，没收违法所得，对违法处理个人信息的应用程序，责令暂停或者终止提供服务；拒不改正的，并处一百万元以下罚款；对直接负责的主管人员和其他直接责任人员处一万元以上十万元以下罚款。

有前款规定的违法行为，情节严重的，由省级以上履行个人信息保护职责的部门责令改正，没收违法所得，并处五千万元以下或者上一年度营业额百分之五以下罚款，并可以责令暂停相关业务或者停业整顿、通报有关主管部门吊销相关业务许可或者吊销营业执照；对直接负责的主管人员和其他直接责任人员处十万元以上一百万元以下罚款，并可以决定禁止其在一定期限内担任相关企业的董事、监事、高级管理人员和个人信息保护负责人。

第六十七条　有本法规定的违法行为的，依照有关法律、行政法规的规定记入信用档案，并予以公示。

第六十八条　国家机关不履行本法规定的个人信息保护义务的，由其上级机关或者履行个人信息保护职责的部门责令改正；对直接负责的主管人员和其他直接责任人员依法给予处分。

履行个人信息保护职责的部门的工作人员玩忽职守、滥用职权、徇私舞弊，尚不构成犯罪的，依法给予处分。

第六十九条　处理个人信息侵害个人信息权益造成损害，个人信息处理者不能证明自己没有过错的，应当承担损害赔偿等侵权责任。

前款规定的损害赔偿责任按照个人因此受到的损失或者个人信息处理者因此获得的利益确定；个人因此受到的损失和个人信息处理者因此获得的利益难以确定的，根据实际情况确定赔偿数额。

第七十条　个人信息处理者违反本法规定处理个人信息，侵害众多个人的权益的，人民检察院、法律规定的消费者组织和由国家网信部门确定的组织可以依法向人民法院提起诉讼。

第七十一条　违反本法规定，构成违反治安管理行为的，依法给予治安管理处罚；构成犯罪的，依法追究刑事责任。

第八章　附则

第七十二条　自然人因个人或者家庭事务处理个人信息的，不适用本法。

法律对各级人民政府及其有关部门组织实施的统计、档案管理活动中的个人信息处理有规定的，适用其规定。

第七十三条　本法下列用语的含义：

（一）个人信息处理者，是指在个人信息处理活动中自主决定处理目的、处理方式的组织、个人。

（二）自动化决策，是指通过计算机程序自动分析、评估个人的行为习惯、兴趣爱好或者经济、健康、信用状况等，并进行决策的活动。

（三）去标识化，是指个人信息经过处理，使其在不借助额外信息的情况下无法识别特定自然人的过程。

（四）匿名化，是指个人信息经过处理无法识别特定自然人且不能复原的过程。

第七十四条 本法自 2021 年 11 月 1 日起施行。

中华人民共和国网络安全法

（2016年11月7日第十二届全国人民代表大会常务委员会第二十四次会议通过）

目　录

第一章　总则
第二章　网络安全支持与促进
第三章　网络运行安全
　　第一节　一般规定
　　第二节　关键信息基础设施的运行安全
第四章　网络信息安全
第五章　监测预警与应急处置
第六章　法律责任
第七章　附则

第一章　总则

第一条　为了保障网络安全，维护网络空间主权和国家安全、社会公共利益，保护公民、法人和其他组织的合法权益，促进经济社会信息化健康发展，制定本法。

第二条　在中华人民共和国境内建设、运营、维护和使用网络，以及网络安全的监督管理，适用本法。

第三条　国家坚持网络安全与信息化发展并重，遵循积极利用、科学发展、依法管理、确保安全的方针，推进网络基础设施建设和互联互通，鼓励网络技术创新和应用，支持培养网络安全人才，建立健全网络安全保障体系，提高网络安全保护能力。

第四条　国家制定并不断完善网络安全战略，明确保障网络安全的基本要求和主要目标，提出重点领域的网络安全政策、工作任务和措施。

第五条　国家采取措施，监测、防御、处置来源于中华人民共和国境内外的网络安全风险和威胁，保护关键信息基础设施免受攻击、侵入、干扰和破坏，依法惩治网络违法犯罪活动，维护网络空间安全和秩序。

第六条　国家倡导诚实守信、健康文明的网络行为，推动传播社会主义核心价值观，采取措施提高全社会的网络安全意识和水平，形成全社会共同参与促进网络安全的良好环境。

第七条　国家积极开展网络空间治理、网络技术研发和标准制定、打击网络违法犯罪等方面的国际交流与合作，推动构建和平、安全、开放、合作的网络空间，建立多边、民主、透明的网络治理体系。

第八条　国家网信部门负责统筹协调网络安全工作和相关监督管理工作。国务院电信主管部门、公安部门和其他有关机关依照本法和有关法律、行政法规的规定，在各自职责范围内负责网络安全保护和监督管理工作。

县级以上地方人民政府有关部门的网络安全保护和监督管理职责，按照国家有关规定确定。

第九条　网络运营者开展经营和服务活动，必须遵守法律、行政法规，尊重社会公德，遵守商业道德，诚实信用，履行网络安全保护义务，接受政府和社会的监督，承担社会责任。

第十条　建设、运营网络或者通过网络提供服务，应当依照法律、行政法规的规定和国家标准的强制性要求，采取技术措施和其他必要措施，保障网络安全、稳定运行，有效应对网络安全事件，防范网络违法犯罪活动，维护网络数据的完整性、保密性和可用性。

第十一条 网络相关行业组织按照章程，加强行业自律，制定网络安全行为规范，指导会员加强网络安全保护，提高网络安全保护水平，促进行业健康发展。

第十二条 国家保护公民、法人和其他组织依法使用网络的权利，促进网络接入普及，提升网络服务水平，为社会提供安全、便利的网络服务，保障网络信息依法有序自由流动。

任何个人和组织使用网络应当遵守宪法法律，遵守公共秩序，尊重社会公德，不得危害网络安全，不得利用网络从事危害国家安全、荣誉和利益，煽动颠覆国家政权、推翻社会主义制度，煽动分裂国家、破坏国家统一，宣扬恐怖主义、极端主义，宣扬民族仇恨、民族歧视，传播暴力、淫秽色情信息，编造、传播虚假信息扰乱经济秩序和社会秩序，以及侵害他人名誉、隐私、知识产权和其他合法权益等活动。

第十三条 国家支持研究开发有利于未成年人健康成长的网络产品和服务，依法惩治利用网络从事危害未成年人身心健康的活动，为未成年人提供安全、健康的网络环境。

第十四条 任何个人和组织有权对危害网络安全的行为向网信、电信、公安等部门举报。收到举报的部门应当及时依法作出处理；不属于本部门职责的，应当及时移送有权处理的部门。

有关部门应当对举报人的相关信息予以保密，保护举报人的合法权益。

第二章 网络安全支持与促进

第十五条 国家建立和完善网络安全标准体系。国务院标准化行政主管部门和国务院其他有关部门根据各自的职责，组织制定并适时修订有关网络安全管理以及网络产品、服务和运行安全的国家标准、行业标准。

国家支持企业、研究机构、高等学校、网络相关行业组织参与网络安全国家标准、行业标准的制定。

第十六条 国务院和省、自治区、直辖市人民政府应当统筹规划，加大投入，扶持重点网络安全技术产业和项目，支持网络安全技术的研究开发和应用，推广安全可信的网络产品和服务，保护网络技术知识产权，支持企业、研究机构和高等学校等参与国家网络安全技术创新项目。

第十七条 国家推进网络安全社会化服务体系建设，鼓励有关企业、机构开展网络安全认证、检测和风险评估等安全服务。

第十八条 国家鼓励开发网络数据安全保护和利用技术，促进公共数据资源开放，推动技术创新和经济社会发展。

国家支持创新网络安全管理方式，运用网络新技术，提升网络安全保护水平。

第十九条 各级人民政府及其有关部门应当组织开展经常性的网络安全宣传教育，并指导、督促有关单位做好网络安全宣传教育工作。

大众传播媒介应当有针对性地面向社会进行网络安全宣传教育。

第二十条 国家支持企业和高等学校、职业学校等教育培训机构开展网络安全相关教育与培训，采取多种方式培养网络安全人才，促进网络安全人才交流。

第三章 网络运行安全

第一节 一般规定

第二十一条 国家实行网络安全等级保护制度。网络运营者应当按照网络安全等级保护制度的要求，履行下列安全保护义务，保障网络免受干扰、破坏或者未经授权的访问，防止网络数据泄露或者被窃取、篡改：

（一）制定内部安全管理制度和操作规程，确定网络安全负责人，落实网络安全保护责任；

（二）采取防范计算机病毒和网络攻击、网络侵入等危害网络安全行为的技术措施；

（三）采取监测、记录网络运行状态、网络安全事件的技术措施，并按照规定留存相关的网络日志不少于六个月；

（四）采取数据分类、重要数据备份和加密等措施；

（五）法律、行政法规规定的其他义务。

第二十二条 网络产品、服务应当符合相关国家标准的强制性要求。网络产品、服务的提供者不得设置恶意程序；发现其网络产品、服务存在安全缺陷、漏洞等风险时，应当立即采取补救措施，按照规定及时告知用户并向有关主管部门报告。

网络产品、服务的提供者应当为其产品、服务持续提供安全维护；在规定或者当事人约定的期限内，不得终止提供安全维护。

网络产品、服务具有收集用户信息功能的，其提供者应当向用户明示并取得同意；涉及用户个人信息的，还应当遵守本法和有关法律、行政法规关于个人信息保护的规定。

第二十三条 网络关键设备和网络安全专用产品应当按照相关国家标准的强制性要求，由具备资格的机构安全认证合格或者安全检测符合要求后，方可销售或者提供。国家网信部门会同国务院有关部门制定、公布网络关键设备和网络安全专用产品目录，并推动安全认证和安全检测结果互认,避免重复认证、检测。

第二十四条 网络运营者为用户办理网络接入、域名注册服务,办理固定电话、移动电话等入网手续,或者为用户提供信息发布、即时通讯等服务,在与用户签订协议或者确认提供服务时,应当要求用户提供真实身份信息。用户不提供真实身份信息的,网络运营者不得为其提供相关服务。

国家实施网络可信身份战略,支持研究开发安全、方便的电子身份认证技术,推动不同电子身份认证之间的互认。

第二十五条 网络运营者应当制定网络安全事件应急预案,及时处置系统漏洞、计算机病毒、网络攻击、网络侵入等安全风险;在发生危害网络安全的事件时,立即启动应急预案,采取相应的补救措施,并按照规定向有关主管部门报告。

第二十六条 开展网络安全认证、检测、风险评估等活动,向社会发布系统漏洞、计算机病毒、网络攻击、网络侵入等网络安全信息,应当遵守国家有关规定。

第二十七条 任何个人和组织不得从事非法侵入他人网络、干扰他人网络正常功能、窃取网络数据等危害网络安全的活动;不得提供专门用于从事侵入网络、干扰网络正常功能及防护措施、窃取网络数据等危害网络安全活动的程序、工具;明知他人从事危害网络安全的活动的,不得为其提供技术支持、广告推广、支付结算等帮助。

第二十八条 网络运营者应当为公安机关、国家安全机关依法维护国家安全和侦查犯罪的活动提供技术支持和协助。

第二十九条 国家支持网络运营者之间在网络安全信息收集、分析、通报和应急处置等方面进行合作,提高网络运营者的安全保障能力。

有关行业组织建立健全本行业的网络安全保护规范和协作机制,加强对网络安全风险的分析评估,定期向会员进行风险警示,支持、协助会员应对网络安全风险。

第三十条 网信部门和有关部门在履行网络安全保护职责中获取的信息,只能用于维护网络安全的需要,不得用于其他用途。

第二节 关键信息基础设施的运行安全

第三十一条 国家对公共通信和信息服务、能源、交通、水利、金融、公共服务、电子政务等重要行业和领域,以及其他一旦遭到破坏、丧失功能或者数据泄露,可能严重危害国家安全、国计民生、公共利益的关键信息基础设施,在网络安全等级保护制度的基础上,实行重点保护。关键信息基础设施的具体范围和安全保护办法由国务院制定。

国家鼓励关键信息基础设施以外的网络运营者自愿参与关键信息基础设施保护体系。

第三十二条 按照国务院规定的职责分工,负责关键信息基础设施安全保护工作的部门分别编制并组织实施本行业、本领域的关键信息基础设施安全规划,指导和监督关键信息基础设施运行安全保护工作。

第三十三条 建设关键信息基础设施应当确保其具有支持业务稳定、持续运行的性能,并保证安全技术措施同步规划、同步建设、同步使用。

第三十四条 除本法第二十一条的规定外,关键信息基础设施的运营者还应当履行下列安全保护义务:

(一)设置专门安全管理机构和安全管理负责人,并对该负责人和关键岗位的人员进行安全背景审查;

(二)定期对从业人员进行网络安全教育、技术培训和技能考核;

(三)对重要系统和数据库进行容灾备份;

(四)制定网络安全事件应急预案,并定期进行演练;

(五)法律、行政法规规定的其他义务。

第三十五条 关键信息基础设施的运营者采购网络产品和服务,可能影响国家安全的,应当通过国家网信部门会同国务院有关部门组织的国家安全审查。

第三十六条 关键信息基础设施的运营者采购网络产品和服务,应当按照规定与提供者签订安全保密协议,明确安全和保密义务与责任。

第三十七条 关键信息基础设施的运营者在中华人民共和国境内运营中收集和产生的个人信息和重要数据应当在境内存储。因业务需要,确需向境外提供的,应当按照国家网信部门会同国务院有关部门制定的办法进行安全评估;法律、行政法规另有规定的,依照其规定。

第三十八条 关键信息基础设施的运营者应当自行或者委托网络安全服务机构对其网络的安全性和可能存在的风险每年至少进行一次检测评估,并将检测评估情况和改进措施报送相关负责关键信息基础设施安全保护工作的部门。

第三十九条 国家网信部门应当统筹协调有关部门对关键信息基础设施的安全保护采取下列措施:

(一)对关键信息基础设施的安全风险进行抽查检测,提出改进措施,必要时可以委托网络安全服务机构对网络存在的安全风险进行检测评估;

(二)定期组织关键信息基础设施的运营者进行网络安全应急演练,提高应对网络安全事件的水平和协同配合能力;

(三)促进有关部门、关键信息基础设施的运营者以及有关研究机构、网络安全服务机构等之间的网络安全信息共享;

(四)对网络安全事件的应急处置与网络功能的恢复等,提供技术支持和协助。

第四章 网络信息安全

第四十条 网络运营者应当对其收集的用户信息严格保密，并建立健全用户信息保护制度。

第四十一条 网络运营者收集、使用个人信息，应当遵循合法、正当、必要的原则，公开收集、使用规则，明示收集、使用信息的目的、方式和范围，并经被收集者同意。

网络运营者不得收集与其提供的服务无关的个人信息，不得违反法律、行政法规的规定和双方的约定收集、使用个人信息，并应当依照法律、行政法规的规定和与用户的约定，处理其保存的个人信息。

第四十二条 网络运营者不得泄露、篡改、毁损其收集的个人信息；未经被收集者同意，不得向他人提供个人信息。但是，经过处理无法识别特定个人且不能复原的除外。

网络运营者应当采取技术措施和其他必要措施，确保其收集的个人信息安全，防止信息泄露、毁损、丢失。在发生或者可能发生个人信息泄露、毁损、丢失的情况时，应当立即采取补救措施，按照规定及时告知用户并向有关主管部门报告。

第四十三条 个人发现网络运营者违反法律、行政法规的规定或者双方的约定收集、使用其个人信息的，有权要求网络运营者删除其个人信息；发现网络运营者收集、存储的其个人信息有错误的，有权要求网络运营者予以更正。网络运营者应当采取措施予以删除或者更正。

第四十四条 任何个人和组织不得窃取或者以其他非法方式获取个人信息，不得非法出售或者非法向他人提供个人信息。

第四十五条 依法负有网络安全监督管理职责的部门及其工作人员，必须对在履行职责中知悉的个人信息、隐私和商业秘密严格保密，不得泄露、出售或者非法向他人提供。

第四十六条 任何个人和组织应当对其使用网络的行为负责，不得设立用于实施诈骗，传授犯罪方法，制作或者销售违禁物品、管制物品等违法犯罪活动的网站、通讯群组，不得利用网络发布涉及实施诈骗，制作或者销售违禁物品、管制物品以及其他违法犯罪活动的信息。

第四十七条 网络运营者应当加强对其用户发布的信息的管理，发现法律、行政法规禁止发布或者传输的信息的，应当立即停止传输该信息，采取消除等处置措施，防止信息扩散，保存有关记录，并向有关主管部门报告。

第四十八条 任何个人和组织发送的电子信息、提供的应用软件，不得设置恶意程序,不得含有法律、行政法规禁止发布或者传输的信息。

电子信息发送服务提供者和应用软件下载服务提供者,应当履行安全管理义务,知道其用户有前款规定行为的,应当停止提供服务,采取消除等处置措施,保存有关记录,并向有关主管部门报告。

第四十九条 网络运营者应当建立网络信息安全投诉、举报制度,公布投诉、举报方式等信息,及时受理并处理有关网络信息安全的投诉和举报。

网络运营者对网信部门和有关部门依法实施的监督检查,应当予以配合。

第五十条 国家网信部门和有关部门依法履行网络信息安全监督管理职责,发现法律、行政法规禁止发布或者传输的信息的,应当要求网络运营者停止传输,采取消除等处置措施,保存有关记录;对来源于中华人民共和国境外的上述信息,应当通知有关机构采取技术措施和其他必要措施阻断传播。

第五章 监测预警与应急处置

第五十一条 国家建立网络安全监测预警和信息通报制度。国家网信部门应当统筹协调有关部门加强网络安全信息收集、分析和通报工作,按照规定统一发布网络安全监测预警信息。

第五十二条 负责关键信息基础设施安全保护工作的部门,应当建立健全本行业、本领域的网络安全监测预警和信息通报制度,并按照规定报送网络安全监测预警信息。

第五十三条 国家网信部门协调有关部门建立健全网络安全风险评估和应急工作机制,制定网络安全事件应急预案,并定期组织演练。

负责关键信息基础设施安全保护工作的部门应当制定本行业、本领域的网络安全事件应急预案,并定期组织演练。

网络安全事件应急预案应当按照事件发生后的危害程度、影响范围等因素对网络安全事件进行分级,并规定相应的应急处置措施。

第五十四条 网络安全事件发生的风险增大时,省级以上人民政府有关部门应当按照规定的权限和程序,并根据网络安全风险的特点和可能造成的危害,采取下列措施:

(一)要求有关部门、机构和人员及时收集、报告有关信息,加强对网络安全风险的监测;

(二)组织有关部门、机构和专业人员,对网络安全风险信息进行分析评估,预测事件发生的可能性、影响范围和危害程度;

(三)向社会发布网络安全风险预警,发布避免、减轻危害的措施。

第五十五条 发生网络安全事件,应当立即启动网络安全事件应急预案,对网络安全事件进行调查和评估,要求网络运营者采取技术措施和其他必要措施,消除安全隐患,防止危害扩大,并及时向社会发布与公众有关的警示信息。

第五十六条 省级以上人民政府有关部门在履行网络安全监督管理职责中,发现网络存在较大安全风险或者发生安全事件的,可以按照规定的权限和程序对该网络的运营者的法定代表人或者主要负责人进行约谈。网络运营者应当按照要求采取措施,进行整改,消除隐患。

第五十七条 因网络安全事件,发生突发事件或者生产安全事故的,应当依照《中华人民共和国突发事件应对法》、《中华人民共和国安全生产法》等有关法律、行政法规的规定处置。

第五十八条 因维护国家安全和社会公共秩序,处置重大突发社会安全事件的需要,经国务院决定或者批准,可以在特定区域对网络通信采取限制等临时措施。

第六章 法律责任

第五十九条 网络运营者不履行本法第二十一条、第二十五条规定的网络安全保护义务的,由有关主管部门责令改正,给予警告;拒不改正或者导致危害网络安全等后果的,处一万元以上十万元以下罚款,对直接负责的主管人员处五千元以上五万元以下罚款。

关键信息基础设施的运营者不履行本法第三十三条、第三十四条、第三十六条、第三十八条规定的网络安全保护义务的,由有关主管部门责令改正,给予警告;拒不改正或者导致危害网络安全等后果的,处十万元以上一百万元以下罚款,对直接负责的主管人员处一万元以上十万元以下罚款。

第六十条 违反本法第二十二条第一款、第二款和第四十八条第一款规定,有下列行为之一的,由有关主管部门责令改正,给予警告;拒不改正或者导致危害网络安全等后果的,处五万元以上五十万元以下罚款,对直接负责的主管人员处一万元以上十万元以下罚款:

(一)设置恶意程序的;

(二)对其产品、服务存在的安全缺陷、漏洞等风险未立即采取补救措施,或者未按照规定及时告知用户并向有关主管部门报告的;

(三)擅自终止为其产品、服务提供安全维护的。

第六十一条 网络运营者违反本法第二十四条第一款规定,未要求用户提供真实身份信息，或者对不提供真实身份信息的用户提供相关服务的，由有关主管部门责令改正；拒不改正或者情节严重的，处五万元以上五十万元以下罚款，并可以由有关主管部门责令暂停相关业务、停业整顿、关闭网站、吊销相关业务许可证或者吊销营业执照，对直接负责的主管人员和其他直接责任人员处一万元以上十万元以下罚款。

第六十二条 违反本法第二十六条规定，开展网络安全认证、检测、风险评估等活动，或者向社会发布系统漏洞、计算机病毒、网络攻击、网络侵入等网络安全信息的，由有关主管部门责令改正，给予警告；拒不改正或者情节严重的，处一万元以上十万元以下罚款，并可以由有关主管部门责令暂停相关业务、停业整顿、关闭网站、吊销相关业务许可证或者吊销营业执照，对直接负责的主管人员和其他直接责任人员处五千元以上五万元以下罚款。

第六十三条 违反本法第二十七条规定，从事危害网络安全的活动，或者提供专门用于从事危害网络安全活动的程序、工具，或者为他人从事危害网络安全的活动提供技术支持、广告推广、支付结算等帮助，尚不构成犯罪的，由公安机关没收违法所得，处五日以下拘留，可以并处五万元以上五十万元以下罚款；情节较重的，处五日以上十五日以下拘留，可以并处十万元以上一百万元以下罚款。

单位有前款行为的，由公安机关没收违法所得，处十万元以上一百万元以下罚款，并对直接负责的主管人员和其他直接责任人员依照前款规定处罚。

违反本法第二十七条规定，受到治安管理处罚的人员，五年内不得从事网络安全管理和网络运营关键岗位的工作；受到刑事处罚的人员，终身不得从事网络安全管理和网络运营关键岗位的工作。

第六十四条 网络运营者、网络产品或者服务的提供者违反本法第二十二条第三款、第四十一条至第四十三条规定，侵害个人信息依法得到保护的权利的，由有关主管部门责令改正，可以根据情节单处或者并处警告、没收违法所得、处违法所得一倍以上十倍以下罚款，没有违法所得的，处一百万元以下罚款，对直接负责的主管人员和其他直接责任人员处一万元以上十万元以下罚款；情节严重的，并可以责令暂停相关业务、停业整顿、关闭网站、吊销相关业务许可证或者吊销营业执照。

违反本法第四十四条规定，窃取或者以其他非法方式获取、非法出售或者非法向他人提供个人信息，尚不构成犯罪的，由公安机关没收违法所得，并处违法所得一倍以上十倍以下罚款，没有违法所得的，处一百万元以下罚款。

第六十五条 关键信息基础设施的运营者违反本法第三十五条规定，使用未经安全审查或者安全审查未通过的网络产品或者服务的，由有关主管部门责令停止使用，处采购金额一倍以上十倍以下罚款；对直接负责的主管人员和其他直接责任人员处一万元以上十万元以下罚款。

第六十六条 关键信息基础设施的运营者违反本法第三十七条规定,在境外存储网络数据,或者向境外提供网络数据的,由有关主管部门责令改正,给予警告,没收违法所得,处五万元以上五十万元以下罚款,并可以责令暂停相关业务、停业整顿、关闭网站、吊销相关业务许可证或者吊销营业执照;对直接负责的主管人员和其他直接责任人员处一万元以上十万元以下罚款。

第六十七条 违反本法第四十六条规定,设立用于实施违法犯罪活动的网站、通讯群组,或者利用网络发布涉及实施违法犯罪活动的信息,尚不构成犯罪的,由公安机关处五日以下拘留,可以并处一万元以上十万元以下罚款;情节较重的,处五日以上十五日以下拘留,可以并处五万元以上五十万元以下罚款。关闭用于实施违法犯罪活动的网站、通讯群组。

单位有前款行为的,由公安机关处十万元以上五十万元以下罚款,并对直接负责的主管人员和其他直接责任人员依照前款规定处罚。

第六十八条 网络运营者违反本法第四十七条规定,对法律、行政法规禁止发布或者传输的信息未停止传输、采取消除等处置措施、保存有关记录的,由有关主管部门责令改正,给予警告,没收违法所得;拒不改正或者情节严重的,处十万元以上五十万元以下罚款,并可以责令暂停相关业务、停业整顿、关闭网站、吊销相关业务许可证或者吊销营业执照,对直接负责的主管人员和其他直接责任人员处一万元以上十万元以下罚款。

电子信息发送服务提供者、应用软件下载服务提供者,不履行本法第四十八条第二款规定的安全管理义务的,依照前款规定处罚。

第六十九条 网络运营者违反本法规定,有下列行为之一的,由有关主管部门责令改正;拒不改正或者情节严重的,处五万元以上五十万元以下罚款,对直接负责的主管人员和其他直接责任人员,处一万元以上十万元以下罚款:

(一)不按照有关部门的要求对法律、行政法规禁止发布或者传输的信息,采取停止传输、消除等处置措施的;

(二)拒绝、阻碍有关部门依法实施的监督检查的;

(三)拒不向公安机关、国家安全机关提供技术支持和协助的。

第七十条 发布或者传输本法第十二条第二款和其他法律、行政法规禁止发布或者传输的信息的,依照有关法律、行政法规的规定处罚。

第七十一条 有本法规定的违法行为的,依照有关法律、行政法规的规定记入信用档案,并予以公示。

第七十二条 国家机关政务网络的运营者不履行本法规定的网络安全保护义务的,由其上级机关或者有关机关责令改正;对直接负责的主管人员和其他直接责任人员依法给予处分。

第七十三条 网信部门和有关部门违反本法第三十条规定，将在履行网络安全保护职责中获取的信息用于其他用途的，对直接负责的主管人员和其他直接责任人员依法给予处分。

网信部门和有关部门的工作人员玩忽职守、滥用职权、徇私舞弊，尚不构成犯罪的，依法给予处分。

第七十四条 违反本法规定，给他人造成损害的，依法承担民事责任。

违反本法规定，构成违反治安管理行为的，依法给予治安管理处罚；构成犯罪的，依法追究刑事责任。

第七十五条 境外的机构、组织、个人从事攻击、侵入、干扰、破坏等危害中华人民共和国的关键信息基础设施的活动，造成严重后果的，依法追究法律责任；国务院公安部门和有关部门并可以决定对该机构、组织、个人采取冻结财产或者其他必要的制裁措施。

第七章 附则

第七十六条 本法下列用语的含义：

（一）网络，是指由计算机或者其他信息终端及相关设备组成的按照一定的规则和程序对信息进行收集、存储、传输、交换、处理的系统。

（二）网络安全，是指通过采取必要措施，防范对网络的攻击、侵入、干扰、破坏和非法使用以及意外事故，使网络处于稳定可靠运行的状态，以及保障网络数据的完整性、保密性、可用性的能力。

（三）网络运营者，是指网络的所有者、管理者和网络服务提供者。

（四）网络数据，是指通过网络收集、存储、传输、处理和产生的各种电子数据。

（五）个人信息，是指以电子或者其他方式记录的能够单独或者与其他信息结合识别自然人个人身份的各种信息，包括但不限于自然人的姓名、出生日期、身份证件号码、个人生物识别信息、住址、电话号码等。

第七十七条 存储、处理涉及国家秘密信息的网络的运行安全保护，除应当遵守本法外，还应当遵守保密法律、行政法规的规定。

第七十八条 军事网络的安全保护，由中央军事委员会另行规定。

第七十九条 本法自 2017 年 6 月 1 日起施行。

中华人民共和国生物安全法

（2020年10月17日第十三届全国人民代表大会常务委员会第二十二次会议通过）

目 录

第一章　总则
第二章　生物安全风险防控体制
第三章　防控重大新发突发传染病、动植物疫情
第四章　生物技术研究、开发与应用安全
第五章　病原微生物实验室生物安全
第六章　人类遗传资源与生物资源安全
第七章　防范生物恐怖与生物武器威胁
第八章　生物安全能力建设
第九章　法律责任
第十章　附则

第一章　总则

第一条　为了维护国家安全,防范和应对生物安全风险,保障人民生命健康,保护生物资源和生态环境,促进生物技术健康发展,推动构建人类命运共同体,实现人与自然和谐共生,制定本法。

第二条　本法所称生物安全,是指国家有效防范和应对危险生物因子及相关因素威胁,生物技术能够稳定健康发展,人民生命健康和生态系统相对处于没有危险和不受威胁的状态,生物领域具备维护国家安全和持续发展的能力。

从事下列活动,适用本法:

(一)防控重大新发突发传染病、动植物疫情;

(二)生物技术研究、开发与应用;

(三)病原微生物实验室生物安全管理;

(四)人类遗传资源与生物资源安全管理;

(五)防范外来物种入侵与保护生物多样性;

(六)应对微生物耐药;

(七)防范生物恐怖袭击与防御生物武器威胁;

(八)其他与生物安全相关的活动。

第三条　生物安全是国家安全的重要组成部分。维护生物安全应当贯彻总体国家安全观,统筹发展和安全,坚持以人为本、风险预防、分类管理、协同配合的原则。

第四条　坚持中国共产党对国家生物安全工作的领导,建立健全国家生物安全领导体制,加强国家生物安全风险防控和治理体系建设,提高国家生物安全治理能力。

第五条　国家鼓励生物科技创新,加强生物安全基础设施和生物科技人才队伍建设,支持生物产业发展,以创新驱动提升生物科技水平,增强生物安全保障能力。

第六条　国家加强生物安全领域的国际合作,履行中华人民共和国缔结或者参加的国际条约规定的义务,支持参与生物科技交流合作与生物安全事件国际救援,积极参与生物安全国际规则的研究与制定,推动完善全球生物安全治理。

第七条　各级人民政府及其有关部门应当加强生物安全法律法规和生物安全知识宣传普及工作,引导基层群众性自治组织、社会组织开展生物安全法律法规和生物安全知识宣传,促进全社会生物安全意识的提升。

相关科研院校、医疗机构以及其他企业事业单位应当将生物安全法律法规和生物安全知识纳入教育培训内容,加强学生、从业人员生物安全意识和伦理意识的培养。

新闻媒体应当开展生物安全法律法规和生物安全知识公益宣传，对生物安全违法行为进行舆论监督，增强公众维护生物安全的社会责任意识。

第八条 任何单位和个人不得危害生物安全。

任何单位和个人有权举报危害生物安全的行为；接到举报的部门应当及时依法处理。

第九条 对在生物安全工作中做出突出贡献的单位和个人，县级以上人民政府及其有关部门按照国家规定予以表彰和奖励。

第二章　生物安全风险防控体制

第十条 中央国家安全领导机构负责国家生物安全工作的决策和议事协调，研究制定、指导实施国家生物安全战略和有关重大方针政策，统筹协调国家生物安全的重大事项和重要工作，建立国家生物安全工作协调机制。

省、自治区、直辖市建立生物安全工作协调机制，组织协调、督促推进本行政区域内生物安全相关工作。

第十一条 国家生物安全工作协调机制由国务院卫生健康、农业农村、科学技术、外交等主管部门和有关军事机关组成，分析研判国家生物安全形势，组织协调、督促推进国家生物安全相关工作。国家生物安全工作协调机制设立办公室，负责协调机制的日常工作。

国家生物安全工作协调机制成员单位和国务院其他有关部门根据职责分工，负责生物安全相关工作。

第十二条 国家生物安全工作协调机制设立专家委员会，为国家生物安全战略研究、政策制定及实施提供决策咨询。

国务院有关部门组织建立相关领域、行业的生物安全技术咨询专家委员会，为生物安全工作提供咨询、评估、论证等技术支撑。

第十三条 地方各级人民政府对本行政区域内生物安全工作负责。

县级以上地方人民政府有关部门根据职责分工，负责生物安全相关工作。

基层群众性自治组织应当协助地方人民政府以及有关部门做好生物安全风险防控、应急处置和宣传教育等工作。

有关单位和个人应当配合做好生物安全风险防控和应急处置等工作。

第十四条 国家建立生物安全风险监测预警制度。国家生物安全工作协调机制组织建立国家生物安全风险监测预警体系，提高生物安全风险识别和分析能力。

第十五条 国家建立生物安全风险调查评估制度。国家生物安全工作协调机制应当根据风险监测的数据、资料等信息，定期组织开展生物安全风险调查评估。

有下列情形之一的，有关部门应当及时开展生物安全风险调查评估，依法采取必要的风险防控措施：

（一）通过风险监测或者接到举报发现可能存在生物安全风险；

（二）为确定监督管理的重点领域、重点项目，制定、调整生物安全相关名录或者清单；

（三）发生重大新发突发传染病、动植物疫情等危害生物安全的事件；

（四）需要调查评估的其他情形。

第十六条　国家建立生物安全信息共享制度。国家生物安全工作协调机制组织建立统一的国家生物安全信息平台，有关部门应当将生物安全数据、资料等信息汇交国家生物安全信息平台，实现信息共享。

第十七条　国家建立生物安全信息发布制度。国家生物安全总体情况、重大生物安全风险警示信息、重大生物安全事件及其调查处理信息等重大生物安全信息，由国家生物安全工作协调机制成员单位根据职责分工发布；其他生物安全信息由国务院有关部门和县级以上地方人民政府及其有关部门根据职责权限发布。

任何单位和个人不得编造、散布虚假的生物安全信息。

第十八条　国家建立生物安全名录和清单制度。国务院及其有关部门根据生物安全工作需要，对涉及生物安全的材料、设备、技术、活动、重要生物资源数据、传染病、动植物疫病、外来入侵物种等制定、公布名录或者清单，并动态调整。

第十九条　国家建立生物安全标准制度。国务院标准化主管部门和国务院其他有关部门根据职责分工，制定和完善生物安全领域相关标准。

国家生物安全工作协调机制组织有关部门加强不同领域生物安全标准的协调和衔接，建立和完善生物安全标准体系。

第二十条　国家建立生物安全审查制度。对影响或者可能影响国家安全的生物领域重大事项和活动，由国务院有关部门进行生物安全审查，有效防范和化解生物安全风险。

第二十一条　国家建立统一领导、协同联动、有序高效的生物安全应急制度。

国务院有关部门应当组织制定相关领域、行业生物安全事件应急预案，根据应急预案和统一部署开展应急演练、应急处置、应急救援和事后恢复等工作。

县级以上地方人民政府及其有关部门应当制定并组织、指导和督促相关企业事业单位制定生物安全事件应急预案，加强应急准备、人员培训和应急演练，开展生物安全事件应急处置、应急救援和事后恢复等工作。

中国人民解放军、中国人民武装警察部队按照中央军事委员会的命令，依法参加生物安全事件应急处置和应急救援工作。

第二十二条　国家建立生物安全事件调查溯源制度。发生重大新发突发传染病、动植物疫情和不明原因的生物安全事件，国家生物安全工作协调机制应当组织开展调查溯源，确定事件性质，全面评估事件影响，提出意见建议。

第二十三条　国家建立首次进境或者暂停后恢复进境的动植物、动植物产品、高风险生物因子国家准入制度。

进出境的人员、运输工具、集装箱、货物、物品、包装物和国际航行船舶压舱水排放等应当符合我国生物安全管理要求。

海关对发现的进出境和过境生物安全风险，应当依法处置。经评估为生物安全高风险的人员、运输工具、货物、物品等，应当从指定的国境口岸进境，并采取严格的风险防控措施。

第二十四条　国家建立境外重大生物安全事件应对制度。境外发生重大生物安全事件的，海关依法采取生物安全紧急防控措施，加强证件核验，提高查验比例，暂停相关人员、运输工具、货物、物品等进境。必要时经国务院同意，可以采取暂时关闭有关口岸、封锁有关国境等措施。

第二十五条　县级以上人民政府有关部门应当依法开展生物安全监督检查工作，被检查单位和个人应当配合，如实说明情况，提供资料，不得拒绝、阻挠。

涉及专业技术要求较高、执法业务难度较大的监督检查工作，应当有生物安全专业技术人员参加。

第二十六条　县级以上人民政府有关部门实施生物安全监督检查，可以依法采取下列措施：

（一）进入被检查单位、地点或者涉嫌实施生物安全违法行为的场所进行现场监测、勘查、检查或者核查；

（二）向有关单位和个人了解情况；

（三）查阅、复制有关文件、资料、档案、记录、凭证等；

（四）查封涉嫌实施生物安全违法行为的场所、设施；

（五）扣押涉嫌实施生物安全违法行为的工具、设备以及相关物品；

（六）法律法规规定的其他措施。

有关单位和个人的生物安全违法信息应当依法纳入全国信用信息共享平台。

第三章　防控重大新发突发传染病、动植物疫情

第二十七条　国务院卫生健康、农业农村、林业草原、海关、生态环境主管部门应

当建立新发突发传染病、动植物疫情、进出境检疫、生物技术环境安全监测网络，组织监测站点布局、建设，完善监测信息报告系统，开展主动监测和病原检测，并纳入国家生物安全风险监测预警体系。

第二十八条 疾病预防控制机构、动物疫病预防控制机构、植物病虫害预防控制机构（以下统称专业机构）应当对传染病、动植物疫病和列入监测范围的不明原因疾病开展主动监测，收集、分析、报告监测信息，预测新发突发传染病、动植物疫病的发生、流行趋势。

国务院有关部门、县级以上地方人民政府及其有关部门应当根据预测和职责权限及时发布预警，并采取相应的防控措施。

第二十九条 任何单位和个人发现传染病、动植物疫病的，应当及时向医疗机构、有关专业机构或者部门报告。

医疗机构、专业机构及其工作人员发现传染病、动植物疫病或者不明原因的聚集性疾病的，应当及时报告，并采取保护性措施。

依法应当报告的，任何单位和个人不得瞒报、谎报、缓报、漏报，不得授意他人瞒报、谎报、缓报，不得阻碍他人报告。

第三十条 国家建立重大新发突发传染病、动植物疫情联防联控机制。

发生重大新发突发传染病、动植物疫情，应当依照有关法律法规和应急预案的规定及时采取控制措施；国务院卫生健康、农业农村、林业草原主管部门应当立即组织疫情会商研判，将会商研判结论向中央国家安全领导机构和国务院报告，并通报国家生物安全工作协调机制其他成员单位和国务院其他有关部门。

发生重大新发突发传染病、动植物疫情，地方各级人民政府统一履行本行政区域内疫情防控职责，加强组织领导，开展群防群控、医疗救治，动员和鼓励社会力量依法有序参与疫情防控工作。

第三十一条 国家加强国境、口岸传染病和动植物疫情联合防控能力建设，建立传染病、动植物疫情防控国际合作网络，尽早发现、控制重大新发突发传染病、动植物疫情。

第三十二条 国家保护野生动物，加强动物防疫，防止动物源性传染病传播。

第三十三条 国家加强对抗生素药物等抗微生物药物使用和残留的管理，支持应对微生物耐药的基础研究和科技攻关。

县级以上人民政府卫生健康主管部门应当加强对医疗机构合理用药的指导和监督，采取措施防止抗微生物药物的不合理使用。县级以上人民政府农业农村、林业草原主管部门应当加强对农业生产中合理用药的指导和监督，采取措施防止抗微生物药物的不合理使用，降低在农业生产环境中的残留。

国务院卫生健康、农业农村、林业草原、生态环境等主管部门和药品监督管理部门应当根据职责分工，评估抗微生物药物残留对人体健康、环境的危害，建立抗微生物药物污染物指标评价体系。

第四章　生物技术研究、开发与应用安全

第三十四条　国家加强对生物技术研究、开发与应用活动的安全管理，禁止从事危及公众健康、损害生物资源、破坏生态系统和生物多样性等危害生物安全的生物技术研究、开发与应用活动。

从事生物技术研究、开发与应用活动，应当符合伦理原则。

第三十五条　从事生物技术研究、开发与应用活动的单位应当对本单位生物技术研究、开发与应用的安全负责，采取生物安全风险防控措施，制定生物安全培训、跟踪检查、定期报告等工作制度，强化过程管理。

第三十六条　国家对生物技术研究、开发活动实行分类管理。根据对公众健康、工业农业、生态环境等造成危害的风险程度，将生物技术研究、开发活动分为高风险、中风险、低风险三类。

生物技术研究、开发活动风险分类标准及名录由国务院科学技术、卫生健康、农业农村等主管部门根据职责分工，会同国务院其他有关部门制定、调整并公布。

第三十七条　从事生物技术研究、开发活动，应当遵守国家生物技术研究开发安全管理规范。

从事生物技术研究、开发活动，应当进行风险类别判断，密切关注风险变化，及时采取应对措施。

第三十八条　从事高风险、中风险生物技术研究、开发活动，应当由在我国境内依法成立的法人组织进行，并依法取得批准或者进行备案。

从事高风险、中风险生物技术研究、开发活动，应当进行风险评估，制定风险防控计划和生物安全事件应急预案，降低研究、开发活动实施的风险。

第三十九条　国家对涉及生物安全的重要设备和特殊生物因子实行追溯管理。购买或者引进列入管控清单的重要设备和特殊生物因子，应当进行登记，确保可追溯，并报国务院有关部门备案。

个人不得购买或者持有列入管控清单的重要设备和特殊生物因子。

第四十条　从事生物医学新技术临床研究，应当通过伦理审查，并在具备相应条件的医疗机构内进行；进行人体临床研究操作的，应当由符合相应条件的卫生专业技术人

员执行。

第四十一条 国务院有关部门依法对生物技术应用活动进行跟踪评估,发现存在生物安全风险的,应当及时采取有效补救和管控措施。

第五章 病原微生物实验室生物安全

第四十二条 国家加强对病原微生物实验室生物安全的管理,制定统一的实验室生物安全标准。病原微生物实验室应当符合生物安全国家标准和要求。

从事病原微生物实验活动,应当严格遵守有关国家标准和实验室技术规范、操作规程,采取安全防范措施。

第四十三条 国家根据病原微生物的传染性、感染后对人和动物的个体或者群体的危害程度,对病原微生物实行分类管理。

从事高致病性或者疑似高致病性病原微生物样本采集、保藏、运输活动,应当具备相应条件,符合生物安全管理规范。具体办法由国务院卫生健康、农业农村主管部门制定。

第四十四条 设立病原微生物实验室,应当依法取得批准或者进行备案。

个人不得设立病原微生物实验室或者从事病原微生物实验活动。

第四十五条 国家根据对病原微生物的生物安全防护水平,对病原微生物实验室实行分等级管理。

从事病原微生物实验活动应当在相应等级的实验室进行。低等级病原微生物实验室不得从事国家病原微生物目录规定应当在高等级病原微生物实验室进行的病原微生物实验活动。

第四十六条 高等级病原微生物实验室从事高致病性或者疑似高致病性病原微生物实验活动,应当经省级以上人民政府卫生健康或者农业农村主管部门批准,并将实验活动情况向批准部门报告。

对我国尚未发现或者已经宣布消灭的病原微生物,未经批准不得从事相关实验活动。

第四十七条 病原微生物实验室应当采取措施,加强对实验动物的管理,防止实验动物逃逸,对使用后的实验动物按照国家规定进行无害化处理,实现实验动物可追溯。禁止将使用后的实验动物流入市场。

病原微生物实验室应当加强对实验活动废弃物的管理,依法对废水、废气以及其他废弃物进行处置,采取措施防止污染。

第四十八条 病原微生物实验室的设立单位负责实验室的生物安全管理,制定科学、严格的管理制度，定期对有关生物安全规定的落实情况进行检查，对实验室设施、设备、材料等进行检查、维护和更新，确保其符合国家标准。

病原微生物实验室设立单位的法定代表人和实验室负责人对实验室的生物安全负责。

第四十九条 病原微生物实验室的设立单位应当建立和完善安全保卫制度，采取安全保卫措施，保障实验室及其病原微生物的安全。

国家加强对高等级病原微生物实验室的安全保卫。高等级病原微生物实验室应当接受公安机关等部门有关实验室安全保卫工作的监督指导，严防高致病性病原微生物泄漏、丢失和被盗、被抢。

国家建立高等级病原微生物实验室人员进入审核制度。进入高等级病原微生物实验室的人员应当经实验室负责人批准。对可能影响实验室生物安全的，不予批准；对批准进入的，应当采取安全保障措施。

第五十条 病原微生物实验室的设立单位应当制定生物安全事件应急预案，定期组织开展人员培训和应急演练。发生高致病性病原微生物泄漏、丢失和被盗、被抢或者其他生物安全风险的，应当按照应急预案的规定及时采取控制措施，并按照国家规定报告。

第五十一条 病原微生物实验室所在地省级人民政府及其卫生健康主管部门应当加强实验室所在地感染性疾病医疗资源配置，提高感染性疾病医疗救治能力。

第五十二条 企业对涉及病原微生物操作的生产车间的生物安全管理，依照有关病原微生物实验室的规定和其他生物安全管理规范进行。

涉及生物毒素、植物有害生物及其他生物因子操作的生物安全实验室的建设和管理，参照有关病原微生物实验室的规定执行。

第六章 人类遗传资源与生物资源安全

第五十三条 国家加强对我国人类遗传资源和生物资源采集、保藏、利用、对外提供等活动的管理和监督，保障人类遗传资源和生物资源安全。

国家对我国人类遗传资源和生物资源享有主权。

第五十四条 国家开展人类遗传资源和生物资源调查。

国务院科学技术主管部门组织开展我国人类遗传资源调查，制定重要遗传家系和特定地区人类遗传资源申报登记办法。

国务院科学技术、自然资源、生态环境、卫生健康、农业农村、林业草原、中医药主管部门根据职责分工，组织开展生物资源调查，制定重要生物资源申报登记办法。

第五十五条 采集、保藏、利用、对外提供我国人类遗传资源，应当符合伦理原则，不得危害公众健康、国家安全和社会公共利益。

第五十六条 从事下列活动，应当经国务院科学技术主管部门批准：

（一）采集我国重要遗传家系、特定地区人类遗传资源或者采集国务院科学技术主管部门规定的种类、数量的人类遗传资源；

（二）保藏我国人类遗传资源；

（三）利用我国人类遗传资源开展国际科学研究合作；

（四）将我国人类遗传资源材料运送、邮寄、携带出境。

前款规定不包括以临床诊疗、采供血服务、查处违法犯罪、兴奋剂检测和殡葬等为目的采集、保藏人类遗传资源及开展的相关活动。

为了取得相关药品和医疗器械在我国上市许可，在临床试验机构利用我国人类遗传资源开展国际合作临床试验、不涉及人类遗传资源出境的，不需要批准；但是，在开展临床试验前应当将拟使用的人类遗传资源种类、数量及用途向国务院科学技术主管部门备案。

境外组织、个人及其设立或者实际控制的机构不得在我国境内采集、保藏我国人类遗传资源，不得向境外提供我国人类遗传资源。

第五十七条 将我国人类遗传资源信息向境外组织、个人及其设立或者实际控制的机构提供或者开放使用的，应当向国务院科学技术主管部门事先报告并提交信息备份。

第五十八条 采集、保藏、利用、运输出境我国珍贵、濒危、特有物种及其可用于再生或者繁殖传代的个体、器官、组织、细胞、基因等遗传资源，应当遵守有关法律法规。

境外组织、个人及其设立或者实际控制的机构获取和利用我国生物资源，应当依法取得批准。

第五十九条 利用我国生物资源开展国际科学研究合作，应当依法取得批准。

利用我国人类遗传资源和生物资源开展国际科学研究合作，应当保证中方单位及其研究人员全过程、实质性地参与研究，依法分享相关权益。

第六十条 国家加强对外来物种入侵的防范和应对，保护生物多样性。国务院农业农村主管部门会同国务院其他有关部门制定外来入侵物种名录和管理办法。

国务院有关部门根据职责分工，加强对外来入侵物种的调查、监测、预警、控制、评估、清除以及生态修复等工作。

任何单位和个人未经批准，不得擅自引进、释放或者丢弃外来物种。

第七章　防范生物恐怖与生物武器威胁

第六十一条　国家采取一切必要措施防范生物恐怖与生物武器威胁。

禁止开发、制造或者以其他方式获取、储存、持有和使用生物武器。

禁止以任何方式唆使、资助、协助他人开发、制造或者以其他方式获取生物武器。

第六十二条　国务院有关部门制定、修改、公布可被用于生物恐怖活动、制造生物武器的生物体、生物毒素、设备或者技术清单，加强监管，防止其被用于制造生物武器或者恐怖目的。

第六十三条　国务院有关部门和有关军事机关根据职责分工，加强对可被用于生物恐怖活动、制造生物武器的生物体、生物毒素、设备或者技术进出境、进出口、获取、制造、转移和投放等活动的监测、调查，采取必要的防范和处置措施。

第六十四条　国务院有关部门、省级人民政府及其有关部门负责组织遭受生物恐怖袭击、生物武器攻击后的人员救治与安置、环境消毒、生态修复、安全监测和社会秩序恢复等工作。

国务院有关部门、省级人民政府及其有关部门应当有效引导社会舆论科学、准确报道生物恐怖袭击和生物武器攻击事件，及时发布疏散、转移和紧急避难等信息，对应急处置与恢复过程中遭受污染的区域和人员进行长期环境监测和健康监测。

第六十五条　国家组织开展对我国境内战争遗留生物武器及其危害结果、潜在影响的调查。

国家组织建设存放和处理战争遗留生物武器设施，保障对战争遗留生物武器的安全处置。

第八章　生物安全能力建设

第六十六条　国家制定生物安全事业发展规划，加强生物安全能力建设，提高应对生物安全事件的能力和水平。

县级以上人民政府应当支持生物安全事业发展，按照事权划分，将支持下列生物安全事业发展的相关支出列入政府预算：

（一）监测网络的构建和运行；

（二）应急处置和防控物资的储备；

（三）关键基础设施的建设和运行；

（四）关键技术和产品的研究、开发；

（五）人类遗传资源和生物资源的调查、保藏；

（六）法律法规规定的其他重要生物安全事业。

第六十七条 国家采取措施支持生物安全科技研究，加强生物安全风险防御与管控技术研究，整合优势力量和资源，建立多学科、多部门协同创新的联合攻关机制，推动生物安全核心关键技术和重大防御产品的成果产出与转化应用，提高生物安全的科技保障能力。

第六十八条 国家统筹布局全国生物安全基础设施建设。国务院有关部门根据职责分工，加快建设生物信息、人类遗传资源保藏、菌（毒）种保藏、动植物遗传资源保藏、高等级病原微生物实验室等方面的生物安全国家战略资源平台，建立共享利用机制，为生物安全科技创新提供战略保障和支撑。

第六十九条 国务院有关部门根据职责分工，加强生物基础科学研究人才和生物领域专业技术人才培养，推动生物基础科学学科建设和科学研究。

国家生物安全基础设施重要岗位的从业人员应当具备符合要求的资格，相关信息应当向国务院有关部门备案，并接受岗位培训。

第七十条 国家加强重大新发突发传染病、动植物疫情等生物安全风险防控的物资储备。

国家加强生物安全应急药品、装备等物资的研究、开发和技术储备。国务院有关部门根据职责分工，落实生物安全应急药品、装备等物资研究、开发和技术储备的相关措施。

国务院有关部门和县级以上地方人民政府及其有关部门应当保障生物安全事件应急处置所需的医疗救护设备、救治药品、医疗器械等物资的生产、供应和调配；交通运输主管部门应当及时组织协调运输经营单位优先运送。

第七十一条 国家对从事高致病性病原微生物实验活动、生物安全事件现场处置等高风险生物安全工作的人员，提供有效的防护措施和医疗保障。

第九章 法律责任

第七十二条 违反本法规定，履行生物安全管理职责的工作人员在生物安全工作中滥用职权、玩忽职守、徇私舞弊或者有其他违法行为的，依法给予处分。

第七十三条 违反本法规定，医疗机构、专业机构或者其工作人员瞒报、谎报、缓报、漏报，授意他人瞒报、谎报、缓报，或者阻碍他人报告传染病、动植物疫病或者不明原因的聚集性疾病的，由县级以上人民政府有关部门责令改正，给予警告；对法定代表人、主要负责人、直接负责的主管人员和其他直接责任人员，依法给予处分，并可以依法暂停一定期限的执业活动直至吊销相关执业证书。

违反本法规定，编造、散布虚假的生物安全信息，构成违反治安管理行为的，由公安机关依法给予治安管理处罚。

第七十四条　违反本法规定，从事国家禁止的生物技术研究、开发与应用活动的，由县级以上人民政府卫生健康、科学技术、农业农村主管部门根据职责分工，责令停止违法行为，没收违法所得、技术资料和用于违法行为的工具、设备、原材料等物品，处一百万元以上一千万元以下的罚款，违法所得在一百万元以上的，处违法所得十倍以上二十倍以下的罚款，并可以依法禁止一定期限内从事相应的生物技术研究、开发与应用活动，吊销相关许可证件；对法定代表人、主要负责人、直接负责的主管人员和其他直接责任人员，依法给予处分，处十万元以上二十万元以下的罚款，十年直至终身禁止从事相应的生物技术研究、开发与应用活动，依法吊销相关执业证书。

第七十五条　违反本法规定，从事生物技术研究、开发活动未遵守国家生物技术研究开发安全管理规范的，由县级以上人民政府有关部门根据职责分工，责令改正，给予警告，可以并处二万元以上二十万元以下的罚款；拒不改正或者造成严重后果的，责令停止研究、开发活动，并处二十万元以上二百万元以下的罚款。

第七十六条　违反本法规定，从事病原微生物实验活动未在相应等级的实验室进行，或者高等级病原微生物实验室未经批准从事高致病性、疑似高致病性病原微生物实验活动的，由县级以上地方人民政府卫生健康、农业农村主管部门根据职责分工，责令停止违法行为，监督其将用于实验活动的病原微生物销毁或者送交保藏机构，给予警告；造成传染病传播、流行或者其他严重后果的，对法定代表人、主要负责人、直接负责的主管人员和其他直接责任人员依法给予撤职、开除处分。

第七十七条　违反本法规定，将使用后的实验动物流入市场的，由县级以上人民政府科学技术主管部门责令改正，没收违法所得，并处二十万元以上一百万元以下的罚款，违法所得在二十万元以上的，并处违法所得五倍以上十倍以下的罚款；情节严重的，由发证部门吊销相关许可证件。

第七十八条　违反本法规定，有下列行为之一的，由县级以上人民政府有关部门根据职责分工，责令改正，没收违法所得，给予警告，可以并处十万元以上一百万元以下的罚款：

（一）购买或者引进列入管控清单的重要设备、特殊生物因子未进行登记，或者未报国务院有关部门备案；

（二）个人购买或者持有列入管控清单的重要设备或者特殊生物因子；

（三）个人设立病原微生物实验室或者从事病原微生物实验活动；

（四）未经实验室负责人批准进入高等级病原微生物实验室。

第七十九条 违反本法规定，未经批准，采集、保藏我国人类遗传资源或者利用我国人类遗传资源开展国际科学研究合作的，由国务院科学技术主管部门责令停止违法行为，没收违法所得和违法采集、保藏的人类遗传资源，并处五十万元以上五百万元以下的罚款，违法所得在一百万元以上的，并处违法所得五倍以上十倍以下的罚款；情节严重的，对法定代表人、主要负责人、直接负责的主管人员和其他直接责任人员，依法给予处分，五年内禁止从事相应活动。

第八十条 违反本法规定，境外组织、个人及其设立或者实际控制的机构在我国境内采集、保藏我国人类遗传资源，或者向境外提供我国人类遗传资源的，由国务院科学技术主管部门责令停止违法行为，没收违法所得和违法采集、保藏的人类遗传资源，并处一百万元以上一千万元以下的罚款；违法所得在一百万元以上的，并处违法所得十倍以上二十倍以下的罚款。

第八十一条 违反本法规定，未经批准，擅自引进外来物种的，由县级以上人民政府有关部门根据职责分工，没收引进的外来物种，并处五万元以上二十五万元以下的罚款。

违反本法规定，未经批准，擅自释放或者丢弃外来物种的，由县级以上人民政府有关部门根据职责分工，责令限期捕回、找回释放或者丢弃的外来物种，处一万元以上五万元以下的罚款。

第八十二条 违反本法规定，构成犯罪的，依法追究刑事责任；造成人身、财产或者其他损害的，依法承担民事责任。

第八十三条 违反本法规定的生物安全违法行为，本法未规定法律责任，其他有关法律、行政法规有规定的，依照其规定。

第八十四条 境外组织或者个人通过运输、邮寄、携带危险生物因子入境或者以其他方式危害我国生物安全的，依法追究法律责任，并可以采取其他必要措施。

第十章　附则

第八十五条 本法下列术语的含义：

（一）生物因子，是指动物、植物、微生物、生物毒素及其他生物活性物质。

（二）重大新发突发传染病，是指我国境内首次出现或者已经宣布消灭再次发生，或者突然发生,造成或者可能造成公众健康和生命安全严重损害,引起社会恐慌,影响社会稳定的传染病。

(三)重大新发突发动物疫情,是指我国境内首次发生或者已经宣布消灭的动物疫病再次发生,或者发病率、死亡率较高的潜伏动物疫病突然发生并迅速传播,给养殖业生产安全造成严重威胁、危害,以及可能对公众健康和生命安全造成危害的情形。

(四)重大新发突发植物疫情,是指我国境内首次发生或者已经宣布消灭的严重危害植物的真菌、细菌、病毒、昆虫、线虫、杂草、害鼠、软体动物等再次引发病虫害,或者本地有害生物突然大范围发生并迅速传播,对农作物、林木等植物造成严重危害的情形。

(五)生物技术研究、开发与应用,是指通过科学和工程原理认识、改造、合成、利用生物而从事的科学研究、技术开发与应用等活动。

(六)病原微生物,是指可以侵犯人、动物引起感染甚至传染病的微生物,包括病毒、细菌、真菌、立克次体、寄生虫等。

(七)植物有害生物,是指能够对农作物、林木等植物造成危害的真菌、细菌、病毒、昆虫、线虫、杂草、害鼠、软体动物等生物。

(八)人类遗传资源,包括人类遗传资源材料和人类遗传资源信息。人类遗传资源材料是指含有人体基因组、基因等遗传物质的器官、组织、细胞等遗传材料。人类遗传资源信息是指利用人类遗传资源材料产生的数据等信息资料。

(九)微生物耐药,是指微生物对抗微生物药物产生抗性,导致抗微生物药物不能有效控制微生物的感染。

(十)生物武器,是指类型和数量不属于预防、保护或者其他和平用途所正当需要的、任何来源或者任何方法产生的微生物剂、其他生物剂以及生物毒素;也包括为将上述生物剂、生物毒素使用于敌对目的或者武装冲突而设计的武器、设备或者运载工具。

(十一)生物恐怖,是指故意使用致病性微生物、生物毒素等实施袭击,损害人类或者动植物健康,引起社会恐慌,企图达到特定政治目的的行为。

第八十六条 生物安全信息属于国家秘密的,应当依照《中华人民共和国保守国家秘密法》和国家其他有关保密规定实施保密管理。

第八十七条 中国人民解放军、中国人民武装警察部队的生物安全活动,由中央军事委员会依照本法规定的原则另行规定。

第八十八条 本法自2021年4月15日起施行。

科学数据管理办法

第一章　总则

第一条　为进一步加强和规范科学数据管理，保障科学数据安全，提高开放共享水平，更好支撑国家科技创新、经济社会发展和国家安全，根据《中华人民共和国科学技术进步法》、《中华人民共和国促进科技成果转化法》和《政务信息资源共享管理暂行办法》等规定，制定本办法。

第二条　本办法所称科学数据主要包括在自然科学、工程技术科学等领域，通过基础研究、应用研究、试验开发等产生的数据，以及通过观测监测、考察调查、检验检测等方式取得并用于科学研究活动的原始数据及其衍生数据。

第三条　政府预算资金支持开展的科学数据采集生产、加工整理、开放共享和管理使用等活动适用本办法。

任何单位和个人在中华人民共和国境内从事科学数据相关活动，符合本办法规定情形的，按照本办法执行。

第四条　科学数据管理遵循分级管理、安全可控、充分利用的原则，明确责任主体，加强能力建设，促进开放共享。

第五条　任何单位和个人从事科学数据采集生产、使用、管理活动应当遵守国家有关法律法规及部门规章，不得利用科学数据从事危害国家安全、社会公共利益和他人合法权益的活动。

第二章　职责

第六条　科学数据管理工作实行国家统筹、各部门与各地区分工负责的体制。

第七条　国务院科学技术行政部门牵头负责全国科学数据的宏观管理与综合协调，

主要职责是：

（一）组织研究制定国家科学数据管理政策和标准规范；

（二）协调推动科学数据规范管理、开放共享及评价考核工作；

（三）统筹推进国家科学数据中心建设和发展；

（四）负责国家科学数据网络管理平台建设和数据维护。

第八条 国务院相关部门、省级人民政府相关部门（以下统称主管部门）在科学数据管理方面的主要职责是：

（一）负责建立健全本部门（本地区）科学数据管理政策和规章制度，宣传贯彻落实国家科学数据管理政策；

（二）指导所属法人单位加强和规范科学数据管理；

（三）按照国家有关规定做好或者授权有关单位做好科学数据定密工作；

（四）统筹规划和建设本部门（本地区）科学数据中心，推动科学数据开放共享；

（五）建立完善有效的激励机制，组织开展本部门（本地区）所属法人单位科学数据工作的评价考核。

第九条 有关科研院所、高等院校和企业等法人单位（以下统称法人单位）是科学数据管理的责任主体，主要职责是：

（一）贯彻落实国家和部门（地方）科学数据管理政策，建立健全本单位科学数据相关管理制度；

（二）按照有关标准规范进行科学数据采集生产、加工整理和长期保存，确保数据质量；

（三）按照有关规定做好科学数据保密和安全管理工作；

（四）建立科学数据管理系统，公布科学数据开放目录并及时更新，积极开展科学数据共享服务；

（五）负责科学数据管理运行所需软硬件设施等条件、资金和人员保障。

第十条 科学数据中心是促进科学数据开放共享的重要载体，由主管部门委托有条件的法人单位建立，主要职责是：

（一）承担相关领域科学数据的整合汇交工作；

（二）负责科学数据的分级分类、加工整理和分析挖掘；

（三）保障科学数据安全，依法依规推动科学数据开放共享；

（四）加强国内外科学数据方面交流与合作。

第三章　采集、汇交与保存

第十一条　法人单位及科学数据生产者要按照相关标准规范组织开展科学数据采集生产和加工整理，形成便于使用的数据库或数据集。

法人单位应建立科学数据质量控制体系，保证数据的准确性和可用性。

第十二条　主管部门应建立科学数据汇交制度，在国家统一政务网络和数据共享交换平台的基础上开展本部门（本地区）的科学数据汇交工作。

第十三条　政府预算资金资助的各级科技计划（专项、基金等）项目所形成的科学数据，应由项目牵头单位汇交到相关科学数据中心。接收数据的科学数据中心应出具汇交凭证。

各级科技计划（专项、基金等）管理部门应建立先汇交科学数据、再验收科技计划（专项、基金等）项目的机制；项目/课题验收后产生的科学数据也应进行汇交。

第十四条　主管部门和法人单位应建立健全国内外学术论文数据汇交的管理制度。

利用政府预算资金资助形成的科学数据撰写并在国外学术期刊发表论文时需对外提交相应科学数据的，论文作者应在论文发表前将科学数据上交至所在单位统一管理。

第十五条　社会资金资助形成的涉及国家秘密、国家安全和社会公共利益的科学数据必须按照有关规定予以汇交。

鼓励社会资金资助形成的其他科学数据向相关科学数据中心汇交。

第十六条　法人单位应建立科学数据保存制度，配备数据存储、管理、服务和安全等必要设施，保障科学数据完整性和安全性。

第十七条　法人单位应加强科学数据人才队伍建设，在岗位设置、绩效收入、职称评定等方面建立激励机制。

第十八条　国务院科学技术行政部门应加强统筹布局，在条件好、资源优势明显的科学数据中心基础上，优化整合形成国家科学数据中心。

第四章　共享与利用

第十九条　政府预算资金资助形成的科学数据应当按照开放为常态、不开放为例外的原则，由主管部门组织编制科学数据资源目录，有关目录和数据应及时接入国家数据共享交换平台，面向社会和相关部门开放共享，畅通科学数据军民共享渠道。国家法律法规有特殊规定的除外。

第二十条 法人单位要对科学数据进行分级分类，明确科学数据的密级和保密期限、开放条件、开放对象和审核程序等，按要求公布科学数据开放目录，通过在线下载、离线共享或定制服务等方式向社会开放共享。

第二十一条 法人单位应根据需求，对科学数据进行分析挖掘，形成有价值的科学数据产品，开展增值服务。鼓励社会组织和企业开展市场化增值服务。

第二十二条 主管部门和法人单位应积极推动科学数据出版和传播工作，支持科研人员整理发表产权清晰、准确完整、共享价值高的科学数据。

第二十三条 科学数据使用者应遵守知识产权相关规定，在论文发表、专利申请、专著出版等工作中注明所使用和参考引用的科学数据。

第二十四条 对于政府决策、公共安全、国防建设、环境保护、防灾减灾、公益性科学研究等需要使用科学数据的，法人单位应当无偿提供；确需收费的，应按照规定程序和非营利原则制定合理的收费标准，向社会公布并接受监督。

对于因经营性活动需要使用科学数据的，当事人双方应当签订有偿服务合同，明确双方的权利和义务。

国家法律法规有特殊规定的，遵从其规定。

第五章　保密与安全

第二十五条 涉及国家秘密、国家安全、社会公共利益、商业秘密和个人隐私的科学数据，不得对外开放共享；确需对外开放的，要对利用目的、用户资质、保密条件等进行审查，并严格控制知悉范围。

第二十六条 涉及国家秘密的科学数据的采集生产、加工整理、管理和使用，按照国家有关保密规定执行。主管部门和法人单位应建立健全涉及国家秘密的科学数据管理与使用制度，对制作、审核、登记、拷贝、传输、销毁等环节进行严格管理。

对外交往与合作中需要提供涉及国家秘密的科学数据的，法人单位应明确提出利用数据的类别、范围及用途，按照保密管理规定程序报主管部门批准。经主管部门批准后，法人单位按规定办理相关手续并与用户签订保密协议。

第二十七条 主管部门和法人单位应加强科学数据全生命周期安全管理，制定科学数据安全保护措施；加强数据下载的认证、授权等防护管理，防止数据被恶意使用。

对于需对外公布的科学数据开放目录或需对外提供的科学数据，主管部门和法人单位应建立相应的安全保密审查制度。

第二十八条　法人单位和科学数据中心应按照国家网络安全管理规定，建立网络安全保障体系，采用安全可靠的产品和服务，完善数据管控、属性管理、身份识别、行为追溯、黑名单等管理措施，健全防篡改、防泄露、防攻击、防病毒等安全防护体系。

第二十九条　科学数据中心应建立应急管理和容灾备份机制，按照要求建立应急管理系统，对重要的科学数据进行异地备份。

第六章　附则

第三十条　主管部门和法人单位应建立完善科学数据管理和开放共享工作评价考核制度。

第三十一条　对于伪造数据、侵犯知识产权、不按规定汇交数据等行为，主管部门可视情节轻重对相关单位和责任人给予责令整改、通报批评、处分等处理或依法给予行政处罚。

对违反国家有关法律法规的单位和个人，依法追究相应责任。

第三十二条　主管部门可参照本办法，制定具体实施细则。涉及国防领域的科学数据管理制度，由有关部门另行规定。

第三十三条　本办法自印发之日起施行。

中华人民共和国人类遗传资源管理条例

第一章 总则

第一条 为了有效保护和合理利用我国人类遗传资源，维护公众健康、国家安全和社会公共利益，制定本条例。

第二条 本条例所称人类遗传资源包括人类遗传资源材料和人类遗传资源信息。

人类遗传资源材料是指含有人体基因组、基因等遗传物质的器官、组织、细胞等遗传材料。

人类遗传资源信息是指利用人类遗传资源材料产生的数据等信息资料。

第三条 采集、保藏、利用、对外提供我国人类遗传资源，应当遵守本条例。

为临床诊疗、采供血服务、查处违法犯罪、兴奋剂检测和殡葬等活动需要，采集、保藏器官、组织、细胞等人体物质及开展相关活动，依照相关法律、行政法规规定执行。

第四条 国务院科学技术行政部门负责全国人类遗传资源管理工作；国务院其他有关部门在各自的职责范围内，负责有关人类遗传资源管理工作。

省、自治区、直辖市人民政府科学技术行政部门负责本行政区域人类遗传资源管理工作；省、自治区、直辖市人民政府其他有关部门在各自的职责范围内，负责本行政区域有关人类遗传资源管理工作。

第五条 国家加强对我国人类遗传资源的保护，开展人类遗传资源调查，对重要遗传家系和特定地区人类遗传资源实行申报登记制度。

国务院科学技术行政部门负责组织我国人类遗传资源调查，制定重要遗传家系和特定地区人类遗传资源申报登记具体办法。

第六条 国家支持合理利用人类遗传资源开展科学研究、发展生物医药产业、提高诊疗技术，提高我国生物安全保障能力，提升人民健康保障水平。

第七条 外国组织、个人及其设立或者实际控制的机构不得在我国境内采集、保藏我国人类遗传资源，不得向境外提供我国人类遗传资源。

第八条 采集、保藏、利用、对外提供我国人类遗传资源，不得危害我国公众健康、国家安全和社会公共利益。

第九条 采集、保藏、利用、对外提供我国人类遗传资源，应当符合伦理原则，并按照国家有关规定进行伦理审查。

采集、保藏、利用、对外提供我国人类遗传资源，应当尊重人类遗传资源提供者的隐私权，取得其事先知情同意，并保护其合法权益。

采集、保藏、利用、对外提供我国人类遗传资源，应当遵守国务院科学技术行政部门制定的技术规范。（*申报和审查要点①）

第十条 禁止买卖人类遗传资源。

为科学研究依法提供或者使用人类遗传资源并支付或者收取合理成本费用，不视为买卖。

第二章 采集和保藏

第十一条 采集我国重要遗传家系、特定地区人类遗传资源或者采集国务院科学技术行政部门规定种类、数量的人类遗传资源的，应当符合下列条件，并经国务院科学技术行政部门批准：

（一）具有法人资格；

（二）采集目的明确、合法；

（三）采集方案合理；

（四）通过伦理审查；

（五）具有负责人类遗传资源管理的部门和管理制度；

（六）具有与采集活动相适应的场所、设施、设备和人员。

第十二条 采集我国人类遗传资源，应当事先告知人类遗传资源提供者采集目的、采集用途、对健康可能产生的影响、个人隐私保护措施及其享有的自愿参与和随时无条件退出的权利，征得人类遗传资源提供者书面同意。

在告知人类遗传资源提供者前款规定的信息时，必须全面、完整、真实、准确，不得隐瞒、误导、欺骗。

第十三条 国家加强人类遗传资源保藏工作，加快标准化、规范化的人类遗传资源保藏基础平台和人类遗传资源大数据建设，为开展相关研究开发活动提供支撑。

---

① 著者注。

国家鼓励科研机构、高等学校、医疗机构、企业根据自身条件和相关研究开发活动需要开展人类遗传资源保藏工作，并为其他单位开展相关研究开发活动提供便利。

第十四条 保藏我国人类遗传资源、为科学研究提供基础平台的，应当符合下列条件，并经国务院科学技术行政部门批准：

（一）具有法人资格；

（二）保藏目的明确、合法；

（三）保藏方案合理；

（四）拟保藏的人类遗传资源来源合法；

（五）通过伦理审查；

（六）具有负责人类遗传资源管理的部门和保藏管理制度；

（七）具有符合国家人类遗传资源保藏技术规范和要求的场所、设施、设备和人员。

第十五条 保藏单位应当对所保藏的人类遗传资源加强管理和监测，采取安全措施，制定应急预案，确保保藏、使用安全。

保藏单位应当完整记录人类遗传资源保藏情况，妥善保存人类遗传资源的来源信息和使用信息，确保人类遗传资源的合法使用。

保藏单位应当就本单位保藏人类遗传资源情况向国务院科学技术行政部门提交年度报告。

第十六条 国家人类遗传资源保藏基础平台和数据库应当依照国家有关规定向有关科研机构、高等学校、医疗机构、企业开放。

为公众健康、国家安全和社会公共利益需要，国家可以依法使用保藏单位保藏的人类遗传资源。

第三章 利用和对外提供

第十七条 国务院科学技术行政部门和省、自治区、直辖市人民政府科学技术行政部门应当会同本级人民政府有关部门对利用人类遗传资源开展科学研究、发展生物医药产业统筹规划，合理布局，加强创新体系建设，促进生物科技和产业创新、协调发展。

第十八条 科研机构、高等学校、医疗机构、企业利用人类遗传资源开展研究开发活动，对其研究开发活动以及成果的产业化依照法律、行政法规和国家有关规定予以支持。

第十九条 国家鼓励科研机构、高等学校、医疗机构、企业根据自身条件和相关研究开发活动需要，利用我国人类遗传资源开展国际合作科学研究，提升相关研究开发能力和水平。

第二十条 利用我国人类遗传资源开展生物技术研究开发活动或者开展临床试验的，应当遵守有关生物技术研究、临床应用管理法律、行政法规和国家有关规定。

第二十一条 外国组织及外国组织、个人设立或者实际控制的机构（以下称外方单位）需要利用我国人类遗传资源开展科学研究活动的，应当遵守我国法律、行政法规和国家有关规定，并采取与我国科研机构、高等学校、医疗机构、企业（以下称中方单位）合作的方式进行。

第二十二条 利用我国人类遗传资源开展国际合作科学研究的，应当符合下列条件，并由合作双方共同提出申请，经国务院科学技术行政部门批准：

（一）对我国公众健康、国家安全和社会公共利益没有危害；

（二）合作双方为具有法人资格的中方单位、外方单位，并具有开展相关工作的基础和能力；

（三）合作研究目的和内容明确、合法，期限合理；

（四）合作研究方案合理；

（五）拟使用的人类遗传资源来源合法，种类、数量与研究内容相符；

（六）通过合作双方各自所在国（地区）的伦理审查；

（七）研究成果归属明确，有合理明确的利益分配方案。

为获得相关药品和医疗器械在我国上市许可，在临床机构利用我国人类遗传资源开展国际合作临床试验、不涉及人类遗传资源材料出境的，不需要审批。但是，合作双方在开展临床试验前应当将拟使用的人类遗传资源种类、数量及其用途向国务院科学技术行政部门备案。国务院科学技术行政部门和省、自治区、直辖市人民政府科学技术行政部门加强对备案事项的监管。

第二十三条 在利用我国人类遗传资源开展国际合作科学研究过程中，合作方、研究目的、研究内容、合作期限等重大事项发生变更的，应当办理变更审批手续。

第二十四条 利用我国人类遗传资源开展国际合作科学研究，应当保证中方单位及其研究人员在合作期间全过程、实质性地参与研究，研究过程中的所有记录以及数据信息等完全向中方单位开放并向中方单位提供备份。

利用我国人类遗传资源开展国际合作科学研究，产生的成果申请专利的，应当由合作双方共同提出申请，专利权归合作双方共有。研究产生的其他科技成果，其使用权、转让权和利益分享办法由合作双方通过合作协议约定；协议没有约定的，合作双方都有使用的权利，但向第三方转让须经合作双方同意，所获利益按合作双方贡献大小分享。

第二十五条 利用我国人类遗传资源开展国际合作科学研究，合作双方应当按照平等互利、诚实信用、共同参与、共享成果的原则，依法签订合作协议，并依照本条例第二十四条的规定对相关事项作出明确、具体的约定。

第二十六条 利用我国人类遗传资源开展国际合作科学研究，合作双方应当在国际合作活动结束后6个月内共同向国务院科学技术行政部门提交合作研究情况报告。

第二十七条 利用我国人类遗传资源开展国际合作科学研究，或者因其他特殊情况确需将我国人类遗传资源材料运送、邮寄、携带出境的，应当符合下列条件，并取得国务院科学技术行政部门出具的人类遗传资源材料出境证明：

（一）对我国公众健康、国家安全和社会公共利益没有危害；

（二）具有法人资格；

（三）有明确的境外合作方和合理的出境用途；

（四）人类遗传资源材料采集合法或者来自合法的保藏单位；

（五）通过伦理审查。

利用我国人类遗传资源开展国际合作科学研究，需要将我国人类遗传资源材料运送、邮寄、携带出境的，可以单独提出申请，也可以在开展国际合作科学研究申请中列明出境计划一并提出申请，由国务院科学技术行政部门合并审批。

将我国人类遗传资源材料运送、邮寄、携带出境的，凭人类遗传资源材料出境证明办理海关手续。

第二十八条 将人类遗传资源信息向外国组织、个人及其设立或者实际控制的机构提供或者开放使用，不得危害我国公众健康、国家安全和社会公共利益；可能影响我国公众健康、国家安全和社会公共利益的，应当通过国务院科学技术行政部门组织的安全审查。

将人类遗传资源信息向外国组织、个人及其设立或者实际控制的机构提供或者开放使用的，应当向国务院科学技术行政部门备案并提交信息备份。

利用我国人类遗传资源开展国际合作科学研究产生的人类遗传资源信息，合作双方可以使用。

第四章 服务和监督

第二十九条 国务院科学技术行政部门应当加强电子政务建设，方便申请人利用互联网办理审批、备案等事项。

第三十条 国务院科学技术行政部门应当制定并及时发布有关采集、保藏、利用、对外提供我国人类遗传资源的审批指南和示范文本，加强对申请人办理有关审批、备案等事项的指导。

第三十一条　国务院科学技术行政部门应当聘请生物技术、医药、卫生、伦理、法律等方面的专家组成专家评审委员会，对依照本条例规定提出的采集、保藏我国人类遗传资源，开展国际合作科学研究以及将我国人类遗传资源材料运送、邮寄、携带出境的申请进行技术评审。评审意见作为作出审批决定的参考依据。

第三十二条　国务院科学技术行政部门应当自受理依照本条例规定提出的采集、保藏我国人类遗传资源，开展国际合作科学研究以及将我国人类遗传资源材料运送、邮寄、携带出境申请之日起20个工作日内，作出批准或者不予批准的决定；不予批准的，应当说明理由。因特殊原因无法在规定期限内作出审批决定的，经国务院科学技术行政部门负责人批准，可以延长10个工作日。

第三十三条　国务院科学技术行政部门和省、自治区、直辖市人民政府科学技术行政部门应当加强对采集、保藏、利用、对外提供人类遗传资源活动各环节的监督检查，发现违反本条例规定的，及时依法予以处理并向社会公布检查、处理结果。

第三十四条　国务院科学技术行政部门和省、自治区、直辖市人民政府科学技术行政部门进行监督检查，可以采取下列措施：

（一）进入现场检查；

（二）询问相关人员；

（三）查阅、复制有关资料；

（四）查封、扣押有关人类遗传资源。

第三十五条　任何单位和个人对违反本条例规定的行为，有权向国务院科学技术行政部门和省、自治区、直辖市人民政府科学技术行政部门投诉、举报。

国务院科学技术行政部门和省、自治区、直辖市人民政府科学技术行政部门应当公布投诉、举报电话和电子邮件地址，接受相关投诉、举报。对查证属实的，给予举报人奖励。

第五章　法律责任

第三十六条　违反本条例规定，有下列情形之一的，由国务院科学技术行政部门责令停止违法行为，没收违法采集、保藏的人类遗传资源和违法所得，处50万元以上500万元以下罚款，违法所得在100万元以上的，处违法所得5倍以上10倍以下罚款：

（一）未经批准，采集我国重要遗传家系、特定地区人类遗传资源，或者采集国务院科学技术行政部门规定种类、数量的人类遗传资源；

（二）未经批准，保藏我国人类遗传资源；

（三）未经批准，利用我国人类遗传资源开展国际合作科学研究；

（四）未通过安全审查，将可能影响我国公众健康、国家安全和社会公共利益的人类遗传资源信息向外国组织、个人及其设立或者实际控制的机构提供或者开放使用；

（五）开展国际合作临床试验前未将拟使用的人类遗传资源种类、数量及其用途向国务院科学技术行政部门备案。

第三十七条　提供虚假材料或者采取其他欺骗手段取得行政许可的，由国务院科学技术行政部门撤销已经取得的行政许可，处50万元以上500万元以下罚款，5年内不受理相关责任人及单位提出的许可申请。

第三十八条　违反本条例规定，未经批准将我国人类遗传资源材料运送、邮寄、携带出境的，由海关依照法律、行政法规的规定处罚。科学技术行政部门应当配合海关开展鉴定等执法协助工作。海关应当将依法没收的人类遗传资源材料移送省、自治区、直辖市人民政府科学技术行政部门进行处理。

第三十九条　违反本条例规定，有下列情形之一的，由省、自治区、直辖市人民政府科学技术行政部门责令停止开展相关活动，没收违法采集、保藏的人类遗传资源和违法所得，处50万元以上100万元以下罚款，违法所得在100万元以上的，处违法所得5倍以上10倍以下罚款：

（一）采集、保藏、利用、对外提供我国人类遗传资源未通过伦理审查；

（二）采集我国人类遗传资源未经人类遗传资源提供者事先知情同意，或者采取隐瞒、误导、欺骗等手段取得人类遗传资源提供者同意；

（三）采集、保藏、利用、对外提供我国人类遗传资源违反相关技术规范；

（四）将人类遗传资源信息向外国组织、个人及其设立或者实际控制的机构提供或者开放使用，未向国务院科学技术行政部门备案或者提交信息备份。

第四十条　违反本条例规定，有下列情形之一的，由国务院科学技术行政部门责令改正，给予警告，可以处50万元以下罚款：

（一）保藏我国人类遗传资源过程中未完整记录并妥善保存人类遗传资源的来源信息和使用信息；

（二）保藏我国人类遗传资源未提交年度报告；

（三）开展国际合作科学研究未及时提交合作研究情况报告。

第四十一条　外国组织、个人及其设立或者实际控制的机构违反本条例规定，在我国境内采集、保藏我国人类遗传资源，利用我国人类遗传资源开展科学研究，或者向境外提供我国人类遗传资源的，由国务院科学技术行政部门责令停止违法行为，没收违法采集、保藏的人类遗传资源和违法所得，处100万元以上1000万元以下罚款，违法所得在100万元以上的，处违法所得5倍以上10倍以下罚款。

第四十二条 违反本条例规定,买卖人类遗传资源的,由国务院科学技术行政部门责令停止违法行为,没收违法采集、保藏的人类遗传资源和违法所得,处100万元以上1000万元以下罚款,违法所得在100万元以上的,处违法所得5倍以上10倍以下罚款。

第四十三条 对有本条例第三十六条、第三十九条、第四十一条、第四十二条规定违法行为的单位,情节严重的,由国务院科学技术行政部门或者省、自治区、直辖市人民政府科学技术行政部门依据职责禁止其1至5年内从事采集、保藏、利用、对外提供我国人类遗传资源的活动;情节特别严重的,永久禁止其从事采集、保藏、利用、对外提供我国人类遗传资源的活动。

对有本条例第三十六条至第三十九条、第四十一条、第四十二条规定违法行为的单位的法定代表人、主要负责人、直接负责的主管人员以及其他责任人员,依法给予处分,并由国务院科学技术行政部门或者省、自治区、直辖市人民政府科学技术行政部门依据职责没收其违法所得,处50万元以下罚款;情节严重的,禁止其1至5年内从事采集、保藏、利用、对外提供我国人类遗传资源的活动;情节特别严重的,永久禁止其从事采集、保藏、利用、对外提供我国人类遗传资源的活动。

单位和个人有本条例规定违法行为的,记入信用记录,并依照有关法律、行政法规的规定向社会公示。

第四十四条 违反本条例规定,侵害他人合法权益的,依法承担民事责任;构成犯罪的,依法追究刑事责任。

第四十五条 国务院科学技术行政部门和省、自治区、直辖市人民政府科学技术行政部门的工作人员违反本条例规定,不履行职责或者滥用职权、玩忽职守、徇私舞弊的,依法给予处分;构成犯罪的,依法追究刑事责任。

第六章 附则

第四十六条 人类遗传资源相关信息属于国家秘密的,应当依照《中华人民共和国保守国家秘密法》和国家其他有关保密规定实施保密管理。

第四十七条 本条例自2019年7月1日起施行。

中共中央办公厅 国务院办公厅印发《关于加强科技伦理治理的意见》

中共中央办公厅、国务院办公厅印发了《关于加强科技伦理治理的意见》,并发出通知,要求各地区各部门结合实际认真贯彻落实。

《关于加强科技伦理治理的意见》全文如下。

科技伦理是开展科学研究、技术开发等科技活动需要遵循的价值理念和行为规范,是促进科技事业健康发展的重要保障。当前,我国科技创新快速发展,面临的科技伦理挑战日益增多,但科技伦理治理仍存在体制机制不健全、制度不完善、领域发展不均衡等问题,已难以适应科技创新发展的现实需要。为进一步完善科技伦理体系,提升科技伦理治理能力,有效防控科技伦理风险,不断推动科技向善、造福人类,实现高水平科技自立自强,现就加强科技伦理治理提出如下意见。

一、总体要求

(一)指导思想。以习近平新时代中国特色社会主义思想为指导,深入贯彻党的十九大和十九届历次全会精神,坚持和加强党中央对科技工作的集中统一领导,加快构建中国特色科技伦理体系,健全多方参与、协同共治的科技伦理治理体制机制,坚持促进创新与防范风险相统一、制度规范与自我约束相结合,强化底线思维和风险意识,建立完善符合我国国情、与国际接轨的科技伦理制度,塑造科技向善的文化理念和保障机制,努力实现科技创新高质量发展与高水平安全良性互动,促进我国科技事业健康发展,为增进人类福祉、推动构建人类命运共同体提供有力科技支撑。

(二)治理要求。

——伦理先行。加强源头治理,注重预防,将科技伦理要求贯穿科学研究、技术开发等科技活动全过程,促进科技活动与科技伦理协调发展、良性互动,实现负责任的创新。

——依法依规。坚持依法依规开展科技伦理治理工作,加快推进科技伦理治理法律制度建设。

——敏捷治理。加强科技伦理风险预警与跟踪研判，及时动态调整治理方式和伦理规范，快速、灵活应对科技创新带来的伦理挑战。

——立足国情。立足我国科技发展的历史阶段及社会文化特点，遵循科技创新规律，建立健全符合我国国情的科技伦理体系。

——开放合作。坚持开放发展理念，加强对外交流，建立多方协同合作机制，凝聚共识，形成合力。积极推进全球科技伦理治理，贡献中国智慧和中国方案。

二、明确科技伦理原则

（一）增进人类福祉。科技活动应坚持以人民为中心的发展思想，有利于促进经济发展、社会进步、民生改善和生态环境保护，不断增强人民获得感、幸福感、安全感，促进人类社会和平发展和可持续发展。

（二）尊重生命权利。科技活动应最大限度避免对人的生命安全、身体健康、精神和心理健康造成伤害或潜在威胁，尊重人格尊严和个人隐私，保障科技活动参与者的知情权和选择权。使用实验动物应符合"减少、替代、优化"等要求。

（三）坚持公平公正。科技活动应尊重宗教信仰、文化传统等方面的差异，公平、公正、包容地对待不同社会群体，防止歧视和偏见。

（四）合理控制风险。科技活动应客观评估和审慎对待不确定性和技术应用的风险，力求规避、防范可能引发的风险，防止科技成果误用、滥用，避免危及社会安全、公共安全、生物安全和生态安全。

（五）保持公开透明。科技活动应鼓励利益相关方和社会公众合理参与，建立涉及重大、敏感伦理问题的科技活动披露机制。公布科技活动相关信息时应提高透明度，做到客观真实。

三、健全科技伦理治理体制

（一）完善政府科技伦理管理体制。国家科技伦理委员会负责指导和统筹协调推进全国科技伦理治理体系建设工作。科技部承担国家科技伦理委员会秘书处日常工作，国家科技伦理委员会各成员单位按照职责分工负责科技伦理规范制定、审查监管、宣传教育等相关工作。各地方、相关行业主管部门按照职责权限和隶属关系具体负责本地方、本系统科技伦理治理工作。

（二）压实创新主体科技伦理管理主体责任。高等学校、科研机构、医疗卫生机构、企业等单位要履行科技伦理管理主体责任，建立常态化工作机制，加强科技伦理日常管理，主动研判、及时化解本单位科技活动中存在的伦理风险；根据实际情况设立本单位的科技伦理（审查）委员会，并为其独立开展工作提供必要条件。从事生命科学、医学、人工智能等科技活动的单位，研究内容涉及科技伦理敏感领域的，应设立科技伦理（审查）委员会。

（三）发挥科技类社会团体的作用。推动设立中国科技伦理学会，健全科技伦理治理社会组织体系，强化学术研究支撑。相关学会、协会、研究会等科技类社会团体要组织动员科技人员主动参与科技伦理治理，促进行业自律，加强与高等学校、科研机构、医疗卫生机构、企业等的合作，开展科技伦理知识宣传普及，提高社会公众科技伦理意识。

（四）引导科技人员自觉遵守科技伦理要求。科技人员要主动学习科技伦理知识，增强科技伦理意识，自觉践行科技伦理原则，坚守科技伦理底线，发现违背科技伦理要求的行为，要主动报告、坚决抵制。科技项目（课题）负责人要严格按照科技伦理审查批准的范围开展研究，加强对团队成员和项目（课题）研究实施全过程的伦理管理，发布、传播和应用涉及科技伦理敏感问题的研究成果应当遵守有关规定、严谨审慎。

四、加强科技伦理治理制度保障

（一）制定完善科技伦理规范和标准。制定生命科学、医学、人工智能等重点领域的科技伦理规范、指南等，完善科技伦理相关标准，明确科技伦理要求，引导科技机构和科技人员合规开展科技活动。

（二）建立科技伦理审查和监管制度。明晰科技伦理审查和监管职责，完善科技伦理审查、风险处置、违规处理等规则流程。建立健全科技伦理（审查）委员会的设立标准、运行机制、登记制度、监管制度等，探索科技伦理（审查）委员会认证机制。

（三）提高科技伦理治理法治化水平。推动在科技创新的基础性立法中对科技伦理监管、违规查处等治理工作作出明确规定，在其他相关立法中落实科技伦理要求。"十四五"期间，重点加强生命科学、医学、人工智能等领域的科技伦理立法研究，及时推动将重要的科技伦理规范上升为国家法律法规。对法律已有明确规定的，要坚持严格执法、违法必究。

（四）加强科技伦理理论研究。支持相关机构、智库、社会团体、科技人员等开展科技伦理理论探索，加强对科技创新中伦理问题的前瞻研究，积极推动、参与国际科技伦理重大议题研讨和规则制定。

五、强化科技伦理审查和监管

（一）严格科技伦理审查。开展科技活动应进行科技伦理风险评估或审查。涉及人、实验动物的科技活动，应当按规定由本单位科技伦理（审查）委员会审查批准，不具备设立科技伦理（审查）委员会条件的单位，应委托其他单位科技伦理（审查）委员会开展审查。科技伦理（审查）委员会要坚持科学、独立、公正、透明原则，开展对科技活动的科技伦理审查、监督与指导，切实把好科技伦理关。探索建立专业性、区域性科技伦理审查中心。逐步建立科技伦理审查结果互认机制。

建立健全突发公共卫生事件等紧急状态下的科技伦理应急审查机制，完善应急审查的程序、规则等，做到快速响应。

（二）加强科技伦理监管。各地方、相关行业主管部门要细化完善本地方、本系统科技伦理监管框架和制度规范，加强对各单位科技伦理（审查）委员会和科技伦理高风险科技活动的监督管理，建立科技伦理高风险科技活动伦理审查结果专家复核机制，组织开展对重大科技伦理案件的调查处理，并利用典型案例加强警示教育。从事科技活动的单位要建立健全科技活动全流程科技伦理监管机制和审查质量控制、监督评价机制，加强对科技伦理高风险科技活动的动态跟踪、风险评估和伦理事件应急处置。国家科技伦理委员会研究制定科技伦理高风险科技活动清单。开展科技伦理高风险科技活动应按规定进行登记。

财政资金设立的科技计划（专项、基金等）应加强科技伦理监管，监管全面覆盖指南编制、审批立项、过程管理、结题验收、监督评估等各个环节。

加强对国际合作研究活动的科技伦理审查和监管。国际合作研究活动应符合合作各方所在国家的科技伦理管理要求，并通过合作各方所在国家的科技伦理审查。对存在科技伦理高风险的国际合作研究活动，由地方和相关行业主管部门组织专家对科技伦理审查结果开展复核。

（三）监测预警科技伦理风险。相关部门要推动高等学校、科研机构、医疗卫生机构、社会团体、企业等完善科技伦理风险监测预警机制，跟踪新兴科技发展前沿动态，对科技创新可能带来的规则冲突、社会风险、伦理挑战加强研判、提出对策。

（四）严肃查处科技伦理违法违规行为。高等学校、科研机构、医疗卫生机构、企业等是科技伦理违规行为单位内部调查处理的第一责任主体，应制定完善本单位调查处理相关规定，及时主动调查科技伦理违规行为，对情节严重的依法依规严肃追责问责；对单位及其负责人涉嫌科技伦理违规行为的，由上级主管部门调查处理。各地方、相关行业主管部门按照职责权限和隶属关系，加强对本地方、本系统科技伦理违规行为调查处理的指导和监督。

任何单位、组织和个人开展科技活动不得危害社会安全、公共安全、生物安全和生态安全，不得侵害人的生命安全、身心健康、人格尊严，不得侵犯科技活动参与者的知情权和选择权，不得资助违背科技伦理要求的科技活动。相关行业主管部门、资助机构或责任人所在单位要区分不同情况，依法依规对科技伦理违规行为责任人给予责令改正，停止相关科技活动，追回资助资金，撤销获得的奖励、荣誉，取消相关从业资格，禁止一定期限内承担或参与财政性资金支持的科技活动等处理。科技伦理违规行为责任人属于公职人员的依法依规给予处分，属于党员的依规依纪给予党纪处分；涉嫌犯罪的依法予以惩处。

六、深入开展科技伦理教育和宣传

（一）重视科技伦理教育。将科技伦理教育作为相关专业学科本专科生、研究生教育的重要内容，鼓励高等学校开设科技伦理教育相关课程，教育青年学生树立正确的科技伦理意识，遵守科技伦理要求。完善科技伦理人才培养机制，加快培养高素质、专业化的科技伦理人才队伍。

（二）推动科技伦理培训机制化。将科技伦理培训纳入科技人员入职培训、承担科研任务、学术交流研讨等活动，引导科技人员自觉遵守科技伦理要求，开展负责任的研究与创新。行业主管部门、各地方和相关单位应定期对科技伦理（审查）委员会成员开展培训，增强其履职能力，提升科技伦理审查质量和效率。

（三）抓好科技伦理宣传。开展面向社会公众的科技伦理宣传，推动公众提升科技伦理意识，理性对待科技伦理问题。鼓励科技人员就科技创新中的伦理问题与公众交流。对存在公众认知差异、可能带来科技伦理挑战的科技活动，相关单位及科技人员等应加强科学普及，引导公众科学对待。新闻媒体应自觉提高科技伦理素养，科学、客观、准确地报道科技伦理问题，同时要避免把科技伦理问题泛化。鼓励各类学会、协会、研究会等搭建科技伦理宣传交流平台，传播科技伦理知识。

各地区各有关部门要高度重视科技伦理治理，细化落实党中央、国务院关于健全科技伦理体系，加强科技伦理治理的各项部署，完善组织领导机制，明确分工，加强协作，扎实推进实施，有效防范科技伦理风险。相关行业主管部门和各地方要定期向国家科技伦理委员会报告履行科技伦理监管职责工作情况并接受监督。

涉及人的生物医学研究伦理审查办法

《涉及人的生物医学研究伦理审查办法》已于2016年9月30日经国家卫生计生委委主任会议讨论通过,现予公布,自2016年12月1日起施行。

主任:李斌

2016年10月12日

涉及人的生物医学研究伦理审查办法

第一章 总则

第一条 为保护人的生命和健康,维护人的尊严,尊重和保护受试者的合法权益,规范涉及人的生物医学研究伦理审查工作,制定本办法。

第二条 本办法适用于各级各类医疗卫生机构开展涉及人的生物医学研究伦理审查工作。

第三条 本办法所称涉及人的生物医学研究包括以下活动:

(一)采用现代物理学、化学、生物学、中医药学和心理学等方法对人的生理、心理行为、病理现象、疾病病因和发病机制,以及疾病的预防、诊断、治疗和康复进行研究的活动;

(二)医学新技术或者医疗新产品在人体上进行试验研究的活动;

(三)采用流行病学、社会学、心理学等方法收集、记录、使用、报告或者储存有关人的样本、医疗记录、行为等科学研究资料的活动。

第四条 伦理审查应当遵守国家法律法规规定,在研究中尊重受试者的自主意愿,同时遵守有益、不伤害以及公正的原则。

第五条 国家卫生计生委负责全国涉及人的生物医学研究伦理审查工作的监督管理,成立国家医学伦理专家委员会。国家中医药管理局负责中医药研究伦理审查工作的监督管理,成立国家中医药伦理专家委员会。省级卫生计生行政部门成立省级医学伦理专家委员会。

县级以上地方卫生计生行政部门负责本行政区域涉及人的生物医学研究伦理审查工作的监督管理。

第六条 国家医学伦理专家委员会、国家中医药伦理专家委员会(以下称国家医学伦理专家委员会)负责对涉及人的生物医学研究中的重大伦理问题进行研究,提供政策咨询意见,指导省级医学伦理专家委员会的伦理审查相关工作。

省级医学伦理专家委员会协助推动本行政区域涉及人的生物医学研究伦理审查工作

的制度化、规范化,指导、检查、评估本行政区域从事涉及人的生物医学研究的医疗卫生机构伦理委员会的工作,开展相关培训、咨询等工作。

第二章 伦理委员会

第七条 从事涉及人的生物医学研究的医疗卫生机构是涉及人的生物医学研究伦理审查工作的管理责任主体,应当设立伦理委员会,并采取有效措施保障伦理委员会独立开展伦理审查工作。

医疗卫生机构未设立伦理委员会的,不得开展涉及人的生物医学研究工作。

第八条 伦理委员会的职责是保护受试者合法权益,维护受试者尊严,促进生物医学研究规范开展;对本机构开展涉及人的生物医学研究项目进行伦理审查,包括初始审查、跟踪审查和复审等;在本机构组织开展相关伦理审查培训。

第九条 伦理委员会的委员应当从生物医学领域和伦理学、法学、社会学等领域的专家和非本机构的社会人士中遴选产生,人数不得少于7人,并且应当有不同性别的委员,少数民族地区应当考虑少数民族委员。必要时,伦理委员会可以聘请独立顾问。独立顾问对所审查项目的特定问题提供咨询意见,不参与表决。

第十条 伦理委员会委员任期5年,可以连任。伦理委员会设主任委员一人,副主任委员若干人,由伦理委员会委员协商推举产生。

伦理委员会委员应当具备相应的伦理审查能力,并定期接受生物医学研究伦理知识及相关法律法规知识培训。

第十一条 伦理委员会对受理的申报项目应当及时开展伦理审查,提供审查意见;对已批准的研究项目进行定期跟踪审查,受理受试者的投诉并协调处理,确保项目研究不会将受试者置于不合理的风险之中。

第十二条 伦理委员会在开展伦理审查时,可以要求研究者提供审查所需材料、知情同意书等文件以及修改研究项目方案,并根据职责对研究项目方案、知情同意书等文件提出伦理审查意见。

第十三条 伦理委员会委员应当签署保密协议,承诺对所承担的伦理审查工作履行保密义务,对所受理的研究项目方案、受试者信息以及委员审查意见等保密。

第十四条 医疗卫生机构应当在伦理委员会设立之日起3个月内向本机构的执业登记机关备案,并在医学研究登记备案信息系统登记。医疗卫生机构还应当于每年3月31日前向备案的执业登记机关提交上一年度伦理委员会工作报告。

伦理委员会备案材料包括:

（一）人员组成名单和每位委员工作简历；

（二）伦理委员会章程；

（三）工作制度或者相关工作程序；

（四）备案的执业登记机关要求提供的其他相关材料。

以上信息发生变化时，医疗卫生机构应当及时向备案的执业登记机关更新信息。

第十五条 伦理委员会应当配备专（兼）职工作人员、设备、场所等，保障伦理审查工作顺利开展。

第十六条 伦理委员会应当接受所在医疗卫生机构的管理和受试者的监督。

第三章 伦理审查

第十七条 伦理委员会应当建立伦理审查工作制度或者操作规程，保证伦理审查过程独立、客观、公正。

第十八条 涉及人的生物医学研究应当符合以下伦理原则：

（一）知情同意原则。尊重和保障受试者是否参加研究的自主决定权，严格履行知情同意程序，防止使用欺骗、利诱、胁迫等手段使受试者同意参加研究，允许受试者在任何阶段无条件退出研究；

（二）控制风险原则。首先将受试者人身安全、健康权益放在优先地位，其次才是科学和社会利益，研究风险与受益比例应当合理，力求使受试者尽可能避免伤害；

（三）免费和补偿原则。应当公平、合理地选择受试者，对受试者参加研究不得收取任何费用，对于受试者在受试过程中支出的合理费用还应当给予适当补偿；

（四）保护隐私原则。切实保护受试者的隐私，如实将受试者个人信息的储存、使用及保密措施情况告知受试者，未经授权不得将受试者个人信息向第三方透露；

（五）依法赔偿原则。受试者参加研究受到损害时，应当得到及时、免费治疗，并依据法律法规及双方约定得到赔偿；

（六）特殊保护原则。对儿童、孕妇、智力低下者、精神障碍患者等特殊人群的受试者，应当予以特别保护。

第十九条 涉及人的生物医学研究项目的负责人作为伦理审查申请人，在申请伦理审查时应当向负责项目研究的医疗卫生机构的伦理委员会提交下列材料：

（一）伦理审查申请表；

（二）研究项目负责人信息、研究项目所涉及的相关机构的合法资质证明以及研究项目经费来源说明；

（三）研究项目方案、相关资料，包括文献综述、临床前研究和动物实验数据等资料；

（四）受试者知情同意书；

（五）伦理委员会认为需要提交的其他相关材料。

第二十条 伦理委员会收到申请材料后，应当及时组织伦理审查，并重点审查以下内容：

（一）研究者的资格、经验、技术能力等是否符合试验要求；

（二）研究方案是否科学，并符合伦理原则的要求。中医药项目研究方案的审查，还应当考虑其传统实践经验；

（三）受试者可能遭受的风险程度与研究预期的受益相比是否在合理范围之内；

（四）知情同意书提供的有关信息是否完整易懂，获得知情同意的过程是否合规恰当；

（五）是否有对受试者个人信息及相关资料的保密措施；

（六）受试者的纳入和排除标准是否恰当、公平；

（七）是否向受试者明确告知其应当享有的权益，包括在研究过程中可以随时无理由退出且不受歧视的权利等；

（八）受试者参加研究的合理支出是否得到了合理补偿；受试者参加研究受到损害时，给予的治疗和赔偿是否合理、合法；

（九）是否有具备资格或者经培训后的研究者负责获取知情同意，并随时接受有关安全问题的咨询；

（十）对受试者在研究中可能承受的风险是否有预防和应对措施；

（十一）研究是否涉及利益冲突；

（十二）研究是否存在社会舆论风险；

（十三）需要审查的其他重点内容。

第二十一条 伦理委员会委员与研究项目存在利害关系的，应当回避；伦理委员会对与研究项目有利害关系的委员应当要求其回避。

第二十二条 伦理委员会批准研究项目的基本标准是：

（一）坚持生命伦理的社会价值；

（二）研究方案科学；

（三）公平选择受试者；

（四）合理的风险与受益比例；

（五）知情同意书规范；

（六）尊重受试者权利；

（七）遵守科研诚信规范。

第二十三条 伦理委员会应当对审查的研究项目作出批准、不批准、修改后批准、修改后再审、暂停或者终止研究的决定，并说明理由。

伦理委员会作出决定应当得到伦理委员会全体委员的二分之一以上同意。伦理审查时应当通过会议审查方式，充分讨论达成一致意见。

第二十四条 经伦理委员会批准的研究项目需要修改研究方案时，研究项目负责人应当将修改后的研究方案再报伦理委员会审查；研究项目未获得伦理委员会审查批准的，不得开展项目研究工作。

对已批准研究项目的研究方案作较小修改且不影响研究的风险受益比的研究项目和研究风险不大于最小风险的研究项目可以申请简易审查程序。

简易审查程序可以由伦理委员会主任委员或者由其指定的一个或者几个委员进行审查。审查结果和理由应当及时报告伦理委员会。

第二十五条 经伦理委员会批准的研究项目在实施前，研究项目负责人应当将该研究项目的主要内容、伦理审查决定在医学研究登记备案信息系统进行登记。

第二十六条 在项目研究过程中，项目研究者应当将发生的严重不良反应或者严重不良事件及时向伦理委员会报告；伦理委员会应当及时审查并采取相应措施，以保护受试者的人身安全与健康权益。

第二十七条 对已批准实施的研究项目，伦理委员会应当指定委员进行跟踪审查。跟踪审查包括以下内容：

（一）是否按照已通过伦理审查的研究方案进行试验；

（二）研究过程中是否擅自变更项目研究内容；

（三）是否发生严重不良反应或者不良事件；

（四）是否需要暂停或者提前终止研究项目；

（五）其他需要审查的内容。

跟踪审查的委员不得少于2人，在跟踪审查时应当及时将审查情况报告伦理委员会。

第二十八条 对风险较大或者比较特殊的涉及人的生物医学研究伦理审查项目，伦理委员会可以根据需要申请省级医学伦理专家委员会协助提供咨询意见。

第二十九条 多中心研究可以建立协作审查机制，确保各项目研究机构遵循一致性和及时性原则。

牵头机构的伦理委员会负责项目审查，并对参与机构的伦理审查结果进行确认。

参与机构的伦理委员会应当及时对本机构参与的研究进行伦理审查，并对牵头机构反馈审查意见。

为了保护受试者的人身安全，各机构均有权暂停或者终止本机构的项目研究。

第三十条　境外机构或者个人与国内医疗卫生机构合作开展涉及人的生物医学研究的，应当向国内合作机构的伦理委员会申请研究项目伦理审查。

第三十一条　在学术期刊发表涉及人的生物医学研究成果的项目研究者，应当出具该研究项目经过伦理审查批准的证明文件。

第三十二条　伦理审查工作具有独立性，任何单位和个人不得干预伦理委员会的伦理审查过程及审查决定。

第四章　知情同意

第三十三条　项目研究者开展研究，应当获得受试者自愿签署的知情同意书；受试者不能以书面方式表示同意时，项目研究者应当获得其口头知情同意，并提交过程记录和证明材料。

第三十四条　对无行为能力、限制行为能力的受试者，项目研究者应当获得其监护人或者法定代理人的书面知情同意。

第三十五条　知情同意书应当含有必要、完整的信息，并以受试者能够理解的语言文字表达。

第三十六条　知情同意书应当包括以下内容：

（一）研究目的、基本研究内容、流程、方法及研究时限；

（二）研究者基本信息及研究机构资质；

（三）研究结果可能给受试者、相关人员和社会带来的益处，以及给受试者可能带来的不适和风险；

（四）对受试者的保护措施；

（五）研究数据和受试者个人资料的保密范围和措施；

（六）受试者的权利，包括自愿参加和随时退出、知情、同意或不同意、保密、补偿、受损害时获得免费治疗和赔偿、新信息的获取、新版本知情同意书的再次签署、获得知情同意书等；

（七）受试者在参与研究前、研究后和研究过程中的注意事项。

第三十七条　在知情同意获取过程中，项目研究者应当按照知情同意书内容向受试者逐项说明，其中包括：受试者所参加的研究项目的目的、意义和预期效果，可能遇到的风险和不适，以及可能带来的益处或者影响；有无对受试者有益的其他措施或者治疗方案；保密范围和措施；补偿情况，以及发生损害的赔偿和免费治疗；自愿参加并可以随时退出的权利，以及发生问题时的联系人和联系方式等。

项目研究者应当给予受试者充分的时间理解知情同意书的内容，由受试者作出是否同意参加研究的决定并签署知情同意书。

在心理学研究中，因知情同意可能影响受试者对问题的回答，从而影响研究结果的准确性的，研究者可以在项目研究完成后充分告知受试者并获得知情同意书。

第三十八条 当发生下列情形时，研究者应当再次获取受试者签署的知情同意书：

（一）研究方案、范围、内容发生变化的；

（二）利用过去用于诊断、治疗的有身份标识的样本进行研究的；

（三）生物样本数据库中有身份标识的人体生物学样本或者相关临床病史资料，再次使用进行研究的；

（四）研究过程中发生其他变化的。

第三十九条 以下情形经伦理委员会审查批准后，可以免除签署知情同意书：

（一）利用可识别身份信息的人体材料或者数据进行研究，已无法找到该受试者，且研究项目不涉及个人隐私和商业利益的；

（二）生物样本捐献者已经签署了知情同意书，同意所捐献样本及相关信息可用于所有医学研究的。

第五章　监督管理

第四十条 国家卫生计生委负责组织全国涉及人的生物医学研究伦理审查工作的检查、督导；国家中医药管理局负责组织全国中医药研究伦理审查工作的检查、督导。

县级以上地方卫生计生行政部门应当加强对本行政区域涉及人的生物医学研究伦理审查工作的日常监督管理。主要监督检查以下内容：

（一）医疗卫生机构是否按照要求设立伦理委员会，并进行备案；

（二）伦理委员会是否建立伦理审查制度；

（三）伦理审查内容和程序是否符合要求；

（四）审查的研究项目是否如实在我国医学研究登记备案信息系统进行登记；

（五）伦理审查结果执行情况；

（六）伦理审查文档管理情况；

（七）伦理委员会委员的伦理培训、学习情况；

（八）对国家和省级医学伦理专家委员会提出的改进意见或者建议是否落实；

（九）其他需要监督检查的相关内容。

第四十一条 国家医学伦理专家委员会应当对省级医学伦理专家委员会的工作进行

指导、检查和评估。

省级医学伦理专家委员会应当对本行政区域内医疗卫生机构的伦理委员会进行检查和评估,重点对伦理委员会的组成、规章制度及审查程序的规范性、审查过程的独立性、审查结果的可靠性、项目管理的有效性等内容进行评估,并对发现的问题提出改进意见或者建议。

第四十二条 医疗卫生机构应当加强对本机构设立的伦理委员会开展的涉及人的生物医学研究伦理审查工作的日常管理,定期评估伦理委员会工作质量,对发现的问题及时提出改进意见或者建议,根据需要调整伦理委员会委员等。

第四十三条 医疗卫生机构应当督促本机构的伦理委员会落实县级以上卫生计生行政部门提出的整改意见;伦理委员会未在规定期限内完成整改或者拒绝整改,违规情节严重或者造成严重后果的,其所在医疗卫生机构应当撤销伦理委员会主任委员资格,追究相关人员责任。

第四十四条 任何单位或者个人均有权举报涉及人的生物医学研究中存在的违规或者不端行为。

第六章 法律责任

第四十五条 医疗卫生机构未按照规定设立伦理委员会擅自开展涉及人的生物医学研究的,由县级以上地方卫生计生行政部门责令限期整改;逾期不改的,由县级以上地方卫生计生行政部门予以警告,并可处以3万元以下罚款;对机构主要负责人和其他责任人员,依法给予处分。

第四十六条 医疗卫生机构及其伦理委员会违反本办法规定,有下列情形之一的,由县级以上地方卫生计生行政部门责令限期整改,并可根据情节轻重给予通报批评、警告;对机构主要负责人和其他责任人员,依法给予处分:

(一)伦理委员会组成、委员资质不符合要求的;
(二)未建立伦理审查工作制度或者操作规程的;
(三)未按照伦理审查原则和相关规章制度进行审查的;
(四)泄露研究项目方案、受试者个人信息以及委员审查意见的;
(五)未按照规定进行备案的;
(六)其他违反本办法规定的情形。

第四十七条 项目研究者违反本办法规定,有下列情形之一的,由县级以上地方卫生计生行政部门责令限期整改,并可根据情节轻重给予通报批评、警告;对主要负责人

和其他责任人员,依法给予处分:

(一)研究项目或者研究方案未获得伦理委员会审查批准擅自开展项目研究工作的;

(二)研究过程中发生严重不良反应或者严重不良事件未及时报告伦理委员会的;

(三)违反知情同意相关规定开展项目研究的;

(四)其他违反本办法规定的情形。

第四十八条 医疗卫生机构、项目研究者在开展涉及人的生物医学研究工作中,违反《执业医师法》、《医疗机构管理条例》等法律法规相关规定的,由县级以上地方卫生计生行政部门依法进行处理。

第四十九条 违反本办法规定的机构和个人,给他人人身、财产造成损害的,应当依法承担民事责任;构成犯罪的,依法追究刑事责任。

第七章 附则

第五十条 本办法自 2016 年 12 月 1 日起施行。本办法发布前,从事涉及人的生物医学研究的医疗卫生机构已设立伦理委员会的,应当自本办法发布之日起 3 个月内向本机构的执业登记机关备案,并在医学研究登记备案信息系统登记。

国家健康医疗大数据标准、安全和服务管理办法（试行）

第一章　总则

第一条　为加强健康医疗大数据服务管理，促进"互联网＋医疗健康"发展，充分发挥健康医疗大数据作为国家重要基础性战略资源的作用，根据《中华人民共和国网络安全法》等法律法规和《国务院促进大数据发展行动纲要》《国务院办公厅关于促进和规范健康医疗大数据应用发展的指导意见》《国务院办公厅关于促进"互联网＋医疗健康"发展的意见》等文件精神，就健康医疗大数据标准、安全和服务管理，制定本办法。

第二条　我国公民在中华人民共和国境内所产生的健康和医疗数据，国家在保障公民知情权、使用权和个人隐私的基础上，根据国家战略安全和人民群众生命安全需要，加以规范管理和开发利用。

第三条　坚持以人为本、创新驱动，规范有序、安全可控，开放融合、共建共享的原则，加强健康医疗大数据的标准管理、安全管理和服务管理，推动健康医疗大数据惠民应用，促进健康医疗大数据产业发展。

第四条　本办法所称健康医疗大数据，是指在人们疾病防治、健康管理等过程中产生的与健康医疗相关的数据。

第五条　本办法适用于县级以上卫生健康行政部门（含中医药主管部门，下同）、各级各类医疗卫生机构、相关单位及个人所涉及的健康医疗大数据的管理。

第六条　国家卫生健康委员会（含国家中医药管理局，下同）会同相关部门负责统筹规划、指导、评估、监督全国健康医疗大数据的标准管理、安全管理和服务管理工作。县级以上卫生健康行政部门会同相关部门负责本行政区域内健康医疗大数据管理工作，是本行政区域内健康医疗大数据安全和应用管理的监管单位。

各级各类医疗卫生机构和相关企事业单位是健康医疗大数据安全和应用管理的责任单位。

第二章 标准管理

第七条 健康医疗大数据标准管理工作遵循政策引领、强化监督、分类指导、分级管理的原则。

第八条 国家卫生健康委员会负责统筹规划、组织 制定全国健康医疗大数据标准，监督指导评估标准的应用工作，在已有的基础性通用性大数据标准基础上组织制定健康医疗大数据标准体系规划，负责制定、组织实施年度健康医疗大数据标准工作计划。

省级卫生健康行政部门（含省级中医药主管部门）负责监督指导评估本地区健康医疗大数据标准的应用工作，依据国家健康医疗大数据标准体系规划，结合本地实际，负责指导和监督健康医疗大数据标准体系在本省域内落地执行。

第九条 国家卫生健康委员会鼓励医疗卫生机构、科研教育单位、相关企业或行业协会、社会团体等参与健康医疗大数据标准制定工作。公民、法人或者其他组织可提出制修订健康医疗大数据标准的立项建议，并提交相应标准项目建议书。

第十条 国家卫生健康委员会负责统一组织实施，择优确定健康医疗大数据标准起草单位和负责人，提倡多方参与协作机制，由各相关单位组成协作组参与标准起草工作。

第十一条 健康医疗大数据标准起草、审查及发布的程序和要求，按照国家和行业有关规定执行。

第十二条 生健康行政部门应当对健康医疗大数据标准的实施加强引导和监督，充分发挥各级各类医疗卫生机构、相关企业等市场主体在标准应用实施中的积极性和主动性，建立激励和促进标准应用实施的长效管理机制。

第十三条 卫生健康行政部门应当建立相应的健康医疗大数据标准化产品生产和采购的激励约束机制，卫生健康行政部门要积极推进健康医疗大数据标准规范和测评工作，并将测评结果与医疗卫生机构评审评价挂钩。

第十四条 国家卫生健康委员会加强健康医疗大数据技术产品和服务模式的标准体系及制度建设，组织对健康医疗大数据标准应用效果评估工作，并根据评估情况，对相关标准进行组织修订或废止等。

第十五条 国家卫生健康委员会基于卫生标准管理平台，动态管理健康医疗大数据标准的开发与应用，对各级各类医疗卫生机构和企事业单位的标准应用情况进行动态监测。

第三章 安全管理

第十六条 健康医疗大数据安全管理是指在数据采集、存储、挖掘、应用、运营、传输等多个环节中的安全和管理,包括国家战略安全、群众生命安全、个人信息安全的权责管理工作。

第十七条 责任单位应当建立健全相关安全管理制度、操作规程和技术规范,落实"一把手"责任制,加强安全保障体系建设,强化统筹管理和协调监督,保障健康医疗大数据安全。

涉及国家秘密的健康医疗大数据的安全、管理和使用等,按照国家有关保密规定执行。责任单位应当建立健全 涉及国家秘密的健康医疗大数据管理与使用制度,对制作、审核、登记、拷贝、传输、销毁等环节进行严格管理。

第十八条 责任单位应当采取数据分类、重要数据备份、加密认证等措施保障健康医疗大数据安全。责任单位应当建立可靠的数据容灾备份工作机制,定期进行备份和恢复检测,确保数据能够及时、完整、准确恢复,实现长期保存和历史数据的归档管理。

第十九条 责任单位应当按照国家网络安全等级保护制度要求,构建可信的网络安全环境,加强健康医疗大数据相关系统安全保障体系建设,提升关键信息基础设施和重要信息系统的安全防护能力,确保健康医疗大数据关键信息基础设施和核心系统安全可控。健康医疗大数据中心、相关信息系统等均应开展定级、备案、测评等工作。

第二十条 健康医疗大数据相关系统的产品和服务提供者应当遵守国家有关网络安全审查制度,不得中断或者变相中断合理的技术支持与服务,并应当为健康医疗大数据在不同系统间的交互、共享和运营提供安全与便利条件。

第二十一条 责任单位应当依法依规使用健康医疗大数据有关信息,提供安全的信息查询和复制渠道,确保公民隐私保护和数据安全。

第二十二条 责任单位应当按照《中华人民共和国网络安全法》的要求,严格规范不同等级用户的数据接入和使用权限,并确保数据在授权范围内使用。任何单位和个人不得擅自利用和发布未经授权或超出授权范围的健康医疗大数据,不得使用非法手段获取数据。

第二十三条 任单位应当建立严格的电子实名认证和数据访问控制,规范数据接入、使用和销毁过程的痕迹管理,确保健康医疗大数据访问行为可管、可控及服务管理全程留痕,可查询、可追溯,对任何数据泄密泄露事故及风险可追溯到相关责任单位和责任人。

第二十四条 建立健全健康医疗大数据安全管理人才培养机制，确保相关从业人员具备健康医疗大数据安全管理所要求的知识和技能。

第二十五条 责任单位应当建立健康医疗大数据安全监测和预警系统，建立网络安全通报和应急处置联动机制，开展数据安全规范和技术规范的研究工作，不断丰富网络安全相关的标准规范体系，重点防范数据资源的集聚性风险和新技术应用的潜在性风险。发生网络安全重大事件，应当按照相关法律法规和有关要求进行报告并处置。

第四章 服务管理

第二十六条 国家卫生健康委员会负责制定健康医疗大数据应用领域相关规范、标准，建立健康医疗大数据应用诚信机制和退出机制，制定健康医疗大数据挖掘、应用的安全和管理规范。

第二十七条 责任单位实施健康医疗大数据管理和服务，应当按照法律法规和相关文件规定，遵循医学伦理原则，保护个人隐私。

第二十八条 责任单位应当根据本单位健康医疗大数据管理的需求，明确相应的管理部门和岗位，按照国家授权，实行"统一分级授权、分类应用管理、权责一致"的管理制度，并建设相应的健康医疗大数据信息系统作为技术和管理支撑。

第二十九条 责任单位采集健康医疗大数据，应当严格执行国家和行业相关标准和程序，符合业务应用技术标准和管理规范，做到标准统一、术语规范、内容准确，保证服务和管理对象在本单位信息系统中身份标识唯一、基本数据项一致，所采集的信息应当严格实行信息复核终审程序，做好数据质量管理。

第三十条 责任单位应当具备符合国家有关规定要求的数据存储、容灾备份和安全管理条件，加强对健康医疗大数据的存储管理。健康医疗大数据应当存储在境内安全可信的服务器上，因业务需要确需向境外提供的，应当按照相关法律法规及有关要求进行安全评估审核。

第三十一条 责任单位选择健康医疗大数据服务提供商时，应当确保其符合国家和行业规定及要求，具备履行相关法规制度、落实相关标准、确保数据安全的能力，建立数据安全管理、个人隐私保护、应急响应管理等方面管理制度。

第三十二条 责任单位委托有关机构存储、运营健康医疗大数据，委托单位与受托单位共同承担健康医疗大数据的管理和安全责任。受托单位应当严格按照相关法律法规和委托协议做好健康医疗大数据的存储、管理与运营工作。

第三十三条 责任单位应当结合服务和管理工作需要，及时更新、甄别、优化和维护健康医疗大数据，确保信息处于最新、连续、有效、优质和安全状态。

第三十四条 责任单位发生变更时，应当将所管理的健康医疗大数据完整、安全地移交给承接延续其职能的机构或本行政区域内的卫生健康行政部门，不得造成健康医疗大数据的损毁、丢失和泄露。

第三十五条 责任单位向社会公开健康医疗大数据时，应当遵循国家有关规定，不得泄露国家秘密、商业秘密和个人隐私，不得侵害国家利益、社会公共利益和公民、法人及其他组织的合法权益。

第三十六条 责任单位应当加强健康医疗大数据的使用和服务，创造条件规范使用健康医疗大数据，推动部分健康医疗大数据在线查询。

第三十七条 国家卫生健康委员会负责按照国家信息资源开放共享有关规定，建立健康医疗大数据开放共享的工作机制，加强健康医疗大数据的共享和交换，统筹建设健康医疗大数据上报系统平台、信息资源目录体系和共享交换体系。

第五章 管理监督

第三十八条 卫生健康行政部门应当加强监督管理，对本行政区域内各责任单位健康医疗大数据安全管理工作开展日常检查，指导监督本行政区域内各责任单位数据综合利用工作，提高数据服务质量和确保安全。各级各类医疗卫生机构应当接入相应区域全民健康信息平台，传输和备份医疗健康服务产生的数据，并向卫生健康行政部门开放监管端口。

第三十九条 卫生健康行政部门应当加强监测评估，定期开展健康医疗大数据平台和服务商的稳定和安全测评及健康医疗大数据应用的安全监测评估，建立网络安全防护、系统互联共享、公民隐私保护等软件评价和安全审查保密制度。

第四十条 卫生健康行政部门会同相关部门建立健康医疗大数据安全管理工作责任追究制度。对于违反本办法规定的单位和个人，由主管部门视情节轻重予以约谈、督导整改、诫勉、通报批评、处分或提出给予处分的建议；构成违法的，移送司法部门依法追究法律责任。

第六章 附则

第四十一条 本办法自印发之日起施行。

新一代人工智能治理原则
——发展负责任的人工智能

（2019 年 6 月发布）

全球人工智能发展进入新阶段，呈现出跨界融合、人机协同、群智开放等新特征，正在深刻改变人类社会生活、改变世界。为促进新一代人工智能健康发展，更好协调发展与治理的关系，确保人工智能安全可靠可控，推动经济、社会及生态可持续发展，共建人类命运共同体，人工智能发展相关各方应遵循以下原则：

一、和谐友好。人工智能发展应以增进人类共同福祉为目标；应符合人类的价值观和伦理道德，促进人机和谐，服务人类文明进步；应以保障社会安全、尊重人类权益为前提，避免误用，禁止滥用、恶用。

二、公平公正。人工智能发展应促进公平公正，保障利益相关者的权益，促进机会均等。通过持续提高技术水平、改善管理方式，在数据获取、算法设计、技术开发、产品研发和应用过程中消除偏见和歧视。

三、包容共享。人工智能应促进绿色发展，符合环境友好、资源节约的要求；应促进协调发展，推动各行各业转型升级，缩小区域差距；应促进包容发展，加强人工智能教育及科普，提升弱势群体适应性，努力消除数字鸿沟；应促进共享发展，避免数据与平台垄断，鼓励开放有序竞争。

四、尊重隐私。人工智能发展应尊重和保护个人隐私，充分保障个人的知情权和选择权。在个人信息的收集、存储、处理、使用等各环节应设置边界，建立规范。完善个人数据授权撤销机制，反对任何窃取、篡改、泄露和其他非法收集利用个人信息的行为。

五、安全可控。人工智能系统应不断提升透明性、可解释性、可靠性、可控性，逐步实现可审核、可监督、可追溯、可信赖。高度关注人工智能系统的安全，提高人工智能鲁棒性及抗干扰性，形成人工智能安全评估和管控能力。

六、共担责任。人工智能研发者、使用者及其他相关方应具有高度的社会责任感和自律意识，严格遵守法律法规、伦理道德和标准规范。建立人工智能问责机制，明确研发者、使用者和受用者等的责任。人工智能应用过程中应确保人类知情权，告知可能产生的风险和影响。防范利用人工智能进行非法活动。

七、开放协作。鼓励跨学科、跨领域、跨地区、跨国界的交流合作，推动国际组织、政府部门、科研机构、教育机构、企业、社会组织、公众在人工智能发展与治理中的协调互动。开展国际对话与合作，在充分尊重各国人工智能治理原则和实践的前提下，推动形成具有广泛共识的国际人工智能治理框架和标准规范。

八、敏捷治理。尊重人工智能发展规律，在推动人工智能创新发展、有序发展的同时，及时发现和解决可能引发的风险。不断提升智能化技术手段，优化管理机制，完善治理体系，推动治理原则贯穿人工智能产品和服务的全生命周期。对未来更高级人工智能的潜在风险持续开展研究和预判，确保人工智能始终朝着有利于社会的方向发展。

国家新一代人工智能治理专业委员会

新一代人工智能伦理规范

（2021 年 9 月 25 日发布）

为深入贯彻《新一代人工智能发展规划》，细化落实《新一代人工智能治理原则》，增强全社会的人工智能伦理意识与行为自觉，积极引导负责任的人工智能研发与应用活动，促进人工智能健康发展，制定本规范。

第一章 总则

第一条 本规范旨在将伦理道德融入人工智能全生命周期，促进公平、公正、和谐、安全，避免偏见、歧视、隐私和信息泄露等问题。

第二条 本规范适用于从事人工智能管理、研发、供应、使用等相关活动的自然人、法人和其他相关机构等。

（一）管理活动主要指人工智能相关的战略规划、政策法规和技术标准制定实施，资源配置以及监督审查等。

（二）研发活动主要指人工智能相关的科学研究、技术开发、产品研制等。

（三）供应活动主要指人工智能产品与服务相关的生产、运营、销售等。

（四）使用活动主要指人工智能产品与服务相关的采购、消费、操作等。

第三条 人工智能各类活动应遵循以下基本伦理规范。

（一）增进人类福祉。坚持以人为本，遵循人类共同价值观，尊重人权和人类根本利益诉求，遵守国家或地区伦理道德。坚持公共利益优先，促进人机和谐友好，改善民生，增强获得感幸福感，推动经济、社会及生态可持续发展，共建人类命运共同体。

（二）促进公平公正。坚持普惠性和包容性，切实保护各相关主体合法权益，推动全社会公平共享人工智能带来的益处，促进社会公平正义和机会均等。在提供人工智能产品和服务时，应充分尊重和帮助弱势群体、特殊群体，并根据需要提供相应替代方案。

（三）保护隐私安全。充分尊重个人信息知情、同意等权利，依照合法、正当、必要和诚信原则处理个人信息，保障个人隐私与数据安全，不得损害个人合法数据权益，不得以窃取、篡改、泄露等方式非法收集利用个人信息，不得侵害个人隐私权。

（四）确保可控可信。保障人类拥有充分自主决策权，有权选择是否接受人工智能提供的服务，有权随时退出与人工智能的交互，有权随时中止人工智能系统的运行，确保人工智能始终处于人类控制之下。

（五）强化责任担当。坚持人类是最终责任主体，明确利益相关者的责任，全面增强责任意识，在人工智能全生命周期各环节自省自律，建立人工智能问责机制，不回避责任审查，不逃避应负责任。

（六）提升伦理素养。积极学习和普及人工智能伦理知识，客观认识伦理问题，不低估不夸大伦理风险。主动开展或参与人工智能伦理问题讨论，深入推动人工智能伦理治理实践，提升应对能力。

第四条 人工智能特定活动应遵守的伦理规范包括管理规范、研发规范、供应规范和使用规范。

第二章 管理规范

第五条 推动敏捷治理。尊重人工智能发展规律，充分认识人工智能的潜力与局限，持续优化治理机制和方式，在战略决策、制度建设、资源配置过程中，不脱离实际、不急功近利，有序推动人工智能健康和可持续发展。

第六条 积极实践示范。遵守人工智能相关法规、政策和标准，主动将人工智能伦理道德融入管理全过程，率先成为人工智能伦理治理的实践者和推动者，及时总结推广人工智能治理经验，积极回应社会对人工智能的伦理关切。

第七条 正确行权用权。明确人工智能相关管理活动的职责和权力边界，规范权力运行条件和程序。充分尊重并保障相关主体的隐私、自由、尊严、安全等权利及其他合法权益，禁止权力不当行使对自然人、法人和其他组织合法权益造成侵害。

第八条 加强风险防范。增强底线思维和风险意识，加强人工智能发展的潜在风险研判，及时开展系统的风险监测和评估，建立有效的风险预警机制，提升人工智能伦理风险管控和处置能力。

第九条 促进包容开放。充分重视人工智能各利益相关主体的权益与诉求，鼓励应用多样化的人工智能技术解决经济社会发展实际问题，鼓励跨学科、跨领域、跨地区、跨国界的交流与合作，推动形成具有广泛共识的人工智能治理框架和标准规范。

第三章　研发规范

第十条　强化自律意识。加强人工智能研发相关活动的自我约束，主动将人工智能伦理道德融入技术研发各环节，自觉开展自我审查，加强自我管理，不从事违背伦理道德的人工智能研发。

第十一条　提升数据质量。在数据收集、存储、使用、加工、传输、提供、公开等环节，严格遵守数据相关法律、标准与规范，提升数据的完整性、及时性、一致性、规范性和准确性等。

第十二条　增强安全透明。在算法设计、实现、应用等环节，提升透明性、可解释性、可理解性、可靠性、可控性，增强人工智能系统的韧性、自适应性和抗干扰能力，逐步实现可验证、可审核、可监督、可追溯、可预测、可信赖。

第十三条　避免偏见歧视。在数据采集和算法开发中，加强伦理审查，充分考虑差异化诉求，避免可能存在的数据与算法偏见，努力实现人工智能系统的普惠性、公平性和非歧视性。

第四章　供应规范

第十四条　尊重市场规则。严格遵守市场准入、竞争、交易等活动的各种规章制度，积极维护市场秩序，营造有利于人工智能发展的市场环境，不得以数据垄断、平台垄断等破坏市场有序竞争，禁止以任何手段侵犯其他主体的知识产权。

第十五条　加强质量管控。强化人工智能产品与服务的质量监测和使用评估，避免因设计和产品缺陷等问题导致的人身安全、财产安全、用户隐私等侵害，不得经营、销售或提供不符合质量标准的产品与服务。

第十六条　保障用户权益。在产品与服务中使用人工智能技术应明确告知用户，应标识人工智能产品与服务的功能与局限，保障用户知情、同意等权利。为用户选择使用或退出人工智能模式提供简便易懂的解决方案，不得为用户平等使用人工智能设置障碍。

第十七条　强化应急保障。研究制定应急机制和损失补偿方案或措施，及时监测人工智能系统，及时响应和处理用户的反馈信息，及时防范系统性故障，随时准备协助相关主体依法依规对人工智能系统进行干预，减少损失，规避风险。

第五章　使用规范

第十八条　提倡善意使用。加强人工智能产品与服务使用前的论证和评估，充分了解人工智能产品与服务带来的益处，充分考虑各利益相关主体的合法权益，更好促进经济繁荣、社会进步和可持续发展。

第十九条　避免误用滥用。充分了解人工智能产品与服务的适用范围和负面影响，切实尊重相关主体不使用人工智能产品或服务的权利，避免不当使用和滥用人工智能产品与服务，避免非故意造成对他人合法权益的损害。

第二十条　禁止违规恶用。禁止使用不符合法律法规、伦理道德和标准规范的人工智能产品与服务，禁止使用人工智能产品与服务从事不法活动，严禁危害国家安全、公共安全和生产安全，严禁损害社会公共利益等。

第二十一条　及时主动反馈。积极参与人工智能伦理治理实践，对使用人工智能产品与服务过程中发现的技术安全漏洞、政策法规真空、监管滞后等问题，应及时向相关主体反馈，并协助解决。

第二十二条　提高使用能力。积极学习人工智能相关知识，主动掌握人工智能产品与服务的运营、维护、应急处置等各使用环节所需技能，确保人工智能产品与服务安全使用和高效利用。

第六章　组织实施

第二十三条　本规范由国家新一代人工智能治理专业委员会发布，并负责解释和指导实施。

第二十四条　各级管理部门、企业、高校、科研院所、协会学会和其他相关机构可依据本规范，结合实际需求，制订更为具体的伦理规范和相关措施。

第二十五条　本规范自公布之日起施行，并根据经济社会发展需求和人工智能发展情况适时修订。

国家新一代人工智能治理专业委员会
2021 年 9 月 25 日